SÉJOURS SPIRITUELS EN FRANCE

Depuis que le monde est monde, faire face aux épreuves du quotidien est source de stress. Ce stress a pris à travers l'histoire des formes très diverses, du besoin de trouver de la nourriture, au plus moderne tracas du métro-boulot-dodo. Récemment, sur fond de pandémie et de géopolitique inquiétante, un besoin fondamental a émergé chez un grand nombre d'entre nous : prendre du recul, se retirer du monde pour échapper à cette sollicitation constante de nos instincts de survie. Exode urbain pour un retour à la nature et aux valeurs du terroir, télétravail pour une tranquillité retrouvée dans le cocon de son intérieur, l'éventail des reconversions est large. Sans aller jusqu'à un changement de vie, on peut avoir simplement besoin de souffler pour mieux repartir. Se poser les bonnes questions. Se retrouver face à soi-même dans un silence choisi, accompagné ou non d'une quête spirituelle. Fruits d'une longue histoire chrétienne, la France compte d'innombrables abbayes et monastères. Créées avec les premiers chrétiens ou nés d'une passion contemporaine, formées de contemplatifs perdus dans la nature ou inscrites dans la vie urbaine à l'écoute des nécessiteux, ces communautés accueillent pour la plupart des retraitants en quête de sens. Un moment unique d'un ou plusieurs jours, où l'on se retrouve seul face à soi-même pour faire le vide, dans le calme et la paix de l'esprit, tout en participant dans une certaine mesure à la vie de prière et de labeur des religieux et religieuses.

Retrouvez cette offre en page 43

SOMMAIRE

Abbaye de Fontenay. © MASSIMO _ ADOBE STOCK

Cathédrale Saint-Etienne de Bourges. © YVAN TRAVERT

Chœur de la Cathédrale Saint-Pierre. © VILLE DE BEAUVAIS

PASSPORT

CARNET

LE MONACHISME

Bien que le monachisme ait évolué grandement depuis son apparition autour du troisième siècle de notre ère, son concept ne s'est jamais éloigné de son origine étymologique. Le terme grec *monakhos*, qui signifie célibataire ou solitaire, est la ligne directrice du monachisme. Plusieurs interprétations sont possibles, qu'il s'agisse de solitude vis-à-vis des autres, de la société, ou de soi-même. Mais dans tous les cas le monachisme implique un retrait du monde et une forte introspection. Historiquement tout d'abord totalement solitaire avec l'apparition des ermites, il devient bientôt collectif, ou l'art d'être seul… avec les autres. Si le christianisme est loin d'avoir l'exclusivité sur le monachisme (après tout, le premier monachisme connu était bouddhiste, il y a près de 25 siècles), cet ouvrage est essentiellement consacré au monachisme chrétien, et le plus souvent pratiqué au sein d'ordres religieux catholiques.

Un choix de vie aux origines et motivations diverses

De nos jours, le terme monachisme désigne un mode de vie communautaire, coupé (à divers degrés) du monde extérieur, et dont les participants ont choisi de consacrer leur vie à des pratiques religieuses. Les *moines* (pour un homme) ou *moniales* (pour une femme) appartiennent le plus souvent à des communautés auprès desquelles ils s'engagent, par la prononciation de vœux, au partage d'une vie d'ascèse, de prière et parfois de silence et de travail.

La première raison de l'émergence de ce courant qu'est le monachisme chrétien est la plus évidente : elle est religieuse. Dès les premiers siècles de notre ère, une volonté d'imiter l'ascétisme du Christ, de renoncer à tous plaisirs terrestres et charnels, émerge au sein de la communauté chrétienne. La découverte du tombeau du Christ au IVe siècle, accompagné d'une croyance populaire que la fin du monde était proche poussa également les chrétiens à entreprendre des actions de repentance.

© ZVONIMIR ATLETIC - SHUTTERSTOCK.COM

Saint Antoine, considéré comme le fondateur du mode de vie érémitique.

Mais si la conviction religieuse est certainement la plus noble de ces raisons, il faut également considérer des motivations beaucoup plus pratiques et humaines. Échapper à la famine, à la justice, au paiement de l'impôt, fuir les persécutions, quelles qu'elles soient… Autant de facteurs qui ont poussé les hommes et les femmes à se retirer du monde.

Quoi qu'il en soit, après sa conversion en 313, l'empereur Constantin donne un statut public à l'Église et les conversions se multiplient. Le courant monastique s'accentue et prend ses racines historiques dans l'Orient chrétien. Il est dicté par la doctrine des Pères du désert.

Saint Antoine (251-356) est considéré comme le fondateur du mode de vie érémitique. Il fut suivi par de nombreux disciples dans les environs de Thèbes en Égypte. De plus en plus nombreux, les ermites (ou anachorètes) commencèrent alors à partager repas et offices. C'est ainsi que l'on passa de l'érémitisme au cénobitisme. À saint Pâcome (292-346) est attribuée la première règle de vie communautaire. Des milliers de disciples se joignirent à lui et il fonda plusieurs monastères pour les hommes et un pour les femmes, sous la direction de sa sœur.

En Occident, c'est à Rome que la forme cénobitique fut d'abord introduite, puis en Afrique du Nord par saint Augustin d'Hippone (354-430), et enfin en Gaule par saint Martin de Tours (316-397). Mais c'est par saint Benoît de Nursie (480-547), que la vie monastique se développe vraiment en Occident autour de la célèbre règle bénédictine, toujours en vigueur de nos jours et rédigée au Mont Cassin. Les religieux doivent désormais prononcer des vœux solennels d'obéissance, de conversion des mœurs et de stabilité mais aussi subvenir à leurs besoins en travaillant de leurs mains. Généralement, c'est autour d'un martyrium que les abbayes s'édifient.

ÉCOUTER
PLUS LOIN
QUE LE BOUT
DE SON NEZ
CONCEPTION/CRÉATION
FM
MOBILE
INTERNET
PODCAST
rcf.fr
RCF
RADIO
LA JOIE SE PARTAGE

En chantant ses louanges et en s'inspirant de ses vertus, on se réunissait pour garder la dépouille du saint. Au fil du temps, ces modestes établissements, appelés monastères, se virent fortifiés pour protéger non seulement les religieux mais surtout les précieuses reliques. Transformés en places fortes, véritables chefs-d'œuvre d'architecture, la population venait s'y réfugier lorsqu'elle était menacée. C'est ainsi, d'ailleurs, que sont nées de nombreuses villes. L'intérieur des abbayes se composait d'une église, d'un dortoir, d'un réfectoire et d'une maison d'hôtes pour les voyageurs. Les bâtiments entouraient une large cour fermée par une clôture ou une galerie couverte.

Au Moyen Âge, les abbayes constituèrent des retraites propices pour les savants et furent les principaux centres de piété et d'éducation chrétienne.

Lors de la Révolution, un très grand coup est porté aux monastères. Les persécutions reprirent en France à partir de 1880 et durèrent jusqu'à la Première Guerre mondiale. Loin de se décourager, religieux et religieuses reconstituèrent leurs biens.

À la suite du Concile Vatican II (1962-1965), sous les pontificats des papes Jean XXIII puis Paul VI, les choses se modifient, à commencer par la suppression des grilles de la clôture, le port d'un costume plus moderne, des offices chantés en français. Autrefois fermé, aujourd'hui terre d'accueil, le monastère ouvre ses portes à tous, sans différence aucune, dans le partage de la prière et de sa vie communautaire.

Prière et travail manuel

Le chapitre 48 de la règle de saint Benoît dit ceci : « Ils sont vraiment moines s'ils vivent du travail de leurs mains. » La vie monastique est principalement rythmée par la prière, l'étude et le travail, indispensable pour subvenir aux besoins de la communauté. En plus d'être un gagne-pain, moines et moniales ont intégré, dès le début de leur histoire, le labeur, dans leur quête spirituelle. Ce sont eux qui asséchèrent les marais, défrichèrent les forêts, cultivèrent les terres. Ils ont été précurseurs et maîtres dans bien des secteurs, notamment dans l'amélioration des produits, tels que le vin, la bière, le fromage, les recettes culinaires, autant de savoir-faire, transmis de génération en génération.

Aujourd'hui, nous retrouvons dans « leurs boutiques ou à la porterie » tout le fruit de leur travail réalisé la plupart du temps en clôture : des produits alimentaires à l'ancienne, sans additifs chimiques, des vêtements liturgiques ou encore pour enfants, des broderies d'une rare finesse. Dans les faïences, émaux, vitraux, tissages, reliures, enluminures, vannerie, carteries… se mêlent art et beauté.

Sous l'impulsion de Dom Loys Samson, alors abbé de Cîteaux, en Côte-d'Or, quelques abbés et abbesses cisterciens et bénédictins ont constitué une association Monastic.

En 1989 fut effectué le dépôt légal d'une marque collective et d'un graphisme précis, dont l'utilisation est réservée aux produits fabriqués par les communautés membres de « Monastic ». Le besoin d'une telle association a été d'abord ressenti par les responsables des fromageries des abbayes qui désiraient garantir l'origine monastique de leur production. Autour du petit noyau d'abbayes bénédictines et cisterciennes, vinrent très vite se joindre les communautés de carmélites, de dominicaines, de clarisses et de visitandines. Aujourd'hui, l'association compte 230 communautés membres, tant en France que dans d'autres pays européens.

Sur le site de l'association : www.monastic-euro.org, vous trouverez plus de 700 produits référencés.

Saint-Benoît de Nursie.

LES PRINCIPAUX TERMES RELIGIEUX

- **Abbatiale** : église d'une abbaye.
- **Abbaye :** ensemble des bâtiments abritant une importante communauté de moines ou moniales. Ces derniers étant dirigés par un abbé ou une abbesse.
- **Bulle** : décret du pape scellé.
- **Cellule** : chambre individuelle réservée à chaque moine de la communauté. Le mobilier représente le strict nécessaire.
- **Cénobite** : moine qui vit en communauté.
- **Chanoine régulier** : les chanoines réguliers sont des religieux, en majorité des prêtres, vivant en communauté et ayant une charge pastorale au sein d'une église locale. Ils ne sont ni des moines comme les Bénédictins ou les Cisterciens, ni des chanoines honoraires, prêtres diocésains qui se retrouvent pour prier ou partager un temps commun. Ils vivent sous la règle de saint Augustin.
- **Chapitre** : lieu où les moines se réunissent pour écouter l'enseignement de leur supérieur qui lit et commente les chapitres de la règle de l'ordre.
- **Cloître** : le cloître est installé au cœur du monastère. Cet espace, réservé uniquement aux religieux, est formé de galeries ouvertes entourant d'ordinaire une cour ou un jardin.
- **Complies** : la dernière partie de l'office divin avant le repos de la nuit.
- **Congrégation monastique** : rassemblement de plusieurs monastères dirigé par un supérieur général.
- **Coule** : porté pour les offices avec capuche pour les moines, c'est un vêtement long aux longues manches.
- **Couvent** : employé pour la plupart des maisons religieuses.
- **Dortoir** : dans les monastères qui ne comportent pas de cellules individuelles, ce sont ces espaces très simplement meublés, situés généralement au premier étage, qui servent de lieu de repos.
- **Ermitage** : lieu habité par un ermite, religieux désirant vivre isolé du reste du monde dans l'ascèse et la méditation (appelé anachorète dans les débuts de la vie érémitique).
- **Laudes** : louange, prière liturgique coïncidant avec le lever du jour.
- **Lectio divina** : lecture méditative et explicative des textes bibliques et patristiques.

Liturgie : prières et célébrations d'un culte.

- **Matines (ou Vigiles)** : office nocturne, c'est le plus long. Répons, psaumes, alternent avec des sujets de méditation.
- **Moine** : membre d'un ordre religieux masculin à vœux solennels et soumis à la clôture qui se consacre exclusivement à la recherche et à la louange de Dieu. Canoniquement, cette appellation ne peut être appliquée aux religieux séculiers.
- **Monastère :** cette dénomination distingue les monastères des abbayes par leurs communautés plus modestes, gouvernées par un prieur (du latin *prior*, le premier, le supérieur). Mais souvent les dénominations monastères et abbayes sont prises l'une pour l'autre.
- **None :** partie de l'office monastique qui se récite à 15h, commémorant l'heure traditionnelle de la mort du Christ.
- **Oraison** : prière personnelle silencieuse.
- **Ordre** : regroupement de personnes ayant prononcé leurs vœux et vivant dans l'état religieux. Bénédictins, cisterciens, carmélites vivent dans une stricte séparation du monde. Dominicains, franciscains, jésuites sont quant à eux des religieux apostoliques qui s'intègrent dans le monde.
- **Pèlerinage** : se rendre, généralement à pied, sur un lieu de dévotion, dans un esprit de piété. Un moment fort de recueillement, de prière et de fraternité.
- **Prieuré** : édifice abritant une communauté religieuse (qui dépend généralement de l'abbaye qui l'a fondée) de petite taille, placée sous l'autorité d'un prieur ou d'une prieure.
- **Récollection** : retraite spirituelle de courte durée.
- **Règle** : les différents aspects de la vie monastique qui sont codifiés par des principes.
- **Vêpres** : prière du soir en remerciement pour les grâces reçues durant la journée.

HISTOIRE DU MONACHISME CHRÉTIEN

Dans l'imaginaire collectif, en tout cas occidental, le monachisme est étroitement lié au Moyen-Age. Et avec raison, puisque c'est bien à cette période que les mouvements prônant une forme de retrait de la société et une vie basée sur la prière et le travail connaissent leur apogée. Avec l'arrêt des persécutions des chrétiens vers la fin de l'Antiquité et l'officialisation de leur religion, ces mouvements prennent de l'ampleur et se développent un peu partout. En Occident comme en Orient, d'ailleurs, sous des formes parfois différentes en termes de règles, mais toujours dans un esprit de retrait du monde et d'introspection, qu'elle soit individuelle ou collective. Cet ouvrage traitant de séjours spirituels en France, notre histoire du monachisme se concentrera sur le monachisme chrétien occidental, ses origines et son essor en Europe, et en France surtout. Une histoire qui commence bien avant le Moyen-Age, et continue bien après.

Les origines du monachisme

L'idée du monachisme n'est pas occidentale. Elle n'est pas non plus chrétienne. Les premières traces de communautés dont l'organisation s'apparente à celle d'un monastère datent de plus de 2500 ans, dans la religion bouddhiste theravada. La vie en monastère est d'ailleurs toujours au centre de cette croyance, et dans de nombreuses cultures qui y sont rattachées passer quelques jours, mois ou années dans un monastère est un rite observé par la grande majorité des fidèles.

Dans le monde chrétien, il faudra attendre jusqu'au troisième siècle de notre ère avant de voir apparaître les premiers soubresauts du monachisme. Son origine est orientale, avec une première apparition dans les déserts proches du Nil ou de la mer Rouge. Ainsi, les premiers moines chrétiens sont des ermites, vivant leur retrait de la société en totale solitude.

L'influence d'Athanase, patriarche d'Alexandrie (dans la basse Égypte), en exil à Trèves sur les rives du Rhin puis à Rome entre 336 et 343, est prépondérante pour la popularisation du monachisme tant en Orient qu'en Occident. Durant son exil, il rédige une biographie retraçant la vie et l'œuvre de Saint Antoine, qui, traduite du grec au latin vers 370, eut alors un écho considérable sur le monde des lettrés occidentaux.

Saint Antoine s'était retiré de la société, à l'est du Nil dans le désert de Pispir vers les années 306, pour y pratiquer en solitaire une vie ascétique de prières et de mortifications. Il y attira rapidement de nombreux disciples qui se regroupèrent de façon inorganisée dans des abris individuels mais proches du sien et qui se rangèrent naturellement sous son autorité spirituelle et adoptèrent ses pratiques. Son influence fut si grande que, même s'il n'était ni le seul ni le premier des anachorètes (ermite vivant isolé) chrétiens, il est considéré comme le père de tout le monachisme chrétien.

Le passage de l'ermite isolé à l'avènement du moine vivant en communauté (ou cénobite) sous l'autorité d'un abbé arrive naturellement et rapidement lorsque vers 346 saint Pacôme crée en Égypte le premier monastère chrétien avec une première organisation de vie commune.

A la même époque, la promulgation en 313 de l'édit de Milan par l'empereur Constantin autorisant la pratique du christianisme au côté des autres religions traditionnelles, puis celle en 380 de l'édit de Thessalonique par Théodose Ier l'instituant comme seule religion officielle de l'Empire sont deux étapes déterminantes de l'évolution du monachisme en occident.

Essor et développement des règles

Un second moine issu lui aussi de l'église d'Orient, saint Cassien, contribue, un peu plus tard (début du Ve siècle), également de façon déterminante, à l'établissement du monachisme d'Occident. S'inspirant de son expérience initiale de moine dans un monastère de Bethléem puis de ses nombreux contacts avec divers ermites de Nitrie, il vient fonder à Marseille peu après 405 un monastère de moines (Saint-Victor) puis de moniales. Mais surtout il rédige ensuite, en latin, bien que le grec soit sa langue d'origine, trois ouvrages fondateurs que sont les Institutions, un ensemble de Conférences et le Traité de l'Incarnation du Verbe qui donnent au monachisme chrétien occidental de solides bases théologiques et évangéliques. Ses ouvrages ont durant plusieurs siècles une influence considérable, au point que même saint Benoît s'en inspire et recommande à ses moines de les lire.

TOUTE L'HISTOIRE
L'AVENIR A UNE HISTOIRE
Une chaîne Mediawan
@tlhtv www.toutelhistoire.com
DISPONIBLE SUR
CANAL+
orange
SFR
free
bouygues
BIS
prime video CHANNELS
molotov.TV

HISTOIRE DU MONACHISME CHRÉTIEN

Progressivement et de façon anarchique, le monachisme continue à s'implanter dans les Gaules au Ve siècle souvent à partir de la Provence et en suivant la vallée du Rhône. Ainsi pour la Gaule transalpine on peut citer les créations, outre de Saint-Victor à Marseille, du monastère de l'Ile de Lérins en Provence en 405 par saint Donat, de celui de Budoc au nord de l'Armorique ou encore, en 422 à Auxerre, de celui de Saint-Germain.

Haut Moyen Âge et saint Benoît

Sous les protections de Pépin-le-Bref puis de Charlemagne et ensuite de Louis-le-Pieux, le développement du monachisme s'accentue aux VIIe et IXe siècles dans la Gaule et l'Empire romain grâce à ces conditions favorables. Son épanouissement est notamment consolidé par l'imposition par Charlemagne de l'adoption par tout le monachisme occidental de la règle de saint Benoît.

Saint Benoît de Nursie et saint Benoît d'Aniane sont sans conteste les bâtisseurs du monachisme médiéval en Occident durant le premier millénaire. Saint Benoît de Nursie d'abord ermite vers l'an 500, fonde ensuite, avec la communauté grandissante qui l'avait rejoint, le monastère du Mont-Cassin en Gaule cisalpine. Il rédige à cette occasion un ensemble de règles qui en organisent la vie. D'autres nombreuses règles existent alors en parallèle dans l'est de la Gaule ainsi que dans le nord de l'actuelle Italie. Rappelons les Institutions de saint Cassien à l'abbaye Saint-Victor ou les règles de saint Césaire puis de saint Aurélien à Arles, sans oublier toutes celles des nombreuses abbayes irlandaises.

Cependant, aucune subsiste durablement, à l'exception de celle du moine irlandais Saint Colomban. Celui-ci qui avait, après diverses pérégrinations, fondé une nouvelle abbaye près de Milan y meurt en 615 après avoir essaimé 10 monastères de disciples. Après sa mort, plus de 90 autres monastères adoptent sa règle. Celle-ci était peu précise sur certains points du mode de vie dans les monastères et par ailleurs très dure sur d'autres.

La règle édictée par saint Benoît de Nursie, plus humaine et bien équilibrée, passe quant à elle inaperçue à ses débuts. Mais Saint Benoît d'Aniane décide, vers l'an 780, de l'adopter pour son monastère d'Aniane où il organise la vie avec minutie et rigueur. Il exporte ensuite dans plus de 20 monastères de Provence et d'Aquitaine, sa Concordia Regulum qui cite des extraits des règles de saint Colomban, saint Pacôme et saint Basile pour démontrer que la règle de saint Benoît est la synthèse du meilleur de chacune d'entre elles. En 817, l'empereur Charlemagne fait approuver par un chapitre général de tous les abbés de l'Empire, un texte de 83 articles qui codifie la règle bénédictine. Benoît d'Aniane y avait apporté quelques ajouts tels que l'augmentation de l'importance de l'office, quelques nouvelles prières ainsi que la création d'un droit de regard du chapitre sur les charges de l'abbé et un contrôle plus strict de la vie des moines. Louis le Pieux impose par la suite par décret ce capitulaire à toutes les abbayes et monastères francs. Il est à noter que cette «réforme centralisatrice» qui prend à contre-pied l'esprit d'autonomie jusqu'alors dominant des monastères, prépare en quelques sortes l'œuvre de Cluny.

Abbaye de Lérins.

© ELÉONORE H - STOCK.ADOBE.COM

L'abbaye de Cîteaux.

On peut donc affirmer sans conteste que benoît d'Aniane est le second fondateur du monachisme bénédictin.

Mais deux fléaux, apparus également dès les VIIe et VIIIe siècles, entraînent, en se développant, la décadence de ce monachisme alors en plein essor : le premier est l'introduction de la pratique de la Commende dès le VIIIe siècle qui livre les abbayes à des laïcs. Et l'autre est les invasions des Normands surtout, ainsi que celles des Sarrasins, dès le VIIe siècle puis les 3 siècles suivants. Ceux-ci pillent la plupart des monastères en massacrant de nombreux moines.

Cluny, Cîteaux, et le renouveau du monachisme

Le renouveau de la vie monastique après ce reflux dramatique est l'œuvre de l'abbaye de Cluny fondée en 909 par Guillaume Ier d'Aquitaine. La modeste création initiale prospère rapidement pour créer ou fédérer en deux siècles seulement 1 200 monastères en Occident chrétien dont 900 pour la partie correspondant à la France actuelle. Grâce, d'une part, à une centralisation totale qui plaçait tous les monastères de l'ordre sous l'autorité du seul abbé de Cluny, et d'autre part à l'exceptionnelle valeur et la grande longévité de ceux qui occupèrent cette fonction jusqu'en 1109.

Lorsque Cluny amorce son déclin, l'Abbaye de Cîteaux prend alors sa relève après sa fondation par Saint-Robert de Mollesme en 1098. L'idée de ce réformateur : vivre plus intensément la vie bénédictine par le travail et dans le dénuement le plus complet. Ses successeurs jusqu'en 1151, aussi ardents que lui, donnent au nouvel ordre une grande extension dans toute l'Europe.

Saint Bernard, premier abbé de Clairvaux, porte au plus haut le flambeau de cette réforme en profondeur de la pratique monastique. Fidèle défenseur de la papauté dans ses luttes contre le pouvoir temporel, il est également un grand théologien et un prédicateur d'une grande éloquence qui laisse à la postérité plus de 400 sermons remarquables. Il est considéré comme l'un des docteurs de l'Église. On lui doit également la création de 69 monastères qui essaimèrent à leur tour dans plus de 100 autres fondations.

Sur cette lancée réformatrice profonde de nombreux autres ordres emplis de la même ferveur émergent aux XIe et XIIIe siècles. Le plus connu en France est celui des Chartreux fondé en 1084 par saint Bruno où cohabitent au sein du même monastère de la Grande Chartreuse des adeptes de la vie érémitique avec d'autres ayant choisi la vie en communauté.

C'est aussi à cette époque que se créent de très nombreux ermitages, notamment dans l'ouest de la France, souvent à l'origine de la fondation de nombreux nouveaux ordres qui ont tous en commun la pratique d'une ascèse sévère et d'une vie d'extrême pauvreté. Parmi eux, on peut citer en exemple l'ordre de Fontevraud (créé en 1099) qui a pour particularité d'être mixte et d'avoir à sa tête une abbesse qui exerce son autorité aussi bien sur les prieurés féminins que masculins.

Au XIIIe siècle, ces ordres mendiants suscitent un grand enthousiasme et recrutent en partie au détriment des autres ordres monastiques.

Réforme et Révolution

Au XVIe siècle le monachisme chrétien de France, subit de plein fouet les effets dévastateurs conjugués des conséquences de l'apparition de la Réforme protestante dans les provinces n'appartenant pas encore à la France et du Concordat de Bologne signé en 1516 entre le pape Léon X et le roi François Ier qui autorisa celui-ci à nommer les évêques et les abbés dans son royaume. Cela entraîne, pour la Réforme une confiscation des monastères et le départ ou le massacre de leurs religieux et pour le Concordat une décadence rapide des ordres religieux.

Malgré un certain renouveau au XVIIe siècle, avec la création de nouvelles congrégations, à la ferveur renouvelée, comme celle de la Stricte Observance (en réforme de la Trappe) ou encore celle de Saint-Maur (chez les bénédictins), le déclin se poursuit avec l'hostilité des gouvernements successifs au XVIIIe siècle.

A l'aube de la Révolution Française, les monastères se trouvent dans une situation délicate. Dans les cahiers de doléances déposés au Tiers-Etat, déjà, le clergé régulier est l'objet de nombreuses critiques. Les moines y sont qualifiés de fainéants et oisifs, couverts de richesse. Réalité ou simple jalousie, les abbayes vont subir de plein fouet les foudres de l'Assemblée Constituante.

Dans la nuit du 4 août 1789, celle-ci abolit les privilèges. Mais surtout, dans les mois qui suivent, elle va confisquer les biens du clergé, supprimer les ordres monastiques, et interdire les vœux perpétuels.

Bien évidemment, le monachisme ne se relèvera jamais totalement de cette période sombre de son histoire. Son passé récent, cependant, voit un certain retour en grâce se profiler.

Du XIXe siècle à nos jours

Touchés par les conflits et les changements de régimes à travers l'Europe, le monachisme chrétien vit une période tourmentée, même si les affres de la Révolution Française semblent loin derrière.

De 1850 à 1880, grâce à la bienveillance de l'Empire, on assiste à un renouveau du monachisme, et notamment à 36 fondations monastiques durables où les trappistes adeptes de la Nouvelle Réforme prennent une part éminente avec 11 chartreuses.

En 1880 cependant, puis de 1901 à 1904, les expulsions touchent de nombreux monastères masculins et le départ de leurs moines qui se dispersent dans des familles amies, ou d'autres lieux discrets ou enfin s'exilent à l'étranger, dans les pays limitrophes européens d'abord mais aussi au Canada, au Moyen Orient... Malgré l'insécurité légale, d'autres s'efforcent de se maintenir dans le pays en tentant de s'adapter à leur nouvel environnement politique et non sans de profonds désaccords entre eux sur les modalités de cette adaptation.

En 1901, la France compte 22 abbayes ou prieurés bénédictins, 28 cisterciens dont 8 de la Commune Observance de Sénanque et 11 chartreuses. Les chartreux étant les plus nombreux avec une majorité de convers indispensables à leurs activités agricoles. Tous, sauf les bénédictins de Solesme, accordent une grande importance au travail manuel (principalement d'exploitation agricole) qui revêt une dimension ascétique et leur procure également nourriture et revenus. A la suite de la mise en application de la loi du 1er juillet 1901 qui acte la séparation de l'Eglise et de l'Etat, 26 abbayes et prieurés ferment dès l'automne suivant. En juillet 1903, confirmation des mesures de 1901 et nouvelle vague importante de départs pour l'exil. Les biens des congrégations non autorisées sont liquidés par L'Etat. Par l'intermédiaire de divers riches particuliers ou d'associations amies, les congrégations s'efforcent de limiter au mieux la dispersion de leurs biens lors des enchères.

La sortie de cette crise majeure du monachisme masculin français sera liée à la survenue de la guerre de 1914 qui détourne les gouvernements du combat anticlérical. Certains moines, la majorité de ceux présents sur le sol français, s'engagent pour le front alors que d'autres refusent. La fin de la Grande Guerre engendre, pour des raisons diverses selon les pays, un processus de retour des religieux exilés. Ce processus s'achève en 1928 par le retour des chartreux dans le Var.

Le monachisme masculin retrouve ainsi progressivement une certaine place en France. Cependant en 1940, huit chartreuses par exemple restaient encore vides et le monastère de la Grande Chartreuse ne sera réinvesti par le prieur général de l'Ordre qu'en 1940.

Toutefois des années 1930 aux années 1960, un puissant courant à la recherche de restauration monastique a suscité de nombreuses initiatives aux réussites inégales. Une dizaine de familles de congrégations religieuses sont actuellement présentes dans divers monastères de moines ou de moniales, répartis sur tout le territoire, certains récents et d'autres aux racines historiques pouvant plonger jusqu'au Moyen Âge.

PRINCIPAUX SAINTS ET ORDRES MONASTIQUES

Depuis la création du monachisme, les hommes et les femmes engagés dans une telle spiritualité ou un tel mode de vie le font dans le respect d'une règle, d'une mouvance, d'un esprit. Depuis l'apparition des règles par les premiers initiateurs de mouvements monastiques, moines et moniales choisissent une famille spirituelle avec laquelle ils se sentent en affinités. Ces familles, appelées ordres ou congrégations, suivent les enseignements d'un homme ou d'une femme, fondateur de leur propre mouvement. Ces pères ou mères spirituels sont des témoins du Christ et délivrent un message issu de l'évangile. Ils édictent leurs règles de vie, celles qu'ils estiment les plus adéquates pour vivre pleinement l'amour du Christ au sein d'une communauté. Pluri-centenaires ou beaucoup plus récents, très étendus ou beaucoup plus intimes, ces ordres monastiques sont nombreux en Europe et en France, et régissent la vie de centaines d'hommes et de femmes.

Saint Antoine le Grand, « Père des moines » (251-350)

Cet ermite égyptien est le premier moine chrétien issu d'une famille de propriétaires terriens aisés. Il choisit dès l'âge de 20 ans de rejoindre l'école d'un ascète non loin de son village. Il opte plus tard pour un mode de vie de plus en plus rude, s'isolant dans un tombeau ou un fortin. Âgé de 55 ans, il quitta sa retraite pour rejoindre Alexandrie afin de venir en aide aux chrétiens tyrannisés par l'empereur Maximin. Il gagna par la suite le désert et s'installa sur le mont Golzim (proche du Nil). Son retour vers la société ne s'effectuait que pour soigner les malades et instruire les gens.

En 338, alors âgé de 87 ans, il fut rappelé à Alexandrie par les évêques pour réfuter avec son ami Athanase les thèses des Ariens. C'est saint Athanase qui rédigea, après la mort de saint Antoine, les règles qui guidaient la communauté de ses adeptes.

Saint Augustin (354-430), les Chanoines et les Augustiniennes

Ce saint peu ordinaire reste longtemps étranger à l'Église, préférant démontrer que la chair est souvent faible. Converti à Milan, baptisé en 387, il rentre en Afrique où il se dépouille de tous ses biens et entame une vie cénobitique. C'est malgré lui qu'il sera ordonné prêtre puis évêque d'Hippone. Cet infatigable prédicateur, théologien, pasteur, est un être exceptionnel de par sa pensée, sa parole, l'importance de son œuvre écrite, notamment avec La Cité de Dieu (véritable traité sur la théologie chrétienne de l'Histoire). Docteur de l'Église, diverses familles religieuses porteront son nom.

Les chanoines et les augustiniennes, par l'intermédiaire de saint Augustin, se réclament de saint Jean, apprennent l'humilité, la liberté selon l'Esprit, la complémentarité et la solidarité des membres du Christ. L'accent est mis sur la charité. Au XIIIe siècle, à la fin du Moyen Âge, le courant canonial connaît un nouvel essor. Une nouvelle vie évangélique voit le jour. Seules les branches féminines sont proprement contemplatives comme les Augustiniennes. Les Orantes de l'Assomption sont également de spiritualité augustinienne.

Saint Benoît (480-547), les Bénédictins, les Cisterciens et les Trappistes

Benoît de Nursie se fait, très jeune, ermite et vit dans une grotte à Subiaco (Italie). Quelques frères vivant en communauté dans un monastère voisin, lui demandent de devenir leur Père abbé. Les moines, habitués à peu de régularité n'apprécient guère la rigueur de Benoît et vont même jusqu'à tenter de l'empoisonner. L'ermite regagne son désert et tente de fonder une communauté à la vie régulière et commune. Sa règle de vie ne comporte pas moins de 73 chapitres. Elle a pour but de créer des conditions favorables à une parfaite recherche de Dieu dans le cadre d'une vie communautaire fraternelle. La contemplation bénédictine se caractérise par son style de vie selon la triple règle : prière, travail, vie fraternelle.

Les abbayes bénédictines se propagent dans toute l'Europe. Tout autour du lac de Subiaco, naissent 12 monastères. Le pape Grégoire Ier introduisit la règle bénédictine en Angleterre en 597. Deux siècles plus tard, Charlemagne imposa la règle de saint Benoît à tous les monastères. Son fils, Louis le Pieux, quant à lui exigea que tous les moines de l'Empire franc, soient bénédictins, se réservant le droit de nommer lui-même les abbés, jusqu'alors élus par les moines de la communauté. Les abbés sont à l'époque de véritables et riches seigneurs. Au Xe siècle, vient le temps des réformes, à commencer par celle de Cluny. L'abbaye, fondée par Guillaume d'Aquitaine, est placée sous la dépendance du pape. Le modèle clunisien, héritier et propagateur de la règle de saint Benoît, s'ancra profondément dans le système féodal avec de nombreuses terres et dépendances et compta un immense réseau d'abbayes.

Milieu XIVe, l'ordre bénédictin avait fourni à l'église catholique 24 papes, 200 cardinaux, 7 000 archevêques, 15 000 évêques et 1 560 saints canonisés. C'est au mont Cassin, que saint Benoît s'éteint le 21 mars 547, au cœur du plus célèbre monastère européen qu'il avait fondé en même temps que l'Ordre des Bénédictins. Une mort étrange, d'après l'Histoire, car Benoît serait mort debout parmi les moines. En 1958, il sera proclamé Père de l'Europe et patron de l'Occident. La vie bénédictine se décline aussi au féminin dans une vingtaine de monastères en France.

Les Cisterciens

Au XIe siècle, un groupe de moines bénédictins de l'abbaye de Molesme, guidés par saint Robert, fonde le monastère de Cîteaux. Cette fondation s'insère dans un mouvement plus global de retour à la vie évangélique par l'érémitisme et l'ascèse. Le choix est ici fait de s'isoler dans un endroit désert et de pratiquer la règle pure et dure de saint Benoît, y compris le silence. Rejetant les revenus féodaux, les moines y vivent dans une grande pauvreté, avec les seuls revenus de leur travail. Même le mobilier de la chapelle est dépouillé. C'est l'arrivée de saint Bernard de Clairvaux accompagné de trente compagnons en 1113 qui va donner un véritable élan au lieu. A sa mort, en 1153, il existait plus de 300 monastères cisterciens, dont 69 fondés directement par Clairvaux. Plus de 700 abbayes cisterciennes étaient recensées à la fin du Moyen Âge. L'Ordre avait essaimé dans toute l'Europe ainsi que dans les pays du Levant. Au XIIe siècle, il devint le plus influent au sein de l'Église catholique, succédant ainsi aux bénédictins de Cluny. Les cisterciens contribuèrent, entre autres, au renouveau économique de l'Europe en étant les promoteurs de nouvelles techniques agricoles. Ils développèrent l'architecture gothique.

Les cisterciens marquèrent le XIIe siècle comme un modèle parfait de vie évangélique mais les entorses à la pureté primitive de la règle ne tardèrent point. Le prestige de cette communauté décroît alors au profit des ordres mendiants. Une période de déclin s'amorça à partir du XIIIe siècle. Le renouveau monastique et spirituel se manifesta au XVIIe siècle puis au XIXe. Aujourd'hui, deux abbayes masculines et deux monastères féminins représentent l'Ordre de la Commune Observance en France.

Les Trappistes

C'est Armand Jean Le Bouthillier de Rancé, abbé cistercien de Notre-Dame de la Trappe qui, en 1664, établit une règle extrêmement austère de stricte observance. Chassés par la Révolution en 1792, les trappistes se réfugièrent en Suisse, Russie et Allemagne avant de revenir en France en 1814. Tous les cisterciens, ayant adopté la

Peinture représentant Saint Augustin.

réforme trappiste, furent, sous le pontificat de Léon XIII, en 1892, regroupés en un seul ordre indépendant qui reçut en 1902, le nom d'Ordre des Cisterciens réformés de la Stricte Observance. Si les monastères trappistes ont assoupli leurs règles, après le Concile de Vatican II, elles font tout de même partie des plus austères de l'Église catholique : prière, lecture, travail manuel dans le respect du silence qui veut préserver le plus possible le recueillement intérieur. Ces dernières années, on dénombrait 170 monastères trappistes dans le monde dont 15 en France pour les moines et 14 pour les moniales.

Saint Bruno (1035-1101), les Chartreux

Bruno est né à Cologne. Très vite, il ressent une vive attirance pour la vie contemplative. C'est vers 1050, qu'il est ordonné prêtre. Il retourne à Reims où il devient écolâtre (au Moyen Âge, on désignait ainsi un ecclésiastique qui dirigeait une école de cathédrale ou une école rattachée à une abbaye). Théologien durant de longues années, il compta parmi ses nombreux élèves le futur pape Urbain II. Il n'admet pas le commerce des biens spirituels (simonie) pratiqué par l'archevêque de Reims. Ce dernier lui ôte sa chaire, une partie de ses biens et le chasse. Son idéal contemplatif lui fait gagner le département de l'Isère en Dauphiné. C'est dans le massif de la Chartreuse que saint Bruno et quelques camarades fondent une église en 1084, puis un monastère qui deviendra la Grande Chartreuse actuelle et le centre d'un ordre religieux qui va s'installer dans le monde entier. Les Chartreux sont des ermites avec une part de vie commune. C'est l'une des plus difficiles qui soit. Une spiritualité d'exception, où l'on quitte tout pour acheter sa liberté de ne penser qu'à Dieu : ascèse, pénitence, pauvreté, obéissance, vie effacée enfouie dans le silence de la solitude qui devient plénitude.

Saint Dominique (1170-1221), les Dominicains

Dominique fut le fer de lance de la prédication chrétienne au XIIIe siècle. Il fut canonisé 13 ans après son décès à Bologne où ses reliques sont conservées. Les Vaudois et Cathares le surnomment « le chien de Dieu ». Il est vrai qu'il se dressait contre toutes formes d'hérésie et en particulier dans le Sud de la France, qu'il découvrit en accompagnant son supérieur au Danemark.

Il consacra alors sa vie à l'évangélisation des hérétiques et des personnes sans instruction. En 1205, il fonda un ordre de religieuses dominicaines puis, en 1214, le premier couvent dominicain à l'église Saint-Romain, à Toulouse. L'ordre dominicain, exemple évangélique de la pauvreté, fut officiellement reconnu par le pape Honorius III, en 1216. Les frères occupèrent d'importantes fonctions dans l'église. Quatre

Saint-Bruno refusant les cadeaux du compte de Calabre.

papes et plus de 60 cardinaux sont issus de leurs rangs, de même que de grands philosophes et théologiens : saint Thomas d'Aquin, saint Albert le Grand, Vincent de Beauvais, à qui l'on doit l'importante encyclopédie médiévale Speculum majus. L'accent est mis sur la Parole de Dieu. Le dominicain souffre de tout ce qui l'éloigne de l'Évangile et du péché qui abîme. Il prêche le don total de soi au Christ, pour que s'accomplisse le mystère du salut. Sa prière est ardente et suppliante, sa prédication l'expression d'une intense contemplation et le fruit de sérieuses recherches théologiques.

Saint François et sainte Claire (1193-1253), les Franciscains et les Clarisses

Sainte Claire fut canonisée deux ans après sa mort par le pape Alexandre IV. Ses obsèques furent suivies par une multitude de personnes et notamment par de nombreux représentants de l'Église. Il n'est pas courant au XIIIe siècle, de voir un pape suivre un enterrement. Disciple de saint François d'Assise, elle fonda l'ordre des pauvres dames qui devinrent des Clarisses. Comme les Franciscains, elles vivent dans la plus extrême pauvreté. Saint François vécut, avant de fonder son ordre au début du XIIIe siècle, dans le plus extrême dépouillement, vouant son existence à la prédication et au service de Dieu. Saisis par le Christ, les franciscains sont avant tout au service du malade et du pauvre. Ils manifestent la « Bonne Nouvelle ». Ils provoquent par l'exemple et la parole donnée dans un monde mercantile dominé par l'argent. Obéissance et fraternité itinérante pour les hommes (mendiants parce qu'ils ne possèdent ni revenus, ni terres), contemplation pour les sœurs.

PRINCIPAUX SAINTS ET ORDRES MONASTIQUES

© MARC CLINTON LABIANO - SHUTTERSTOCK.COM

Thérèse d'Avila.

Saint François de Sales (1567-1622) et sainte Jeanne de Chantal (1572-1641) Les Visitandines

Né dans une famille aisée, saint François de Sales, très pieux, fit des études. Sa vie fut bien remplie, prêtre et missionnaire, anti-calviniste (le terme est un peu fort car saint François de Sales a essayé de dialoguer avec les calvinistes, comprenant que ce n'était ni la force, ni la répression qui les feraient changer d'idée mais l'exemple d'une vie vraiment chrétienne faite de charité), évêque de Genève, conseiller royal, théologien... Il est aussi patron des journalistes. Eh oui, c'est lui qui a inventé la presse et la propagande écrite ! Avant d'être enterré à Annecy, il avait déclaré que la sainteté n'était pas incompatible avec une vie non religieuse. Ce qui provoqua quelques remous ! Il fut béatifié 40 ans après sa mort et canonisé 3 ans plus tard. Quant à sainte Jeanne de Chantal, elle est née dans une famille aristocratique. Son père est président au parlement de Bourgogne. Elle épousa le baron de Chantal. De cette union naîtront 6 enfants. Parmi ses petits-enfants figure la célèbre marquise de Sévigné. Veuve, elle recherche la consolation dans la religion. Disciple de saint François de Sales, elle fonde l'ordre des Visitandines. Son corps repose à Annecy. La visitandine est à la recherche d'une contemplation de plus en plus dépouillée, où la sainteté ne consiste pas en actions spectaculaires ou en un genre de vie particulier, mais dans la perfection de la charité. Un amour de l'autre tel qu'il est, dans sa différence, un esprit profondément « humaniste », soucieux de justice sociale et proche des réalités familiales. Mais également esprit missionnaire et apostolique, surtout depuis le XIXe et le XXe siècle.

Saint-Norbert (1080-1134) Les Prémontrés

En parallèle du véritable empire de Cluny et de Cîteaux, naissent d'autres communautés, comme l'ordre des Prémontrés. Fondé en 1120 par Norbert de Xanten, c'est la plus grande congrégation de chanoines réguliers. Riche seigneur allemand, saint Norbert reçut en 1115 une conversion foudroyante qui le conduit à mener la vie errante de prédicateur. Encouragé par l'évêque Barthélemy de Laon, il fonde dans la forêt de Gobain, dans l'Aisne, une communauté qui tire son nom du lieu-dit où elle s'installe : le Prémontré. Grâce au rayonnement de la maison mère, d'autres communautés sont fondées dans toute l'Europe. Cent ans après sa mort, l'Ordre compte déjà 600 maisons qui suivent la règle de saint Augustin. Lors de la Révolution française, les prémontrés s'exilent ou deviennent curés de paroisse. Les premières restaurations d'abbayes prémontrées commencent en 1858. L'influence de saint Norbert au XIIe siècle ainsi que la vie de son Ordre gardent, aujourd'hui encore, un impact sur la vie intellectuelle et religieuse d'une certaine élite.

Les Carmes et les Carmélites

L'ordre de la Bienheureuse Vierge Marie du mont Carmel a été fondé au XIIe siècle par le saint (français) Berthold de Calabre, en Palestine. La première règle fut écrite en 1209 par Albert de Vercelli qui astreignait les carmes à une vie austère, observant l'obligation de pauvreté et de solitude. Une règle qui sera modifiée par saint Simon Stock, après les Croisades. Les carmes devinrent alors des moines mendiants. L'Ordre se développe alors en Europe, où les premiers monastères féminins voient le jour.

Au sein de l'Ordre, seront créées au XVIe siècle, deux branches indépendantes : les carmes chaussés (suivant la règle de saint Simon Stock) et les carmes déchaux (suivant la réforme du mystique espagnol saint Jean de la Croix). En Espagne, le Carmel est renouvelé par sainte Thérèse d'Avila (1515-1582). C'est dans cette ville de Castille où elle naquit qu'elle fonda son premier couvent de carmélites. Une fondation suivie par plusieurs autres pour femmes et pour hommes. C'est entre autres, à cause de ses fondations et des réformes de l'ordre que Thérèse sera canonisée. Elle a 20 ans lorsqu'elle entre au couvent d'Avila au beau milieu de quelque 180 nonnes pas très regardantes sur l'application de la règle. Elle s'engage alors davantage dans la vie monastique. Les exégètes de sa vie se passionnent pour ses écrits talentueux, notamment son livre intitulé Le Château intérieur. Après sa mort, ses premières compagnes sont appelées à fonder un carmel à Paris, par Madame Acarie et le cardinal de Bérulle. Il y a aujourd'hui en France de nombreux carmels. L'Ordre compte certains des plus grands mystiques catholiques, tels Jean de la Croix, Thérèse d'Avila, Marie-Madeleine de Pazzi et Thérèse de l'Enfant-Jésus, reconnue « docteur de l'Église », le 19 octobre 1997. Carmes et carmélites sont les héritiers des ermites de Palestine. Il s'agit de se dépouiller pour se laisser envahir par Dieu. La vie au carmel est une vie d'ermites en communauté, où l'amour fraternel n'a pas de frontières et atteint les extrémités de la terre. Une prière qui demeure avant tout sobre et simple.

Jeanne de France (1464-1505) Les Annonciades

Fille de Louis XI et de Charlotte de Savoie, Jeanne de France reçut à l'âge de sept ans une vision de la Sainte Vierge, qui lui demanda de créer un ordre religieux qui lui soit dédié : « Avant ta mort, tu fonderas une religion en l'honneur de moi et, ce faisant, me fera grand plaisir et service », lui aurait dit la Vierge alors que Jeanne était en prière. L'idée ne la quitta jamais. Mais elle ne réussit pas à mettre le projet à exécution à cause d'un mariage forcé avec le jeune Louis d'Orléans. Mais le futur roi Louis XII, qui la trouva difforme et stérile, réussit à faire reconnaître la nullité du mariage par le Vatican. A titre de compensation, Jeanne reçoit le duché de Berry, en 1499. Elle exerça un gouvernement juste et efficace sur toute la région : soins aux pauvres et aux malades, fondation du collège Sainte-Marie, agrandissement de l'hôtel-Dieu. Elle s'entoure de conseillers compétents et soutient les franciscains. Sa spiritualité est marquée par son époque, fin du XVe siècle, et le profond mouvement de renouvellement de la Devotio moderna. Soutenue par les seigneurs d'Amboise et aidée par son confesseur, le père franciscain Gabriel Maria, elle fait approuver par le pape Léon X, la règle des Annonciades et fonde, à Bourges, le 12 février 1502, le premier monastère de l'Ordre. Dès le début de son ordre, Jeanne de France a voulu offrir à chacun la possibilité de partager – dans l'état de vie qui est le sien – la spiritualité évangélique et mariale de l'Annonciade.

Elle meurt peu de temps après en 1505. Béatifiée en 1742, elle sera canonisée en 1950 par le pape Pie XII. Dès sa fondation, l'Ordre a essaimé jusque dans le Sud-Ouest de la France (notamment autour d'Albi), mais également en Flandres, à Paris, puis en Lorraine. A la veille de la Révolution, qui marque le coup d'arrêt de son expansion, on compte une cinquantaine de fondations. Le XIXe siècle fut celui de la reconstruction de l'Ordre qui abrite 6 monastères en France.

Adoration réparatrice

Cette congrégation féminine, fondée par la Vénérable Mère Marie-Thérèse du Cœur de Jésus (Théodelinde Dubouché) compte récemment dix maisons. Religieuses et laïques se relaient jour et nuit pour adorer et prier. Une vie contemplative simple, rythmée par de courts offices. Une vie sans clôture, ce qui rend les sœurs de l'Adoration si proches et si familières. La maison mère se situe 39, rue Gay-Lussac à Paris dans le 5e.

Les Capucines

Ordre des Capucins : les capucins sont une branche des religieux disciples de saint François d'Assise (1182-1226) au même titre que les franciscains ou les frères conventuels. Ils sont actuellement environ 10 500 dans le monde. Les capucins de France appartiennent à la province de France de l'Ordre des Frères Mineurs Capucins.

Vivant en communautés ils s'efforcent de suivre l'exemple de saint François d'Assise, c'est-à-dire avec simplicité, proximité du peuple, esprit fraternel dans leurs couvents ainsi que dans leurs activités au service de leurs contemporains et de l'Église. Leur spécificité résidant également dans l'importance qu'ils accordent à la vie contemplative.

Ordre des Clarisses capucines : à l'origine de cet ordre il n'y a que quelques moniale vouées au traitement des incurables hospitalisés et qui sont soumises à la règle du tiers ordre franciscain. Mais en 1523, elles adoptèrent la règle de sainte Claire sur les mêmes bases que celles des Frères Mineurs capucins. Elles sont d'ailleurs placées sous leur direction spirituelle en 1538 et en adoptent le nom en y adjoignant celui de clarisses. C'est Mère Françoise Taffin qui fonda, à Bourbourg en 1614, la branche féminine de l'Ordre capucin, dénommée Ordre des Clarisses capucines.

UNE RETRAITE SPIRITUELLE EN PRATIQUE

Que vous soyez croyant ou non, catholique ou protestant, chrétien, musulman, bouddhiste… la plupart des lieux de retraites proposés dans cet ouvrage accueillent toutes les confessions sans distinction. Personne ne vous demandera votre certificat de baptême à l'entrée. Les raisons d'entreprendre une démarche de retraite spirituelle sont toutes personnelles, et multiples. Stress lié au travail, accident de la vie, besoin de ralentir le rythme effréné que la civilisation actuelle vous impose, rencontre avec soi-même, avec Dieu, ou tout simplement besoin de repos physique… La retraite peut s'imposer comme une évidence, et dans ce cas cet ouvrage vous permettra de faire le tri parmi les différents types de retraites proposées. Elle peut aussi être une option parmi d'autres, une hésitation, ou une suggestion surprenante d'un proche, et dans ce cas, nous espérons vous aider à prendre une décision.

Bien choisir son lieu

Tous les monastères ne se ressemblent pas, loin s'en faut. Pas question ici de parler de différence de qualité en ce qui concerne la retraite elle-même, et les prestations annexes telles que l'hébergement ou la nourriture sont en général tout à fait honnêtes. En tout cas pour les établissements cités dans ce guide. Mais le style de retraite, les programmes, le type d'hébergement, peuvent varier grandement.

Par exemple, la plupart des monastères accordent une grande place au silence. Renseignez-vous sur ce point, car si rester de longues heures sans parler ni entendre parler vous pèse psychologiquement, peut-être devriez-vous vous orienter vers un programme accordant plus de place à l'échange ou à la rencontre.

De la même manière, les conditions de logement peuvent être volontairement spartiates, pour favoriser le retour sur soi-même. Si vous avez besoin d'un lit douillet, tenez-en compte lors de la sélection de votre lieu de retraite.

Aussi, il vous faudra être à l'écoute de vos envies pour choisir l'environnement qui vous conviendra le mieux. Demandez-vous dans quel cadre vous vous sentez le plus calme. La nature vous

inspire-t-elle ? De nombreux lieux de retraite offrent un écrin de nature absolument superbe et inspirant. Avez-vous besoin de vous retrouver avec vous-même le soir avant de vous endormir ? Privilégiez les établissements offrant un hébergement en rapport avec ce besoin. Enfin, certains préfèrent le mouvement, la méditation en action… Plus loin dans ce livre nous traitons le Chemin de Compostelle, une belle façon de se retrouver soi-même tout en se dégourdissant les jambes !

L'accueil

L'accueil de l'hôte est cher à la règle de saint Benoît, vous n'aurez aucun mal à trouver porte ouverte dans de nombreux monastères. Mais attention, sachez où vous allez. Un monastère n'est pas un hôtel, c'est un lieu de recueillement avant tout. Sont cités dans ce guide, notamment, les monastères qui accueillent en clôture ou hors clôture (la clôture est une enceinte qui entoure le monastère, et dont l'accès est réservé uniquement aux religieux). Parfois le nombre de chambres destinées à cette hôtellerie monastique est très limité, en partie car une retraite réussie nécessite du calme. Difficile de se retirer du monde au milieu de dizaines d'autres participants.

La personne désireuse de passer un séjour dans ce royaume secret et étonnant doit s'engager à respecter le lieu qui est avant tout destiné à la prière. Une tenue vestimentaire correcte, une participation aux offices religieux, le respect de la vie communautaire dans le silence (parfois absolu) et la solitude, sont des conditions à suivre scrupuleusement. Les règles diffèrent d'un établissement à l'autre, mais doivent être suivies. Simple question de respect pour vos hôtes.

Les durées de retraite sont variables, mais un séjour spirituel ou de ressourcement est en général de courte durée, et ne peut qu'exceptionnellement dépasser 8 jours. Les équipements d'hébergement sont parfois limités au strict nécessaire (cellules, dortoirs ou chambres), ce qui permet de rajouter un sens plus authentique à cette expérience unique auprès de ces hommes et femmes épris d'absolu, vouant leur vie à Dieu.

Les tarifs du séjour se traduisent généralement par une libre participation aux frais, selon les moyens de chacun. Les prix indiqués dans le guide sont par personne et par jour. Hébergement seul, signifie nuit plus petit déjeuner, et dans le cas contraire, cela sera précisé. Enfin, sachez qu'il faut en général réserver auprès de la Sœur ou du Frère hôtelier, plusieurs semaines à l'avance en indiquant ses motivations.

La préparation

Tout voyage se prépare, même s'il s'agit d'un voyage en soi-même. Si vous envisagez d'entreprendre votre première retraite, vous vous posez sans doute beaucoup de questions. Tout d'abord, sachez qu'un simple coup de fil à l'établissement qui a retenu votre attention suffira sans doute à éclaircir bien des incertitudes.

Voici quelques réponses à des questions que tout nouveau retraitant se pose. Et en premier, que mettre dans sa valise quand on part en retraite. Bien que les conditions soient parfois spartiates, pas besoin d'emporter votre sac de couchage. La plupart des hébergements proposés fournissent la literie, d'autant que vous paierez une aide financière qui normalement couvre ces frais. Comme vous partez pour un certain temps et vous retrouverez souvent face à vous-même, la tentation peut être grande de vous munir de quoi « tuer le temps ». Aucun monastère ne vous interdira quoi que ce soit bien évidemment. Pensez tout de même que vous partez pour vous ressourcer, et que donc une musique trop prenante ou trop présente, ou un roman trop distrayant pourraient vous éloigner du chemin. Si vous souhaitez tout de même prévoir au cas-où, privilégiez de la musique calme, et de la lecture spirituelle.

En théorie inutile également de prendre de quoi satisfaire une petite faim entre les repas, qui sont normalement conçus pour rassasier les corps pendant que vous cultivez votre esprit. Bien entendu, c'est une question de choix, et il ne s'agit pas de se créer des conditions d'angoisse avant même d'avoir entamé votre retraite.

Le déroulement d'une retraite

Encore une fois, gardez en tête que les conditions sont spartiates. Vous pouvez tout à fait emporter votre téléphone, bien que souvent il s'agisse du premier objet à volontairement laisser derrière vous. Mais de nombreux monastères sont situés dans des zones géographiques où les réseaux téléphoniques ne sont pas très développés, et le wifi n'est pas la préoccupation principale des communautés qui cherchent plutôt à s'isoler du monde.

L'emploi du temps est réglé par les temps forts de la vie en communauté. Il n'est pas obligatoire de se rendre à tous les offices, mais si vous comptez vivre la vie des moines et moniales, ou tout simplement la comprendre, il est recommandé d'assister à deux ou trois par jour. Entre ces temps de prière, vous pouvez en général si vous le souhaitez vous rendre en ville pour quelques courses, mais il est déconseillé de vous disperser trop.

Ces conditions peuvent paraître un peu strictes à la lecture de ce paragraphe, mais elles mettent en avant l'élément le plus important de toute retraite : vous ressourcer et vous retrouver, dans une atmosphère sans obstacles matériels.

LE PÈLERINAGE DE SAINT-JACQUES DE COMPOSTELLE

Si une retraite dans un monastère est particulièrement propice à l'introspection, une toute autre forme de méditation est choisie par de nombreux candidats à la réflexion, à la contemplation ou au retour sur soi-même : le pèlerinage. Trouvant son origine pour les chrétiens dans la route d'évangélisation du Christ, puis de ses apôtres, il est loin d'être l'apanage de cette religion, et on trouve des traditions pèlerines par exemple dans l'Islam comme dans le bouddhisme. Inscrit à titre de bien culturel en série au Patrimoine Mondial de l'UNESCO en 1998, Saint-Jacques de Compostelle est, plus qu'un chemin, un réseau de routes dont le but est le tombeau attribué à l'apôtre saint Jacques le Majeur, situé dans la crypte de la cathédrale de Saint-Jacques-de-Compostelle en Galice (Espagne). Il attire chaque année plus de 200 000 pèlerins. Instauré dès le début du IXème siècle, il est considéré par les catholiques comme faisant partie des trois grands pèlerinages de la chrétienté, avec Rome et Jérusalem.

Histoire de Saint-Jacques-de-Compostelle

Saint Jacques était l'un des douze apôtres. Avec son frère Jean l'évangéliste, il décide de tout quitter pour suivre le Christ. Après l'Ascension de Jésus, mort et ressuscité, la tradition rapporte qu'il évangélise l'Espagne. Sa mort est attestée en l'an 43 à Jérusalem, au moment des persécutions d'Hérode Agrippa. L'arrivée de son corps à Compostelle, comme les épisodes de sa vie en Espagne, a donné naissance à de nombreuses légendes : il serait arrivé en Galice, où il ne réussit en fait à faire que peu de conversions. Mais la Vierge lui serait apparue dans la vallée de l'Ebre pour le rassurer sur le fruit de ses efforts. Après son martyr, ses disciples auraient emporté son corps en Galice où son tombeau est redécouvert en 815 par un ermite pour lequel une étoile en aurait désigné l'emplacement (Compostelle : Champ des étoiles ou encore cimetière). Le pèlerinage s'est développé dès le Xe siècle pour connaître un très grand succès tout au long du Moyen Âge, puis décliner peu à peu.

Au Moyen Âge, le pèlerinage est avant tout un acte de foi qui, dans certains cas, pouvait être imposé comme une pénitence. Le pèlerin médiéval portait bourdon (un grand bâton qui l'aide dans sa marche mais aussi à se défendre), besace et gourde. On ne connaît pas vraiment l'origine du symbole de la fameuse coquille de Compostelle. On sait qu'à la fin du Moyen Âge, elle sera l'emblème de tous les pèlerinages. La renaissance du pèlerinage notamment au départ de la France, pays où il avait été presque oublié, date des années soixante, grâce en grande partie à l'action de la Société française des Amis de Saint-Jacques. Mais c'est surtout depuis une trentaine d'années que le pèlerinage de Compostelle est devenu un phénomène de mode pour un public, il est vrai, de plus en plus diversifié et qui part avec des objectifs variés : découverte culturelle, exploit sportif ou véritable quête spirituelle.

En pratique

Côté administratif, une créanciale, document de recommandation attestant de l'état de pèlerin, est éditée par la Pastorale du tourisme de l'Église catholique. La créanciale engage celui qui l'a reçue, tout au long du chemin : c'est un signe fort d'appartenance au peuple des pèlerins. L'attestation du pèlerinage, Compostella, est donnée à Saint-Jacques-de-Compostelle, au vu de la créanciale dûment tamponnée aux haltes quotidiennes sur tout ou partie notable du chemin. De nombreuses associations jacquaires délivrent leur propre crédenciale. Dans tous les cas, ce document est indispensable en Espagne pour avoir accès aux gîtes.

(Direction des Pèlerinages ✆ : 01 55 79 96 03 – Email : pelerinages@diocese-paris.net)

Le pèlerinage peut s'effectuer entre le 1er avril et le 15 octobre en raison des conditions climatiques. La fête de saint Jacques a lieu le 25 juillet et un grand nombre de pèlerins s'arrangent pour arriver à ce moment-là. Les festivités se déroulent à Compostelle du 20 au 25 juillet. Lorsque le 25 juillet tombe un dimanche, l'année est jubilaire et le pèlerin peut, sous certaines conditions, recevoir la grâce de l'indulgence. Symboliquement, une porte sainte de la cathédrale de Saint-Jacques est ouverte le premier jour de ces années et refermée le dernier. Les prochaines années jubilaires auront lieu en 2027, 2032, 2038 et 2049.

La plupart des pèlerins partent de mai à septembre. Cependant, parfois la chaleur peut être difficile à supporter notamment sur la partie espagnole du chemin et il est aussi plus difficile de trouver une place dans les gîtes en pleine saison. Pour ceux qui préfèrent l'arrière-saison, il faut alors prévoir un équipement plus spécialisé notamment pour la traversée des Pyrénées. L'idéal est, pour ceux qui peuvent se le permettre, les mois de mai et octobre. A pied, il faut compter un mois de Saint-Jean-Pied-de-Port à Compostelle, deux mois au départ du Puy-en-Velay, trois mois si le départ a lieu à Vézelay. Il n'est pas recommandé de partir entre novembre et mars à cause du climat (pluie et neige), et parce que beaucoup de gîtes sont alors fermés.

Le budget à prévoir est assez élevé notamment en France. Tout dépend donc du pays où vous circulez et du standing que vous choisirez pour votre hébergement. Le camping est la solution la moins onéreuse. Sont également bon marché les hébergements pour pèlerins (de 10 à 15 € la nuitée en France et de 5 à 10 € en Espagne où l'on peut aussi participer librement aux frais). La gamme de prix pour les autres hébergements est large. En ce qui concerne la restauration, les gîtes possèdent généralement une cuisine commune où l'on prépare soi-même ses repas et petits-déjeuners. L'astuce pour minimiser les frais et éviter les restaurants, c'est de partir équipé d'un réchaud et de quelques gamelles. Toutefois, un menu du pèlerin, ou menu del peregrino, est parfois proposé par certains restaurants en fonction des villes traversées.

Pour un budget moyen il faut compter environ 30 € par jour en France et de 20 à 25 € en Espagne. Des tarifs qui peuvent être revus à la baisse en fonction du choix d'hébergement et de restauration.

Le logement dans un gîte ou une communauté religieuse n'a évidemment pas le même sens que loger en individuel à l'hôtel ou dans une chambre d'hôte. Dans tous les cas, et quels que soient les moyens du pèlerin, un partage des tâches est souvent bienvenu.

Les diverses associations jacquaires éditent des guides recensant les lieux d'accueil. Attention : en période estivale beaucoup de gîtes sont proches de la saturation. Prévoyez des solutions de rechange : hôtels à petits prix, logements chez l'habitant, gîtes ruraux ou même camping ! Pour information peu de gîtes admettent les chiens.

Les étapes sont fonction des possibilités de chacun : condition physique et nature du parcours. Astuce : pour faciliter votre hébergement, ne respectez pas à la lettre les étapes des livrets, faites votre propre découpage. Certains pèlerins parcourent les chemins de Compostelle en vélo, à cheval ou accompagnés d'un âne. Pour ceux qui pratiquent peu d'activités physiques, il est conseillé de s'entraîner sérieusement les mois précédents. Il est également possible d'organiser son pèlerinage en plusieurs étapes de 8 à 15 jours, sur plusieurs années successives.

En ce qui concerne l'équipement, on conseille en général de prendre un sac pesant environ 10 % du poids du porteur. Une astuce : on peut se faire expédier (en France mais pas en Espagne) d'un point à l'autre les gros vêtements par exemple ou tout ce qui prend de la place et du poids. En revanche, il vaut mieux s'équiper d'un grand bâton pour accompagner la marche, de boussole, lampe, sifflet, ficelle, gourde, chapeau, crème solaire, trousse de pharmacie d'urgence et bien sûr d'une paire de bonnes chaussures de marche et d'une autre paire de rechange (que l'on peut aussi trouver tout au long du chemin). Tout doit être pesé, le plus léger sera choisi.

Pèlerins sur le chemin de Saint-Jacques de Compostelle, Auvillar.

Les quatre routes à pied

En France, quatre voies célèbres permettent d'atteindre les Pyrénées, que l'on traverse à Roncevaux ou au Somport. Elles ont été décrites au XIIe siècle dans le Codex Calixtinus : la voie de Tours (Scandinavie et Europe du Nord), la voie de Limoges Vézelay (Pologne et Allemagne), la voie du Puy (Pays danubiens et suisses) et la voie de Toulouse ou voie d'Arles (Italie). Chacune de ces routes recevait des pèlerins venus de l'Europe entière par différentes voies de ralliement. Les quatre voies se réunissent à Puenta-la-Reina en Espagne. Le chemin français (le « camino frances ») passe alors par Burgos et Léon. Le manuscrit du Codex est conservé à la bibliothèque du chapitre de la cathédrale de Saint-Jacques. Le texte a été compilé vers 1130 par un moine du Poitou, Aymeri Picaud. Dans ce « guide », l'auteur dessine le tracé des chemins et énumère les lieux de dévotion qu'ils traversent. Au Moyen Âge, chacun partait de chez soi, les pèlerins n'avaient alors à leur disposition ni guides ni cartes. Les récits de ces marcheurs qui sont parvenus jusqu'à nous, montrent qu'on voyageait rarement seul. Il existe un certain nombre d'itinéraires, qui sont aussi des « guides » écrits par les pèlerins à partir du XIVe siècle : l'itinéraire de Namur (1380), le récit de Sire de Caumont (vers 1417), le récit des frères Platter (XVIe siècle), le guide du père Dominique Laffi, un prêtre italien (1676) ou l'itinéraire de Senlis (XVIe siècle). Ces récits permettent de se faire une idée des routes secondaires en dehors des quatre grandes routes. Il reste aujourd'hui que ce sont ces fameuses quatre routes, même si elles ne sont pas à proprement parler « l'unique et vrai chemin de Compostelle » qui font l'objet d'une mise en valeur touristique et d'un balisage. La plupart des chemins principaux sont ouverts, équipés (balisage, guides pratiques, hébergements en grand nombre) et fréquentés dans le cadre des sentiers de grande randonnée (GR). Si la route n'est pas exactement celle du pèlerin médiéval, les étapes conservent une authenticité historique. Elle est attestée par la présence d'un accueil, d'un lieu de dévotion ou d'un sanctuaire.

La voie du Puy-en-Velay (1 531 km)

C'est le premier chemin attesté historiquement, depuis le pèlerinage de l'évêque du Puy, Gothescalc en 950. Il passe par de hauts lieux comme le Puy, Conques, Rocamadour, Moissac, et Roncevaux. Il était au Moyen Âge le prolongement d'une voie d'Europe centrale venant de Pologne, de Hongrie, d'Allemagne, d'Autriche et de Suisse. Son succès tient au prestige des sites qui le jalonnent : la cathédrale du Puy et sa Viergenoire, l'église Sainte-Foy de Conques et son buste reliquaire, l'abbaye Saint-Pierre de Moissac et son cloître. Son parcours notamment entre Le Puy et Conques, dans un milieu naturel en grande partie préservé, est unanimement reconnu comme l'un des plus beaux. Le balisage est complètement réalisé et l'hébergement très dense. La voie (GR 65) est ouverte depuis 1975, un GR la prolonge jusqu'à Cluny. Il est toujours le chemin le plus fréquenté par des pèlerins français et étrangers. Les associations jacquaires essaient d'y maintenir un esprit pèlerin. Plusieurs itinéraires alternatifs ont vu le jour sur son parcours traditionnel dont un à partir de Figeac après Conques et faisant une boucle par Rocamadour et Agen.

L'association du Bas Rouergue vers Compostelle a réhabilité depuis 2003 deux itinéraires, variantes de la route classique. L'un établit une liaison Conques-Toulouse qui permet de rejoindre la route d'Arles en prenant la direction de Varaire et l'autre permet de relier Conques à Moissac en passant entre autres par Villefranche-de-Rouergue.

La route de Tours (1 460 km)

Très fréquentée au Moyen Âge par les pèlerins venant d'Angleterre ou de Scandinavie, de Flandres et de Picardie, elle était aussi choisie par certains partant d'Île-de-France pour la rejoindre ensuite à Tours ou à Chartres. De nos jours elle est moins utilisée car elle n'est pas toujours bien jalonnée ni bien fournie en hébergements pour pèlerins. Présentant peu de dénivelés elle peut aisément être parcourue à vélo. Son parcours alterne des sentiers de randonnées avec des chemins forestier ou même de petites routes de campagne.

Le chemin d'Arles (1 589 km)

Cette autre route est également appelée route de Toulouse, route de Saint-Gilles, route de Provence ou encore route du Sud. Sur son parcours se trouvent des lieux historiques de renom dont certains remontent à l'Antiquité. Au Moyen Âge, elle était empruntée dans les deux sens selon que l'on se rendait à Compostelle ou bien à Rome (ces pèlerins étaient appelés les Roumieux) ou à Jérusalem. Elle accueillait donc des fidèles provenant aussi bien de Provence, d'Italie, d'Allemagne et d'Europe centrale que d'Espagne et du Portugal. Aujourd'hui son balisage suit le GR 623. Elle est moins fréquentée que le chemin du Puy-en-Velay et est une alternative méridionale intéressante. Parmi les sites remarquables qu'il traverse on peut citer Arles, Saint-Gilles-du-Gard, Montpellier, Saint-Guilhem-le-Désert, Castres, Toulouse, L'Isle-Jourdain, Auch, Saint-Christaud, Morlaàs, Lacommande ou encore Oloron-Sainte-Marie. De la Provence aux Pyrénées il affronte une grande diversité de climats et de paysages. Il faut noter que sur certaines portions situées bien avant les Pyrénées, par exemple entre Saint-Guilhem et Castres, le dénivelé peut être très important et que l'hébergement est parfois rare sur certains tronçons du parcours.

La principale variante à la voie principale est celle du piémont pyrénéen qui est devenue, par l'importance qu'elle a prise, une vraie voie secondaire parfois appelée cinquième voie.

Il y a également, la possibilité de rejoindre Lourdes (voie du Piedmont des Pyrénées) à partir de Maubourguet en suivant le GR 101.
Et aussi, l'itinéraire de Saint-Bertrand-de-Comminges et Luchon à partir de Pibrac en suivant le GR 86.

La route de Vézelay (1 648 km)

Cette « Voie historique de Vézelay » a été réalisée par l'Association des Amis et Pèlerins de Saint-Jacques de la voie de Vézelay. Elle recueille et prolonge les chemins de Saint-Jacques en provenance d'Allemagne, de Belgique et de Hollande. Elle part de Vézelay et plus particulièrement de sa basilique, haut lieu de pèlerinage depuis le Moyen Âge. Son balisage est bien visible tout le long de son trajet et les étapes bien organisées. Il n'est donc pas indispensable de se munir de cartes sauf pour ceux qui voudront suivre leur propre chemin. De même, pas d'inquiétude particulière pour les hébergements le long du parcours, grâce aux gîtes pour pèlerins de plus en plus nombreux mis à disposition par les associations jacquaires des 11 départements qu'elle traverse. Cependant cette voie est considérée comme relativement difficile à cause de la longueur moyenne de ses étapes.
Un itinéraire différent, suivant le GR 654, créé par la Fédération française de la randonnée pédestre, permet de rejoindre Montréal-du-Gers à partir de Vézelay en passant entre autres par la Charité-sur-Loire, Nevers, Limoge et Périgueux.
Et un itinéraire de liaison permet de rejoindre la voie du Puy à partir de Bergerac.

A cheval, avec un âne ou sur deux roues

Bien que l'on s'éloigne ainsi de la démarche traditionnelle des pèlerins de Saint-Jacques pour qui seul le parcours à pied avec l'effort continu et prolongé qu'il demande et les périodes de méditation qu'il permet, fait entièrement partie de la substance de ce pèlerinage, on a également la possibilité d'utiliser d'autres formes de déplacement. Pour certaines étapes on peut envisager de se déplacer à cheval ou accompagné d'un âne ou d'un mulet. Enfin quelques irréductibles du VTT pourront en parcourir quelques étapes sur leur monture favorite.
A cheval, il est difficile d'effectuer, comme l'ont fait certains, l'ensemble du pèlerinage sur une des 4 voies principales. Mais tout au long du parcours quelques prestataires de services ou associations proposent des randonnées organisées au long de différentes étapes de différentes voies de Saint-Jacques.
L'accompagnement par un ou plusieurs ânes, paisible compagnon de route peu bavard, peut être très utile pour transporter ses bagages ou sa petite famille. D'autre part il suscite une véritable dynamique de marche. Vous pourrez les louer soit avec un guide accompagnateur, soit en solitaire pour un trajet défini.
En VTT ou à vélo, le pèlerin peut emprunter pour partie les chemins de Compostelle. Pour certains tronçons il devra cependant se rabattre sur des routes. La meilleure période pour choisir ce moyen de pèlerinage se situe en juin et en septembre. Car durant l'été la fréquentation des sentiers de pèlerinage par des marcheurs est trop importante. Et, en dehors de ces mois, les chemins peuvent devenir impraticables. Attention les gîtes sont réservés en priorité aux marcheurs. Le chemin qui paraît le plus adapté aux cyclistes est celui du Puy. Certaines associations jacquaires fournissent dans leurs brochures d'information aux pèlerins des renseignements spécifiques aux cyclistes. Par exemple Les Amis de Saint-Jacques-de-Compostelle indiquent que, pour la voie du littoral qui mène via Bayonne à la voie du Baztan et via Irun au camino del Norte, les pistes cyclables Biganos - Belin-Beliet - Bazas et Bordeaux - Lacanau permettent de passer d'une voie à une autre en toute sécurité.

Informations pour les pèlerins

L'Agence de Coopération Interrégionale et Réseau Chemins de Saint-Jacques-de-Compostelle (ACIR) a été créée en 1990. Elle devient agence en 2015 tout en préservant son statut associatif. Les collectivités publiques désireuses de partager une volonté de développement territorial sur la culture et le tourisme font appel à l'ACIR. Entre autres, au service des itinéraires jacquaires, elle est depuis treize ans en convention avec l'État pour la constitution et l'animation du réseau des propriétaires, gestionnaires et acteurs du bien culturel « Chemins de Saint-Jacques-de-Compostelle en France », inscrit sur la liste du patrimoine mondial en 1998. Parmi ses missions : promouvoir un développement durable par l'itinérance pédestre, équestre ou cycliste sur les chemins menant à Saint-Jacques : faire connaître, faire vivre et préserver ce patrimoine pour le transmettre. Parmi ses nombreuses actions : information en direction du grand public, des professionnels et des médias.
Dans toute la France, les associations jacquaires publient régulièrement des bulletins ou éditent des guides ou des ouvrages, fruits de leurs recherches ou des informations pratiques sur les chemins et les itinéraires secondaires. Elles informent aussi sur l'histoire des chemins pour lesquels elles conduisent des repérages sur le terrain ainsi que des recherches en archives. Ainsi, elles participent conjointement avec divers organismes à la revitalisation (réouverture, balisage) de ces anciennes voies. Elles proposent également des expositions, des rencontres, ou organisent des journées de marche. Elles s'occupent également de l'accueil et de l'information du public en région. Vous trouverez leurs coordonnées sur le site de l'ACIR.
www.chemins-compostelle.com

LES ORGANISMES NATIONAUX CHRÉTIENS

Plusieurs organismes chrétiens, associations, communautés ou ordres (dont le plus ancien fut créé au XIIe siècle), nationaux ou internationaux, peuvent aider les personnes souhaitant effectuer une démarche spirituelle. Par exemple pour participer à un pèlerinage, en France ou à l'étranger (lieux saints, Fatima, etc.) et particulièrement à celui de Lourdes. En voici une liste, non exhaustive, parmi les plus connus présents dans notre pays. N'hésitez pas à les contacter pour obtenir plus d'informations sur les lieux de retraites. Ils sauront vous guider pour choisir l'endroit ou effectuer votre démarche, la durée à choisir, ou la « formule » qui conviendra le mieux à votre démarche. Une retraite spirituelle est un moment de vie important, une respiration essentielle, et il est important de s'y préparer. Le résultat attendu n'en sera que plus bénéfique. Qu'ils soient liés à un ordre ou non, ces établissements sont à votre écoute.

ORDRE DU SAINT-SÉPULCRE

3, rue Auguste Bailly
COURBEVOIE
✆ 07 47 88 90 52
http://oeuvres-saintsepulcre.fr

La mission principale de l'Ordre est de soutenir les œuvres et les institutions cultuelles, caritatives, culturelles et sociales de l'Eglise catholique en Terre Sainte et particulièrement celles qui relèvent du Patriarcat latin de Jérusalem. C'est dans ce cadre qu'il organise régulièrement des pèlerinages de chrétiens à Jérusalem. Il s'agit donc d'une source d'information inestimable si une démarche de pèlerinage sur les pas du Christ est une aventure terrestre autant que spirituelle que vous envisagez. Appelez l'ordre avant de vous engager.

UNION MOUVEMENT AMICITIA

4, rue du Baron
ORLÉANS
✆ 02 38 66 32 96
www.mouvement-amicitia.fr

L'Union Mouvement Amicitia est un mouvement d'Eglise, fondé au début du siècle dernier, à une époque pas si lointaine où peu de mouvements s'intéressaient aux personnes malades et handicapées. Ce sont des laïcs qui ont décidé de rompre l'isolement de ces individus en constituant de petits groupes, leur procurant un soutien à travers la correspondance, aussi bien amicale que spirituelle, ainsi qu'en organisant des visites entre eux et des retraites à domicile. Et également des accompagnements de pèlerinages dont celui de Lourdes.

LES CARMES DE MONTPELLIER

10 bis, rue Moquin Tandon
MONTPELLIER
✆ 04 99 23 24 90
www.carmesmontpellier.org

La communauté des Frères Carmes de Montpellier appartient à la Province Avignon-Aquitaine des Carmes Déchaux (Midi de la France). Sa vocation est d'abord contemplative mais elle répond aussi à une triple mission : le discernement des vocations, l'apostolat spécifique des Carmes, l'accompagnement des frères âgés de la Province. C'est dans le cadre de leur apostolat qu'ils animent des retraites ou organisent des accompagnements de pèlerinages tel celui de Lourdes en juillet.

UNION CATHOLIQUE DES CHEMINOTS FRANÇAIS

15, boulevard du Temple
PARIS (3e)
✆ 01 42 72 66 64
uccfcheminots.e-monsite.com

L'UCCF situe sa mission dans l'action catholique au sein du monde du travail et plus spécialement de la profession cheminote, et dans les transports. Son action est purement spirituelle avec des rencontres autour d'un thème, diverses manifestations avec des rencontres locales et régionales voire européennes. Mais aussi la participation à l'organisation de pèlerinages vers divers sanctuaires, notamment celui de Lourdes, au service des personnes malades ou handicapées.

VOIR ENSEMBLE

15, rue Mayet
PARIS (6e)
✆ 01 53 86 00 00
www.voirensemble.asso.fr

Voir Ensemble est une association loi 1901 créée en 1927 à Lyon et reconnue d'utilité publique en 1954. Il s'agit à la fois d'un mouvement associatif aux multiples initiatives et d'une association gestionnaire d'établissements et services médico-sociaux. Elle a pour but le développement de tous moyens et organismes de nature à promouvoir et assurer le bien-être intellectuel, social, moral, culturel et matériel des personnes malvoyantes. Sa présence et son activité couvrent l'ensemble du territoire. Elle regroupe plus de 3 000 adhérents.

PÈLERINAGE DES GITANS ET GENS DU VOYAGE

58, avenue de Breteuil
PARIS (7e)
✆ 01 44 93 79 76
gitanseneglise.org/contact.php

Des pèlerinages sont organisés par le S.N.P.M.P.I (Service national de la pastorale des migrants et des personnes itinérantes). Celui-ci est hébergé par la C.E.F. (Conférence des Evêques de France). Ses actions concernent de nombreuses activités à caractère pastoral comme la catéchèse des enfants et leur éveil à la foi chrétienne, la pastorale des jeunes ou l'organisation de pèlerinages pour des communautés itinérantes, que l'on appelle aussi gens du voyage.

PÈLERINAGE NATIONAL

63, avenue Denfert-Rochereau
PARIS (8e)
✆ 01 58 36 08 75

Le Pèlerinage National rassemble chaque année des milliers de pèlerins à Lourdes, la plupart faisant le déplacement dans ce lieu saint du 11 au 16 août à l'occasion de la fête de l'Assomption de la Vierge Marie. Il est organisé avec beaucoup de soin et animé collectivement par la famille de l'Assomption, l'Hospitalité Notre-Dame de Salut et l'Association Notre-Dame de Salut. Grâce à ses 22 comités régionaux répartis sur l'ensemble du territoire français, il déplace environ 10 000 pèlerins, dont 800 personnes malades et handicapées.

LES PETITS FRÈRES DES PAUVRES

19, Cité Voltaire
PARIS (11e)
✆ 01 49 23 13 00
www.petitsfreresdespauvres.fr

Depuis 1946, Les Petits Frères des Pauvres accompagnent dans une relation fraternelle des personnes souffrant de solitude, de pauvreté, d'exclusion ou de maladies graves. Cette association reconnue d'utilité publique est organisée en un réseau d'équipes de proximité qui interviennent dans plusieurs régions. Ses bénévoles contribuent à diverses activités : accueillir, visiter, organiser des animations, des réveillons, des vacances, aider matériellement, protéger, héberger, loger…

ESPÉRANCE ET VIE

20, rue des Tanneries
PARIS (13e)
✆ 01 45 35 78 27
www.esperanceetvie.com

Espérance et vie, mouvement chrétien d'aide et de réconfort dans des situations de veuvage récent. Que vous veniez de perdre celui ou celle qui partageait votre vie, ou que vous souhaitiez accompagner un veuf ou une veuve de votre entourage, soyez les bienvenus dans cette association. Elle vous aidera à y voir plus clair et à faire un, puis plusieurs pas en avant sur ce long chemin qu'est celui de l'acceptation. Un accompagnement spirituel peut vous être proposé, ou simplement une oreille attentive. N'hésitez pas à les contacter.

PÈLERINAGE MONTFORTAIN À LOURDES

52, rue Beaunier
PARIS (14e)
✆ 01 40 44 69 04

Il s'agit d'une association de bénévoles, religieux et religieuses, laïcs hospitalières et hospitaliers (on dit aussi brancardiers) installés à Paris dans le 14e arrondissement. Leur action principale est l'organisation annuelle d'un pèlerinage à Lourdes pour environ 700 malades et 7 000 pèlerins. Ils organisent d'autres actions et pèlerinages comme celui de Fatima. Pour en savoir plus, et peut-être les rejoindre, rendez-vous sur leur site Internet.

PÈLERINAGE NATIONAL DE FRANCISCAINS

27, rue de Sarette
PARIS (14e)
✆ 01 45 42 37 87
www.pelerinages-franciscains.com

Saint François d'Assise, fondateur de l'Ordre des Franciscains, se rendit en pèlerinage à Rome puis en Terre Sainte. Depuis le XIVe siècle, l'Eglise a donné mission aux franciscains d'être gardiens des lieux saints. Quant au pèlerinage à Assise, il existe depuis la mort de saint François. Enfin, le pèlerinage franciscain de Lourdes a commencé en 1922. Les franciscains ont donc une longue tradition de pèlerinages. De nos jours, ils accompagnent dans de nombreux itinéraires spirituels.

ROSAIRE DIRECTION GÉNÉRALE

Impasse Lacordaire
TOULOUSE
✆ 05 62 17 25 27
https://www.pelerinage-rosaire.org/

Des confréries du Rosaire, fondées au XVe siècle par le bienheureux Alain de la Roche, se sont développées partout dans le monde pour prier le Rosaire dans les églises. Les Équipes du Rosaire, avec plus de 90 000 membres, proposent depuis 1960, de vivre l'Évangile avec Marie, dans des équipes missionnaires regroupées en domiciles. Les publications et livres sur le Rosaire sont nombreux et leurs prédications se sont adaptées aux nouveaux médias : Internet, blogs et réseaux sociaux.

CCFD TERRE SOLIDAIRE

46, rue du Bourg
LOURDES
✆ 05 62 42 21 25
ccfd-terresolidaire.org

Le Comité Catholique Contre la Faim (CCFD) a ouvert cette antenne à l'Espace Rencontre de Lourdes pour pouvoir rencontrer des pèlerins sur ce site saint et visité par tant de fidèles en quête d'espoir, les guider et les informer sur ses activités en espérant les sensibiliser et les impliquer dans ses actions humanitaires. Le CCFD n'est bien sûr pas actif que dans le cadre de Lourdes, mais son action et sa présence ici sont à noter. Une équipe motivée et à l'écoute de ceux qui sont dans le besoin accueille avec entrain tous ceux qui sont prêts à aider.

CITÉ SAINT-PIERRE

Avenue Monseigneur Rodhain
LOURDES
✆ 05 65 42 71 11
www.citesaintpierre.net

La Cité Saint-Pierre, l'une des structures d'accueil de Lourdes, a été créée par le Secours Catholique pour accueillir des pèlerins qui n'avaient pas les moyens suffisants pour se loger à l'hôtel mais qui souhaitaient venir en pèlerinage à Lourdes. Les critères d'accueil des pèlerins sont : ne pas avoir les moyens d'aller à l'hôtel, avoir le souhait de vivre un temps de pause dans leur vie, exprimer le désir de rencontrer et partager avec d'autres pèlerins. L'accueil est fraternel et enjoué, et permet de se recueillir sans préoccupations matérielles excessives.

COMMUNAUTÉ DES BÉATITUDES

19, avenue Antoine Béguère
LOURDES
✆ 05 62 42 35 20
lourdes.sessions.beatitudes.org

La Communauté des Béatitudes organise chaque année un pèlerinage à Lourdes, et fait partie elle-aussi des nombreuses structures d'accueil que propose ce lieu pareil à nul autre. Elle peut vous aider à choisir entre plusieurs modes d'hébergement et gère aussi le séjour spirituel de ses pèlerins. On peut s'inscrire soit par Internet (où l'on peut découvrir les détails de l'organisation du pèlerinage), soit par courrier postal (demander le bulletin d'inscription par téléphone).

HOSPITALITÉ NOTRE-DAME DE LOURDES

Accueil Jean-Paul II
LOURDES
✆ 05 62 42 80 80

L'Hospitalité Notre-Dame de Lourdes a été fondée en 1885. Les Hospitaliers s'occupent d'abord de l'accueil des pèlerins dans les Sanctuaires de Lourdes, et tout spécialement des pèlerins malades et handicapés. Ensuite ils œuvrent pour faciliter leur pèlerinage. Bénévoles, ils permettent, notamment grâce à leurs aides multiples et précieuses, la participation aux grandes célébrations des Sanctuaires et ils cherchent à transmettre le message de Lourdes.

S'INFORMER

Il existe en France plus de deux mille titres de publication chrétienne pour une diffusion annuelle cumulée de 150 millions d'exemplaires. Dans ces chiffres impressionnants se cachent les journaux paroissiaux (zones géographiques étroites), les publications du Secours catholique ou des parents d'élèves (APEL) au tirage conséquent, des mensuels, des trimestriels, des revues spécialisées. Signalons que la France a su conserver la particularité d'une « vraie » presse catholique nationale et régionale d'information très vivante, comparée à d'autres pays européens. *La Croix*, *La Vie*, *Le Pèlerin*, *Famille chrétienne*, *Témoignage chrétien*, etc. Dans les régions françaises de vieille tradition catholique, cette presse d'information a une implantation significative et un enracinement ancien : *La Lozère nouvelle*, La Voix de l'Ain, *Ami du peuple* (Alsace), *La Voix du Jura*, *Le Semeur* (Auvergne), *Le Courrier Français* (Bordeaux), pour ne citer qu'eux.

ALLIANCE PRESSE

12, rue Georges-Paccard
ANNECY
✆ 04 50 23 65 86
www.alliance-presse.info

Alliance Presse propose des magazines et des sites Internet pour la foi des petits et des grands. Groupe de presse protestant franco-suisse indépendant fondé en 1989, Alliance Presse, basé à Aubonne (Suisse), est actif dans toute la francophonie européenne et compte une équipe rédactionnelle d'une trentaine de journalistes. Grâce à son réseau de correspondants régionaux et des partenariats internationaux, Alliance Presse est proche des événements qui font l'actualité chrétienne, en particulier protestante évangélique, en France, en Suisse et dans le monde.

BAYARD

18, rue Barbès
MONTROUGE
✆ 01 74 31 60 60
www.groupebayard.com

Grand groupe de presse français, Bayard diffuse le quotidien catholique *La Croix* (100 000 exemplaires par jour), l'hebdomadaire *Le Pèlerin*, la revue mensuelle *Notre Temps* pour les seniors, la revue *Pomme d'Api* pour les enfants. Une collection est consacrée à l'éveil à la foi chrétienne, avec *Pomme d'Api Soleil*, *Astrapi Soleil* (anciennement *Grain de Soleil* puis *Filotéo*) et *Prions en Eglise Junior*. Bayard Editions publient plus de 70 nouveautés par an, des essais et des documents de sciences humaines, religion, philosophie, histoire, formation spirituelle.

FRANCE CATHOLIQUE - SPFC

60, rue de Fontenay
LE PLESSIS-ROBINSON
✆ 01 46 30 37 38
www.france-catholique.fr
Abonnement 55 € par an.

Hebdomadaire chrétien qui se découpe en plusieurs parties : actualités (politique internationale), un grand dossier, une rubrique « esprit » et une partie magazine (reportage, interview, culture). On retrouve toutes ces rubriques sur leur site internet, extrêmement fourni et mis à jour avec la régularité d'une horloge suisse. Le site comporte également une rubrique vidéo qu'on ne trouve bien entendu pas dans le journal, et qui apporte des éclairages intéressants sur l'actualité à la lumière de la foi chrétienne, analysée par des intervenants divers.

LE MONDE DE LA BIBLE

18, rue Barbès
MONTROUGE
✆ 01 74 31 69 55
www.mondedelabible.com

Trimestriel d'histoire, d'art et d'archéologie qui traite de l'histoire des civilisations où sont nés les textes de la Bible et de l'héritage artistique des religions monothéistes. Un angle intéressant pour faire la lumière sur la foi chrétienne de manière scientifique. Une revue multi-disciplinaire qui ne fait pas de concessions, et détaille chaque dossier avec précision. A chaque numéro, on retrouve un événement étoffé, un grand dossier avec différentes orientations, l'actualité de l'archéologie, une présentation d'auteurs, etc.

PRIONS EN ÉGLISE

18, rue Barbès
MONTROUGE
✆ 01 74 31 60 60
Abonnement pour un an : 42 €.

Mensuel créé en 1987, diffusion en format poche et en format grands caractères. Le mensuel propose les textes de l'Ecriture selon le découpage liturgique de la messe quotidienne, des commentaires pour la messe du dimanche, des suggestions pour l'animation liturgique, une introduction à la lecture de la Bible, les saints du mois, une sélection de chants, ainsi que des pages d'information sur la vie de l'Eglise. Il est l'ouvrage indispensable pour assister à la messe avec une compréhension complète des textes cités et des prières lues.

CHRETIENS DANS LA CITÉ

17, rue Manessier
NOGENT-SUR-MARNE
✆ 01 48 76 72 91
www.chretiensdanslacite.com

Lettre d'information catholique qui a pour but de faire connaître les initiatives prises par les chrétiens au niveau social, politique et économique. Dans chacune, on y retrouve également une présentation d'une association, des brèves, une sélection d'ouvrages, etc. Bi-média, *Chrétiens dans la cité* s'adresse principalement aux catholiques et protestants pratiquants ainsi qu'aux responsables associatifs. Mais bien entendu il peut aussi être un outil intéressant pour des croyants divers ou des non-croyants qui désireraient s'informer sur l'action sociale dans les quartiers.

L'1VISIBLE

89, boulevard Blanqui
PARIS (13e)
✆ 01 58 10 75 16
l1visible.com

Mensuel bi-média gratuit traitant l'actualité générale à travers la religion catholique, distribué dans les églises catholiques de 2 250 villes de France. Le journal comme le site internet proposent des articles de fond intéressants qui fournissent des pistes de réflexion sur de nombreux sujets. On retrouve entre autres une rubrique rencontres dans laquelle on peut lire l'avis de personnes faisant autorité sur un sujet comme des opinions personnelles de lecteurs, ou d'acteurs de la vie sociale. Egalement une rubrique Psycho, Culture, Débat.

LES ÉDITIONS DU CERF

24, rue Tanneries
PARIS (13e)
✆ 01 80 05 36 36
www.editionsducerf.fr

Maison des cultes, des cultures et des civilisations, Le Cerf est le premier éditeur religieux de France et de l'espace francophone. Sont consultables sur le site, les revues : la Maison Dieu, le Supplément, la revue d'Ethique et de théologie morale. Plus de 5 000 titres sont disponibles à la vente chez l'éditeur, sur tous les sujets ayant trait de près ou de loin à la religion. Des études sur la Bible, de nombreux ouvrages de théologie, des livres sur la spiritualité en général, des récits et documents historiques, chacun y trouvera son compte.

MALESHERBES PUBLICATION

80, avenue Auguste Blanqui
PARIS (13e)
✆ 01 48 88 46 00

Cette maison d'édition édite plusieurs revues et guides notamment : *la Vie*, *le Monde des Religions*, *Prier*, *Histoire & Civilisations*, le guide *Saint-Christophe*, *le Monde*, *Sens et Santé* et le *Courrier international*. Si vous connaissez certains de ces titres, vous aurez compris qu'il ne s'agit pas là d'un acteur de l'édition exclusivement religieux, mais d'une maison qui traite divers domaines connexes comme l'actualité dans un sens général, la géopolitique, la presse internationale, l'Histoire avec un grand H... un généraliste en somme, de revues de qualité.

PRIER

80, boulevard Auguste Blanqui
PARIS (13e)
✆ 01 48 88 46 00
www.magazine-prier.fr
Abonnement 39 € pour 10 numéros.

Il est l'unique magazine en France consacré à la prière personnelle. Il se décline en trois parties : « un élan pour vivre », « le lieu de ma prière » et « un espace pour méditer ». Une sorte de manuel pour ceux qui hésitent dans la manière de s'adresser à Dieu. Bien qu'abordant la religion sur une notre très personnel, il est cependant un outil très intéressant pour aller vers l'autre, en comparant ses manières de se confier au Seigneur. Ses enseignements vont d'ailleurs bien au-delà de la simple conversation entre l'homme et son créateur.

LA VIE

80, boulevard Auguste Blanqui
PARIS (13e)
✆ 01 48 88 46 00
www.lavie.fr
Abonnement 99 € par an.

Hebdomadaire chrétien d'actualité créé à la fin de la seconde guerre mondiale en 1945. Il s'articule autour de cinq grandes rubriques, dont « religion spiritualité » avec toute l'actualité religieuse ainsi que des chroniques. Un cahier détachable « les Essentiels » permet de redécouvrir les textes fondamentaux du christianisme et des autres courants spirituels et présente par ailleurs le décryptage d'une œuvre d'art religieuse et une méditation pour proposer aux lecteurs une véritable sagesse pratique et une invitation à la découverte spirituelle.

TÉMOIGNAGE CHRÉTIEN

28, rue Raymond-Losserand
PARIS (14e)
www.temoignagechretien.fr
Abonnement 120 € par an.

Cet hebdomadaire créé en 1941 est aujourd'hui le dernier titre national issu de la Résistance. Il se veut aux côtés des associations, des mouvements, des militants qui cherchent à humaniser la société et la planète, sans inféodation de qui que ce soit ni automatisme, mais en étant libre de penser et d'agir en conscience et par fidélité. Il aborde largement les problématiques liées à la mondialisation, l'exclusion, l'écologie, le dialogue des cultures et la démocratie, et est donc malgré son titre largement ouvert au-delà de la religion.

DIRIGEANTS CHRÉTIENS

24, rue Hamelin
PARIS (16e)
✆ 01 45 53 09 01
www.lesedc.org

Bimestriel du mouvement des Entrepreneurs et Dirigeants Chrétiens, traitant de différents sujets tels que l'économie et le management, avec un éclairage spirituel. Conçu pour accompagner les membres du mouvement et les sympathisants dans leur réflexion personnelle, *Dirigeants Chrétiens* propose également des pages actualités, des entretiens, des paroles bibliques, évoque la vie du mouvement, propose un agenda économique et des dossiers thématiques, etc. Un guide éclairant pour les dirigeants en quête de sens spirituel dans leur quotidien.

FAMILLE CHRÉTIENNE

15 27, rue Moussorgski
PARIS (18e)
✆ 01 53 26 35 00
www.famillechretienne.fr
Abonnement 49 € par an.

Cet hebdomadaire fondé en 1978 propose chaque semaine plusieurs rubriques : forum des lecteurs, actualités notamment religieuses, les dossiers pour nourrir sa vie chrétienne et témoigner de celle des autres, une semaine avec Dieu, le calendrier liturgique, l'agenda de tous les évènements qui témoignent de la vitalité de l'Eglise. Elle aborde de nombreux sujets de la vie de tous les jours et se veut un accompagnement pour toutes les franges de la chrétienté, pour tous les croyants qui cherchent à être guidés dans leur foi chaque jour.

RADIO CHRÉTIENNE FRANCOPHONE

7, place Saint-Irénée
LYON (5e)
✆ 04 72 38 62 10
www.rcf.fr

Créé à l'initiative des évêques de France, le réseau RCF s'impose comme un acteur majeur de l'information et de la communication avec plus d'une centaine de correspondants locaux, et comme média spécifique dans le Paysage Audiovisuel Francophone qui propose dans un projet pastoral, une diffusion permanente avec un programme généraliste, grand public, chrétien, ouvert et œcuménique. Décrochages locaux composés d'informations et de chroniques. Avec RCF, la joie se partage avec tous.

PHARE FM

39, avenue de Colmar
MULHOUSE
✆ 03 89 59 29 19

FM 95.3. C'est la radio musicale chrétienne leader en France avec ses 40 000 auditeurs réguliers dans la région. Elle diffuse aussi en Suisse et en Belgique. Des auditeurs fidèles en quête de sens et d'espérance. Phare FM est une radio associative. À ce titre, elle perçoit quelques subventions, et a la possibilité de diffuser un quota limité de publicités sur une période donnée. L'essentiel de ses besoins est donc financé par des dons. C'est pourquoi elle fait appel à la générosité de ses auditeurs et de mécènes pour exister et se développer.

kto
TÉLÉVISION CATHOLIQUE
Prolongez
la prière
UNE CHAÎNE POUR
ALLER PLUS LOIN...
DÉCOUVRIR
RENCONTRER
PRIER
isponible sur satellite, câble, box et Internet
www.ktotv.com
ransat anal 61
CANALSAT canal 114
SFR canal 179
orange canal 220
bouygues canal 218
free canal 245

RADIO NOTRE-DAME

6, boulevard Edgar-Quinet
PARIS (14e)
✆ 01 56 56 44 00
www.radionotredame.net
100.7 FM.

Radio Notre-Dame vous informe, vous divertit et vous ouvre au monde chrétien par des prières, des temps de méditation ou d'enseignement. Grâce à son réseau de correspondants, cette radio accorde une large place à l'information avec deux éditions matinales accompagnées d'une revue de presse, des flashs horaires toute la journée, les journaux de *Radio Vatican*, un journal quotidien. Large place accordée aux auditeurs, qui peuvent appeler et confier leurs problématiques, souvent chrétiennes, ou exprimer leurs positions en dialoguant avec des animateurs et des invités.

COMITÉ FRANÇAIS DE RADIO-TÉLÉVISION

45 bis, rue de la Glacière
PARIS (13e)
✆ 01 44 08 88 78
www.lejourduseigneur.com

Le Jour du Seigneur émet depuis plus de 70 ans. L'émission, qui rediffuse la messe, offre le visage d'une communauté en prière. Paroisses, communautés religieuses et grands rassemblements d'Eglise se relaient pour assurer ce témoignage de la foi. Par la télévision, le Jour du Seigneur met en perspective de nombreuses façons de célébrer dans les communautés. Les messes télévisées sont un vivier d'idées pour les responsables de l'animation des célébrations eucharistiques.

EMCI TV

JOUY-EN-JOSAS
www.enseignemoi.com

L'association Enseignemoi, déjà connue pour son site Internet, a lancé le 17 décembre 2017 sa chaîne de télévision chrétienne évangélique francophone, via Internet et les applications mobiles et bientôt par satellite. Y sont présentés : des enseignements bibliques, des prédications, la Bible en vidéo, des temps de prière mais aussi des documentaires, des reportages et des films. « Bonjour chez vous » reste l'émission phare de la chaîne, se penchant comme son nom l'indique sur les questions qui sont au cœur des préoccupations de ses fidèles.

WWW.NOTRETEMPS.COM

MONTROUGE
✆ 1 74 31 60 60

Le site des seniors a pour vocation de les accompagner sur internet pour faciliter leur vie quotidienne et de prolonger l'expertise du magazine sur les thèmes de la retraite, des droits, de la santé des loisirs avec une foultitude de renseignements pratiques pouvant être utiles dans toutes les occasions y compris pour des pèlerinages, des retraites ou des parcours sur les Chemins de Saint-Jacques. De nombreux sujets intéressants qui peuvent apporter d'ailleurs un éclairage à d'autres publics que les seniors, on pense notamment à leurs familles.

KTO

13, rue du 19 Mars 1962
MALAKOFF
✆ 01 73 02 22 22
ktotv.com

KTO est une chaîne associative indépendante, qui entretient des liens de fidélité avec l'Eglise catholique. KTO a été fondée pour annoncer le message de l'Evangile par les moyens modernes : la télévision, la vidéo, internet, les téléphones mobiles et tablettes... La chaîne s'adresse non seulement aux catholiques, mais à tous les « chercheurs de sens », croyants ou non, en offrant des éclairages sur des sujets de réflexion et de débat, des programmes de formation sur tous les sujets, des émissions sur l'actualité de l'Eglise et des reportages.

WWW.CEF.FR

PARIS (7e)
✆ 01 73 72 97 22

Site/portail internet officiel de l'Eglise Catholique de France, édité par la Conférence des Evêques de France, il donne accès à une information exhaustive sur l'ensemble de la vie actuelle de l'Eglise Catholique en France, mais aussi dans de nombreuses parties du monde. Sur son site « approfondir sa foi » et en particulier dans sa rubrique Célébrer, il donne de nombreuses informations, notamment sur les pèlerinages, les grandes fêtes chrétiennes ou les horaires des messes partout en France dans les paroisses de toutes tailles.

LIBRAIRIE LE CHEMIN FAISANT

210, route de Genève
AIX-LES-BAINS
✆ 04 79 61 02 36
Ouverte du mardi au samedi de 9h30 à 12h et de 14h à 19h.

C'est depuis 2005 que la librairie existe. Sa volonté est de proposer un endroit chaleureux où les lecteurs peuvent flâner au gré de leurs envies. L'accueil et la proximité sont privilégiés. Si la librairie n'est pas très grande, vous y trouverez tout de même la plupart des ouvrages de référence de la chrétienté. Vous pouvez également demander conseil si vous cherchez un livre en particulier, le personnel se fera un plaisir de vous orienter au maximum.

LA PROCURE

16-18, rue des Fossés - **RENNES**
✆ 02 99 38 74 93
www.laprocure.com
Ouvert du mardi au samedi de 9h30 à 18h45. Ouverture supplémentaire en mai et décembre le lundi de 14h à 18h45.

Si la Procure est une librairie spécialisée dans l'ouvrage théologique de confession majoritairement catholique, elle n'en demeure pas moins l'endroit idéal pour ceux qui s'intéressent aux religions en général, à la littérature et à la spiritualité, de l'ouvrage le plus pointu aux livres destinés au grand public. On peut y dénicher les textes sacrés, des livres dédiés à la philosophie, ou au dialogue inter-religieux et un peu d'ouvrages généralistes. La Procure est une enseigne possédant de nombreuses adresses en France, nous n'en citons qu'une.

LIBRAIRIE DU SANCTUAIRE D'ARS

454, rue Jean-Marie Vianney
ARS-SUR-FORMANS
✆ 04 74 08 17 00
Ouverte du lundi au dimanche. 9h30 – 12h00 et 14h30 – 18h00. Fermé le lundi matin.

Vous y trouverez livres religieux (nouveautés, classiques, collections, outils de travail,…) sur des thématiques comme la théologie, la spiritualité, le magistère, comment approfondir sa foi, connaître l'Église, la vie de prière, la vie spirituelle, la famille, la spiritualité conjugale, l'éducation, l'actualité, l'histoire, la vie sociale mais aussi des bibles, missels, livres pour enfants (bibles, saints, catéchisme, histoires…) et tous les livres qui existent sur le curé d'Ars.

LIBRAIRIE NOTRE DAME AYMON PAILLET

2, rue La Fayette
GRENOBLE
✆ 04 76 42 38 30
Ouvert du mardi au samedi de 9h à 12h et de 14h à 19h.

Une librairie qui fait partie des institutions de la ville. Située dans ce quartier central de Grenoble elle existe depuis 70 ans ! Impossible pourtant de se passer des conseils de libraires éclairés qui nous proposent un grand choix d'ouvrages religieux bien entendu, mais aussi une belle sélection de littérature générale. Également des objets d'art religieux, des chapelets, des cadeaux pour les événements de la vie chrétienne, des santons et des cartes pour célébrer chaque occasion.

BOUTIQUE DU SANCTUAIRE - SILOË

Sanctuaire Notre Dame de la Salette
LA SALETTE-FALLAVAUX
✆ 04 76 30 00 11
Boutique ouverte de mi-mars à mi-novembre tous les jours de 8h30 à 12h15 et de 13h15 à 17h30, non stop en été.

Ce rayon de la boutique propose un large choix d'ouvrages et d'objets religieux pour les enfants et pour les adultes. Si l'ouvrage ou l'objet recherché n'est pas disponible dans le rayon librairie ou à la librairie SILOË d'Aix-en-Provence, vous pourrez le commander et l'obtenir rapidement. Le personnel est très aimable et fera tout pour vous orienter le cas échéant sur un ouvrage similaire si ce que vous cherchez ne peut pas être localisé dans ces boutiques.

LIBRAIRIE MAISON DE L'EMMANUEL

20, rue Sainte Hélène - **LYON** (2e)
✆ 04 72 77 69 09
www.librairie-emmanuel.fr
Ouvert du lundi au samedi de 10h à 13h15 et de 14h à 19h. Egalement boutique en ligne et service client téléphonique.

Cette librairie propose un énorme choix de livres à thèmes religieux pour grands et petits. Pratiquement toutes les rubriques possibles sont exposées. Sont également présents, un grand choix d'objets religieux, de produits monastiques, de nombreuses revues, BD, CD, MP3 etc. A noter son site de vente en ligne avec présentation exhaustive de tous les divers produits, sur lequel vous trouverez certainement votre bonheur avec un peu de recherche en ligne.

LIBRAIRIE SAINT-PAUL

28 bis, cours d'Estienne d'Orves - **MARSEILLE** (1er) ✆ 04 91 15 77 77
www.librairiestpaul.fr
Ouverte du mardi au samedi de 10h à 19h. En été de 10h à 12h30 et de 14h à 19h30.

Située à deux pas du Vieux-Port, la librairie Saint-Paul est spécialisée en ouvrages religieux principalement catholiques. Elle propose aussi à la vente des icônes, CD, DVD. Ses livres embrassent les domaines de la théologie, de la philosophie et de l'art de toutes les grandes religions sans exclusive. Son fonds de livres comporte un vaste choix avec, entre autres, un espace jeunesse et un rayon société bien fournis. Le lieu accueille également plusieurs fois par mois des rencontres-débats. Et vous permet de découvrir sur son site Internet un résumé sur ces ouvrages.

LIBRAIRIE CULTURE ET FOI

20, rue Berthelot
SAINT-ETIENNE
✆ 04 77 80 48 70
Du mardi au vendredi : 9h-12h et 14h15-19h ; le samedi : 9h-12h et 14h15-18h. Magasin fermé le lundi.

Cette librairie spécialisée, ancienne adhérente de l'ex-groupement Siloë, propose des ouvrages religieux, revues religieuses, ainsi que divers objets religieux, CD, DVD, et carterie. Vous avez la possibilité de passer commande par fax ou par courriel. Vos interlocuteurs à la boutique se révèlent d'une aide particulièrement précieuse lorsqu'il s'agit de trouver un ouvrage un peu confidentiel que vous n'arrivez pas à localiser. Les rayons sont bien fournis et l'organisation des différentes rubriques est claire. Un plaisir de flâner dans les rayons.

LIBRAIRIE DE L'ABBAYE

Abbaye Notre Dame d'Aiguebelle
MONTJOYER
✆ 04 75 98 64 73
Boutique ouvert tous les jours sauf Vendredi Saint et Noel de 10 à 12h et de 14h30 à 17h (17h30 en été).

La boutique de l'Abbaye se partage entre deux activités : la vente de produits monastiques et d'autre part une librairie avec des rayons sur le monachisme, la spiritualité en général, ainsi que des livres de témoignages. A noter la présence d'une salle annexe où sont présentées des expositions d'art religieux et la possibilité de visionner un film informatif sur l'abbaye. Plus qu'une annexe d'abbaye, cette librairie est une véritable ressource pour ceux qui cherchent des ouvrages originaux ayant trait à la religion et un conseil avisé.

LIBRAIRIE LE SEMEUR

2, place de l'Allier
VICHY
✆ 04 70 32 59 60
Ouverte du mardi au samedi de 9h30 à 12h et de 14h30 à 18h30.

Située au centre de Vichy, place de l'Allier, cette librairie fait vivre le cœur du centre-ville à côté de l'église Saint-Blaise et du parc des Sources. Elle met à votre disposition un large choix d'ouvrages religieux de tous ordres, classés par thème et par auteur. Les rayons sont fournis même si le magasin n'est pas immense. Dans la boutique, vous trouverez également une sélection importante d'articles religieux parmi lesquels des croix, des chapelets, des cartes religieuses et des statues. Personnel plus qu'aimable et très aidant.

LIBRAIRIE BONNE NOUVELLE

5, rue Elie Reynier
PRIVAS
✆ 04 75 64 37 31
Ouverte du mardi au samedi de 9h à 12h et de 14h à 18h30.

Cette librairie œcuménique propose de nombreux ouvrages d'inspiration religieuse, mais également des biographies de personnes non chrétiennes mais dont les vies sont parfois exceptionnelles et apportent un enseignement utile à l'analyse de la foi chrétienne. A signaler un rayon enfants très fourni où les familles trouvent facilement un cadeau au moment des cérémonies religieuses (baptême, première communion, confirmation, Noël etc…) et même toute l'année. Le personnel se fera une joie de vous orienter dans vos choix quel que soit l'ouvrage recherché.

QUAND LES LIVRES S'OUVRENT

47, rue Du Maréchal Foch
LORIENT
✆ 02 97 64 60 10
Ouverte le lundi de 14h à 19h et du mardi au samedi de 9h30 à 12h30 et de 14h à 19h.

Ouverte en 2008, cette librairie est tenue par un couple de libraires aimant lire, défendre leur métier, choisir, conseiller, découvrir et partager les auteurs qu'ils aiment. Mais ils proposent également de la musique, des encens, des objets créés en des lieux vivants de création, de prière, d'engagement : ateliers artisanaux, solidaires, monastiques… Une boutique différente, loin de la librairie traditionnelle, et rendue vivante par ce couple de passionnés.

ESPACE SILOË MONTBELIARD

5, place Saint Martin
MONTBÉLIARD
✆ 03 81 91 88 14

Ouvert le lundi de 14h30 à 18h30 ; du mardi au samedi de 9h30 à 12h et de 14h30 à 18h30.

Cette librairie de l'ancien groupement d'intérêt économique Siloë poursuit son activité en conservant l'enseigne et sa philosophie professionnelle. Elle est spécialisée dans la littérature religieuse dont un rayon de théologie protestante, et les objets religieux, livres pour enfants, cartes postales, chocolats et miel, et autres produits monastiques à découvrir dans un espace agréable. Les soeurs sont disponibles pour conseiller dans les choix de lecture ou les choix de produits mais également pour une écoute en cas de besoin.

BOUTIQUE DE L'ABBAYE SAINT MARTIN

Abbaye Saint Martin - **LIGUGE**
✆ 05 49 55 89 00

Ouvert du mardi au samedi de 10h à 12h et de 14h30 à 17h30. Le dimanche horaires adaptés. Fermé le lundi.

Dans cette librairie dépendant de l'abbaye, on trouvera non seulement un choix de livres religieux mais aussi les émaux fabriqués par les moines et les disques compacts de chants grégoriens et français, enregistrés à Ligugé. Elle propose aussi divers autres objets religieux (icônes, croix, médailles, chapelets, crèches, etc.) et de l'artisanat produit au monastère, mais aussi dans plusieurs autres (Aiguebelle, Bouzy-La-Forêt, Bricquebec, Carmel de Migné-Auxances, Chantelle…)

ABBAYE LA JOIE NOTRE-DAME

La Ville Aubert
CAMPÉNÉAC
✆ 02 97 93 42 07
abbaye-lajoie-nd.com

Boutique ouverte du mardi au samedi, de 9h30 à 12h et de 14h45 à 17h + le lundi après-midi + le dimanche de 14h45 à 17h.

Le magasin, à l'entrée de l'abbaye, vous propose les produits qu'elle élabore sur place avec un soin tout particulier, mais aussi ceux d'autres monastères (miel et confitures, pâtes de fruits, produits bio, produits d'hygiène, fromage, bonbons). Il comporte également un rayon librairie conséquent (livres religieux, pour enfants, sur la Bretagne, etc.), et un grand choix d'articles religieux de tous ordres : statues, santons, crucifix, icônes, chapelets, etc.

LE MARQUE PAGE

8, rue aux Toiles
QUINTIN
✆ 02 96 79 63 48

Ouverte du mardi au samedi de 9h00 à 12h30 et de 14h00 à 19h00.

Ouverte depuis 2010, le Marque Page est une librairie généraliste et scolaire et une papeterie pour les particuliers, les écoles et les entreprises. Avec un fonds de 10 000 ouvrages, dont un rayon consacré aux ouvrages religieux (bibles et autres ouvrages de référence) ainsi que des livres à thèmes spirituels. A signaler qu'un large choix de livres est également disponibles sur commande (par téléphone ou par mail). Gilles Perrotin, libraire passionné, conseille également les bibliothèques, médiathèques et écoles pour l'achat de livres.

LIBRAIRIE SILOË LE PAIN DES RÊVES

13, rue Saint François - **SAINT-BRIEUC**
✆ 02 96 61 32 05
lepaindesreves.fr

Ouvert du lundi au jeudi et le samedi de 9h30 à 13h et de 14h à 19h.

Créée dans les années 1970, la librairie Le Pain des rêves doit son nom au roman de Louis Guilloux, écrivain briochin. La librairie propose plus de onze mille titres sur 100 m². Elle offre des ouvrages dans tous les domaines : sciences humaines, économiques et politiques, arts, histoire, architecture, développement durable, ouvrages pratiques, littérature régionale. Une partie du local, affiliée au groupe Siloë, est réservée au livre religieux, aux cartes postales et aux objets.

LIBRAIRIE LABBÉ

9, rue Porte Chartraine
BLOIS
✆ 02 54 78 01 55

Ouvert le lundi de 14h à 19h ; du mardi au vendredi de 9h30 à 19h ; le samedi de 9h à 19h.

Au bas de la rue Porte Chartraine, la plus grande librairie de la ville de Blois, installée sur trois niveaux complets avec escaliers en colimaçon (sans doute en hommage à la région !) dans un cadre propice à la lecture, propose un éventail très complet : nouveautés, manuels scolaires, romans, livres scientifiques, livres de cuisine… s'y retrouvent sans difficulté. Possibilité de commander ce qui ne se trouve pas en magasin, n'hésitez pas à demander conseil au libraire. Les rayons papeterie et tourisme sont également amplement fournis.

LIBRAIRIE DU COIN

5, rue Jean Moulin
CHÂTEAUDUN
✆ 02 37 44 93 46
Ouvert du mardi au samedi de 9h à 12h30 et de 14h à 19h.

Ne vous fiez pas à son nom modeste. Avec plus de 9 000 références sur une surface relativement restreinte, cette librairie offre un panel très complet et a de nombreuses cordes à son arc. La fiction demeure le cœur de l'activité, avec des rayons jeunesse étendus, mais aussi la création d'un secteur sciences et un rayon beaux-arts décuplé. Pour répondre à une vraie demande, cette librairie sympathique s'est employée à créer et à étoffer un rayon livres religieux, qui satisfera les besoins de toutes les recherches dans ce domaine.

MÉDIATHÈQUE PROTESTANTE SAINT GUILLAUME EPAL

1, quai Saint Thomas
STRASBOURG
✆ 03 88 25 90 15
www.uepal.fr
Ouvert du lundi au vendredi de 9h à 17h. Fermé en août.

La médiathèque du Centre de documentation des églises protestantes d'Alsace et de Lorraine fédère plusieurs bibliothèques et services : tout d'abord une bibliothèque théologique, une bibliothèque d'animation-formation, une iconothèque, une ludothèque, un fonds multimédia (vidéos, dvd, cédéroms, cd audio, diapositives, vinyles), un fonds ancien, et un espace kiosque (les périodiques). Sa vocation première est de fournir des documents sur le protestantisme.

LIBRAIRIE SAINT-ÉTIENNE

60, rue Michelet
TOURS
✆ 02 47 61 77 41
http://librairiestetienne.fr
Ouvert le lundi de 14h à 18h30 ; du mardi au samedi de 10h à 12h30 et de 14h à 18h30.

La Librairie Saint-Étienne, située en plein centre de Tours, vous accueille du lundi au samedi pour vos achats de livres catholiques. Vous trouverez également dans cette librairie religieuse toutes sortes d'objets : CD/DVD, médailles, croix, statues, santons de crèche, icônes, location d'aubes, produits monastiques, alimentation selon sainte Hildegarde, confitures, etc. La librairie organise également un bon nombre d'évènements en magasin comme par exemple des dédicaces de livres. Son site Internet est complet et fournit de nombreuses informations.

LIBRAIRIE CHEMIN DE VIE

32, rue Georges Clemenceau
TROYES
✆ 03 25 73 23 77
cadocatho.com
Ouvert du mardi au samedi de 9h30 à 18h30.

La librairie Chemin de Vie c'est beaucoup plus qu'un fonds important de livres couvrant tous les sujets pouvant intéresser tous les aspects de la religion catholique. De nombreux objets religieux, de l'artisanat en provenance de nombreux monastères, des BD pour enfants etc. Vous trouverez plus de détails sur le site Internet. N'hésitez pas à faire appel aux conseils éclairés du personnel, ils sauront vous orienter dans vos lectures, mais aussi dans vos choix d'objets divers pour trouver le cadeau idéal quelle que soit l'occasion.

A LIVRE OUVERT

14, rue Irénée Carré
CHARLEVILLE-MÉZIÈRES
✆ 03 24 56 19 30
Ouvert du mardi au samedi de 9h30 à 12h et de 14h à 19h.

À Livre ouvert est une librairie familiale proposant un grand choix d'ouvrages sur les sciences humaines, la littérature, les religions et la littérature pour enfants. C'est l'unique librairie spécialisée dans le domaine du religieux dans le département des Ardennes, et donc le lieu de référence pour toutes vos recherches en ce domaine. Mais au-delà des livres, la librairie vous propose également un grand choix d'objets religieux qui feront des cadeaux idéals pour vos baptêmes, communions, mariages... N'hésitez pas à demander conseil.

LA GRANDE LIBRAIRIE

21, rue Gambetta
ARRAS
✆ 03 21 23 87 20
www.lagrandlibrairie.com
Ouvert du lundi au samedi de 9h30 à 19h.

Grande superficie pour ce temple de la culture et cette véritable institution à Arras. Petit rayon papeterie et loisirs créatifs à l'entrée et très vaste choix d'ouvrages : littérature, ouvrages scolaires, sociologie, histoire… Le rayon manga et BD est fort bien achalandé, tout comme les espaces jeunesse et voyages. D'autant que dans tous les domaines, vous pourrez bénéficier d'une aide et de conseils précieux. N'hésitez pas à vous égarer dans ce très bel espace et à avancer jusqu'au fond où de confortables fauteuils installés au calme vous invitent à la lecture.

LIBRAIRIE SAINT PAUL

8, place Bellecour
LYON (2e)
✆ 04 78 42 26 15
www.librairiestpaul.fr/Lyon.fr
Horaires d'ouverture Du mardi au samedi de 9h30 à 12h30 et de 13h30 à 19h.

Cette librairie spécialisée vous propose un fonds important d'ouvrages religieux : des éditions de la Bible, des ouvrages de théologie, et plus généralement traitant de religions et de spiritualité. Vous y trouverez aussi des ouvrages de témoignages, de catéchèse pour adultes, de liturgie et prières et enfin des ouvrages religieux pour les jeunes. Mais elle présente aussi des rayons plus généralistes avec des guides, et autres livres traitant des sciences humaines, de sujets de société ou de l'état du monde, d'histoire, et bien sûr de littérature.

LIBRAIRIE ADER CAEN - LIBRAIRIE LE MONDE DE THÉO

1, rue Nicolas Oresme
CAEN
✆ 02 31 73 30 85
Ouvert du mardi au vendredi de 9h à 12h30 et de 13h30 à 17h15.

Librairie membre du réseau des 37 librairies en lien avec la CRER. Outre les documents pour la catéchèse des enfants, des jeunes et des adultes, ou pour les rituels de préparation aux sacrements… on y trouve un grand choix de livres religieux pour catholiques, de CD et DVD, de cartes et signets pour s'initier, se former et se ressourcer à tout âge. Et aussi pour offrir des cadeaux aux étapes de la vie chrétienne et pour les grandes fêtes religieuses de l'année.

CAMIADE LA SAINTE FAMILLE

2 bis, rue des Héros de la Résistance
AGEN
✆ 05 53 66 13 99
librairies-nouvelleaquitaine.com
Ouvert du mardi au samedi de 10h à 12h et de 14h30 à 19h. En décembre, avril, mai et juin ouvert le lundi AM.

Librairie religieuse spécialisée avec un fonds d'ouvrages religieux diversifié. Cette librairie appartient au groupement de libraires indépendants de Nouvelle-Aquitaine. Un réseau qui offre l'avantage de proposer en commun plus d'1,7 million de livres, sur 102 librairies à travers la région. Vous pouvez consulter le stock sur leur site internet en outre très complet. Cet établissement propose aussi un choix d'objets religieux et un peu d'artisanat monastique.

LA BARQUE DES APÔTRES

16, rue Perchepinte
TOULOUSE
✆ 05 61 52 17 90
Ouvert le lundi de 14h à 19h ; du mardi au samedi de 10h à 12h30 et de 13h30 à 19h.

A deux pas de la cathédrale Saint-Etienne et de l'évêché, la librairie est spécialisée en ouvrages catholiques principalement. Elle travaille notamment avec le fonds du CER. Vous y trouverez de la littérature jeunesse et ado (avec la collection Signe de Piste et les albums de P. Joubert). Retrouvez aussi les romans jeunesse, du Prince Eric de Dalens au Pays Perdu de Foncine, ou Bob Morane, des bouquins de marine, d'histoire, sur le scoutisme, etc. Un espace sympathique et un accueil très agréable font de cette librairie un lieu convivial.

CHANTE L'UNIVERS

177, rue Fondaudège
BORDEAUX
✆ 05 56 81 22 58
www.chanteunivers.com
Ouvert le lundi de 14h30 à 19h ; de 9h à 12h et de 14h30 à 19h.

La « librairie religieuse chrétienne/catholique Chante l'Univers » vous accueille en vous offrant un large choix de livres religieux de confession catholique, aussi bien pour adultes que pour enfants (bibles…). Elle vous propose également des objets religieux : croix, icônes, statues, chapelets, médailles, cadres, ainsi que des crèches et santons à la période de Noël. Vous trouverez également des cartes et signets pour les communions, professions de foi et confirmations et un large éventail de cartes postales, ainsi que divers articles religieux.

ART ET LIVRE

9, rue de l'Évêché
DAX
✆ 05 58 74 03 25
Ouvert du mardi au samedi de 9h à 12h et de 14h à 19h.

Art et Livre est une boutique religieuse située dans le centre-ville de Dax, ouverte depuis plus de 100 ans. Leur projet, évangéliser par le livre, être au service des paroisses, répondre aux besoins de tous, chrétiens ou non. Vous trouverez dans le magasin un grand choix d'ouvrages religieux mais aussi, de décorations de Noël pour aménager votre crèche, ou simplement un CD ou un DVD, avec un conseiller à votre écoute en cas de besoins. Le site internet est également très fourni et donne de nombreuses idées de lectures et de cadeaux.

LIBRAIRIE LE SOLEIL ET LA SOURCE

13, rue du Docteur Samalens
AUCH
✆ 05 62 61 91 50
Ouvert le mardi et du jeudi au samedi de 9h à 12h et de 14h à 18h ; le mercredi de 14h à 18h.

Cette librairie spécialisée possède un important fonds d'ouvrages religieux, catholiques principalement, ainsi que des objets et de l'artisanat religieux à la vente. Elle est hébergée dans la Maison diocésaine à Auch. Depuis 18 ans, Marie-Françoise Marcouly met bénévolement son expérience au service de la librairie Le Soleil et la Source pour que cet établissement puisse rayonner dans tout le diocèse. Un lieu où l'on aime se retrouver et où les échanges sont nombreux.

BYBLOS SAINT JEAN

36, rue Barra
ANGERS
✆ 02 41 22 48 89
https://librairiebyblos.diocese49.org
Ouvert le mardi et le jeudi de 10h à 17h ; du mercredi au vendredi de 10h à 12h30 et de 14h à 17h.

La librairie Byblos est située dans les bâtiments du diocèse d'Angers. Dans cet espace accueillant, vous serez surpris par la qualité et le volume d'ouvrages religieux proposés (environ 30 000), abordant des sujets actuels et permettant à chacun de se questionner, de comprendre, d'échanger, de se former, que l'on soit jeune public ou adulte. La librairie propose des romans, essais, témoignages, livres pratiques abordant les moments forts de la vie, l'histoire, l'art, l'éthique, la philosophie... La programmation culturelle est riche avec dédicaces, débats.

LIBRAIRIE SILOË BIBLICA

23, boulevard Amiral Courbet
NÎMES
✆ 04 66 67 88 01
www.librairiesiloebiblica.fr
Ouvert du lundi au samedi de 9h à 19h.

Librairie spécialisée religieuse avec un fonds de livres catholique important mais aussi des rayons d'ouvrages protestants, orthodoxes, judaïques, sur l'Islam et d'autres religions diverses. Plus une petite offre de littérature généraliste, la vente d'objets religieux et de produits d'artisanat monastique. Le site internet est en outre très détaillé et offre une vue générale de ce que le réseau peut offrir. Vous y trouverez également un calendrier de rencontres organisées dans cette librairie ou ailleurs dans le réseau de libraires.

LIBRAIRIE SILOË LE BAPTISTÈRE

13, rue Portalis - **AIX-EN-PROVENCE**
✆ 04 42 38 01 97 - www.aix-siloe-baptistere.fr
Ouvert du mardi au samedi de 10h à 13h et de 14h à 18h30.

Cette enseigne du réseau de librairies religieuses Siloé est dédiée aux différentes religions, aux mystiques, aux ouvrages de sociologie, de philosophie, d'histoire des religions… Vous y trouverez des ouvrages fondamentaux, comme les écrits des premiers penseurs chrétiens, *Les Confessions* de saint Augustin, la règle de saint Benoît, des livres et cahiers de catéchèse, des Bibles, les ouvrages des grands penseurs et philosophes actuels sur la religion et les religions, le bouddhisme tibétain, etc. Également des objets religieux : icônes, chapelets, bougies, petits objets de culte, crucifix ou Vierges, médailles et croix de baptême, images de communion…

LA MAISON DU LIVRE

Passage des Maçons
RODEZ
✆ 05 65 73 36 00
www.maisondulivre.com
Ouvert le lundi de 14h à 19h ; du mardi au samedi de 10h à 19h.

La Maison du Livre, une des principales librairies de Midi-Pyrénées, hors Toulouse, est une grande librairie générale pour tout l'Aveyron avec deux établissements se faisant face sur 860 m² avec un fonds de 60 000 titres. De l'époque de sa création en 1946 par l'abbé Sudre, et malgré ses développements successifs, elle a conservé un rayon important spécialisé en ouvrages religieux, récents comme classiques. Vous pourrez en consulter le détail sur son site Internet. A noter qu'elle fait partie du réseau des Librairies Indépendantes de France.

LIBRAIRIE CLEMENT VI

3, avenue de-Lattre-de-Tassigny
AVIGNON
✆ 04 90 82 54 11
Ouvert du mardi au vendredi de 9h à 12h30 et de 14h à 18h ; le samedi de 10h à 12h30 et de 14h à 18h.

Une librairie religieuse qui propose un grand choix d'ouvrages de référence et d'actualité, et un rayon de DVD et CD. Pour les enfants, des jeux de société pour apprendre la Bible en s'amusant et également beaucoup de choix en objets : croix, chapelets, estampes, santons et statuettes religieuses, que l'on offre à l'occasion de baptêmes, de communions, d'évènements religieux. Les libraires sont d'un excellent conseil et très accueillants, de sorte que vous ne risquez pas de sortir bredouille de l'établissement ! N'hésitez pas à demander conseil.

PASSPORT

AUVERGNE-RHÔNE-ALPES

Vaste région regroupant 12 départements, l'Auvergne-Rhône-Alpes offre une grande variété d'espaces naturels, de villes et de villages, et donc autant d'écrins pour un vaste réseau de monastères, abbayes et autres lieux d'accueil spirituels. Il y a notamment Lyon qui vous attend : la troisième ville de France s'impose en grand centre spirituel, surplombé par la basilique de Fourvière. Le reste de la région est évidemment plus rural, et résolument diversifié. Si vous êtes en manque d'isolement, dirigez-vous vers l'Ardèche, unique département de France métropolitaine dépourvu de lignes de train et d'autoroutes. L'Auvergne est le poumon vert de la France grâce à ses grands espaces dans le Massif central. Quant à ceux qui rêvent de se retirer du monde au cœur des paysages de montagne, les Alpes vous offrent la Savoie, la Haute-Savoie, l'Isère... Vous pouvez également combiner histoire et spiritualité sur les hauts plateaux du Vercors.

ABBAYE D'AMBRONAY ✝ ★

Place de l'Abbaye - **AMBRONAY** ✆ 04 74 38 74 04
www.ambronay.org
Divers séminaires organisés, programmés ou à la carte. 13 chambres disponibles et formules restauration.

Aménagées dans les anciennes cellules de l'abbaye, les 13 chambres du bâtiment de l'aile sud accueillent les visiteurs dans un confort moderne mais restant dans l'esprit du XVIIIe siècle. Divers séminaires sont organisés dont les détails se trouvent sur le site Internet. Les bâtiments historiques eux-mêmes méritent une visite. L'abbaye a été fondée au IXe siècle par Barnard, officier de Charlemagne. Labellisé Centre culturel de Rencontre, Ambronay est un lieu de partage où la culture est accessible à chacun, un lieu d'échange célèbre pour son festival de musique.

BASILIQUE D'ARS ✝ ★

Rue Jean-Marie-Vianney
ARS-SUR-FORMANS
Retraites et séminaires possibles au sein du sanctuaire et de sa basilique.

Fils de paysans né près de Lyon, Jean-Marie Vianney bouleversa le cœur de milliers de fidèles par sa simplicité de confesseur. Canonisé en 1925, puis élevé au rang de saint patron de tous les curés, Jean-Marie Vianney repose désormais dans une châsse de bronze dorée au sein de la très belle basilique en rotonde. A découvrir aussi, à côté du majestueux édifice, la petite église où le curé exerça son apostolat. Le sanctuaire d'Ars reçoit des pèlerins, des pénitents et des fidèles désireux d'en connaître plus sur le curé ou de suivre son enseignement.

SANCTUAIRE D'ARS 📷

451, rue Jean-Marie Vianney
ARS-SUR-FORMANS
✆ 04 74 08 17 17
arsnet.org
Retraites ou séminaires organisés sur demande.

Le Sanctuaire d'Ars appartient à l'Église catholique romaine, et plus précisément au diocèse de Belley-Ars, Province ecclésiastique de Lyon. Depuis la disparition de Jean-Marie Vianney, curé d'Ars jusqu'en 1859, le Sanctuaire a pour mission d'accueillir les pèlerins, de faire connaître le saint curé, patron de tous les curés, et d'en préserver la mémoire en ce lieu. Les communautés de frères, sœurs et laïcs qui animent ce lieu reçoivent les pèlerins avec joie. Elles les invitent à rencontrer le Seigneur, fortifier leur foi, et à découvrir l'œuvre du curé d'Ars.

MAISON D'ACCUEIL LA PROVIDENCE ✝

321, rue des Ecoles - **ARS-SUR-FORMANS**
✆ 04 74 00 71 65
la-providence.pagesperso-orange.fr
Chambre simple + petit déj à partir de 20 €/pers. Pension complète à partir de 36 €. Restauration. Boutique. Parking.

Curé de la paroisse pendant 41 ans, canonisé par le pape Pie XI puis nommé patron des curés, Jean-Marie Vianney a donné sa célébrité à Ars-sur-Fromans. Depuis 1848 la maison d'accueil La Providence était tenue par les sœurs de Saint-Joseph. Elles recevaient déjà des pèlerins du temps du Curé d'Ars. Désormais ce sont les Travailleuses Missionnaires de l'Immaculée qui poursuivent cette démarche en accueillant pour le ressourcement, la prière, la réflexion à l'école du saint Curé. Mais elles reçoivent aussi des passagers, groupes de pèlerins, associations, entreprises, rencontres amicales. Enfin, la maison d'accueil est un centre spirituel pour ceux qui cherchent un lieu pour faire une retraite de 5 à 6 jours maximum. Pour cela, elle est ouverte à tout public dans un cadre accueillant comme dans un environnement champêtre et fleuri.

- **Offices :** laudes à 8h, office du milieu du jour (sauf le lundi) à 11h40, vêpres à 18h40 (18h50 le samedi suivies des vigiles), complies à 21h. Adoration du Saint Sacrement à la basilique le dimanche de 14h à 16h. A la chapelle de la Providence, Adoration perpétuelle. Chapelet (sauf le mercredi et dimanche) à 17h30, le mercredi à 20h30. Heure de la Miséricorde, tous les dimanches à 15h, tous les vendredis à 15h suivie du chapelet de la Miséricorde.
- **Accueil :** la Maison d'accueil la Providence est ouverte à tout public jusqu'à 60 personnes. Chambres accessibles par ascenseurs.
- **Boutique :** objets et livres religieux.
- **Visites guidées :** pèlerinage organisé.

MAISON SAINT-BRUNO - CHARTREUSE DE SÉLIGNAC ✝

538, chemin de l'Abbaye - **SIMANDRE-SUR-SURAN**
✆ 04 74 51 79 20
selignac.chartreux.org
Pension complète 40 €.
En raison d'importantes rénovations l'établissement ne pourra recevoir qu'à partir de l'été 2022.

Fondée en 1202 par les moines chartreux, la Chartreuse de Sélignac a son histoire inscrite dans la pierre. Entourée de 180 hectares de forêt, elle a connu la présence des moines jusqu'en 2001. Depuis, reprise par des laïcs, elle poursuit son accueil selon saint Bruno pour y vivre un temps de désert dans la prière. L'engagement se veut exigeant, il faut y passer un minimum de huit jours en laissant derrière soi téléphone et ordinateur, hébergé dans une cellule de chartreux.

ABBAYE NOTRE-DAME DES DOMBES ✝

1600, route de l'Abbaye - **LE PLANTAY**
✆ 06 47 20 16 57 - dombes.chemin-neuf.fr
L'abbaye est fermée de mi-juin à mi-septembre. Environ 50 € par jour en pension complète selon la retraite choisie.

L'abbaye cistercienne trappiste a été fondée par 44 religieux de l'abbaye d'Aiguebelle dans la Drôme en 1863, pour redonner du courage à la population affaiblie par la fièvre des marais comme l'a souhaité Monseigneur de Langalerie, évêque de Belley. La communauté travaille à l'assèchement de nombreux étangs marécageux pour améliorer le rendement de la terre. Pendant la Seconde Guerre mondiale, les moines cachent tout le matériel roulant de la septième division. Mais les religieux sont dénoncés et le père Bernard est torturé et déporté à Bergen-Belsen où il meurt le 11 avril 1944. Le 19 mai de la même année, 100 SS envahissent l'abbaye et exécutent deux moines avant d'amener plusieurs prisonniers. A la libération, la communauté a reçu, à titre collectif, la légion d'honneur et la croix de guerre pour sa contribution à la résistance au nazisme.

Depuis septembre 2001, les moines cisterciens, devenus âgés, ont confié cette abbaye à la Communauté du Chemin Neuf, communauté catholique à vocation œcuménique fondée à Lyon en 1973. La communauté a ouvert un atelier d'icônes en 2002 : des icônes sont réalisées sur commande et les visites des ateliers sont possibles. Elle poursuit également la fabrication des produits traditionnels de l'abbaye : confitures, jus de pommes, pâtes de fruits et aliments énergétiques. On y trouve également la célèbre Musculine G, puissant reconstituant.

La communauté accueille les personnes qui souhaitent vivre un temps de retraite ou de récollection individuelle ou en groupe. Elle organise elle-même ses propres cessions (voir le calendrier sur le site Internet). Le calme des lieux et la vie de prière et de travail de la communauté offrent un cadre propice au ressourcement et au repos. L'église abbatiale est ouverte au public pendant la journée, tous les jours sauf le mardi. Les groupes divers sont accueillis le week-end et en semaine pour des temps de réflexion ou de récollection : des aumôneries diocésaines, des pèlerins vers Ars, des scouts, des mouvements d'église chrétienne et les touristes avec visites guidées.

- **Offices** : messes en semaine à 12h et le dimanche et fêtes à 11h30 sauf le mardi. Laudes à 7h30, vêpres à 18h30, Adoration à 18h55.
- **Accueil** : la Communauté du Chemin Neuf met à la disposition de ses hôtes une vingtaine de chambres.
- **Boutique** : découvrez le magasin et les nombreux articles monastiques, dont les produits de l'abbaye des Dombes : fromages, Musculine, jus de pomme, pâtes de fruits, etc.

L'ABBAYE SAINT-RAMBERT-EN-BUGEY ✝

Route de Grattoux - **SAINT-RAMBERT-EN-BUGEY**
✆ 04 74 36 31 99 - www.abbayesaintrambert.fr
De 27 à 54 € selon la chambre. Tarifs spéciaux pour associations chrétiennes. Pension/demi-pension. Repas de 13 à 16 €.

Au Ve siècle, Domitien fonde au-dessus de Brebonna un ermitage qui devient un monastère dédié à saint Genès. Vers 680, Ragnebert, noble mérovingien exilé dans le Bugey, est assassiné au bord du Brevon sur les ordres d'Ebroïn, maire du palais. Enseveli au monastère, « canonisé » par la dévotion populaire, il devient saint Rambert. Dès le IXe siècle, l'abbaye et le bourg portent son nom.

Dans une bulle de 1191, le pape Célestin III confirme l'abbaye de Saint-Rambert et toutes ses possessions. En 1196, l'abbé Reinier conclut un accord avec Thomas, comte de Savoie. En échange de sa protection, il lui cède le château de Cornillon édifié par l'abbaye à une époque indéterminée. La région devient savoyarde. L'abbé Louis Mareschai (1438-1481) est le grand restaurateur de l'abbaye, de l'église paroissiale et de l'ermitage ; son blason se retrouve en plusieurs lieux.

Comme la plupart des lieux de foi, l'abbaye est démantelée lors de la Révolution française et ses biens sont vendus. À compter de 1838, plusieurs propriétaires se succèdent. En 1949, la Fédération des Œuvres de l'Enfance Française d'Indochine achète l'abbaye. Mère Marie Jeanne d'Arc, missionnaire au Vietnam pendant 25 ans, y accueille de jeunes Eurasiennes nées au Vietnam. La propriété est donnée en 1977 à la congrégation de Notre-Dame des Missions. Une communauté de sœurs vit toujours sur le site.

Pour une retraite, une halte spirituelle ou de ressourcement, nichée au cœur des collines boisées du Bugey, sur le site d'une ancienne abbaye bénédictine aux vestiges vénérables, l'abbaye, haut lieu de prière, vous accueille toute l'année. Les religieuses de Notre-Dame des Missions vous ouvrent leurs portes sur un lieu de paix et de rencontres dans un esprit fraternel. Celles et ceux qui le désirent pourront bénéficier d'un accompagnement spirituel, d'une préparation aux sacrements, d'un approfondissement de la foi, de journées de silence et de désert. Accueil monastique avant tout, il est préférable de contacter au préalable les sœurs pour connaitre les conditions d'accueil (participation aux tâches domestiques et le montant indicatif de la contribution aux frais de vie). Chacun est libre de participer aux offices journaliers.

- **Offices** : les horaires varient selon les jours. Messe à 11h15, vêpres à 17h15.
- **Accueil** : la maison d'accueil de l'abbaye Saint-Rambert dispose de 29 chambres entièrement rénovées pouvant accueillir 44 personnes au maximum. Draps et serviettes fournis. Wifi.

Abbaye Notre-Dame des Dombes.

BASILIQUE NOTRE-DAME ✝

2 rue du Marché
SAINT-GERMAIN-DES-FOSSES

L'église du prieuré étant devenue trop exiguë face au développement de la ville, la basilique Notre-Dame fut construite en 1934 et 1935. La flèche fut ajoutée vingt ans plus tard. Longue de 60 mètres et large de 35 mètres, elle est de style Art déco et est est accolée à l'ancienne chapelle du château. À l'intérieur, les murs sont peints en rose, vert ou jaune. La basilique contient la statue en pierre d'une Vierge de Pitié datée du XVe siècle : elle fait l'objet d'un pèlerinage annuel le dimanche qui suit le 2 juillet.

ACCUEIL MAISON SAINT PAUL 🛏 €€

20, Rue Colombeau - **MOULINS** ✆ 04 70 35 10 58
maison-saint-paul-moulins.jimdo.com
Chambre avec salle de bains : 41,80 €.
Avec lavabo : 33 €. Taxe de séjour : 0,40 €/nuit/pers. Petit déj 5 €.

Vaste et paisible, la maison Saint-Paul est située à 3 minutes du cœur de Moulins (Allier), à proximité du Centre national du costume de scène et à 15 km du sanctuaire de Souvigny. Cette maison d'accueil est animée, entre autres, par la présence de sœurs de Saint-Paul de Chartes et des prêtres diocésains. Elle dispose d'une chapelle mais ne propose pas d'accompagnement spirituel. Possédant un magnifique parc arboré et fleuri, la maison – qui abrite également les services administratifs et pastoraux du diocèse de Moulins – met à votre disposition tout un éventail de prestations complémentaires comprenant l'hébergement, la restauration ainsi que plusieurs salles de réunion. Dotée d'un grand parking de plus de deux cents places et accessible aux cars, la maison Saint-Paul se prête aussi bien à l'accueil de groupes qu'à celui d'individuels. Elle est le cadre idéal pour une retraite de quelques jours à la recherche du sens de la vie, ou de votre vocation.

- **Offices** : laudes à 8h, messe à 12h, vêpres en fin d'après-midi.
- **Accueil** : dans l'enceinte du parc de la maison Saint-Paul, le bâtiment Saint-Michel abrite 82 lits répartis en 37 chambres. De tailles variables, les chambres sont équipées de 1 à 3 lits et, pour 14 d'entre elles, de salles de bains privatives, pour individuels, familles et groupes.
- **Visites** : le sanctuaire de la Paix à Souvigny n'est situé qu'à une dizaine de kilomètres et la maison Saint-Paul peut assurer l'hébergement des pèlerins.

ABBAYE SAINT-VINCENT DE CHANTELLE ✝

14, rue Anne de Beaujeu
CHANTELLE
✆ 04 70 56 62 55
abbaye.benedictines-chantelle.com
Séjours spirituels toute l'année, individuels ou groupes de 2 à 7 jeunes femmes à partir de 17 ans. Participation libre.

Tout commence en 937 lorsque Ainaud et sa femme Rothilde, seigneurs du lieu, fondent près d'un sanctuaire dédié à saint Vincent un prieuré confié à des chanoines réguliers. Parmi les témoins ayant signé l'acte figure saint Odon, deuxième abbé de Cluny. Un petit nombre de religieux assure la permanence de la prière au monastère. Ils bâtissent au XIe siècle la belle église romane, remarquable par la pureté de ses lignes et l'équilibre de ses volumes. Au XVe siècle, les bâtiments originaux sont entièrement rebâtis. le prieuré entièrement reconstruit dans le style de l'époque, gothique finissant, se trouve pris dans l'enceinte du château des ducs de Bourbon dont l'emplacement était situé au sud de celui-ci. Après les affres de la Révolution, l'abbaye est vendue au profit de l'État et ne renaît de ses cendres qu'au milieu du XIXe siècle.

Depuis 1853, une communauté de Bénédictines s'est établie à l'abbaye Saint-Vincent sur la commune de Chantelle au cœur du Bourbonnais, riche en tradition culturelle et spirituelle. Plus de 160 ans de vie monastique, de travail, de louanges ont fait à nouveau de ces lieux une maison de Dieu. Du haut de son éperon rocheux, l'abbaye surplombe magnifiquement les gorges sauvages et profondes de la Bouble. L'aspect abrupt de certaines parties de l'édifice, la présence de plusieurs tours et son mur d'enceinte lui donnent un caractère de forteresse médiévale. Ce promontoire est depuis la nuit des temps un lieu dédié à Dieu. La vie des moniales est ponctuée par les cloches qui les rappellent à la prière et au travail. Des cosmétiques simples et proches de la nature sont produits dans l'atelier du monastère depuis 1954. L'hôte, venu pour un temps de silence et de ressourcement spirituel, aidera à dresser le couvert et la vaisselle. De mai à octobre, un accueil plus spécifique est proposé aux pèlerins de Saint-Jacques. Le chemin passant à Chantelle sous l'appellation de Chemin de Saint-Jacques en Bourbonnais (GR300), la maison Saint-Benoît devient alors aussi refuge. « Que les moines reçoivent les pauvres, les pèlerins et les frères chrétiens avec le plus grand soin et la plus grande attention. En effet, c'est surtout à travers eux que l'on reçoit le Christ. » (Règle de saint Benoît ch.53). A noter également, les moniales produisent dans leurs ateliers des eaux de Cologne, de lavande et des produits de toilette réputés, également disponibles sur leur boutique en ligne.

ABBAYE DE SEPT-FONS

DOMPIERRE-SUR-BESBRE
✆ 04 70 48 14 90
www.abbayedeseptfons.com
Accueil retraites entre 3 et 7 jours, individuels ou groupes constitués.

L'abbaye Notre-Dame de Sept-Fons, historiquement appelée abbaye Notre-Dame de Saint-Lieu, s'élève sur les bords de la Loire, aux confins des départements de l'Allier, de la Saône-et-Loire et de la Nièvre. En 1115, saint Étienne Harding, auteur de la charte de charité, troisième abbé de Cîteaux, envoie saint Bernard fonder Clairvaux. Trois ans plus tard, Bernard fonde l'abbaye de Fontenay qui, à son tour, établit l'abbaye de Saint-Lieu à Sept-Fons en 1132. Le petit groupe des fondateurs avait à sa tête Richard de Montbard accompagné de son frère Guillaume, proches parents de Bernard de Fontaine. Pendant des siècles à Sept-Fons, la vie des moines est régulière et rayonnante. Puis lentement, la ferveur diminue. L'abbaye tombe en ruine et se dépeuple. En 1656 est nommé comme abbé de Sept-Fons Dom Eustache de Beaufort, qui prend possession de son monastère en 1661. Moins de deux ans plus tard, converti à la vie régulière, il commence une réforme complète de la vie monastique. Sous sa main ferme, Sept-Fons voit de nouveau les vocations affluer, la ferveur renaître, et, pendant tout le XVIIIe siècle jusqu'à la Révolution, l'abbaye connaît une de ses plus belles périodes. Des rénovations importantes s'achèvent en 1789, juste avant la Révolution française et sa main-mise sur le patrimoine de l'Église. Pendant la Terreur, plusieurs moines de Sept-Fons confessent leur foi sur les tristement fameux pontons de Rochefort, prisons flottantes destinées à la déportation en Guyane des prêtres réfractaires. En 1845, les moines cisterciens y reviennent pour ne jamais plus quitter les lieux. Aujourd'hui occupée par pas moins de 70 moines à l'année, ralliés à la réforme de la Trappe, l'abbaye Notre-Dame de Sept-Fons poursuit son chemin vers Dieu et reste fidèle à la consigne de son législateur saint Benoît, «Ne rien préférer à l'amour du Christ». Elle accueille les visiteurs pour des retraites individuelles de 3 à 5 jours, pouvant être ensuite prolongées jusqu'à 7 jours. Les repas se prennent en silence dans une des salles à manger de l'hôtellerie. Également mis à la disposition des retraitants : un oratoire, une bibliothèque et plusieurs salles et parloirs. Pour les gastronomes amoureux de produits régionaux, le Moulin de la Trappe offre un grand choix de produits de qualité provenant de l'abbaye mais aussi d'autres monastères : fromage de Sept-Fons au lait cru du troupeau des moines, 40 variétés de confitures, compléments alimentaires, petits-déjeuners. Le tout fait maison dans le respect de la tradition depuis des décennies.

MONASTÈRE DE LA VISITATION €

avenue Emile Zola - **MOULINS** ✆ 04 70 44 27 43
Participation aux frais d'hébergement selon vos possibilités.

Le premier monastère créé en 1616 dans le centre historique de Moulins, où mourut sainte Jeanne de Chantal, fut vendu en 1792 et les moniales furent expulsées. En 1876, huit Visitandines de Paris fondèrent une nouvelle communauté qui construisit le monastère actuel qui n'atteint jamais l'extension de son projet initial. A partir de 1995, trois communautés de Visitandines (venant de Mâcon, de Mayenne et de Chartres) se sont réunies à Moulins. L'Ordre de la Visitation fait référence au mystère évangélique de la Visitation de Marie. Ce mystère est placé sous le signe de la rencontre et de la charité. De clôture papale, les visitandines vivent du caractère caché de l'enfance de Jésus.Le Musée de la Visitation conserve depuis 1992 le patrimoine artistique des monastères de la Visitation, répartis dans le monde entier. Du XVe siècle à nos jours, plus de 12 000 objets d'art exposent le quotidien d´une vie communautaire cloîtrée. A découvrir !

▶ **Offices** : oraison à 6h30, laudes à 7h30, messe à 8h, lectures à 11h30, mi-journée à 14h30, lectures à 16h, vêpres à 17h30, oraison à 18h, complies à 20h45.

▶ **Accueil** : les Visitandines reçoivent seulement des femmes en recherche spirituelle pour des séjours de 8 jours maximum à l'intérieur de la clôture. Cinq chambres.

▶ **Visites** : le Musée de la Visitation, un lieu exceptionnel, 4 place Jean Moulin – Tél : 04 70 44 39 03 - Site : www.musee-visitation.eu/. Ouvert du lundi au samedi de 10h à 12h et de 14h à 18h. Visite payante.

SANCTUAIRE DE SAINTS-MAYEUL ET ODILON

6, place Aristide Briand
SOUVIGNY
✆ 04 70 43 60 51
Hôtellerie pouvant accueillir 30 personnes. Journée à partir de 35 € par personne.

En 915, Aymard, ancêtre de la Maison des Bourbon, donne à Cluny ses terres de Souvigny avec l'église dédiée à saint Pierre. Mayeul, abbé de Cluny, y fonde le monastère en 954, et y meurt en 994. Odilon de Mercoeur lui succède et y meurt à son tour en 1049. Ils furent tous deux canonisés quelques années à peine après leur mort, après de nombreux miracles. Etape du chemin de Saint-Jacques-de-Compostelle, le sanctuaire accueille pèlerins et retraitants.

FOYER MARIE JEAN ✝

La Blache
SAINT-JULIEN-VOCANCE
✆ 04 75 34 73 11
www.foyermariejean.fr

Hospitalité simple entre 40 et 60 € en pension complète, à convenir avec la sœur hôtelière selon les moyens de chacun.

A 780 mètres d'altitude, dans un site préservé en pleine nature, à quelques minutes d'Annonay, le Foyer Marie Jean, communauté de frères et sœurs consacrés à Dieu par les vœux de chasteté, pauvreté et obéissance, communauté catholique de type contemplatif, vous accueille toute l'année dans sa Maison de la Source d'Eau Vive, lieu sobre de vie, de prière et de travail. Vous y passerez des temps de solitude, de repos, de ressourcement, de révisions, pour des retraites et récollections prêchées, des sessions d'écologie et de philosophie dans un esprit de prière et d'évangélisation demandé par le pape François. Vous trouverez le programme annuel sur le site Internet de la communauté. Les randonneurs se réjouiront de cette richesse naturelle et paysagère qui offre de nombreux circuits balisés dans cette haute vallée de la Cance, classée Espace Naturel et Sensible. L'hospitalité, la liturgie, la montagne, l'architecture contribuent à l'ouverture de l'influence maternelle de Marie et à la présence de Dieu. C'est d'un riche patrimoine historique et religieux que bénéficie la région. La communauté vous propose soit des haltes spirituelles de deux jours, soit des retraites de six jours. Vous pouvez aussi venir, en hospitalité simple, prier à la chapelle ouverte à tous, toute la journée, et participer à la messe et aux offices liturgiques ou encore venir vivre un temps de « désert ». Vous bénéficierez de conseils et d'un accompagnement spirituel. La Maison de la Source d'Eau Vive peut accueillir une quarantaine de personnes.

FRATERNITÉ DU PONT D'ARC 🛏 €

43, boulevard Peschaire Alizon
VALLON-PONT-D'ARC
✆ 06 87 41 40 69

Chambre avec petit déjeuner 24 €.
Repas de midi ou du soir 7 €.

Petite Fraternité catholique située à Pont-de-l'Arc non loin des gorges de l'Ardèche. Ouverte à toute personne désireuse de faire une retraite, quelle que soit sa religion. Elle accueille aussi des athées. Des sessions de catéchèse sont proposées, ouvertes aux enfants (de plus de 3 ans) comme aux adultes. D'autres activités avec des stages peuvent être organisées : musique, apiculture, jardinage, construction écologique. Se renseigner pour d'autres possibilités. Un rythme de vie commune est proposé alternant temps de silence, ateliers, réunions et repas.

ACCUEIL SAINT-JOSEPH DE VANOSC 🛏 €€

VANOSC
✆ 04 75 34 62 95
https://maisonstjosephvanosc.com

Entre 45 et 60 € par jour et par personne en pension complète, suivant les possibilités de chacun.

Cette communauté de l'Institut des Sœurs de Saint-Joseph située à Vanosc accueille des personnes individuelles pour des temps de repos ou de retraite. Elle reçoit des groupes ayant leur animation propre. Elle propose des activités diverses : retraite, séjour spirituel, formation pour tous, temps forts pour les jeunes. Quatre salles de réunion de 6 à 50 places, une chapelle et un oratoire. Hébergement : 40 places en chambre individuelle ou à deux.

MAISON DIOCÉSAINE CHARLES DE FOUCAULD 🛏 €

2, faubourg Saint-Jacques - **VIVIERS**
✆ 04 75 52 62 23
www.maisondiocesaine07.fr

Formule hôtelière à partir de 43 € en chambre simple. Repas en self-service 15,50 €.

La maison d'accueil Charles de Foucauld est un centre d'hébergement de groupes à caractère religieux, social ou culturel, pour des rencontres, des sessions de formation, des congrès. Mais elle sera très prochainement en capacité de recevoir également des personnes pour des séjours individuels. Pour les séjours, de diverses durées possibles, une offre touristique classique ou cultuelle est proposée en fonction de vos aspirations et de la raison de votre venue dans cette maison d'accueil. La présence en son sein d'une communauté religieuse féminine, les Sœurs de l'Alliance, appartenant à la famille spirituelle de Charles de Foucauld et qui participe activement au fonctionnement et à l'accueil de la Maison diocésaine, permet d'apporter à la vie de l'établissement un caractère religieux et de proposer, à ceux qui le souhaitent, des temps de prière et de recueillement que l'on retrouve dans toute communauté religieuse.

▸ **Offices** : possibilité de se joindre aux offices quotidiens de la communauté des Sœurs de l'Alliance dans la chapelle de la Maison diocésaine. Office des lectures à 6h40, laudes à 7h, adoration silencieuse à 18h, vêpres à 19h. Du mardi au vendredi messe à 12h, le dimanche à 10h30. Attention, certaines messes du dimanche peuvent être célébrées à la cathédrale.

▸ **Accueil** : l'hostellerie Charles de Foucauld accueille les retraitants dans des chambres tout confort. 59 chambres doubles, 9 chambres individuelles, 8 chambres accessibles aux personnes à mobilité réduite.

SAINTS LOCAUX

DEUX SAINTS ET LEUR HISTOIRE AU CŒUR DE L'ARDÈCHE

Fils cadet des châtelains d'un village des Corbières, Fontcouverte, **Saint-Régis** naît Jean-François Régis en janvier 1597, à l'époque des guerres de religion qui ravagent le monde chrétien dans une grande partie de l'occident. Après une enfance heureuse pendant laquelle il s'épanouit dans une famille unie, il part à l'âge de quatorze ans étudier au collège jésuite de Béziers. En 1616, il entre au noviciat de la Compagnie de Jésus de Toulouse. En 1618, il prononce ses premiers vœux à Auch. Nommé missionnaire en 1632 à Montpellier, c'est à Sommières qu'il s'engage dans une première grande mission qui va marquer sa vie et l'ouvrir pleinement au Christ. Malgré un accueil hostile en ce lieu, il visite les malades, les indigents, répand la parole de Dieu à une assistance nombreuse venue des quatre coins de la ville et même d'au-delà, et parvient à évangéliser la ville. Il prêche huit mois complets dans la région des Boutières, puis à Privas, à Fay-le-Froid et à Saint-Agrève, parcourant l'Ardèche armé de la parole du Christ. La ferveur populaire pour le « saint Père » se développe et ses fidèles sont de plus en plus nombreux. En 1635, il s'installe au Puy-en-Velay et y organise « l'ouvre du Bouillon » : il distribue aux pauvres des vivres et des vêtements. Puis il crée le refuge du Bon Pasteur pour les prostituées. En 1640, il défend les dentellières du Velay dont l'artisanat est menacé par une ordonnance interdisant le port de la dentelle. A la fin de la même année, il quitte le Puy par temps de tempête en compagnie du frère Bideau pour une ultime mission dans le nord du Vivarais. En chemin, il tombe malade mais continue à prêcher et à confesser malgré la fièvre et l'affaiblissement sévère qui suit la dégradation de sa santé. Il meurt quelques jours plus tard à Lalouvesc, lieu exceptionnel de Haute Ardèche à 1 080 mètres d'altitude, et sera canonisé en 1737 par le pape Clément XI, en même temps que saint Vincent-de-Paul. Aujourd'hui les pères jésuites animent le pèlerinage Saint-Régis, en lien avec la communauté paroissiale et avec des bénévoles dans la région. On peut visiter la basilique Saint-Régis avec la châsse du saint, les vitraux racontant sa vie et les peintures du chœur évoquant les grands pèlerins au tombeau de saint Régis, la crypte de la basilique où a reposé le corps du saint jusqu'en 1716, la chapelle où il est mort, le musée Saint-Régis avec des souvenirs de son époque et un diorama des principaux épisodes de sa vie et le parc des pèlerins avec le chemin de croix.

Marie Victoire Couderc, connue sous le nom de **Sainte Thérèse Couderc**, naît le 1er février 1805 au Mas de Sablières en Ardèche, dans la vallée de la Drobie. Elle grandit dans une famille rurale profondément chrétienne et aimante. Elle entre au noviciat d'Aps en 1826, pour devenir religieuse, prenant le nom de sœur Thérèse. En 1827, le père Étienne Terme, curé de Lalouvesc, ouvre une maison d'accueil pour les femmes qui viennent en pèlerinage au tombeau de saint Régis. Pour tenir cette maison, il fait appel à sœur Thérèse et à deux autres sœurs. Très vite, sœur Thérèse a l'intuition de transformer la maison en centre spirituel invitant les pèlerines à se ressourcer quelques jours en leur proposant un temps de retraite pour approfondir leur foi et ainsi mieux connaître et aimer Jésus-Christ. L'initiative rencontre un franc succès dès son démarrage. L'œuvre des retraites se développe, le cénacle est fondé. Plusieurs communautés voient le jour à travers la France et le monde entier. Sœur Thérèse meurt le 26 septembre 1885 à Lyon, au Cénacle de Fourvière. Son corps est ramené à Lalouvesc. Le 10 mai 1972, le pape Paul VI l'inscrit au nombre des saints. L'accueil était assuré jusqu'en 2016 par les sœurs de Notre-Dame du Cénacle. Aujourd'hui, il n'est plus possible de loger dans la maison Thérèse Couderc, définitivement fermée. La châsse de la sainte a été transférée à la basilique Saint-Régis en 2018.

Principales fêtes Solennité de Saint-Régis, le dimanche le plus proche du 16 juin. Assomption de Notre-Dame le 15 août. Solennité de Sainte-Thérèse Couderc, le dernier dimanche d'août. Les week-ends de juillet et août, cinq messes dominicales. En semaine, Eucharistie à 11h, le dimanche à 10h. Chaque jour en juillet et en août est proposée une démarche de pèlerinage : Eucharistie, prière des pèlerins, commentaire des vitraux, montages sur la vie de saint Régis et sainte Thérèse Couderc.

Maison Saint-Régis – 07520 Lalouvesc – ✆ 04 75 67 82 00 – Site : www.saintregislalouvesc.org. Le Cénacle de Lalouvesc ✆ : 06 80 42 07 94.

PRIEURÉ SAINTE THÉRÈSE ✞

8, avenue de l'Ermitage - **MURAT**
✆ 04 71 20 19 69
www.stjean-murat.com
Pension complète 45 €.
Pour les activités, se renseigner.

Fondé en 1986, le Prieuré de Murat était à l'origine une école-pension tenue par des religieuses, installée dans cette maison aux origines vagues mais datant a priori de la fin du XIXe siècle. En 1980, les Sœurs quittent Murat et de nombreuses discussions ont lieu entre le père Marie-Dominique Philippe, fondateur de la communauté Saint-Jean, et l'évêché, conduisant à l'installation de la communauté dans ces lieux.

Le but est de construire un prieuré pouvant accueillir 10 cellules de moines, 35 chambres d'hôtellerie, 2 dortoirs, des salles de conférence et de réunion. Un long projet mais une ferme volonté des participants. Aujourd'hui, 6 moines dont 3 moines prêtres habitent les lieux et se consacrent à Dieu dans la prière et le travail.

La communauté Saint-Jean accueille tous celles et ceux qui souhaitent faire une parenthèse dans leur vie, au cœur de la Haute-Auvergne.

Le prieuré Sainte-Thérèse vous propose de multiples activités, seul, en famille ou en groupe. Les thèmes sont divers et variés : activités de prière, formation spirituelle et philosophique, week-ends pour jeunes, retraites pour enfants, week-ends fiancés et jeunes mariés ainsi que des moments de détente, tels la marche en montagne, le VTT et le ski-prière. Un ensemble d'activités pour favoriser l'approfondissement de la vie chrétienne.

▸ **Offices :** du lundi au dimanche. Oraison à 6h45, messe à 9h30 ou à 11h15, office du milieu du jour à 13h50, vêpres à 18h, complies à 21h.

▸ **Accueil :** la communauté peut recevoir jusqu'à 20 personnes maximum.

MONASTÈRE DE LA VISITATION ✞

7, avenue du Docteur-Mallet
SAINT-FLOUR
✆ 04 71 60 07 82
www.lavisitation.fr/page6.html
34 € en pension complète pour une personne, 50 € pour un couple.

A quelques minutes à pied de Saint-Flour, dans un cadre exceptionnel et au calme, ce monastère est installé sur les orgues basaltiques depuis le début du XVIIe siècle. A l'intérieur de la clôture sont accueillies uniquement pour quelques jours de retraite et de silence, jeunes filles et dames. L'hôtellerie qui jouxte la magnifique bâtisse reçoit quant à elle les couples ou les personnes seules. Il est possible de rencontrer une moniale pour un suivi spirituel, une aide, ou tout simplement une écoute. Toutes les chambres sont individuelles avec lit d'une ou deux personnes, avec lavabo et WC, télévision, téléphone. Certaines sont équipées de douche sinon salle de bain à l'étage pour quatre chambres. La cuisine est familiale et offre des produits du cru : aligot, tripoux, pounti, charcuterie, truffade, fromages d'Auvergne. Elle sait aussi s'adapter à chacun : pique-nique, régimes... Les paysages sont d'une rare beauté. Les amoureux de la nature s'en donneront à cœur joie. Pour les amoureux de randonnée, de nombreuses possibilités s'offrent à vous dans les environs immédiats mais aussi dans toute la région, si vous souhaitez combiner votre retraite avec un séjour touristique.

▸ **Offices :** laudes à 8h10, messe à 9h30, médiane et office des lectures à 13h55, chapelet à 16h40, vêpres à 17h, complies à 21h10.

▸ **Accueil :** les Visitandines peuvent accueillir 10 personnes en clôture (uniquement pour les femmes ou jeunes filles), et 40 personnes à l'hôtellerie.

MAISON D'ACCUEIL BÉTHANIE 📷

Le Bourg
QUÉZAC
✆ 04 71 46 78 31
Chambre simple 12 €, double 17 €, + petit déj 4 €, demi-pension 24 €, pension complète 43 €.

Le centre spirituel de Béthanie de Quézac accueille groupes, particuliers et pèlerins, pour des exercices spirituels, des périodes de ressourcement, des séminaires de travail ou tout simplement pour des vacances. Possibilité d'accueil en gestion libre ou en pension complète. Construite en 1936, cette maison d'accueil se trouve à proximité du Sanctuaire de Notre-Dame de Quézac qui date du XIIIe siècle et où les pèlerins sont accueillis par les religieuses de Notre-Dame de La Salette.

SANCTUAIRE NOTRE-DAME DE LA FONT-SAINTE 📷

SAINT-HIPPOLYTE
✆ 04 71 60 61 90
Lieu de pèlerinage marial au cœur du Cantal.
Toutes les fins d'été.

A 1 230 mètres d'altitude sur la commune de Saint-Hippolyte, le sanctuaire de la Font-Sainte est un lieu de pèlerinage depuis 1886, repris de temps beaucoup plus anciens, aux VIe et VIIe siècles. En début et fin de saison estivale, se déroulent les deux processions de la « montade » et de la « dévalade » lors desquelles la statue de Notre-Dame de la Font-Sainte monte de l'église Saint-Hippolyte à la chapelle de la Font-Sainte, et puis en redescend.

FOYER DE CHARITÉ €

85, rue Geoffroy de Moirans
CHÂTEAUNEUF-DE-GALAURE ✆ 04 75 68 79 11
www.foyer-chateauneuf.com
Chacun donne selon ses réelles possibilités, dans le tronc placé au Bureau d'Accueil.

C'est là où a vécu Marthe Robin, fondatrice en 1936, avec le Père Georges Finet, de l'œuvre des Foyers de Charité, que ce Foyer de Charité a élu domicile dans la Drôme des Collines, une terre de vergers, de fleurs, de roches, de galets et de rivières, au sud de Lyon et au nord de Valence. Communautés catholiques de vie, elles sont composées de laïcs, couples réunis autour d'un prêtre, le Père du foyer. Dans un cadre familial et un climat de silence sont organisées des retraites spirituelles de formation chrétienne, portées par le travail et la prière de toute la communauté. Grande mystique, Marthe Robin a attiré l'attention des fidèles suite aux phénomènes extraordinaires qui ont rempli son existence. De sa maladie dont les causes et l'évolution restent un mystère, à ses stigmates en passant par les attaques du démon et les dizaines d'années vécues en se nourrissant d'une hostie par semaine, elle vit des manifestations qui la marquent durablement. Mais au-delà des aspects extraordinaires de sa vie, c'est précisément par la façon dont cette femme profondément unie au Christ rayonne de l'Espérance qu'elle est devenue un modèle. Le Foyer de Charité, composé de 127 membres d'âges et d'horizons différents, accueille toutes personnes, de tous âges et de toutes conditions pour découvrir la parole de Dieu. Pour tous les Foyers du monde, c'est le lieu de ressourcement, de rencontres et de formation. La différence n'empêche pas l'unité, si le Christ est au centre. Que l'on soit à éplucher des pommes de terre ou à faire la vaisselle, Marthe Robin et le Seigneur vous accompagnent dans les petits travaux du quotidien. Quatre établissement scolaires de plus de mille élèves sont aujourd'hui rattachés au Foyer réunissant des élèves dont la profondeur et le dynamisme sont toujours présents. Des retraites organisées sur six jours, un week-end ou sur vingt-quatre heures sont possibles. Depuis 2018 (sauf juillet, août, octobre et décembre), une halte spirituelle est organisée le dernier vendredi du mois, une journée pour se recueillir, prendre du temps pour soi et partager la prière du Foyer. Les enfants de un à sept ans peuvent être accueillis pour certaines retraites.

▸ **Offices** : laudes à 7h45, messe à 11h15, chapelet à 17h.

▸ **Accueil** : le Foyer de Charité peut accueillir entre 120 et 130 personnes. Chambres individuelles avec douche et WC. En cas de grande affluence, vous pourrez être éventuellement logés en chambre à deux. Possibilité d'accueillir les personnes à mobilité réduite.

▸ **Boutique** : grand choix de livres et d'objets religieux.

ABBAYE DE LÉONCEL ✝

75, rue de l'Abbaye
LÉONCEL
✆ 07 50 35 98 74
www.leoncel-abbaye.com
Maison Saint-Hugues : 5 chambres, cuisine, salon.

Entre le col de Tourniol et le col de la Bataille, cette abbatiale cistercienne, édifice roman dont l'origine remonte au XIIe siècle, offre un havre de quiétude pour la méditation et le ressourcement. En 1790, l'abbaye fut dissoute et l'abbatiale devint église paroissiale. Depuis 1974, l'Association des Amis de Léoncel s'attache à sa restauration, à l'animation culturelle et à la promotion de ce patrimoine remarquable. Des sessions spirituelles sont organisées, et l'hébergement est possible à la maison d'accueil Saint-Hugues toute proche.

MONASTÈRE DE LA CLARTÉ NOTRE-DAME ✝

980, chemin de l'Ecluze - **TAULIGNAN**
✆ 04 75 53 55 11 - www.dominicaines-taulignan.fr
Participation aux frais de la communauté selon les moyens de chacun à convenir avec la Sœur hôtelière.

Ce monastère animé par une communauté de religieuses dominicaines a été fondé en 1942. Comme dans les autres monastères dominicains, les sœurs mènent avec joie une vie contemplative, de prière, de travail, d'étude de la Parole de Dieu, de partage fraternel. C'est une vie à la fois retirée et ouverte sur le monde, l'Église et l'Ordre des Prêcheurs, fondé par saint Dominique qui est un ordre religieux né à l'orée du XIIIe siècle pour annoncer aux hommes l'Évangile de Jésus Christ, dans un contexte social en pleine mutation. En un même esprit et aujourd'hui encore, la famille dominicaine regroupe frères, moniales et sœurs de vie apostolique pour participer à cette mission. Depuis 2009, les sœurs ont fait le choix d'utiliser une partie de leurs terres à la culture de plantes aromatiques en bio. C'était un vaste chantier qui s'ouvrait alors à elles lorsqu'elles choisirent les plantes du pays de Provence. Les hôtes sont invités à participer à la liturgie de la communauté et au jardinage.

▸ **Offices** : laudes à 6h35 (à 8h le dimanche), chapelet à 8h15, eucharistie à 11h15 suivie de l'heure médiane (à 11h le dimanche), vêpres à 17h30, vigiles à 20h15 suivies des complies, (à 20h30 le dimanche).

▸ **Accueil** : la communauté accueille volontiers les chercheurs de Dieu et toute personne qui désire refaire ses forces spirituelles pour des séjours d'une semaine maximum. Accueil individuel ou de groupes jusqu'à 24 personnes en chambre simple ou double.

▸ **Boutique** : productions de plantes aromatiques bio

ABBAYE NOTRE-DAME D'AIGUEBELLE ★

Le Couvent - **MONTJOYER** ✆ 04 75 98 64 70
www.abbaye-aiguebelle.cef.fr
Du lundi au samedi 10h-12h et 14h30-17h ; dimanche 14h30-17h. Pour séjourner, s'adresser au frère hôtelier.

L'abbaye d'Aiguebelle a été fondée en 1137 par un groupe de moines de Morimond en Champagne. Le monastère a été construit au confluent de trois ruisseaux, d'où son nom « belles eaux ». Au XIIe siècle, il connait un grand essor économique grâce aux dons de seigneurs de la région. Le déclin commence au XVe siècle avec la guerre de Cent Ans, la peste et le régime de la Commende. A la veille de la Révolution française, les moines sont au nombre de trois. Le monastère est vendu comme bien national. En 1815, un groupe de cisterciens issus de la Trappe et menés par le père Augustin de Lestranges vient faire revivre le monastère. La communauté d'Aiguebelle va se développer rapidement. En 1850, elle compte 233 moines et fonde de nombreux autres monastères dont la plupart sont toujours vivants. Elle assure aussi la paternité d'une communauté de moniales : Notre-Dame-de-Bon-Secours dans le Vaucluse. Depuis 1137 donc, les moines cisterciens accomplissent ici leurs règles de vie monastique ponctuée de prières, de lectures et de travaux manuels et agricoles. Leur très beau monastère est une oasis de paix et de spiritualité, au cœur des collines boisées qui séparent Valdaine et Tricastin, où l'on peut faire une retraite loin du monde agité, dans le cadre d'une hôtellerie confortable. La communauté compte actuellement 19 moines de 46 à 94 ans. Parmi ses missions : aider les pauvres dans la mesure de ses possibilités. Un mémorial pour les frères de Tibhirine et leurs compagnons martyrs a été récemment réalisé. Si vous n'avez pas le temps d'un séjour, vous pouvez tout de même faire escale à la boutique proposant une importante gamme de productions monastiques de plusieurs abbayes de France et d'ailleurs, pour faire provision de ces produits d'excellente qualité. Sur le site Internet de l'abbaye, vous pourrez visiter l'édifice.

▶ **Offices** : laudes à 6h45, tierce à 9h15, messe à 10h45, vêpres à 17h30.

▶ **Accueil** : l'abbaye Notre-Dame d'Aiguebelle peut recevoir 25 personnes au maximum.

▶ **Boutique** : confitures, pain d'épices, biscuits, chocolats, confiseries, bougies parfumées, plantes médicinales et huiles essentielles, élixirs et baumes bienfaisants. Essayez l'Alexion, une boisson aux 52 plantes, fortifiante et reconstituante, et le café de Koutaba, récolté par les moines cisterciens de ce jeune monastère camerounais, filiale d'Aiguebelle. Et pour approfondir vos recherches métaphysiques et vos connaissances théologiques, la librairie propose un beau choix d'ouvrages.

ABBAYE NOTRE-DAME DE TRIORS ✝

205, chemin des Carnets - **TRIORS**
✆ 04 75 71 43 39 - www.ndtriors.fr
Tarifs à convenir avec le frère hôtelier lors de votre réservation.

Le château de Triors a été construit au XVIIe siècle par Charles de Lionne, abbé commendataire de Saint-Calais. En 1984, un groupe de moines de l'abbaye de Fontgaubault, dans l'Indre, y fonde un monastère. Le site fait face au Vercors sur un ample plateau verdoyant et se prête à la vie de silence et de travail des moines. La communauté accueille pour des temps de ressourcement tous ceux et celles qui respectent le silence du monastère et savent se contenter de son austérité. Les chambres sont réparties sur deux étages avec une grande salle de conférence et des parloirs. Possibilité d'accompagnement et d'échanges spirituels.

▶ **Offices** : tous les offices sont célébrés en latin et chantés en grégorien selon le rite monastique propre à la congrégation de Solesmes. Messes lues à 7h (le dimanche à 7h10), prime à 8h30, tierce suivi de la messe à 10h, sexte à 12h50, none à 14h35 (le dimanche à 15h), vêpres à 18h (le dimanche à 17h).

▶ **Accueil** : l'abbaye Notre-Dame de Triors met à la disposition de ses hôtes une trentaine de chambres au confort simple dans un bâtiment dont la construction a été récemment achevée.

▶ **Boutique** : on découvre au magasin de la porterie une importante librairie religieuse ainsi que les produits de l'artisanat réalisé par les moines : grès et céramique, miel, pâtisserie, pain d'épices, nougat, meringue, huile de noix et de colza. Les moines bénédictins enregistrent également des CD de chants grégoriens. La porterie est fermée durant les offices.

Abbaye Notre-Dame d'Aiguebelle.

SANCTUAIRE SAINT-JOSEPH DE BON ESPOIR

9, rue Abbé Fontanille
ESPALY-SAINT-MARCEL
✆ 04 71 09 16 71
www.josephbonespoir.org
Pèlerinages et processions au cours de l'année.

Saint-Joseph-de-Bon-Espoir, consacrée basilique mineure en 2020, est située à Espaly-Saint-Marcel. Outre la basilique, le sanctuaire se compose d'une chapelle dans une grotte et d'une statue monumentale de saint Joseph. Cet édifice est érigé sur les fondations d'un ancien château fort. Il s'agit d'un lieu de pèlerinage connu de nombreux chrétiens, et des processions sont organisées plusieurs fois dans l'année par la paroisse et les fidèles en hommage à ce saint.

MONASTÈRE SAINTE CATHERINE DE SIENNE €

2, rue du Pont - **LANGEAC** ✆ 04 71 77 01 50
dominicaineslangeac.fr
Ouvert toute l'année sauf septembre. 15 chambres + bâtiment de la ferme. Participation aux frais selon possibilités.

Fondée en 1622, la communauté dominicaine de Langeac compte de nos jours dix-sept moniales dominicaines appartenant à l'Ordre des Prêcheurs. Elles partagent leur vie entre une vie contemplative de prière, l'accueil monastique et le travail. Parmi ses fondatrices, elle compte sœur Agnès de Jésus Galand, prieure de 1627 à 1634 et originaire du Puy qui a été béatifiée en 1994 par Jean-Paul II. Cette communauté a toujours eu pour vocation de prier pour tous les prêtres. Elle propose à ses retraitants de partager sa vie de partager la prière liturgique de la communauté. Des travaux récents ont permis de transformer les bâtiments de leur ancienne ferme en un lieu d'accueil supplémentaire avec une salle de conférences ainsi destinée à l'accueil de groupes. Il y a aussi des chambres qui permettent d'accueillir des familles et des personnes à mobilité réduite. Une petite cuisine est proposée pour un accueil en autogestion.

- **Offices** : laudes 7h30, messe 8h15 (8h30 le dimanche), office milieu du jour 12h, chapelet 17h20, vêpres puis oraison à 17h40, et vigiles à 20h30.
- **Accueil** : le monastère accueille tous ceux et celles qui, seuls ou en groupe, cherchent un lieu pour réfléchir, livrer à Dieu leurs joies et leurs peines. L'hôtellerie ne peut accueillir plus de 50 personnes avec 15 chambres et la ferme. Séjours de 10 jours maximum.
- **Boutique** : vente de cartes et d'icônes du monastère, de chapelets et rosaires, librairie à thèmes dominicains, CD du monastère, et enfin vêtements pour enfants.

ACCUEIL SAINT-GEORGES ✝

4, rue Saint-Georges
LE PUY-EN-VELAY
✆ 04 71 09 93 10
A partir de 23,60 € la nuit en chambre simple. Linge en supplément 9 €. De nombreuses options selon confort et repas.

C'est depuis le Moyen Âge que le sanctuaire marial du Puy-en-Velay est connu internationalement. Point de départ vers Saint-Jacques-de-Compostelle, sa fréquentation par les pèlerins est impressionnante. C'est la raison pour laquelle le diocèse a décidé d'aménager l'ancien Grand Séminaire en maison d'accueil (Accueil Saint-Georges), situé à deux minutes à pied de la cathédrale et de la statue de Notre-Dame-de-France. Classée au Patrimoine mondial par l'Unesco, la cathédrale elle-même est un bâtiment de toute beauté. Suspendue dans le vide, elle semble s'élancer pour accueillir les pèlerins. Un escalier passe sous la nef pour arriver au chœur. De style roman bien que construite à la période gothique, elle mêle des éléments baroques, en particulier dans le chœur marial. On y découvre des influences byzantines, italiennes, mozarabes, et pourtant son harmonie est totale, semblant présager de l'unité des cœurs des visiteurs.

Pèlerins isolés ou à plusieurs, personnes à la recherche d'un lieu pour une halte spirituelle ou encore groupes accompagnés de leurs animateurs pour des temps de retraite sont chaleureusement accueillis dans cette grande bâtisse. On peut assister aux offices célébrés à la cathédrale. L'Accueil Saint-Georges reçoit pour une ou plusieurs nuits en pension complète ou demi-pension. Un ascenseur dessert les chambres pour une, deux ou trois personnes. Chapelle, oratoires, salles de réunion, parking privé sont mis à disposition des hôtes. Un conseil, contactez l'accueil pour connaître la disponibilité.

ASSOCIATION BETHLÉEM ✝

QUEYRIÈRES
✆ 06 21 07 39 34
10 € par nuit et par personne.

Dans un petit village auvergnat du bout du monde, à Monedeyres, la communauté religieuse Sainte-Famille de Nazareth accueille les seniors, les familles, les couples et les enfants malades. Dans cette maison familiale située à mille mètres d'altitude dans la région de Meygal, sur le chemin de Compostelle, des retraites sont possibles pour les groupes accompagnés. Pas de restauration organisée sur place mais la maison est en gestion libre et chacun peut préparer ses repas. Renseignez-vous par téléphone, la maison n'est pas bien grande.

Sanctuaire Saint-Joseph de Bon Espoir.

CATHÉDRALE NOTRE-DAME DU PUY ★★★★

2, rue Manécanterie
LE PUY-EN-VELAY
✆ 04 71 09 79 77
www.cathedraledupuy.org
Ouvert toute l'année. Ouverte tous les jours de 7h à 19h, jusqu'à 22h de mi-juillet à mi-août. Gratuit. Visite guidée.

Au cœur du Puy-en-Velay, c'est un lieu incontournable de paix et de recueillement, même pour celles et ceux qui ne sont pas croyants. Les origines de la cathédrale Notre-Dame du Puy remontent au Xe siècle. Mais l'afflux des pèlerins venus adorer la Vierge Marie nécessitera plusieurs agrandissements et aménagements au fil des siècles. Elle est construite dans une architecture romane, bien qu'elle date de l'époque gothique. La conjugaison des inspirations orientales, espagnoles et italiennes fait partie de sa singularité. Les influences byzantines se retrouvent dans les mosaïques des arcades ainsi que dans certaines fresques. Le chœur repose directement sur le rocher. Aux XIe et XIIe siècles, on bâtit quatre travées supplémentaires, audacieusement construites dans le vide, pour rattraper un dénivelé de 17 m, ce qui représente les deux tiers du bâtiment. Une véritable prouesse architecturale pour l'époque ! De nombreux travaux d'aménagement et de restauration auront lieu au fil des siècles. L'édifice est inscrit au Patrimoine mondial de l'Unesco depuis 1998. Mais avant de parvenir à l'édifice, il vous faudra gravir un escalier de 134 marches. Il débouche juste devant l'autel de l'église, on le nomme l'escalier du ventre car il fait entrer le visiteur par le nombril de la cathédrale, son centre. Pour ce qui est de l'intérieur, la Vierge noire date, en fait, du XVIIe siècle, l'original offert par Saint Louis ayant été brûlé par les révolutionnaires. Il s'agissait alors d'une sculpture faite dans du cèdre, vêtue dans un style oriental. Elle tenait l'enfant Jésus sur ses genoux, tous deux le visage noir mais les mains peintes en blanc. Il existe une gravure de cette Vierge datant de 1778. Ne pas manquer non plus de voir la Pierre des Fièvres. Cette table volcanique aurait été témoin d'apparitions de la Vierge à l'époque gallo-romaine. Elle aurait aussi un pouvoir de guérison, c'est pour cette pierre qu'a été bâti le premier sanctuaire sur le site au Ve siècle. Aujourd'hui, les pèlerins s'allongent sur cette pierre dans l'espoir de lui laisser leurs souffrances. Notez également que la cathédrale est historiquement un lieu étape de la via Podensis, l'une des quatre routes majeures pour rejoindre le sanctuaire espagnol de Saint-Jacques-de-Compostelle. Relancé depuis 1990, le tronçon (balisé en GR) menant du Puy-en-Velay au Domaine du Sauvage en Haute-Loire traverse notamment les monts du Velay et une partie de la Margeride.

CLOÎTRE ET TRÉSORS DE LA CATHÉDRALE DU PUY ★★★

3, rue du Cloître - **LE PUY-EN-VELAY**
✆ 04 71 05 45 52
Toute l'année. Haute saison 9h-18h30. -18 ans : gratuit. Adulte 5,50 €. Tarif réduit : 4,50 €. Visite guidée. Boutique.

Edifié aux XIe et XIIe siècles, le cloître de la cathédrale du Puy-en-Velay, classé monument historique, constitue l'un des plus beaux ensembles romans d'Europe avec ses doubles arcs à claveaux, ses chapiteaux historiés ou à feuillage, sa corniche sculptée... Les arcades sont surmontées par une mosaïque de losanges blancs, rouges et noirs. On notera également la grille en fer forgé datant du début du XIIIe siècle. Le tout invite à la méditation et au recueillement. Ce cloître est construit dans la continuité nord de la cathédrale. Ici vivaient les chanoines depuis le XIe siècle et au cours des guerres de religion leur sécurité était assurée grâce aux mâchicoulis qui se visitent en partie. Ce bâtiment défensif de cinq étages est à l'image du pouvoir que l'évêque et les chanoines exerçaient sur la ville. Sur l'ensemble, de nombreux travaux de restauration successifs ont été effectués dès le XVe siècle mais les décors romans comme l'architecture ont été reconstruits dans l'esprit initial des bâtiments. On trouve bien sûr des fresques d'époque comme celle de la salle capitulaire représentant la crucifixion et datant du XIIIe siècle ou celles des chapiteaux historiés du XIIe siècle, on y voit des évangélistes, une course de centaures, un abbé et une abbesse se disputant une crosse... Lors de votre visite, vous aurez aussi l'opportunité de visiter le musée d'art religieux qui présente une grande collection de textiles liturgiques brodés, entre autres.

© BORIS STROUJKO - STOCK.ADOBE.COM

Le Puy-en-Velay.

Basilique de la Visitation.

BASILIQUE DE LA VISITATION ✝ ★★

20, avenue de la Visitation
ANNECY
✆ 04 50 45 22 76
Ouvert tous les jours de 7h à 12h et de 14h à 18h. Gratuit. Label Tourisme & Handicap.

Sur les hauteurs d'Annecy, cette basilique bâtie au XXe siècle veille sur la ville. Son élément le plus représentatif est la flèche du clocher-porche surélevé, atteignant 72 m. L'apparente austérité extérieure des lieux contraste avec un intérieur richement décoré. Cette basilique est le lieu où repose saint François de Sales. Celui qui a fait ses classes à Annecy chargera en 1610 Jeanne de Chantal de fonder avec lui l'ordre de la Visitation afin de donner assistance aux pauvres.

PRIEURÉ SAINT-FRANÇOIS DE SALES ✝

12, route du Monastère
EVIAN-LES-BAINS
✆ 04 50 75 24 20
Pension complète 35 €.

Le prieuré Saint-François de Sales fut fondé en 1997 par la volonté de Monseigneur Barbier, alors évêque d'Annecy. Aujourd'hui, la spiritualité du monastère bénédictin de la Congrégation Notre-Dame d'Espérance est particulièrement adaptée aux personnes fragilisées. Il reçoit toute l'année des individuels ou des familles pour des séjours d'une semaine maximum dans une retraite silencieuse. La règle bénédictine y est observée avec la souplesse qui la caractérise.

NOTRE-DAME DE LA GLOIRE DIEU ✝

Les Montsvoirons - **BOËGE**
✆ 04 50 39 14 01
Participation financière en fonction des moyens de chacun.

C'est une longue tradition de prière et de vie solitaire que le monastère des moniales de Bethléem de l'Assomption de la Vierge et de saint Bruno poursuit aujourd'hui, du haut de ses 1 400 mètres d'altitude. Le seigneur de Langin consacra la montagne des Voirons à Notre-Dame en 1456, après un miracle de la Vierge. Durant trois siècles, dans la solitude et le silence devant Dieu, les ermites prient sans discontinuer sur la montagne des Voirons. En 1920 fut fondé un sanatorium pour séminaristes, par Monseigneur Lesage et le père Salvat. C'est en 1967 et sur la demande de Monseigneur Jean Sauvage, évêque d'Annecy, que les moniales de Bethléem vinrent y vivre, dans une vie solitaire, liturgique, studieuse et pauvre. En dehors de la clôture, un sanctuaire d'Adoration et une maison d'accueil reçoivent les pèlerins de la Vierge. Chaque jour, sauf le lundi, jour de désert, le Saint-Sacrement y est exposé et les offices liturgiques célébrés.

- **Offices** : matines à 7h, vêpres à 17h, messe à 17h30. Samedi et dimanche, matines à 7h, messe à 7h45 (dimanche messe à 11h), vêpres à 18h.
- **Accueil** : les moniales accueillent pour des séjours spirituels toute personne désirant adorer Dieu dans la stricte solitude et en silence et dans le partage de la vie de prière du monastère. Huit cellules sont en clôture.
- **Boutique** : icônes, médailles, statuettes, crèches, faïence décorée, vaisselle en grès, images, cartes de vœux fabriquées par les moniales et CD liturgiques.

FOYER DE CHARITÉ DE LA FLATIÈRE €

943, route de la Flatière - **LES HOUCHES**
✆ 04 50 55 50 13
www.flatiere.org
Participation selon les moyens de chacun.

A 1 400 mètres d'altitude, dans la vallée de Chamonix, le Foyer de Charité de la Flatière vous accueille pour une retraite spirituelle chrétienne dans un cadre idyllique fait de beauté et de silence. Né en 1957, il appartient à l'Œuvre des Foyers de Charité. Cette Œuvre internationale catholique a été lancée en 1936 sous l'impulsion de Marthe Robin et du père Finet à Châteauneuf-de-Galaure, dans la Drôme. Elle comprend actuellement 76 Foyers répartis sur 4 continents. Chacun des membres a répondu à l'appel de Dieu de Lui donner toute sa vie. La vie communautaire se base sur l'exemple des premiers chrétiens : ils mettent en commun leurs biens, leurs compétences, leurs charismes. Composée de baptisés, hommes et femmes ayant répondu à l'appel de Dieu, la communauté de la Flatière, regroupant trente-huit membres, est réunie autour d'un prêtre, le Père du Foyer. Elle se consacre à l'annonce de l'Evangile par l'animation de retraites spirituelles d'une semaine dans un cadre familial. Ces prédications de retraite spirituelle de formation chrétienne, ouvertes à tous, sont partie intégrante de ce que le mouvement appelle la nouvelle évangélisation. L'eucharistie, la prière personnelle et communautaire, le travail fortifient la vie intérieure de chaque membre du Foyer. Les retraites sont destinées à des personnes adultes de tous horizons, de tous âges, croyantes ou non mais habitées par le désir de découvrir l'amour de Dieu. Il existe aussi des week-ends de retraite spirituelle pour couples. Les thèmes sont variés et se laissent découvrir sur le calendrier annuel figurant sur le site Internet. Vous trouverez certainement une retraite qui vous conviendra. Signalons également que les enfants peuvent être pris en charge suivant la retraite spirituelle retenue. Deux camps sont proposés en été aux adolescents. Vous avez par ailleurs la possibilité de rencontrer un membre du Foyer, qu'il soit prêtre ou laïc, pour un accompagnement spirituel de votre démarche. Les Foyers de Charité accueillent chaque année plus de 50 000 retraitants, et ont donc une grande habitude des attentes de chacun et de l'aide qu'ils peuvent apporter à toute initiative de rapprochement de Dieu et de la communauté chrétienne.

Offices : laudes à 8h. Eucharistie tous les jours du mardi au samedi à 15h, sauf dimanche à 10h30.

Accueil : le Foyer de Charité de la Flatière met à disposition une grande capacité d'accueil avec 200 lits dans des chambres individuelles ou collectives.

CENTRE D'ACCUEIL FLEUR DES NEIGES ✞

287, chemin des Granges-d'Orsin
SAINT-GERVAIS-LES-BAINS
✆ 04 50 93 41 96
www.assomption-fleurdesneiges.org
Tarif adulte par jour et par personne selon les disponibilités financières, la durée et la période du séjour.

Les Religieuses de l'Assomption sont au nombre d'environ 1 200. Elles forment quelque 160 communautés à travers le monde, dans 32 pays, dont 6 en Europe, 5 en Asie, 10 en Amérique et 11 en Afrique. Leur congrégation a été fondée par sainte Marie Eugénie (1817-1898) en 1839 et a des constitutions inspirées de la règle de saint Augustin. La congrégation connaît très vite une forte expansion en France comme à l'étranger. Elle reçoit de nombreuses accolades et est affiliée à l'ordre de Saint-Augustin en 1966. Les Religieuses de l'Assomption sont une congrégation contemplative et apostolique. Leur charisme prend sa source dans le Christ, dans le mystère de l'Incarnation. Toute leur vie est adoration. Une petite communauté de Religieuses de l'Assomption aidées d'amis laïcs, associés au projet de la maison, animent le Centre d'Accueil Fleur des Neiges dans un site magnifique face au Mont-Blanc, à 930 mètres d'altitude au-dessus de Saint-Gervais, face à la chaîne du Mont-Blanc, à quelques pas des stations d'hiver de Saint-Nicolas-de-Véroce et le Bettex et des circuits de randonnées. Depuis la maison, on jouit d'ailleurs d'une vue incroyable sur les montagnes environnantes, incluant le point culminant d'Europe. A l'intérieur, simplicité, ambiance familiale, spiritualité et détente se conjuguent pour faire une halte de ressourcement, seul, en couple ou en famille. Les groupes sont plus volontiers reçus les week-ends et les familles pendant les vacances scolaires. Les hôtes peuvent partager la prière de la communauté et sont invités à participer à la mise du couvert et à la vaisselle. Ils peuvent aussi rencontrer une religieuse pour un accompagnement ponctuel ou suivi. Des retraites et sessions sont proposées toute l'année. Le lieu est idéal pour un retour sur soi ou un questionnement spirituel, avec toute cette verdure et ce calme olympien.

Offices : laudes à 8h30, milieu du jour à 11h45, vêpres à 18h. Messes : toute l'année les lundis et jeudis, à 18h avec les vêpres, sauf pendant les vacances de février. Pendant les vacances de février, vêpres à 17h50 et messe tous les jours à 18h15. Pendant l'été, la messe peut être quotidienne selon la présence d'un prêtre. La messe du dimanche est toujours en paroisse sauf au mois de février.

Accueil : une capacité d'accueil totale de 30 personnes, réparties dans 20 chambres. Accueil d'hôtes et d'individuels et des familles dans deux chalets, situés au cœur d'un bel espace boisé.

CENTRE SAINT-HUGUES €

313, chemin de Billerey - **BIVIERS**

✆ 04 76 90 35 97 - www.sainthugues.fr

De nombreuses options de retraites thématiques, prix et disponibilités à consulter sur leur site Internet.

Dans un cadre serein et convivial avec une vue exceptionnelle sur le massif de Belledonne, le centre Saint-Hugues est animé par la Communauté de Vie Chrétienne issue des Jésuites. Fidèle à sa vocation d'origine, il a su conserver une ambiance familiale propice au repos et au ressourcement où chacun trouve très vite sa place. Cet espace de paix permet l'émerveillement et la contemplation. Les quelques laïcs et le père jésuite y vivent toute l'année dans un esprit de communauté et de fraternité. Ce lieu de ressourcement avec des haltes, sessions, retraites et lieux de formation avec accompagnement, aide au discernement par l'écoute et les Exercices Spirituels. Le centre est aussi un lieu d'Eglise où l'on célèbre le don de Dieu. A tout moment, la maison peut vous accueillir dans votre désir de silence et de ressourcement. Vous pouvez librement passer une heure, une journée, une semaine, participer aux offices et vivre une rencontre fraternelle ou un temps d'accompagnement spirituel. Toutes les retraites proposées à Saint-Hugues sont adossées à la spiritualité ignatienne. La restauration est produite sur place et servie dans deux grandes salles à manger. A votre disposition sur demande : un amphithéâtre pédagogique de 120 places, sept salles de réunion, un parking privé et un parc de douze hectares.

Offices : office du début de journée à 8h45, eucharistie à 18h20 en semaine et à 11h le dimanche.

Accueil : la Communauté de Vie Chrétienne met à votre disposition 70 chambres de une ou deux personnes.

MONASTÈRE NOTRE-DAME DU BUISSON-ARDENT ✝

Currière-en-Chartreuse

SAINT-LAURENT-DU-PONT

✆ 04 76 55 40 55

Participation aux frais selon les moyens de chacun.

C'est sur l'invitation des Chartreux que les moniales de Bethléem et de l'Assomption de la Vierge et de Saint-Bruno sont venues vivre en solitude dans l'ancienne chartreuse du Currière. Le monastère Notre-Dame du Buisson Ardent accueille hommes et femmes pour un séjour de 2 jours minimum, en stricte solitude. Les hôtes peuvent participer aux liturgies, demander du travail manuel ou encore marcher dans la montagne. Les demandes se font un mois à l'avance.

ABBAYE NOTRE-DAME DE CHAMBARAND ✝

200, impasse du Monastère La Trappe - **ROYBON**

✆ 04 76 36 22 68 - www.chambarand.fr

Participation aux frais de vie selon les possibilités de chacun.

Le monastère a été fondé par un groupe de moines de l'abbaye de Sept-Fons dans l'Allier au milieu du XIXe siècle. Deux ans après la promulgation de la loi de séparation de l'Eglise et de l'Etat en 1901, le monastère est contraint de fermer, et ses moines se réfugient au Brésil et fondent le monastère de Maris-Stella (Etat de Sao Paulo). A partir de 1931, Chambarand est réoccupé par des Cisterciennes trappistes, puis depuis 2020 par des Bernardines venant de Moulins (Allier).

Ce lieu de prière fait de paix silencieuse et de travail vous convie à venir vous poser pour réfléchir, pour vous refaire, pour rencontrer une Sœur, seul, en couple, en famille ou en groupe. Face au Vercors, dans un grand esprit de foi, l'abbaye Notre-Dame de Chambarand est un véritable lieu de ressourcement.

Offices : En semaine : 4h Matines, 6h45 Laudes et Messe, 9h15 Tierce, 12h15 Sexte, 14h15 None, 17h30 Vêpres, 19h30 Complies - Dimanche et solennités : 4h Matines, 7h Laudes, 10h20 Tierce suivie de la Messe, 12h15 Sexte, 14h15 None, 16h Vêpres, 17h50 Adoration du Saint-Sacrement, 19h30 Complies.

Accueil : le monastère peut accueillir jusqu'à 25 personnes au maximum.

Boutique : Le magasin du monastère est ouvert : le mercredi après-midi de 15h à 16h45, le samedi après-midi, de 15h à 16h45, le dimanche après la messe de 11h45 à 12h10 et l'après-midi de 14h30 à 15h45 puis de 16h30 à 17h30. Vous y trouverez des produits de l'artisanat monastique ainsi que des livres de spiritualité.

MONASTÈRE DE LA GRANDE CHARTREUSE ✝ ★★

Couvent de Grande Chartreuse

SAINT-PIERRE-DE-CHARTREUSE

Ne se visite pas. Visite du musée, proche du monastère (1,8 km).

En 1084, sept moines en quête d'un lieu retiré sont conduits dans un vallon surélevé au dessus du Guiers Mort, lui-même dominé par le Grand Som (2 026 m). Les voyageurs s'installent. L'un des moines, saint Bruno, va créer l'ordre monastique des Chartreux. Le Monastère de la Grande Chartreuse est né et le site isolé devient connu comme le « Désert de Chartreuse ». Durant les siècles qui suivront, de nombreuses chartreuses seront créées dans le monde. Le monastère ne se visite pas.

© KHRYSTSINA_L - SHUTTERSTOCK.COM

NOTRE-DAME DE LA SALETTE

LA SALETTE-FALLAVAUX

✆ 04 76 30 00 11

https://lasalette.cef.fr

Chambre simple à partir de 22 € la nuit. Plusieurs formules repas disponibles.

Notre-Dame de la Salette est un lieu de pèlerinage international. Dans un site unique, à 1 800 mètres d'altitude, le 19 septembre 1846, la Vierge Marie est apparue à deux jeunes bergers : Mélanie Calvat et Maximin Giraud. Son message rappelant l'évangile est une invitation à la conversion. Dès le début, les pèlerins affluent vers le sommet où est apparue celle qu'ils appellent « la réconciliatrice des pêcheurs ».

Après une enquête et la reconnaissance de l'apparition par l'évêque de Grenoble, la basilique est construite dès 1852 ainsi qu'une hôtellerie. Les fresques de la basilique, les vitraux et le mobilier de la nouvelle chapelle sont l'œuvre de l'artiste peintre Arcabas. Visite guidée du sanctuaire et du musée. Dépaysement, repos, calme. De nombreuses randonnées sont possibles à partir du sanctuaire. Temps forts et rencontres thématiques tout au long de l'année.

Les fêtes les plus importantes ont lieu le 15 août pour l'Assomption, le 19 septembre pour l'anniversaire de l'apparition et le dimanche suivant cette date, jour de pèlerinage diocésain de Grenoble-Vienne.

- **Offices :** horaires des offices changeant parfois selon la saison en hiver ou en été.
- **Accueil :** Pèlerins, visiteurs, touristes, familles, paroisses, groupes sont les bienvenus. Sur place, l'Association des Pèlerins de La Salette gère une importante structure hôtelière et de restauration. Magasin, librairie, cafétéria. 215 chambres + dortoirs, salle audiovisuelle de 450 places, 10 salles de réunion.
- **Visite :** visites guidées du sanctuaire et du musée.

MONASTÈRE DE L'ASSOMPTION NOTRE-DAME ✝

Currière-en-Chartreuse
SAINT-LAURENT-DU-PONT
✆ 04 76 55 14 97
Participation aux frais selon les moyens de chacun.

C'est dans le cadre grandiose et sauvage des montagnes de Chartreuse qu'est venu s'installer le monastère de l'Assomption Notre-Dame, dans un cadre solitaire environné de grandes forêts, propre à la méditation et au recueillement. La communauté des moines de Bethléem, de l'Assomption de la Vierge et de Saint-Bruno est née le 6 octobre 1976 à Currière-en-Chartreuse, lors de la fête de Saint-Bruno. C'est par la quête de Dieu et la prière dans le silence et la solitude de leur cellule, que vivent les moines. Ils forment une seule et même communauté mais leur rythme de vie est différent. Certains d'entre eux restent en cellule et ne la quittent, journellement, que pour deux célébrations liturgiques : les matines et l'eucharistie. Renfermés dans leur solitude, ils prient, travaillent, étudient, prennent leurs repas et dorment. D'autres passent de longues heures en cellule, quotidiennement, mais en sortent pour travailler dans le monastère. Le dimanche, les offices sont célébrés à la chapelle, après quoi les moines prennent leurs repas en commun et se réunissent pour une rencontre fraternelle.

La communauté peut accueillir 8 hommes souhaitant effectuer une retraite dans le silence et la solitude d'un ermitage, pour un séjour de 2 à 8 jours. Cette expérience de rencontre avec Dieu peut être accompagnée par un moine, pour ceux qui le désirent. Les hôtes peuvent aussi effectuer un travail manuel. L'engagement au complet silence doit être signifié par écrit.

ÉGLISE ET CLOÎTRE DE SAINT-ANDRÉ-LE-BAS ✝ ★

Place du Jeu-de-Paume
VIENNE
✆ 04 74 78 71 06
Du 1er avril au 31 oct, mar au dim 9h30-18h.
Du 2 nov au 31 mars, mar au dim 13h-17h30.
Gratuit -18 ans. Adulte 3 €.

Du VIe siècle à 1791, l'église et le cloître faisaient partie d'un riche et puissant monastère qui s'étendait sur plusieurs rues et allait jusqu'au Rhône. On pourra admirer la multitude de colonnettes et de chapiteaux sculptés qui ornent le cloître qui faisait partie de l'abbaye fondée au VIe siècle, ainsi qu'une remarquable collection de stèles funéraires. Trois salles avant d'arriver au cloître accueillent régulièrement des expositions temporaires.

MONASTÈRE DE LA VISITATION NOTRE-DAME DU MAY ✝

27, rue du May
VOIRON
✆ 04 76 05 26 29
Participation aux frais selon les moyens de chacun.

En 1834, l'évêque du diocèse désirant réinstaurer la Visitation non loin de Grenoble demanda au monastère de la Côte Saint-André de fonder un monastère à Voiron. L'ordre avait été implanté dans la région en 1618 par Saint-François de Sales et Jeanne de Chantal. Les sœurs accueillent des particuliers, des couples et des groupes pour des haltes spirituelles dans l'esprit de Saint-François de Sales et par le partage de la vie de prière de la communauté.

MONASTÈRE NOTRE-DAME DE CHALAIS ✝

Route de Chalais
VOREPPE
✆ 04 76 50 12 52
www.chalais.fr
De 35 à 45 € en pension complète par personne.

Dans le massif de la Chartreuse, en pleine montagne, les treize moniales de l'ordre de saint Dominique vous accueillent dans un cadre propice à la prière, au silence et à la solitude. Ici, depuis le XIIe siècle, des générations de moines et moniales ont offert leur vie à Dieu.

Le site de Chalais a été témoin d'une histoire comparable à celle de Cîteaux, puisqu'il fut le berceau d'un ordre monastique véritable, qui eut son ère de prospérité. La fin du XIIIe siècle voit le déclin de l'ordre : trop peu de ressources, développement plus rapide de Cîteaux et de la Grande Chartreuse, essais de fusion avec des ordres plus prospères. Finalement le 24 décembre 1303, l'évêque de Grenoble remet Chalais à la Grande Chartreuse. Se suivent à travers les siècles Chartreux de 1304 à 1789, Dominicains de 1844 à 1881, puis, après une période de latence entre 1881 et 1963, les moniales dominicaines s'installent.

Aujourd'hui, elles poursuivent une présence monastique et d'accueil. Dans un climat de joie et de simplicité, que vous soyez croyants ou non, cet havre de paix vous promet un ressourcement intérieur et spirituel. Vous pourrez vous joindre à la prière communautaire et être suivi par une des sœurs pour un séjour n'excédant pas huit jours. Vous participerez à la vie quotidienne : ménage, jardinage, biscuiterie. L'accueil s'effectue soit dans la petite hôtellerie jouxtant le monastère soit de façon indépendante dans l'ermitage. L'hiver, prévoir des vêtements chauds.

TÉMOIGNAGE

Seul ou à plusieurs, je recommande vivement un séjour spirituel. J'ai choisi cette parenthèse dans le temps que j'espère bien renouveler pour approfondir ma relation à Dieu, pour goûter au silence (...). Mon premier séjour s'est déroulé au sein de la Communauté Nouvelle du Chemin Neuf pour leurs veillées du soir en musique et parce qu'elle propose un temps d'accompagnement spirituel chaque jour. Plus monastique : l'abbaye de Pradines en banlieue lyonnaise (...). J'en ai retiré énormément de bienfaits, des réponses concrètes à mes questions, du calme intérieur et une grande confiance en moi et en Dieu.

Céline, 31 ans.

MONASTÈRE SAINTE-CLAIRE ✞

29, avenue de la Libération - **MONTBRISON**
✆ 04 77 58 13 35
www.clarissesmontbrison.org

Participation financière en fonction de vos moyens. Boutique : lun.-jeu. et sam. 9h30-11h30 et 15h-17h ; dim. 9h15-10h.

Depuis plus de 500 ans, le monastère des Clarisses est implanté à Montbrison. C'est la famille de Pierre II d'Urfé qui fonda le monastère. L'histoire raconte que Pierre II revint en Forez après avoir été envoyé en Turquie par le roi en raison d'une disgrâce. Il attribua le bonheur d'avoir retrouvé les faveurs du roi aux prières de sa sœur qui était Clarisse à Moulins. C'est ainsi qu'il fit son possible pour faire construire un monastère dans lequel les Clarisses firent leur entrée solennelle le 2 juillet 1500. Trois incendies causèrent de gros dégâts au monastère. Les sœurs affronteront aussi deux épidémies de peste en 1586 et 1628 qui fut mortelle pour une sœur et la mère abbesse. Guerres et conflits ne les épargneront pas non plus. Puis c'est au tour de la Révolution française qui obligea les religieuses à abandonner leur établissement pour intégrer en 1821, après bien des péripéties, l'ancien couvent des Capucins, leur actuelle demeure. Les Clarisses, qui habitent le monastère actuel, louent Dieu et intercèdent aux intentions des gens qui vivent près d'elles, de leur famille et de toutes les grandes causes mondiales.

▶ **Offices** : eucharistie à 8h, vêpres à 17h15 suivies d'une heure d'Adoration.

▶ **Accueil** : le couvent peut accueillir 12 personnes au maximum de 1 à 5 jours. L'été, la communauté reçoit les membres de sa famille.

▶ **Boutique** : livres religieux, produits religieux, produits monastiques, produits du commerce équitable. Vêtements liturgiques et linge d'autel confectionnés par les sœurs uniquement sur commande.

SANCTUAIRE NOTRE-DAME DE L'HERMITAGE ✞

Route de l'Hermitage
NOIRÉTABLE
✆ 04 77 96 20 30

Chambres à partir de 30 € pour 5 jours et plus. Menu en semaine 16 €. Repas du soir 13 €. Petit déjeuner 4 €.

A sept kilomètres de Noirétable et à 1 110 mètres d'altitude, Notre-Dame de l'Hermitage semble veiller sur le canton. Sanctuaire marial, lieu de pèlerinage, temps de retraite pour les individuels et les groupes, sa position privilégiée offre un panorama rare. Sérénité et convivialité sont au rendez-vous aux confins de l'Auvergne et du Forez. La participation à la vie de la communauté des sœurs est tout à fait possible tout comme l'accompagnement spirituel.

LES BLEUETS DU PILAT €

2, allée des Bleuets - **PÉLUSSIN** ✆ 04 74 87 60 78

47 € pour la journée par personne, hébergement et repas.

A quelques pas du centre de Pélussin, à 450 mètres d'altitude, entre le Massif du Pilat et la vallée du Rhône, les Bleuets du Pilat, entièrement rénovés, offrent repos et recueillement. Depuis 2008, les sœurs de Marie-Thérèse ont fait appel à la Communauté du Chemin Neuf pour prendre la responsabilité de la maison. Cette communauté catholique à vocation œcuménique compte à l'heure actuelle près de 2 000 membres dans le monde. Composée de couples, familles, célibataires consacrés hommes et femmes, elle a choisi l'aventure de la vie communautaire à la suite du Christ pour se mettre au service de l'Eglise et du monde. On ne parle pas ici vraiment de retraite mais plutôt de séjour pour se ressourcer même si un prêtre résidant sur place célèbre à la chapelle les offices matin et soir. On y accueille toute l'année des personnes autonomes de 60 ans et plus pour une durée minimale d'une semaine. Les repas, une cuisine familiale, se prennent en commun. Les chambres sont bien équipées avec salle de bains privative avec WC, lavabo et douche de plain-pied. A votre disposition également bibliothèque, terrasses, espaces verts et parc dans le calme et la sérénité.

Les chambres sont bien équipées avec salle de bains privative avec WC, lavabo et douche de plain-pied. A votre disposition également bibliothèque, terrasses, espaces verts et parc dans le calme.

▶ **Offices** : messe à 11h15 et vêpres à 17h30 sur place à la chapelle.

▶ **Accueil** : la Communauté du Chemin Neuf peut accueillir jusqu'à 42 personnes maximum. 38 chambres dont 4 doubles.

ABBAYE DE PRADINES ✝

1285, route du Rhins - **PRADINES**

✆ 04 77 64 88 04 - www.abbayedepradines.com

27 chambres dont 7 doubles de 38 à 45 € la journée selon les moyens de chacun.

L'histoire de cette grande abbaye bénédictine prend naissance au XIXe siècle, grâce à la foi de Thérèse de Bavoz, fondatrice. Religieuse depuis 1784, elle refuse d'abjurer sa foi pendant la Révolution et mène une vie clandestine à Lyon. Sous le Consulat, la communauté et son école s'installent dans le château délabré de Pradines, et donnent naissance à la communauté actuelle en 1818. Fidèles à l'ordre de saint Benoît, les sœurs prient, travaillent et mènent une vie fraternelle. Elles vous accueilleront seul ou en groupe, jeunes ou adultes, dans leur maison La Vigne, dans la paix et le silence. L'accueil de ceux qui y viennent fait partie intégrante de la vie de la communauté. Une structure simple et chaleureuse qui se compose de 27 chambres dont 7 pour couples, d'une bibliothèque, de deux réfectoires et de salles de réunion. Les repas sont pris en commun. Parmi les activités principales du monastère : l'imprimerie qui existe à l'abbaye depuis une cinquantaine d'années et dont la spécialité est la réalisation de faire-part pour les mariages, naissances, ordinations, ce qui associe la communauté à tous les grands évènements de la vie.

▸ **Offices** : laudes à 6h25, chapitre à 8h25, eucharistie à 8h45, sexte à 12h10, vêpres à 17h et complies à 20h15.

▸ **Accueil** : les sœurs accueillent jusqu'à 34 personnes maximum.

▸ **Boutique** : fermée le mardi. Ouvert de 9h30 à 12h et de 15h à 16h45. Le dimanche de 10h à 12h et de 15h à 16h45. Vous y trouverez des produits ayant le label Monastic. Ouvrages, produits alimentaires et produits hygiène santé.

PRIEURE DE SAINT-ROMAIN-LE-PUY ✝ ★★

12, rue Émile Reymond

SAINT-ROMAIN-LE-PUY

✆ 04 77 76 92 10

www.aldebertus.fr

Ouvert d'avril à septembre 2022. Adulte : 3 €.

Le prieuré, classé monument historique depuis 1899, est singulier et énigmatique ! Juché sur son pic où, à la belle saison, on peut découvrir une flore méditerranéenne discrète, il est visible de très loin. L'église prieurale, souvenir prestigieux de l'art roman forézien, est remarquable pour ses fresques réalisées entre les Xe et XVe siècles, notamment une Annonciation et le Martyre de Saint-Romain d'Antioche. Pour tout renseignement, contactez l'association Aldebertus.

NOTRE-DAME DE L'HERMITAGE

3, chemin de l'Hermitage - **SAINT-CHAMOND**

✆ 04 77 22 10 56 - www.maristes-ndh.org

Chambres individuelles : 45 €. Chambres doubles de 66 à 70 €. Petit déjeuner : 9 €. Déjeuner : 16 €. Dîner : 14,50 €.

Maison-mère des Frères Maristes, Notre-Dame de l'Hermitage offre tout d'abord de faire découvrir la vie et l'œuvre des Maristes fondés par saint Marcellin Champagnat et ses premiers disciples. C'est aussi un lieu de pèlerinage car le reliquaire de saint Marcellin y est exposé dans la chapelle Notre-Dame. Trois oratoires et la grande chapelle permettent de s'isoler dans le silence et pour la prière. De même le confort de ses chambres assure à tout visiteur ou pèlerin (nous sommes en effet sur le trajet de la voie du Puy des chemins de Saint-Jacques-de-Compostelle) tout le calme qu'il peut souhaiter. En dehors de sa vocation première qui est d'accueillir des Maristes du monde entier, cet établissement, totalement rénové en 2010 avec également de nouveaux bâtiments, est parfaitement organisé pour recevoir pour des séjours individuels, ou en groupe, des personnes à la recherche de lieux de recueillement ou de retraite personnelle tout en partageant le rythme de cette communauté internationale et mixte.

▸ **Offices** : vous pouvez participer aux divers offices de la communauté dont les horaires varient chaque jour.

▸ **Accueil** : également ouvert à tout public. Notre-Dame de l'Hermitage possède deux bâtiments différents pouvant accueillir 60 personnes. Les chambres sont équipées de salles de bains individuelles. Le linge de toilette est fourni. Des salles de réunions et de conférences sont à disposition.

▸ **Boutique** : objets religieux et livres sur la congrégation.

▸ **Visites guidées** : sur demande seulement.

SANCTUAIRE NOTRE-DAME DE VALFLEURY

71, rue du Genet d'Or

VALFLEURY

✆ 04 77 20 85 73

www.notredamedevalfleury.fr

Le sanctuaire a vu le jour au IXe siècle lorsqu'une statue de la Vierge fut découverte dans un genêt en fleur à quelques jours de Noël. Une chapelle a été construite à proximité pour abriter cette Vierge au genêt d'or. Ce sanctuaire est très vite devenu un lieu de pèlerinage. Il offre aux pèlerins différents lieux de prière et de promenade : le calvaire et le chemin de croix, la statue de l'Immaculée Conception, la chaise de la Vierge… Le lieu invite au repos et à la méditation.

MONASTÈRE DES CLARISSES-CAPUCINES ✞

11, avenue de Villars
CHAMALIÈRES
✆ 04 73 37 73 11

8 chambres individuelles.
Participation aux frais d'hébergement à convenir lors de votre inscription.

L'ordre des Clarisses-Capucines naît de la volonté de Maria Lorenza Longo. Espagnole d'origine, souhaitant soulager les pauvres de leur misère, elle fonde un hôpital à Naples et souhaite vivre une vie consacrée de Clarisse mais à la manière des Capucins. C'est la naissance de la première communauté de l'ordre, qui a à cœur que les jeunes femmes, même d'un milieu défavorisé, puissent elles aussi réaliser leur vocation contemplative. Les moniales vivent la Règle de sainte Claire dans son esprit originel, selon le charisme de la réforme capucine. L'ordre est reconnu par le pape Paul V en 1538. Dès 1603, une fondation de Clarisses-Capucines ouvre ses portes à Paris, puis ce sera Marseille. Au XIXe siècle, l'ordre s'implante dans le Var mais le quitte en 1930, affaibli par les lois anticléricales du début du XXe siècle. Sous l'influence d'un généreux industriel, c'est en Auvergne qu'il s'installe avec les encouragements de Mgr Marnas, alors évêque de Clermont. Depuis, ce monastère de Clarisses-Capucines est animé par des sœurs et quelques oblates qui partagent leur vie entre prière, travail manuel et accueil monastique pour des particuliers souhaitant y effectuer un séjour spirituel ou une retraite. Quelques sœurs se sont spécialement formées à l'accompagnement spirituel, les retraitants peuvent donc choisir une retraite simple ou accompagnée. Elles vous proposent également de partager leur activité liturgique. Les sœurs sont aussi connues pour la confection d'hosties.

ABBAYE DE BELLAIGUE ✞

Bellaigue
VIRLET
✆ 04 73 52 33 26

Participation aux frais de séjour selon vos moyens.

Cette ancienne abbaye fondée au Xe siècle devient cistercienne en 1137. Détruite en partie au XVIIe siècle par un incendie, elle est reconstruite à partir du siècle suivant. Abandonnée ensuite, elle sera restaurée à partir des années 1960. Elle forme un très bel exemple d'architecture sobre et austère, propre aux édifices cisterciens. Le croisillon nord abrite les gisants en marbre et pierre d'Archambaud VII et VIII de Bourbon et de Beatrix de Montluçon. Des moines bénédictins s'y sont installés depuis 2000 et accueillent les retraitants.

ABBAYE NOTRE DAME DE RANDOL ✞

COURNOLS ✆ 04 73 39 31 00 - www.randol.org

Eglise ouverte aux visiteurs et pèlerins de 6h à 13h et de 14h à 20h30. Messe en chant grégorien tous les jours 10h15.

L'impressionnante bâtisse moderne que l'on aperçoit en contre-haut, depuis la route de Saint-Saturnin, n'est autre qu'une abbaye bénédictine. Construit dans les années 1970 dans un style sobre et minimaliste, le monastère accueille des moines venus de Fontgombault. Les premiers d'entre eux arrivent en mai 1971 et le nouveau monastère est inauguré le 16 octobre de la même année. Le prieuré fut érigé en abbaye en mars 1981 et le premier abbé de Randol, Dom Éric de Lesquen, reçoit la bénédiction de l'évêque de Clermont, le 24 juin de cette même année. L'abbé actuel est nommé en 2003. Dans l'homélie d'inauguration de 1971, Monseigneur de la Chanonie, évêque de Clermont, réaffirme son attachement à la pure tradition bénédictine, incluant le liturgie en latin et les chants grégoriens. Aujourd'hui, une quarantaine de moines vivent ici selon la règle de saint Benoît, fondée sur la prière et le travail, *Ora et Labora*. Les moines vont vœu de chasteté, de pauvreté, et d'obéissance. La prière est une alternance de moments privés et d'offices communautaires. Petite particularité de Randol, les moines lors des offices se placent entre l'autel et le Saint-Sacrement dont ils se posent en gardiens. Le travail quant à lui est autant manuel – il permet de faire pénitence tout en gagnant de quoi faire vivre le monastère – qu'intellectuel. L'étude des choses divines, la *Lecto Divina*, permet de connaître pour aimer, et de s'habituer à contempler l'invisible. La promenade est autorisée mais la quiétude des lieux doit être respectée car quelques personnes y viennent faire une retraite.

Pour les messieurs et les jeunes garçons, l'accueil se fait à l'abbaye même, dans un bâtiment proche de l'église. Les hôtes sont reçus en pension complète.

Les familles et les dames seules sont accueillies dans le hameau situé à 500 mètres de l'abbaye. Les logements de tailles variées sont équipés pour le couchage et la cuisine, mais chacun apporte sa nourriture. Pour les draps et le linge de maison, s'entendre avec le Père hôtelier.

L'abbaye accueille enfin de nombreux groupes de scouts et guides, toutefois elle ne peut accueillir de groupes mixtes. Différentes formules existent là encore, le mieux est de se renseigner directement auprès de l'abbaye en fonction de votre groupe et de vos objectifs.

A noter également que bien que n'ayant pas de caractère véritablement historique, il est tout de même possible de simplement visiter l'abbaye lors de votre passage dans la région.

COUVENT SAINTE-MARIE DE LA TOURETTE ✞

Route de la Tourette - **EVEUX** ✆ 04 72 19 10 90
www.couventdelatourette.fr
Demi-pension à partir de 55 €. Repas midi 15 €. Tarifs spéciaux pour les participants aux «Rencontres de La Tourette».

Dans ce couvent classé Monument Historique et construit par Le Corbusier entre 1956 et 1959, les dominicains accueillent des groupes divers, professionnels ou confessionnels ainsi que des personnes individuelles pour des retraites d'un à plusieurs jours. Ils organisent également leurs propres sessions et rencontres avec des cycles de conférences aux thèmes variés. Certains frères travaillent sur place, d'autres à l'extérieur, mais la plupart font alterner les deux. La journée est rythmée par des temps de travail, d'échange et de prière commune. Avec vue panoramique sur les environs, entouré d'un parc et situé au sommet d'une colline, ce remarquable couvent à l'architecture moderne se trouve à un kilomètre d'Eveux et à deux kilomètres de la gare de l'Arbresle, non loin de Lyon. Les chambres sobres aménagées dans de petites cellules se composent d'un lit et d'un bureau. Il est possible de se restaurer sur place, midi et soir, à condition de commander les repas à l'avance. Le couvent de la Tourette organise aussi régulièrement des expositions d'art ainsi que des visites guidées de l'établissement.

▶ **Offices :** les offices sont ouverts à toutes et à tous. Laudes à 8h, messe à 12h (le dimanche et les solennités fériées à 11h), vêpres à 19h (sauf le dimanche).

▶ **Accueil :** la communauté peut accueillir dans son hôtellerie une trentaine de personnes.

▶ **Visites :** le couvent se visite uniquement en visite guidée le dimanche à 14h et 14h45. Places dans la limite de 45 personnes par visite.

CENTRE SPIRITUEL LE CHÂTELARD ✞

41, Route du Bruissin - **FRANCHEVILLE**
✆ 04 72 16 22 33
www.chatelard-sj.org
Pour une personne 26 € (petits-déjeuners compris). 44 € la nuit chambre double. Pension complète à partir de 52 €.

A huit kilomètres à l'ouest de Lyon, ancienne propriété bourgeoise du début du XVIIIe siècle, le Châtelard, entièrement rénové et mis aux normes en 2009, accueille toutes les personnes désireuses de faire une retraite de un à trente jours. Dans un très beau parc de plus de quarante hectares, la belle bâtisse est posée au sommet d'une colline au pied des Monts du Lyonnais dans la spiritualité ignatienne. Aujourd'hui, une communauté de 8 jésuites y assure l'animation.

ÉGLISE SAINT-JEAN-BAPTISTE ✞ ★

18, rue Berthelot
L'ARBRESLE
Tous les jours de 9h à 18h.

Du haut de ses 35 mètres, l'église Saint-Jean-Baptiste domine le vieux bourg, toute vêtue de pierres dorées. L'église néogothique fut érigée au XVe siècle et renferme des vitraux classés aux Monuments historiques. Sont classés également l'une des deux cloches de 1692 et le Christ en croix en bois sculpté et peint du XVIIIe siècle. Deux statues remarquables en pierre calcaire de Glay, représentant saint Pierre et une pietà, se situent dans la chapelle latérale gauche.

LA NEYLIÈRE ✞

828, route de La Neylière - **POMEYS**
✆ 04 78 48 40 33 - www.neyliere.fr
Pension complète adultes à partir de 58 €, moins de 12 ans 33 €, moins de 18 ans 38,50 €, pèlerins 32 €.

Depuis 1854, des pères maristes, venus d'Europe et de tous les continents, sont présents à la Neylière, au cœur des Monts du Lyonnais qui offre au visiteur un cadre propice au repos et à la méditation. C'est à cette époque que Jean-Claude Colin, fondateur de la congrégation et ses compagnons sont venus s'y installer. Il y restera une vingtaine d'années jusqu'à la fin de sa vie en 1875. L'espace Colin se visite sur rendez-vous. Aujourd'hui, l'œuvre du fondateur se poursuit. Les maristes proposent des activités telles que sessions, retraites individuelles ou en groupe. Sur simple demande, vous pourrez rencontrer un père. Les pèlerins de Saint-Jacques de Compostelle qui rejoignent le Puy en Velay connaissent bien cette adresse de tradition tout comme les aumôneries de collèges et lycées. Les non maristes autant que les non chrétiens et les fidèles sont les bienvenus à la Neylière, maison d'échanges et de spiritualité. Des sessions, retraites individuelles ou en groupe sont proposées tout au long de l'année et plus particulièrement pendant les vacances d'été et les week-ends.

▶ **Offices :** laudes à 7h45, messe à 11h45, vêpres (sauf le dimanche) à 18h45, messe le dimanche à 11h.

▶ **Visite :** l'espace Jean-Claude Colin se visite sur rendez-vous. La chambre et le bureau du fondateur de la congrégation se situent au premier étage du bâtiment principal. On y admire également la chapelle et ses vitraux ou encore l'oratoire avec sa fresque. En parcourant les quatre salles, le visiteur s'immerge dans le parcours des maristes d'hier à aujourd'hui.

BASILIQUE NOTRE-DAME DE FOURVIÈRE ✝ ★★★★

8, place de Fourvière
LYON (5e)
✆ 04 78 25 13 01
www.fourviere.org
Ouvert tous les jours de 7h à 19h. Visites guidées.

De construction «tardive» (fin du XIXe siècle), la basilique Notre-Dame de Fourvière est devenue l'emblème sacré de Lyon. Dominant la ville du haut de la «colline qui prie», la basilique fascine et intrigue par sa blancheur et ses lignes inhabituelles pour un édifice religieux, lui conférant le titre affectueux « d'éléphant retourné ». L'imposant édifice a été construit à l'emplacement d'un sanctuaire marial sur lequel était bâtie une petite chapelle dédiée à la Vierge. Sanctuaire qu'il fallut agrandir au cours des siècles en raison du succès croissant du pèlerinage à Marie (remerciée chaque année en décembre depuis la colline avec des lettres illuminées). Au milieu du XIXe siècle, des projets d'agrandissement sont présentés, notamment par Blanchon et Bossan en surplomb du versant ouest de la colline. C'est en 1870 que l'archevêque Jacques Ginoulhiac prononce le vœu d'agrandir le sanctuaire si la ville est épargnée par les armées prussiennes. La ville étant épargnée, c'est le 7 décembre 1872 que la première pierre de l'édifice imaginé par l'architecte Pierre-Marie Bossan est posée. La construction de cette basilique moderne est unique en son genre, réunissant architectes et artistes autour des plans d'un Bossan très controversé. Fourvière, comme elle est appelée couramment, est une véritable «citadelle mystique» faite de pierres brutes, flanquée de quatre tours lui donnant l'aspect d'une forteresse de la foi. C'est aussi de la dentelle de pierres finement ciselées, pourvue d'une abondante décoration de mosaïques, le tout inséré dans un style byzantin peu utilisé en France. De la crypte obscure à l'église lumineuse, c'est tout un parcours symbolique qui s'offre au visiteur touché par les nombreuses figures mariales présentes à l'intérieur. Alors que les décors étaient loin d'être achevés - ils ne le seront qu'en 1964, soit un siècle après le début des travaux ! -, la consécration de Notre-Dame de Fourvière a lieu le 16 juin 1896. Ce lieu de culte à nul autre pareil a reçu la visite du pape Jean-Paul II en 1986. Aujourd'hui, la basilique reste le monument le plus visité de la région Auvergne-Rhône-Alpes. Pour accéder à Fourvière, privilégiez le métro (funiculaire au départ du Vieux Lyon), car les places de parking sont rares. A la sortie du métro, Fourvière impressionne le visiteur par sa façade occidentale blanche. Depuis le parvis, on peut accéder aux deux églises qui composent l'édifice. L'église basse, qui n'est pas vraiment une crypte, offre un vrai cheminement tel un pèlerinage. L'église haute, accessible par des escaliers à double volée, présente des mosaïques relatant l'histoire de la Vierge Marie. Le musée de Fourvière abrite de superbes pièces d'orfèvrerie sacrée. Autre visite à faire absolument, celle des Toits de Fourvière. Après avoir monté 345 marches, le visiteur atteint le paradis en marchant sur les toits de la basilique, découvrant l'envers du décor. Le panorama qui s'ouvre là-haut est fantastique. Fourvière, la plus belle «vision» de Lyon.

Les grands pèlerinages ont lieu le 15 août, le 8 septembre et le 8 décembre. L'animation spirituelle et pastorale de la basilique de Fourvière est confiée par l'archevêque de Lyon à un recteur, aidé dans sa tâche par un certain nombre de permanents, prêtres, diacres et laïcs. Une permanence est assurée tous les jours à la sacristie de 7h30 à 11h30 et de 14h30 à 17h30.

Notre-Dame-de-Fourvière.

ABBAYE DE LA ROCHETTE ✝

945, route du Village - **BELMONT-TRAMONET**
✆ 04 76 37 05 10 - www.abbayedelarochette.fr
Pension complète 45 €. La nuit seule + petit déjeuner 25 €.

Suzanne du Peloux est chassée, lors de la Révolution, de l'abbaye Saint-André-le-Haut fondée au Ve siècle à Vienne. Pendant la Terreur, elle vivra dans la clandestinité avant de regrouper sept moniales elles aussi expulsés de divers monastères. En 1824, les fondatrices s'installent de façon précaire au nord de Lyon dans une maison située à flanc de coteau d'où le nom « Maison de la Rochette ». Elles y vivent selon la règle de saint Benoît. Quittant la banlieue lyonnaise au XXe siècle et les aléas de l'histoire, elles rejoignent en 1970 Belmont-Tramonet. Deux ans plus tard, l'église abbatiale voit le jour. C'est le cœur du monastère au sein d'une nature verdoyante avec une vue magnifique. Les sœurs perpétuent l'héritage spirituel inscrit dans leur devise et offrent un accueil spirituel dans la liturgie, partageant leur temps entre la prière et le travail. Pour un temps de retraite ou de ressourcement, chacun est le bienvenu pour partager le repas avec les hôtes ou rester dans le silence. Une sœur est toujours à votre écoute.

▶ **Offices** : en semaine matines à 6h25 (dimanche 6h), laudes à 8h30 (dimanche 8h20), messe à 11h40 (dimanche 11h), vêpres à 17h25 (dimanche 17h40), complies à 20h30 (dimanche idem).

▶ **Accueil** : 30 personnes maximum peuvent être accueillies au monastère.

▶ **Boutique** : les produits sont issus du réseau Monastic avec un beau choix de produits artisanaux fabriqués par les moines et moniales de différentes abbayes. La boutique est ouverte en semaine de 9h30 à 11h15 et de 14h30 à 17h, le dimanche de 15h à 17h15.

CENTRE SPIRITUEL NOTRE-DAME DE MYANS

40, route du Sanctuaire - **MYANS** ✆ 04 79 28 89 14
http://sanctuaire-nd-myans.fr
Ouvert toute l'année. Tous les jours de 8h à 19h30. Messes. Pèlerinages, temps de retraite. Boutique. Parking.

Le sanctuaire Notre-Dame de Myans, dédié à Notre-Dame de la Nativité, se voit de très loin grâce à la statue dorée qui orne son sommet. La Vierge Noire, richement vêtue et couronnée, qui trône en son sein avec l'Enfant Jésus, attire 100 000 pèlerins chaque année. Ce sanctuaire date du XIe siècle, mais c'est lors de l'effondrement du mont Granier, en 1248, qu'il prit vraiment de l'importance, la chapelle ayant été miraculeusement épargnée. Des retraites sont organisées sur demande.

ABBAYE NOTRE-DAME DE TAMIÉ ✝

1242, chemin du Monastère - **PLANCHERINE**
✆ 04 79 31 15 50 - www.abbaye-tamie.com
L'accueil est ouvert de 10h à 12 et de 14h à 18h mais se renseigner à l'avance. Gratuit.

L'abbaye a été fondée en 1132 par Saint-Pierre de Tarentaise, avec la venue des moines de l'abbaye de Bonnevaux en Dauphiné. Au XIIe siècle, deux incendies détruisent en partie l'abbaye qui reste de taille modeste pendant tout le Moyen Age. En 1677, les moines adoptent la réforme trappiste. C'est à cette époque que sont réalisés les bâtiments actuels. A la Révolution française, les moines sont chassés, mais ils poursuivent leur vie monastique, notamment en Italie. Les bâtiments sont vendus comme biens nationaux en 1800.

Les fermiers d'une ancienne ferme de l'abbaye parviennent à convaincre le roi Charles-Félix de Savoie de faire l'acquisition de Tamié, tout comme il l'avait fait pour Hautecombe en 1822. C'est ce qu'il fit en 1828, tout en cédant l'abbaye à l'évêché de Chambéry. Des missionnaires diocésains, puis des frères de la Sainte-Famille de Belley, s'y installèrent, mais sans succès. En 1861, ce sont des cisterciens de l'abbaye franc-comtoise de la Grâce-Dieu qui prennent possession des lieux, avant d'être expulsés pour quelques mois en 1880. En 1909, les moines de la Grâce-Dieu se replient à Tamié. L'abbaye a eu un rôle à jouer dans le renouveau liturgique après le concile Vatican II, notamment par la composition de chants en français.

▶ **Offices** : vigiles à 4h en semaine et le dimanche, laudes et eucharistie à 7h15 en semaine, eucharistie à 10h30 le dimanche, tierce à 9h30 en semaine et à 8h30 le dimanche, sexte à 12h15 en semaine, none à 14h15 en semaine et le dimanche, vêpres à 18h15 en semaine et à 17h le dimanche, complies à 20h en semaine et le dimanche, Adoration à 18h30 le dimanche.

▶ **Accueil** : 27 chambres simples et doubles. L'abbaye accueille les personnes individuelles et les couples pour un séjour de ressourcement de 7 jours maximum. Une maison d'accueil à proximité peut recevoir des jeunes avec 2 cuisines, des salles de rencontres et des chambres avec lits superposés.

▶ **Boutique** : fromage au lait cru de vache, spécialité des moines dont ils tirent leurs principales ressources. On y trouve aussi des CD de leurs chants et d'autres produits monastiques.

▶ **Visites** : l'abbaye ne se visite pas car elle est le lieu de vie d'une communauté de moines qui partagent leur temps entre la prière, l'étude et le travail manuel.

Cependant, juste après le parking, 300 m avant le monastère, le Centre d'Accueil Saint-Pierre de Tarentaise vous offre une exposition de photos et un montage audiovisuel sur la vie des moines (durée 20 min).

MONASTÈRE DE BETHLÉEM - NOTRE-DAME DE L'UNITÉ ✝

Les Corbières
PUGNY-CHÂTENOD
✆ 04 79 61 00 34
Participation aux frais selon les moyens de chacun.

Les Sœurs de Bethléem, de l'Assomption de la Vierge et de Saint-Bruno vous accueillent dans un cadre de verdure, véritable balcon suspendu entre le Mont Revard et le lac du Bourget, lorsque se termine le chemin des Corbières légèrement à l'écart du chef-lieu de Pugny-Châtenod. La communauté du monastère Notre-Dame de l'Unité suit la règle des Chartreux. La dépouille du Père Fernand Portal, l'un des pionniers de l'œcuménisme repose dans la crypte de l'église dont l'architecture orientale est un appel à l'unité des Églises. L'ordre religieux a été créé il y a une soixantaine d'années : une vie contemplative faite de silence, de prières, d'étude et de travail. La nouvelle église consacrée en fin 2009 est placée sous le patronyme de Saint Joseph et reçoit toutes les personnes qui le souhaitent. La crypte de la chapelle de l'Unité unique en son genre, en forme de croix grecque se visite. Aux Corbières, l'histoire a laissé des profondes traces que nous vous invitons à découvrir lors de votre séjour spirituel, empreint d'une grande sérénité.

▶ **Offices** : excepté le lundi, jour de désert. Habituellement matines et eucharistie sont à 7h30 en semaine et à 10h45 le dimanche.

▶ **Accueil** : les religieuses peuvent accueillir une vingtaine de personnes pour un court séjour, dans la solitude et le silence.

▶ **Boutique** : poteries de la « vaisselle d'or », confitures, tisanes, chocolats ainsi que les produits d'autres monastères de l'ordre.

▶ **Visites** : la crypte se visite librement.

ABBAYE D'HAUTECOMBE ✝

3700, route de l'Abbaye
SAINT-PIERRE-DE-CURTILLE
✆ 04 79 54 26 12 - www.hautecombe.org
L'abbaye est fermée le mardi. Participation aux frais selon les moyens de chacun.

Un site exceptionnel ! Surplombant le lac du Bourget, l'abbaye d'Hautecombe fondée au XIIe siècle par des moines cisterciens est un véritable havre de paix, de prière, de recueillement, d'histoire et d'architecture. Elle est aujourd'hui animée au quotidien par la Communauté du Chemin Neuf qui célèbre les offices matin, midi et soir dans l'église. Née d'un groupe de prière en 1973, la Communauté réunit des hommes, des femmes, des prêtres et des couples qui témoignent de leur foi. De nombreux visiteurs viennent ici pour une pause spirituelle.

▶ **Offices** : laudes à 8h30, messe à 12h, Adoration eucharistique 18h30. Un oratoire est ouvert toute la journée au chevet de l'église.

▶ **Accueil** : l'abbaye peut accueillir une cinquantaine de personnes.

▶ **Boutique** : la Communauté du Chemin Neuf vous accueille à la grande boutique de l'abbaye pour découvrir les produits fabriqués sur place : icônes écrites à la main ou collées, bougies décorées, miel, vin mousseux « Royal Hautecombe » ainsi que d'autres produits de la Communauté à travers le monde. Des ouvrages sont en vente à la belle librairie.

▶ **Visites** : seule l'église se visite, le monastère étant réservé en principe à la vie de la congrégation. Une visite audioguidée permet d'admirer une architecture exceptionnelle de style gothique-troubadour. A noter : les fresques, sculptures de marbre et cénotaphes. Un commentaire audioguidé en 8 langues et un parcours adapté aux enfants de 8 à 13 ans. Adultes 4,50 €, scolaires et étudiants 2,50 €, groupes 3,80 €. Gratuit jusqu'à 18 ans.

Abbaye d'Hautecombe.

BOURGOGNE-FRANCHE-COMTÉ

Touristique à plus d'un titre, la région Bourgogne-Franche-Comté, déployée sur 8 départements – Côte-d'Or, Doubs, Haute-Saône, Jura, Nièvre, Saône-et-Loire, Territoire de Belfort, Yonne –, décline tour à tour nature, patrimoine bâti et culture. De la montagne du Haut-Jura aux lacs du Morvan, des berges du Doubs et de la Saône à celles de la Seine et de la Loire, c'est une diversité de paysages et de nature préservée qui sont à découvrir. L'histoire a laissé de multiples témoins dans toute la destination : les hospices de Beaune, le Palais des Ducs et des Etats à Dijon, les vestiges d'Alésia, les abbayes de Cîteaux et de Cluny, le lion de Bartholdi, Vézelay et sa basilique... La région est également un haut lieu spirituel, et accueille des mouvements au rayonnement international comme les rassemblements de Taizé ou de Paray-le-Monial. Les Hospices de Bourgogne valent aussi un pèlerinage.

VISITEZ L'ABBAYE DE FONTENAY

La Bourgogne vit naître des destins qui influèrent le cours de l'histoire. Dans celle de la religion, un bourguignon se détache : Bernard de Clairvaux, né en 1090, qui devint saint Bernard en 1174. Il devient moine à l'abbaye de Cîteaux en 1112 et emmène avec lui 30 de ses amis pour fonder l'abbaye de Clairvaux dont il devient l'abbé. Trois ans plus tard, il fonde l'abbaye de Fontenay. L'abbaye Notre-Dame-de-Fontenay est donc fondée en 1118, il y a plus de 900 ans. Neuf siècles qui virent s'écouler la vie des moines dans les différentes pièces comme le cloître, la salle capitulaire, l'église abbatiale, le dortoir ou encore la forge. L'église abbatiale est consacrée à la fin du XIIe siècle. Au XVIe siècle, Fontenay connaît une grande prospérité. Bientôt, la Révolution secoue la France et en 1790 les huit derniers moines quittent l'abbaye. Vendue en 1791 elle devint une papeterie, puis 30 ans plus tard, Elie de Montgolfier la rachète et développe la manufacture. En 1906, Edouard Aynard, gendre des Montgolfier, rachète Fontenay et rend à l'abbaye sa sérénité et son calme. Inscrite au patrimoine mondial de l'Unesco depuis 1981, elle appartient toujours à la famille Aynard, qui l'a magnifiquement restaurée. Hubert et Dominique Aynard, qui se décrivent comme des dépositaires, font vivre cet édifice. Un lieu qui attire environ 85 000 visiteurs par an ! En tant que visiteurs, vous êtes les premiers mécènes ! Déambuler dans les pièces dépouillées d'ornements de l'abbaye, et admirer les différents édifices qui la composent, offre une immersion dans le quotidien des moines. Toutes sont magnifiques de modestie, de sobriété et de rigueur, valeurs fondamentales des Cisterciens. Grâce à son excellent état de conservation et à son homogénéité, l'abbaye de Fontenay est l'un des plus beaux exemples d'abbayes cisterciennes. Pour vous imprégner de l'esprit du lieu, ne manquez pas de visiter ses parties les plus remarquables :

- **Le cloître**. Baigné de lumière, il est le cœur de l'abbaye. Composé de quatre galeries rectangulaires qui encadrent la cour, il a été conçu comme un trait d'union entre les différentes salles du monastère et un lieu propice à la méditation et à la lecture spirituelle à laquelle s'adonnaient quotidiennement les moines.

- **L'église abbatiale**. C'est l'une des abbatiales les mieux conservées d'Europe, mais aussi l'une des plus anciennes. Construite entre 1139 et 1147 et remarquablement conservée, elle est l'une des rares églises abbatiales cisterciennes de cette époque à être encore intacte de nos jours. Elle mesure 66 m de long et est dotée de deux bas-côtés, selon un plan classique en croix latine. On y trouve un retable, des pierres tombales et le chœur de l'abbaye, couvert de carreaux émaillés.

- **La salle des moines**. Attenante à la salle capitulaire, qui s'ouvre elle-même sur le cloître, la salle des moines mesure environ 30 m de long et était un important lieu de la vie monastique. Les moines y effectuaient une partie de leurs tâches quotidiennes, notamment liées au travail des tissus ou du cuir.

- **Le dortoir.** C'est le lieu où les moines dormaient, chaque soir, sur de simples paillasses, avant la création de chambres individuelles. La vaste salle est surmontée d'une charpente en chêne datant du XVe siècle.

- **Les grands jardins**. Composés de 9 espaces installés sur 2 ha, ces jardins à la française sont certifiés « Jardins remarquables » et l'on y découvre notamment un arbre bicentenaire planté en 1780. Ils ont été rénovés à la fin des années 1990 par Dominique Aynard et le paysagiste anglais Peter Holmes. Embellis, ils apportent un peu de douceur à l'austérité des édifices cisterciens tout en respectant parfaitement l'esprit du lieu. En déambulant entre les pelouses dessinées, les visiteurs admirent une variété de fleurs et plantes, notamment des rosiers.

- **Le jardin des simples (nouveauté 2022).** L'Abbaye renoue avec son passé médiéval et propose un nouveau jardin, un carré parfait rappelant celui du cloître par ses proportions et sa forme géométrique. Composé de plantes médicinales, aromatiques, condimentaires et tinctoriales, il est un prolongement à la visite des grands jardins. Dessiné par l'architecte paysagiste Olivier Damée, il s'inspire de l'art cistercien, il rend surtout hommage au talent de l'abbesse Hildegarde de Bingen, naturaliste, botaniste et auteure d'encyclopédies. Un livret de visite permet d'apprécier cette harmonie avec la nature. Ce jardin des simples sera inauguré le 2 juin dans le cadre de l'opération 'rendez-vous aux jardins'.

MUSÉE D'ART SACRÉ DE DIJON

En 1623, les cisterciennes de l'abbaye Notre-Dame de Tart arrivées à Dijon, construisent leurs bâtiments conventuels selon les plans du Frère Louis Trestournel. L'édifice, achevé en 1709, est placé sous le vocable de l'Assomption de la Vierge et de st Étienne Harding. L'édifice est classé aux Monuments Historiques en 1945 et devient musée d'Art sacré en 1979. Ce musée présente peintures, sculptures, pièces d'orfèvrerie religieuse et vêtements liturgiques, dont l'Église a abandonné l'usage lors des différentes réformes liturgiques, et tente de restituer le sens de ces objets culturels.

▸ Chapelle Sainte-Anne, 15 rue Sainte-Anne, 21000 Dijon

CARMEL DE DIJON €

3, Chemin de la Rente neuve
FLAVIGNEROT
✆ 03 80 42 92 38
carmel-flavignerot.fr
Participation aux frais d'hébergement à convenir lors de votre réservation.

En 1979, la communauté s'établit dans son nouveau Carmel dont les fondations avaient été bénies par Monseigneur Decourtray, alors évêque de Dijon. Petit et simple, le monastère est situé sur une colline à 13 kilomètres de Dijon, non loin du village de Flavignerot. La cellule de la Bienheureuse Élisabeth de la Trinité y a été entièrement reconstituée et ses souvenirs fidèlement conservés. Les sœurs de l'accueil sont là pour un petit temps d'échange ou pour accueillir des intentions confiées à la communauté. Prière dans le petit musée ou dans la chapelle.

MAISON SAINTE-CATHERINE ✝

6, Grande rue - **FAIN-LÈS-MOUTIERS**
✆ 03 80 96 70 65
maisonstecatherine.e-monsite.com
Nuit + petit-déjeuner 21 € par personne.

Dans un cadre de verdure qui porte à la prière, à la méditation et au repos, une petite communauté des Filles de la Charité fondée par saint Vincent de Paul et sainte Louise de Marillac vous accueille à la Maison Sainte-Catherine Labouré, née à Fain-les-Moutiers en 1806 et qui fut Fille de la Charité de 1830 jusqu'à sa mort en 1876. La Maison-Mère se situe à Paris dans le 7e arrondissement au 140, rue du Bac et abrite la chapelle de la Médaille Miraculeuse, lieu de l'apparition de la Vierge à sainte Catherine. La Maison en elle-même, lieu de pèlerinage et de retraite, n'accueille que les groupes de pèlerins, visiteurs et tout groupe d'enfants, de jeunes, d'adultes, de prêtres, de foyers. Sont organisées sur place des retraites, des journées de réflexion, des rencontres pastorales, des sessions, des journées d'approfondissement de la foi. La campagne environnante invite à la randonnée. La communauté fait visiter le lieu de vie de la famille Labouré et vous raconte son histoire. Pour les personnes de passage, il leur est possible de participer uniquement à la visite du lieu et son message. Conseil : pensez à téléphoner au préalable. À votre disposition : salle à manger, salles de réunions, chapelle, oratoire et parc. La cuisine est de type familial.

▸ **Offices** : laudes à 8h30, vêpres à 18h30, messe le mardi et le jeudi à 11h30.

▸ **Accueil** : la communauté accueille des groupes uniquement. 50 personnes maximum.

▸ **Visite guidée** : la Maison Sainte-Catherine se visite. Une visite guidée gratuite qui dure entre 1h et 1h30.

MONASTÈRE SAINT-ELIE ✝

5, rue du Floquet - **SAINT-RÉMY**
✆ 03 80 92 21 13
www.monasteresaintelie.com
Quelques chambres disponibles pour les retraitants.

Fondé en 1974 par le Carmel de Nancy, ce monastère a été érigé en 1986 en Carmel de rite byzantin. C'est dans cet esprit de respect de la tradition orientale que les Carmélites pratiquent dans leur monastère l' « écriture » d'icônes. L'icône est une image pour le culte avant d'être une œuvre d'art ; elle trouve son sens profond dans la liturgie vécue : soit dans l'église, soit à la maison, dans la prière familiale ou personnelle. L'Église bénit l'icône, la rendant ainsi digne de vénération. L'« écriture » d'icônes demande une préparation ; elle est faite dans la foi et la prière, c'est un travail minutieux qui exige beaucoup d'attention, depuis la préparation de la planche pour la peinture jusqu'au vernissage final. Les Carmélites ont transformé les dépendances en hôtellerie et un grand grenier en bibliothèque. Une collection d'environ 500 volumes, surtout spécialisés dans les domaines patristique, œcuménique, carmélitain et iconographique, est à la disposition des hôtes.

▸ **Offices** : matines à 6h, Divine Liturgie (Eucharistie) à 7h, tierce-acathiste-sexte à 11h30, vêpres à 17h. Le samedi et dimanche vêpres à 18h et en hiver à 17h vigile de la Résurrection, tierce-acathiste-sexte à 9h30, Divine Liturgie à 10h.

▸ **Accueil** : quelques chambres d'accueil sont à la disposition de ceux qui désirent partager la prière et le silence du Carmel. Boutique : il s'agit d'une boutique en ligne où vous pouvez commander les publications du monastère ainsi que des icônes peintes ou collées, des cartes postales et des chapelets.

ABBAYE SAINT-JOSEPH DE CLAIRVAL €

Grande Rue - **FLAVIGNY-SUR-OZERAIN**
✆ 03 80 96 22 31 - www.clairval.com

Participation aux frais d'hebergement à convenir lors de votre réservation.

Cette communauté bénédictine s'est installée en 1972 dans l'ancien petit séminaire au cœur du village de Flavigny-sur-Ozerain, renouant ainsi avec une présence monastique qui avait débuté en 719 avec la fondation de l'abbaye Saint-Pierre pour durer jusqu'à la Révolution française. En 1988, la communauté obtient la reconnaissance canonique comme monastère bénédictin de droit diocésain. Les travaux auxquels les moines de l'abbaye s'adonnent peuvent se regrouper en 3 secteurs : les tâches nécessaires pour la bonne marche de l'abbaye avec formation des novices, études, entretien des bâtiments et du parc, sacristie, lingerie, cuisine ; la prédication des retraites, et dans le prolongement, la rédaction et l'expédition de la *Lettre* mensuelle ; des ateliers lucratifs pour subvenir aux besoins de l'abbaye : la Publication Assistée par Ordinateur (PAO), la Fabrication d'icônes et de diptyques/triptyques, les Éditions Traditions Monastiques, l'Atelier de sculpture sur pierre.

▸ **Offices** : Les offices sont chantés en latin (chants grégoriens). Matines à 5h25, messe basse à l'oratoire Saint-Joseph à 6h10, laudes à 7h15, messe basse à l'oratoire Saint-Joseph à 8h, messe chantée à 11h10 (10h10 le dimanche), sexte à 12h45, none à 13h45, vêpres à 17h40, chapitre suivi de l'office des complies à 20h15.

▸ **Accueil** : 20 chambres individuelles. A l'abbaye bénédictine de Saint-Joseph de Clairval, deux types de séjours spirituels sont possibles. En premier lieu, participer à des retraites prêchées par les pères du monastère. Organisées tout au long de l'année, elles se déroulent en cinq jours, en s'inspirant des exercices de saint Ignace de Loyola. S'y succèdent : conférences, participation à la liturgie, temps de prière et de méditation personnelles et entretiens avec les pères, pour ceux qui le désirent. Ces retraites conviennent particulièrement aux personnes qui désirent approfondir leur vie chrétienne. Inscription préalable indispensable. Calendrier détaillé et inscription sur le site Internet. Ces retraites sont pour les hommes et sont données uniquement en langue française (sauf celles notées « anglophones »). En second lieu en accueil individuel à l'hôtellerie, avec participation à la liturgie quotidienne (accompagnement spirituel possible). Cet accueil se déroule exclusivement en dehors du temps des retraites prêchées.

▸ **Boutique** : vente de nombreux articles religieux (icônes, statue, médailles, crucifix), librairie religieuse, CD de chants grégoriens.

ABBAYE DE CÎTEAUX ✝ ★★★

D 996 - **SAINT-NICOLAS-LÈS-CÎTEAUX**
✆ 03 80 61 34 28 - www.citeaux-abbaye.com
Visites guidées sur réservation. A ccueil enfants (livret pédagogique). Produits gourmands et liturgiques des abbayes.

L'histoire de l'abbaye fut marquée par quelques grandes dates. 1098 : un groupe de moines bénédictins venu de Molesme, et mené par saint Robert, fonde un monastère dans la solitude d'une grande forêt. En 1112, grâce à la venue d'une trentaine de jeunes moines conduits par saint Bernard de Fontaine-lès-Dijon, l'abbaye se développe. En 1198, l'église est construite, où seront inhumés les ducs de Bourgogne. Au XIIIe siècle, l'abbaye compte 500 maisons. Lors de la Révolution, les moines furent dispersés et l'église détruite. Les bâtiments, vendus en 1791, deviennent sucrerie et colonie pénitentiaire. En 1898, des moines de différents monastères viennent redonner vie à l'abbaye, redevenue, aujourd'hui, Maison Mère de la famille cistercienne. La communauté compte environ 40 membres, partageant leur temps entre prières, offices, travail, services communautaires et enseignement. Les hôtes sont invités à partager deux offices par jour au minimum sur les sept, tous ouverts à chacun à l'église, d'être présents et ponctuels aux repas, de participer aux services usuels. Il est possible de rencontrer un frère, à condition d'en parler suffisamment à l'avance avec le frère hôtelier.

Offices : en semaine, vigiles à 4h, laudes à 7h30, messe et sexte à 11h30, nones à 14h30, vêpres et oraison à 18h, complies à 20h. Même chose pour le dimanche sauf pour la messe qui est à 10h30, les vêpres et salut à 17h15.

Accueil : l'hôtellerie compte 40 chambres et peut accueillir jusqu'à 50 personnes, mais ne dépasse pas habituellement 30 hôtes. Les groupes de jeunes bien encadrés, capables d'assurer eux-mêmes leur entretien, peuvent être hébergés avec une certaine autonomie dans une maison annexe (30 lits en dortoir). La durée du séjour est de 2 à 7 jours, avec la possibilité de venir deux fois par an. L'hôtellerie est confortable et silencieuse et accessible aux personnes à mobilité réduite. Si vous en avez la possibilité, venez avec draps et serviettes de toilette.

Boutique : sur place, vous trouverez les produits du monastère : les fromages de Cîteaux dont la réputation n'est plus à faire, des bonbons au miel ainsi que de nombreux articles monastiques avec confitures, compléments alimentaires, tisanes, objets d'art, cartes, CD, DVD. Une librairie monastique, religieuse et culturelle, contenant également des livres sur la vie de cette communauté aujourd'hui, vous permettra d'approfondir ce que vous aurez découvert à Cîteaux. Pour toute commande ou information, veuillez contacter le 03 80 61 34 28.

Visite : le site de Cîteaux a été aménagé pour offrir aux visiteurs de passage un lieu de silence, de paix, de culture et de beauté. En 1998, un parcours de visite de certains bâtiments historiques a été ouvert au public. En 2008, il a été entièrement réaménagé pour permettre son accès aux personnes handicapées, pour en rendre le cadre plus attrayant, et donner à voir les anciens bâtiments par un marquage au sol. Pour les bâtiments se trouvant à l'intérieur de la clôture monastique, toutes les visites sont guidées. La visite des bâtiments historiques du Cîteaux ancien vous fait découvrir la vie monastique et la tradition cistercienne. Ce cheminement spirituel et culturel, exceptionnellement à l'intérieur de la clôture monastique, vous conduit, à travers 900 ans d'histoire, jusqu'à la communauté vivante d'aujourd'hui. Toutes les visites sont guidées et limitées à 25 personnes. Durée : environ 1h15. La réservation est conseillée.

Cloître des copistes XIIIe siècle.

LA ROCHE D'OR €

1, chemin du Muenot - **BESANÇON**
✆ 03 81 41 47 47 - rochedor.fr

Inscription uniquement sur le site internet. Chacun dépose sa participation à l'accueil selon ses moyens.

Créé en 1954, le site comprend aujourd'hui plusieurs bâtiments communicants, répartis au milieu de jardins et de zones boisées. Ce vaste espace d'accueil permet à la fois des rassemblements communautaires pour l'écoute de la parole tout autant que l'intimité et la solitude pour un vrai repos intérieur. Il est géré et entretenu par la Communauté de la Roche d'Or actuellement constituée de 35 membres (prêtres et laïcs, hommes et femmes), originaires de toute la France ainsi que d'autres pays. Ses retraites rassemblent plusieurs milliers de personnes par an, des chrétiens de tous âges, toutes origines et de tous continents, mais aussi des non-croyants en recherche de foi, quels que soient leurs parcours. Tous ceux qui cherchent le sens de leur existence éprouvent le besoin de découvrir Dieu ou d'en approfondir la connaissance. Précisons que pendant les vacances scolaires, la communauté peut accueillir les parents avec leurs enfants ou des adolescents. Le choix et le calendrier des retraites aux thèmes divers est détaillé sur le site Internet. Les retraites durent de 4 à 6 jours. Les week-ends commencent le vendredi soir à 19h30 jusqu'au dimanche 14h.

- **Offices** : ils sont assurés dans le cadre de chaque retraite ou séjour spirituel où l'on s'est inscrit.
- **Accueil** : capacité d'accueil adaptée à chaque session organisée où l'on peut s'inscrire. Apporter paire de draps (possibilité d'en louer sur place), serviettes de toilette et de table.
- **Boutique** : elle présente essentiellement les ouvrages religieux de la librairie de la Roche d'Or.

ABBAYE CISTERCIENNE DE LA GRACE-DIEU ✝

CHAUX-LÈS-PASSAVANT
✆ 03 81 60 44 45

Participation aux frais d'hébergement à convenir lors de votre inscription.

Cette ancienne abbaye cistercienne a été fondée en 1139 par des moines originaires de l'abbaye de la Charité en Haute-Saône. Les deux premiers siècles de son existence sont les plus florissants, voyant la naissance de nombreuses vocations. Les moines, devenus nombreux, développent alors la région et bâtissent des fermes aux alentours. Le XIVe siècle sonne le glas de cette prospérité, l'abbaye faisant l'objet de plusieurs pillages liés à des guerres locales, et survit péniblement jusqu'à la Révolution. Il faut alors attendre 1929 pour que le lieu revive après les démantèlements successifs, avec l'installation de moniales cisterciennes. La communauté de sœurs cisterciennes l'a quittée en 2004 pour y être remplacée par une communauté de Travailleuses Missionnaires de l'Immaculée rattachée à la Société des Missions Africaines de Strasbourg. Elle perpétue la tradition d'accueil de personnes seules ou de groupes pour des retraites spirituelles, haltes de prières, récollections et sessions de formation. Cela s'adresse aux séjours individuels comme à ceux de familles ou de petits groupes.

Offices : messe quotidienne et invitation au partage de la liturgie de la communauté des laudes jusqu'aux complies. Horaires variant en fonction des jours.

Accueil : 35 chambres et 5 salles de réunions pour des séjours de 1 à 8 jours environ.

Boutique : la boutique propose de nombreux produits et objets provenant de l'artisanat monastique d'autres monastères.

FOYER SAINTE-ANNE €

16, rue d'Avanne
MONTFERRAND-LE-CHÂTEAU
✆ 03 81 56 51 38
foyersteanne.jimdo.com

Participation aux frais d'hebergement à convenir lors de votre réservation.

Le centre diocésain du Foyer Sainte-Anne à Montferrand-le-Château est un lieu d'accueil idéal pour y organiser vos sessions, vos retraites, vos séminaires, et autres formations. Il s'efforce de vous offrir un accueil personnalisé et chaleureux grâce à une équipe disponible et vous propose un espace verdoyant dans un cadre calme. Pour vous ressourcer, il propose ce cadre pour des journées spirituelles et retraites. Présence d'une chapelle et d'un oratoire. Possibilité d'échange avec un prêtre ou une religieuse pour vous guider dans votre démarche.

VILLA SAINTE-MAGDELEINE €

21, rue de Mont
MONTFERRAND-LE-CHÂTEAU
✆ 03 81 56 53 35

Participation aux tâches domestiques et contribution aux frais d'hébergement à décider lors de votre réservation.

Les dominicaines de Béthanie reçoivent, sauf en novembre, dans ce cadre champêtre et vallonné, prêtres, religieux (ses), couples, groupes, dames et jeunes filles, à la recherche d'un temps de ressourcement ou de repos dans un climat de silence, de paix et de discrétion propre à la spiritualité de Béthanie. La prière avec la Communauté, l'Adoration, les Offices et l'Eucharistie vous sont offerts chaque jour, si vous le désirez ; de même, vous pourrez être accueilli par une sœur pour un échange personnel et évidemment confidentiel.

MAISON DES SOEURS DE LA RETRAITE CHRÉTIENNE €

17, rue du Couvent - **LES FONTENELLES**
✆ 03 81 43 71 79
Participation aux frais d'hebergement à convenir lors de votre réservation.

La communauté des Sœurs de la Retraite Chrétienne reçoit toute l'année dans son couvent jeunes et adultes, pour des séjours, individuels ou en groupe, de durée variable.

Les sœurs de la retraite chrétienne forment une congrégation religieuse féminine de droit pontifical, dont la mission est l'approfondissement de la foi chrétienne, grâce à l'organisation de retraites et l'adoration eucharistique. Le mouvement est initié en 1787 par le Père Antoine-Sylvestre Receveur qui crée un groupe de jeunes filles dont le but est de faire l'école aux filles et organiser des retraites spirituelles. En 1789 une maison est ouverte pour les accueillir, et en 1791 l'institut est approuvé par l'archevêque de Besançon Monseigneur de Durfort. Mais cet institut fera long feu, les sœurs sont chassées par les révolutionnaires en 1792 et doivent s'exiler en Suisse. Elles reviennent en France en 1802 sous le parrainage de l'archevêque d'Aix. La congrégation reçoit l'approbation pontificale en 1851. En 1929 la congrégation pour les religieux approuve l'institut comme congrégation religieuse. Le mouvement est présent en France, en Irlande, au Royaume-Uni, en Suisse, au Bénin.

Le couvent est situé en plein Jura rural, à 900 m d'altitude au milieu de belles forêts de sapins et de pâturages ; la communauté propose un lieu calme et reposant pour vivre autrement pour un séjour de un jour à une semaine ou plus. Pour des séjours à orientation spirituelle, il est possible de se joindre à la liturgie de la communauté dans une chapelle rénovée ainsi que dans un oratoire reflétant la ruralité et la spiritualité de la Congrégation. Les groupes peuvent être accompagnés d'un animateur. Diverses offres de retraites ou de sessions spirituelles. Se renseigner auprès de la Communauté pour s'inscrire.

Le lieu est idéal non seulement pour une retraite, mais pour un séjour reposant dans une ambiance de retour à la nature. Les possibilités de randonnées et de balades en VTT sont nombreuses, et le Haut Doubs contient un patrimoine riche en petites villes au caractère unique, en musées ruraux spécifiques, en églises à découvrir et en fermes comtoises et fontaines à apprécier. En hiver, vous serez éblouis par la neige, qui offre des paysages magnifiques pour randonnées de raquettes et de ski nordique et pour le ski alpin. Accueil selon les disponibilités du moment en chambres individuelles ou doubles (les sanitaires sont soit dans les chambres soit à l'étage) et également en dortoirs de 6 à 12 lits.

MAISON D'ACCUEIL SAINTE-JEANNE ANTIDE €

16, rue de la Basilique - **SANCEY** ✆ 03 81 86 82 41
Divers tarifs adaptés aux différents types de séjours. Chambre à partir de 30 €.

Le 11 avril 1799, Jeanne-Antide Thouret fonde à Besançon une école gratuite pour les filles et une soupe populaire pour les nécessiteux. De mai à septembre 1802, elle rédige la Règle de vie de sa communauté. Accompagnée de quelques sœurs qui approuvent son idéal de vie, elle fonde des hospices pour le soin des malades, ainsi que de nouvelles écoles. Dans le même temps, elle envoie ses sœurs faire la classe et soigner les pauvres.

En 1802, Jeanne-Antide prend également la responsabilité du service des prisonniers de la prison de Bellevaux. Elle s'efforce de mettre ses talents d'éducatrice au service des prisonniers, tout en les nourrissant, et leur trouvant du travail. En 1807, la communauté reçoit le nom officiel de Sœurs de la Charité de Besançon.

La Maison Sainte-Jeanne Antide est située en limite de village dans un vallon verdoyant. Sa convivialité, et son calme, favorisent un ressourcement et un cadre de travail agréable pour les groupes qu'il accueille. Lieu de naissance de sainte Jeanne Antide Thouret, fondatrice des Sœurs de la Charité, c'est naturellement une communauté de ces moniales qui assure l'accueil et le service de la maison. Pour ceux qui souhaitent y pratiquer une retraite ou un séjour spirituel indépendant, la Maison possède une chapelle et un oratoire. Elle offre aussi la possibilité de participer aux offices journaliers de la communauté comme celle d'échanger avec un prêtre ou une moniale.

Les environs, riches de traditions et de saveurs régionales permettent de nombreux itinéraires de découverte à proximité de la Suisse et de l'Alsace, ou dans la vallée du Doubs et le massif du Jura.

- **Offices** : offices religieux mardi et vendredi matin à 9h. Le reste du temps la chapelle demeure disponible.
- **Accueil** : grande capacité d'accueil avec 80 chambres, dont une vingtaine doubles avec sanitaires complets. Groupes, adultes, enfants. Chambres pour personnes à mobilité réduite. Bibliothèque et accès internet. Nombreuses salles de réunion, dont deux équipées de vidéo et sono. Et aussi, ascenseur, parking privé, jardin.
- **Boutique** : nombreux objets religieux comme chapelets, statuettes.
- **Visites** : la maison natale de sainte Jeanne Antide et la basilique du Sanctuaire peuvent se visiter tous les jours. Par ailleurs des sentiers balisés permettent de belles randonnées à partir de la maison. Autres visites possibles, celle du château de Belvoir, et sur demande préalable celles de la fruitière à Comté ou de la miellerie.

BASILIQUE NOTRE-DAME LA BLANCHE ✝

FAVERNEY

✆ 03 84 91 45 07

Non ouvert aux retraites mais sanctuaire marial traditionnel de Haute-Saône.

L'église Notre-Dame, basilique depuis 1912, remonte au XIe siècle. C'est ici qu'en 1608 se produit un « miracle » : dans la nuit de la Pentecôte, un feu se déclenche dans l'église, il ravage tout mais épargne un ostensoir qui abrite des hosties... Il est comme suspendu au-dessus des cendres pendant une journée et une nuit entières ! De nombreux témoins assistent, ébahis, au « prodige » reconnu par le pape en 1863. L'endroit est encore aujourd'hui un lieu de pèlerinage fréquenté.

BASILIQUE NOTRE-DAME DE GRAY ✝

place de la sous préfecture
GRAY

✆ 03 84 65 14 24

Tous les ans le 14 août, veillée mariale avec procession à 21h30. Le 15 août, grande messe à 10h30 et concert d'orgue.

Le pèlerinage de Notre-Dame de Gray semble remonter au XVIIe siècle. Une statuette représentant l'image miraculeuse de Marie a été retrouvée à Montaigu, en Belgique. Plusieurs miracles de guérison se produisent suite aux invocations des fidèles. En 1851, la cardinal Mathieu offrit à la basilique une statue de Notre-Dame en argent doré, comme action de grâces pour la fin de l'épidémie de choléra à Gray et dans sa région. Les deux statuettes sont encore à Gray.

NOTRE-DAME-DES-SEPT-DOULEURS 📷

HAUT-DU-THEM-CHÂTEAU-LAMBERT

✆ 03 84 20 40 84

A la Fête-Dieu : messe à 10h30. 3e dimanche de septembre : messe à 10h30.
S'adesser au presbytère du Haut de Them.

L'église fut édifiée en 1616, d'abord sous le nom de Notre-Dame-de-l'Assomption. Elle devint Notre-Dame-des-Sept-Douleurs après 1839, lorsque la reine Marie-Amélie, épouse du roi Louis Philippe, lui fit don d'une pietà. Son mobilier est baroque et comprend essentiellement trois retables. Deux petites peintures d'inspiration religieuse ainsi que des statues de sainte Barbe et saint Antoine achèvent la décoration. Un lieu de recueillement plutôt qu'un réel sanctuaire de retraite.

LA CHAPELLE NOTRE DAME-DU-HAUT ✝

13, Rue de la Chapelle - **RONCHAMP**

✆ 03 84 20 65 13

www.collinenotredameduhaut.com

Visites possibles de la chapelle et du sentier historique depuis le centre de Ronchamp.

Construite entre 1953 et 1955, perchée sur la colline de Bourlémont à Ronchamp, cette chapelle catholique est une création de l'architecte Le Corbusier, spécialement sollicité. Erigée sur l'emplacement d'un ancien sanctuaire romain, il s'agissait de reconstruire la chapelle par-dessus laquelle elle avait été édifiée et qui avait été plusieurs fois détruite. Pourtant athée, Le Corbusier s'est lancé dans l'aventure. 69 000 visiteurs viennent chaque année du monde entier la visiter.

CHAPELLE SAINTE-ANNE DE VELLEFAUX ✝

VELLEFAUX

✆ 03 84 68 60 89

Chaque année, un pèlerinage a lieu le jour de la Sainte-Anne. Accueil à l'ermitage toute l'année.

En 548, une statue de sainte Anne est retrouvée. Un ermitage est construit en 551. Devenu bien national lors de la Révolution, il faut attendre 1857-1858 pour voir la restauration de l'ermitage, grâce à l'abbé Jourdin. Cette chapelle fait elle aussi partie des sanctuaires mariaux de Haute-Saône qui attirent les pèlerins de tous horizons, bien que n'étant pas à proprement parler un véritable lieu de retraite au même titre qu'un monastère ou une abbaye.

NOTRE-DAME DE LA MOTTE ✝

rue vendemiaire
VESOUL

✆ 03 84 76 05 08

La procession du 15 Août reste une tradition chère aux Vésuliens.

Ce sanctuaire est voué à Marie depuis le tout début du Moyen Age, d'abord sous le nom de Notre-Dame du Chastel de Vesoul, puis, lors de ses différents lieux de transfert, de Notre-Dame de la Motte, à partir de 1854. L'abbé Boilloz, curé de Vesoul de l'époque, fit avec les fidèles de la paroisse, le vœu d'élever un monument en l'honneur de Marie, si la ville était épargnée par le choléra. Le vœu fut exaucé. Le 9 août 1857, le cardinal Mathieu, alors archevêque de Besançon, procéda à l'inauguration et à la rénovation du monument.

La chapelle Notre Dame-du-Haut à Ronchamp.

MONASTÈRE SAINTE-CLAIRE ✞

13, rue Sainte-Colette - **POLIGNY**
✆ 03 84 37 11 40
clarisses.eglisejura.com
Participation aux frais d'hebergement à convenir lors de votre réservation.

En 1415, à la demande de son épouse Marguerite de Bavière, Jean sans Peur donne à sainte Colette son arsenal pour installer un monastère. Elle y séjourna une dizaine d'années puis alla fonder 17 monastères de Clarisses. Elle mourut à Gand, en Belgique, en 1447. Ses ossements furent ramenés à Poligny, en 1783. Les sœurs quittent le monastère pendant la Révolution pour le retrouver en 1817, dix ans après la canonisation de sainte Colette. La chapelle de Notre-Dame des Sept Douleurs contient les reliques de sainte Colette qui est vénérée, le 6 mars notamment, par les mamans qui désirent ou attendent un enfant. La collégiale Saint-Hippolyte possède une très belle collection de statues de l'école bourguignonne.

- **Offices** : laudes à 7h45 (8h30 le dimanche), angélus et heure médiane à 12h, vêpres à 17h30, adoration à 19h30, complies à 20h. Les hôtes sont plus particulièrement invités à partager les laudes et les vêpres.
- **Accueil** : 9 chambres sont disponibles chez les Clarisses de Pâques à la Toussaint pour ceux qui souhaitent effectuer un séjour de réflexion.
- **Boutique** : on y trouve des bougies et cartes fabriquées par les sœurs dans leurs ateliers.
- **Visites** : la chapelle primitive de l'édifice, qui est démolie à la Révolution et reconstruite dans les années 1930, vient d'être rénovée. On peut y voir une belle pietà en marbre du XVIIIe siècle et la superbe châsse de sainte Colette, offerte par une tante de Louis XV à la ville. Accès à la châsse de sainte Colette : tous les jours de 9h à 12h et de 13h30 à 17h. Sonner avant d'entrer.

CARMEL DE FRANCHE-COMTÉ €

Route des Carrières - **SAINT-MAUR**
✆ 03 84 44 29 10 - carmelsaint-maur.blogspot.fr
Apportez draps, serviettes, et vos provisions pour les repas ou commandez au restaurant municipal.

Le Carmel de Lons-le-Saunier s'est déplacé à quelques kilomètres de la ville, à Saint-Maur, petit village du premier plateau jurassien. Le nouveau Carmel de Franche-Comté est situé dans un cadre magnifique, ouvert sur les monts du Jura, silencieux et solitaire, convenant parfaitement au recueillement et à la contemplation. D'architecture contemporaine, il est l'œuvre de l'architecte belge Jean Cosse. Les moniales y reçoivent prêtres, religieuses, jeunes filles et dames pour des retraites individuelles et silencieuses pour des séjours de 8 jours maximum.

ABBAYE NOTRE-DAME D'ACEY

VITREUX
✆ 03 84 81 04 11
acey.eglisejura.com
Ouverture de l'église abbatiale tous les jours.

L'abbaye d'Acey fut fondée au XIIe siècle, dans la mouvance cistercienne qui prône alors le retour à la règle stricte de saint Benoît : une vie monastique pauvre et retirée du monde. Comme beaucoup d'autres bâtiments religieux, elle fut endommagée ou détruite à plusieurs reprises au fil des siècles. Au XIXe siècle s'y sont momentanément installées les communautés de Solesme, de Notre-Dame des Neiges, et de Notre-Dame des Dombes. Les bâtiments monastiques remontent quant à eux au XVIIIe siècle, leurs façades sont en partie classées aux monuments historiques. L'église date de l'époque de la fondation de l'abbaye. Et, même si elle a subi des transformations aux XVIIIe et XXe siècles, son architecture reste un bel exemple du style gothique régional. Sa taille monumentale peut surprendre et elle dégage une impression d'austère simplicité monastique, renforcée par les vitraux contemporains de l'artiste Jean Ricardon. Comme l'abbaye accueille encore aujourd'hui des moines, elle est (avec la petite boutique) la seule partie du lieu que l'on peut visiter. Aujourd'hui les Cisterciens Trappistes exploitent une ferme ainsi qu'un atelier de surfaçage par électrolyse pour l'industrie. Ils reçoivent aussi dans leur hôtellerie pour des séjours spirituels individuels ou en petits groupes mais aussi des groupes plus importants s'ils sont accompagnés. Un lieu idéal à la riche histoire et au cadre propice à la réflexion pour entamer une retraite, et en apprendre un peu plus sur la vie des moines faite de prière et de travail.

CARMEL DE NEVERS €

35, rue des Montapins
NEVERS
✆ 03 86 57 09 75
Participation aux frais d'hebergement à convenir lors de votre réservation.

Fondé en 1619, ce Carmel a connu depuis sa fondation quatre lieux d'implantation. Depuis 1966, il se situe dans un quartier calme, un peu sur les hauteurs de la ville, marquée par la présence de sainte Bernadette venue « se cacher en Dieu » loin des foules de Lourdes. Les carmélites de la communauté de Nevers sont heureuses de poursuivre leur mission au sein de l'Église en Nièvre, et plus largement de l'Église universelle et pour le monde entier. Chacune est seule dans sa prière au Seigneur, mais aussi dans les tâches quotidiennes ou le travail.

MONASTÈRE DE LA VISITATION

49, route des Saulaies
NEVERS
✆ 03 86 57 37 40
visitationnevers.blogspot.fr/
Séjours spirituels de 8 jours maximum.
Participation aux frais d'hébergement à convenir lors de votre réservation.

Fondé il y a quatre siècles, en 1616, à Moulins dans l'Allier, ce monastère fut restauré après la Révolution à la Charité-sur-Loire en 1818, puis à Nevers en 1854. En 1908, les religieuses s'exilèrent en Belgique pour revenir à Nevers en 1935. Et c'est en 1993 que la communauté salésienne des Visitandines s'installa, au pied d'une colline, route des Saulaies, en bordure de Loire. Leur hôtellerie, située dans un cadre de verdure et de silence, peut vous accueillir pour une halte spirituelle n'excédant pas 8 jours. Un sentier pédestre de 3,5 km longe la Loire devant le monastère, il permet d'effectuer de belles promenades.

Vous pouvez partager les offices avec la communauté. Le dimanche : lectures à 8h, laudes à 9h, milieu du jour à 11h30, vêpres à 17h45, eucharistie à 18h30. En semaine, lectures à 7h30, matines à 8h30, eucharistie et milieu du jour à 11h, vêpres à 18h, complies à 20h30. Le mercredi, jour de désert, eucharistie à 11h. Les offices sont célébrés en privé.

Les Visitandines reçoivent les jeunes filles, dames, religieuses qui désirent quelques jours de silence et de prière pour faire le point, ou pour mieux affronter le quotidien avec une foi affermie. Elles peuvent recevoir aussi des messieurs ainsi que des pèlerins de Saint-Jacques de Compostelle. Toutes ces personnes peuvent, si elles le désirent, rencontrer une moniale. Des livres sont mis à leur disposition et elles peuvent aussi demander des enregistrements de conférences pour aider à leur méditation.

ESPACE BERNADETTE SOUBIROUS

34, rue Saint-Gildard - **NEVERS** ✆ 03 86 71 99 50
Chambres à partir de 41 € (petit-déjeuner inclus). Réservez votre chambre en ligne ou par téléphone.

L'Espace Bernadette Soubirous est situé dans le cœur de Nevers, à quelques centaines de mètres du Palais ducal et de la cathédrale. Si vous êtes désireux de prendre un temps de repos, de réflexion et de prière auprès de sainte Bernadette, deux possibilités s'offrent à vous : participer aux retraites proposées par le centre spirituel (programme détaillé sur le site Internet du Sanctuaire), ou vivre un temps de ressourcement individuel avec hébergement et restauration sur place. Quatre chapelles ou oratoires sont à votre disposition pour un temps de silence, de prière, ou de méditation. Pour des sessions destinées à des groupes d'adultes ou de jeunes, une aide peut vous être apportée pour leur organisation. Participation au pèlerinage : chaque année, des milliers de personnes viennent du monde entier en pèlerinage à Nevers, prier auprès de sainte Bernadette. Venir à Nevers, c'est se laisser attirer par elle et accueillir le message qu'elle a reçu à Lourdes et vécu à Nevers : « Tout être humain est précieux aux yeux de Dieu ». Une équipe de salariés et de bénévoles (laïcs, prêtres, sœurs de la Charité de Nevers), vous accueille dans ce sanctuaire et vous accompagne pendant votre séjour.

Offices : du lundi au samedi, l'eucharistie de 11h45 rassemble ceux qui veulent confier leur journée à Dieu. (Accès pour personnes à mobilité réduite.)

Accueil : l'Espace Bernadette Soubirous Nevers est situé au centre de Nevers, à quelques centaines de mètres de la gare, du Palais ducal et de la cathédrale. Aménagée dans un couvent rénové, sa maison d'accueil offre une capacité d'hébergement de 200 personnes avec 100 chambres ainsi qu'un service de restauration ouvert 7 jours/7. Elle est installée dans un parc de quatre hectares ainsi qu'un gîte d'étape plus adapté à la réception de groupes, amis et familles.

Boutique : dans l'enceinte du sanctuaire, la boutique vous propose de nombreux souvenirs de Bernadette mais aussi des cartes postales, bougies, chapelets, médailles, livres, DVD en plusieurs langues. Parmi les autres produits régionaux : faïences de Nevers, spécialités artisanales.

Visites : Musée Bernadette Soubirous. Conçu comme un parcours, le musée vous permet de découvrir les différentes périodes de la vie de Bernadette. Ses étapes retracent les différents lieux de sa vie : le cachot, la grotte, l'hospice de Lourdes, sa vie à Nevers. Des photos, des objets exposés témoignent des différents « emplois » de Bernadette durant les 13 années qu'elle passa à Nevers.

CATHÉDRALE SAINT-CYR-SAINTE-JULITTE ★★

NEVERS

✆ 03 86 36 41 04

Ouverture de 9h à 12h et de 14h à 18h toute l'année (17h en hiver). Accès libre.

Bâtie au point culminant de Nevers, la cathédrale Saint-Cyr-Sainte-Julitte présente la particularité de posséder deux chœurs : l'un roman, et l'autre gothique. Bâtie sur un baptistère du VIe siècle, des incendies successifs lui valurent des reconstructions aux XIIe et XIIIe siècles. Très meurtrie par le bombardement du 16 juillet 1944, de longs et coûteux travaux furent nécessaires. Plus récemment, des vitraux contemporains ont vu le jour, et l'édifice continue sa mise en beauté.

PARAY-LE-MONIAL

Paray-le-Monial, connue déjà par sa magnifique basilique du Xe siècle, l'est aussi grâce au rayonnement du Cœur de Jésus. De 1673 à 1675, Jésus apparaît à une religieuse du monastère de la Visitation, Marguerite-Marie Alacoque, en lui dévoilant « ce Cœur qui a tant aimé les hommes ». Le père Clause La Colombière, supérieur des jésuites, authentifie d'emblée l'expérience mystique de la jeune religieuse. C'est à la suite de ces apparitions du Christ que le pape Pie IX institue en 1856, la fête du Sacré-Cœur pour toute l'Église, suscitant aussi un grand élan de pèlerinage vers Paray-le-Monial. Depuis 20 ans, la ville et le pèlerinage connaissent un tout nouvel essor, en particulier à la suite de la visite de Jean-Paul II le 5 octobre 1986. Depuis 1975, la Communauté de l'Emmanuel organise et anime des sessions internationales qui attirent, chaque été, des foules de plus en plus nombreuses, parmi lesquelles beaucoup de familles et de jeunes. Chaque été, depuis 1985, est organisé un grand rassemblement : le forum international des jeunes. Plus de 6 000 jeunes du monde entier s'y retrouvent chaque été. Des dizaines de milliers de visiteurs et de pèlerins viennent chaque année et toute l'année à Paray-le-Monial, y découvrant l'immense amour de Dieu pour les hommes sur la terre. Une équipe de prêtres et de laïcs est en permanence à leur disposition, proposant aux pèlerins des programmes à la carte, qu'ils soient seuls, en famille ou en groupes. Les groupes constitués peuvent prendre contact avec les sanctuaires avant leur arrivée. Ensemble, est élaboré un programme d'activités pour leur pèlerinage. Des retraites prêchées par les chapelains sont organisées toute l'année, le temps d'un week-end ou sur cinq jours. Ces retraites sont ouvertes à tous, et se déroulent en silence au Prieuré du Cœur de Jésus. Fondée en 1972, la Communauté de l'Emmanuel rassemble des couples, des familles, des célibataires, des diacres, des consacrés dans le célibat, associés en tant que baptisés. Elle est présente dans une soixantaine de pays sur les cinq continents et rassemble plus de 6 000 personnes dont quelque 3 000 uniquement en France. En 1985, l'évêque d'Autun confie à l'Emmanuel l'organisation de tous les pèlerinages à Paray-leMonial et l'animation à l'année du sanctuaire. En 1986, mère Thérésa de Calcutta participe aux sessions. Sanctuaire de Paray-le-Monial - Tel : 03 85 81 62 22.

ABBAYE NOTRE-DAME DE VENIÈRE €

257, rue de l'Abbaye - **BOYER** ✆ 03 85 51 35 82
abbaye-veniere.fr

L'hôtellerie propose des retraites de 2 à 8 jours. Chacun donne selon ses possibilités.

Ce monastère de bénédictines a été fondé en 1933 dans l'Aisne par l'abbaye de Jouare, avant d'être transféré en Bourgogne, à la Loyère, en 1948. C'est en 1963 qu'il déménagea définitivement pour Boyer où il fut érigé en abbaye en 1971. L'abbaye compte aujourd'hui 36 moniales vivant sous la règle de saint Benoît. Leur vie se partage entre la prière, le travail et les rencontres fraternelles. Elles accueillent, selon leur tradition monachique, à l'hôtellerie, les personnes désireuses de vivre un temps de prière ou de ressourcement personnel.

- **Offices** : vigiles à 5h20, laudes et eucharistie à 7h30, tierce à 9h15, eucharistie à 9h30, sexte à 12h45, none à 14h40, vêpres à 17h20, complies à 20h15.
- **Accueil** : accueils individuels ou de petits groupes. Capacité d'accueil de 20 chambres (6 singles, 10 chambres à 2 lits dont 2 accessibles aux personnes à mobilité réduite, 3 doubles dont une accessible, 1 triple. 2 salles à manger, une grande et une petite (horaires : 13h déjeuner ; 19h dîner). Les personnes qui le souhaitent peuvent manger en silence. Pas de régime alimentaire assuré. Chacun est invité à participer aux divers services : vaisselle, service de table, couvert, entretien des chambres, et aux frais concernant les repas, le chauffage, l'entretien, à respecter leurs horaires monastiques (prévoyez votre arrivée avant 20h) et à participer à la prière de la communauté.
- **Boutique** : nombreuses confections du monastères dont carterie, objets religieux et une galerie de saints patrons.

MONASTÈRE NOTRE-DAME D'ADORATION €

EPINAC
✆ 03 85 82 04 32
bethleem.org

Participation aux frais d'hebergement selon les possibilités de chacun.

Monastère des moniales de Bethléem, de l'Assomption de la Vierge et de saint Bruno. Gauthier de Sully construisit ce monastère, dédié à la Très Sainte Vierge Marie, en 1236. Jusqu'à son abandon au XVIIe siècle, des moines de l'ordre du Val des Choux fondé par un disciple de saint Bruno y menèrent une vie de solitude et de prière. Les moniales de Bethléem s'y installèrent en 1982 dans le silence, la prière et la louange liturgique. L'église datée du XIIIe siècle est classée.

CARMEL DE LA PAIX €

Chaumont
MAZILLE
✆ 03 85 50 80 54
www.carmeldelapaix.fr
Paricipation aux frais d'hebergement selon les moyens de chacun.

Le Carmel de la Paix se situe sur la montagne de Chaumont. C'est en 1610 que cette communauté des carmélites fondée à Chalon-sur-Saône est transférée à Mazille. Les moniales y ont développé des ateliers d'empaillage de sièges et de vannerie et pratiquent des cultures agricoles aussi bien que la confection d'aubes. Elles accueillent également dans leur hôtellerie des groupes, comme des particuliers, pour des séjours de retraite tout en partageant prière et silence. Les hôtes ont également la possibilité de participer aux travaux agricoles.

MAISON COR CHRISTI €

14, rue de la visitation
PARAY-LE-MONIAL
✆ 03 85 81 11 11
http://coeurduchristparaylemonial.org
Chambre individuelle à partir 41 € avec petit-déjeuner et 65 € en pension complète.

Située juste en face de la Chapelle des Apparitions, cette Maison, entièrement rénovée, peut accueillir jusqu'à 85 personnes. Elle propose au cours de l'année une grande diversité de retraites organisées pour répondre aux diverses attentes de chacun (par exemple : retraite pour couples, retraite artistique, retraite guérison. Programme détaillé sur le site Internet.). Elle est composée de plusieurs ensembles de deux chambres, l'une avec deux lits et l'autre de 6 lits superposés (3 x 2 lits) adaptées à l'accueil de groupes ou de jeunes ou de familles.

MAISON DU SACRÉ-COEUR €

3 ter, rue de la Paix - **PARAY-LE-MONIAL**
✆ 03 85 81 11 01
www.coeurduchristparaylemonial.com
Chambre individuelle à partir de 41 € avec petit-déjeuner, 65 € en pension complète.

Plus traditionnelle que la maison Cor Christi, destinée à l'accueil de groupes, la Maison du Sacré-Cœur est davantage destinée aux pèlerins retraitants, aux participants des sessions ou aux personnes de passage. Elle propose au cours de l'année une grande diversité de retraites organisées pour répondre aux diverses attentes de chacun (par exemple : retraite pour couples, retraite artistique, retraite guérison. Programme détaillé sur le site Internet.). En dehors des retraites, nombreux offices sur le sanctuaire animés par la communauté de l'Emmanuel.

COMMUNAUTE ŒCUMENIQUE INTERNATIONALE DE TAIZE ✝ ★

Taizé - **TAIZÉ** ✆ 03 85 50 30 30
www.taize.fr
Participation à la vie communautaire lors de votre séjour.

Communauté œcuménique fondée par Frère Roger, venu de Suisse à 25 ans en 1940. Ayant acquis une maison abandonnée où il accueillait des fugitifs (juifs en particulier) de la guerre, il fut dénoncé en 1942 et dut s'enfuir jusqu'à son retour en 1944 accompagné de quelques frères. Aujourd'hui ceux-ci sont plus de 100, catholiques ou d'autres origines évangéliques, issus de plus de 20 nations. Ils vivent uniquement de leur travail. En petites fraternités, certains sont établis dans divers lieux défavorisés de la planète. Taizé a reçu et reçoit la visite de nombreux membres éminents de diverses églises tel le Patriarche orthodoxe Bartholomé en avril 2017. En 1966, des sœurs de Saint-André vinrent s'installer dans le village voisin pour aider à l'accueil du nombre croissant de jeunes venant de tous les continents pour quelques semaines de rencontre. Elles ont été rejointes plus tard par quelques ursulines polonaises. Taizé privilégie l'accueil de rencontres internationales de jeunes de 17 à 30 ans. Mais, par périodes, des rencontres d'adultes ou de familles pour un week-end ou quelques jours sont également organisées. La participation aux frais proposée pour les jeunes comprend hébergement et repas. Son montant varie un peu selon leur pays d'origine et leurs possibilités. Mais Taizé reçoit aussi des adultes pour des séjours individuels de retraite en communion avec la communauté, et également des familles avec enfants.

En outre, le site Internet de la communauté propose un contenu très élaboré avec de nombreuses ressources pour les croyants. Vous y trouverez des podcasts notamment des différentes prières et méditation, et aussi des textes commentés. Chaque samedi la prière du soir y est diffusée en vidéo.

- **Offices** : en semaine, prière du matin à 8h15, prière de midi à 12h20, prière du soir à 20h30 (le vendredi soir la prière du soir est suivie de la prière autour de la croix. Le samedi soir, elle est suivie de la liturgie de la lumière Pascale). Le dimanche, eucharistie à 10h, prière en silence pour la paix à 18h30 et prière du soir à 20h30.
- **Accueil** : capacité maximale 200 personnes. Taizé est avant tout un centre de rencontres œcuméniques pour jeunes de 17 à 30 ans. Pour les séjours spirituels pour adultes et familles, les possibilités d'accueil sont soumises à conditions et aux disponibilités limitées. Renseignez-vous sur le site Internet ou par téléphone.
- **Boutique** : livres, CD, DVD, céramiques. Vente en ligne également.

BASILIQUE DU SACRÉ-CŒUR ★★

Avenue Jean-Paul-II - **PARAY-LE-MONIAL**
✆ 03 85 81 10 92
www.tourisme-paraylemonial.fr
Ouvert de 9h à 19h. Visite libre.
Visite guidée les dimanches de juin et septembre, tous les jours de juillet août 14h30

Vers 970, Lambert, comte de Chalon, décide avec Maïeul, abbé de Cluny, de fonder un prieuré et de construire un sanctuaire. Cette première église est édifiée entre 973 et 977 et les reliques de saint Grat, évêque de Chalon, y sont transportées. Une nouvelle église est construite au début de l'an mille, l'actuelle basilique en a d'ailleurs conservé le narthex. La construction de la basilique a été décidée au milieu du XIIe siècle par Hugues, abbé de Cluny, qui voulait que cette église soit une réplique, en plus réduit, de Cluny III. Église prieurale, élevée en même temps que la grande église abbatiale de Cluny, elle reçut le titre de basilique du Sacré-Cœur en 1875. Particulièrement bien conservé, cet édifice reste le meilleur témoignage de ce qu'a été l'architecture clunisienne. Le Pape Jean-Paul II y est venu prier le 5 octobre 1986. Plusieurs aménagements contemporains ont été installés : soulignons la présence de lustres réalisés par Jean-Charles Detallante, et dont le décor est un écho au bestiaire roman. Un nouveau chemin de croix, œuvre de l'artiste Pierre Lafoucrière, ou encore le mobilier liturgique d'après les dessins de François Prioleau. Le rayonnement de la Basilique du Sacré-Cœur de Paray-le-Monial connaît aujourd'hui un rayonnement qui dépasse largement la Bourgogne en recevant des pèlerins du monde entier et demeure un des joyaux de l'art roman bourguignon du XIIe siècle. L'office de tourisme met à votre disposition un dépliant de visite en plusieurs langues, ainsi que des visites audio-guidées.

MONASTERE NOTRE-DAME DE TOUTE PROTECTION €

11, rue de la Forêt - **BUSSY-EN-OTHE**
✆ 03 86 91 93 52
www.monastere-bussy.org
Participation aux frais d'hebergement selon les possibilités de chacun.

Ce monastère orthodoxe féminin de tradition russe fondé en 1946 est le plus ancien de France. Les offices sont chantés en slavon et les lectures faites en plusieurs langues. La vie liturgique se situe au centre des activités des sœurs. Viennent ensuite l'accueil et l'hôtellerie pour les nombreux visiteurs du monastère. Parallèlement, elles pratiquent diverses autres activités dont de l'art religieux, mais aussi des préparations médicinales et des travaux de traduction et d'édition.

▶ **Offices** : prières, matines et primes à 6h30 et 8h30 ; mardi et samedi à 6h45 matines suivies de l'eucharistie (jeudi 7h30) ; mardi à 18h vêpres suivies d'un molèbène et de l'acathiste à saint Alexis d'Ugine, none, vêpres et complies à 18h30. Dimanche et fêtes : vigiles, la veille à 18h (fin vers 21h) ; tierce et sexte, le jour même à 10h, suivies de la Divine Liturgie à 10h30. Accueil : 15 chambres disponibles pour un ressourcement spirituel sans durée limitée.

▶ **Boutique.** Dans la boutique vous trouverez tous les produits de l'artisanat monastique orthodoxe : icônes peintes (sur commande), icônes collées (diverses tailles), croix, bougeoirs, coupelles, pochettes brodées pour phosphores, chapelets en laine et en soutache, bougies en cire véritable. Ou encore confitures d'abricot, cerise, coing, cornouiller, framboise, prune, tomate verte-orange. Concombres malossols et pâtisserie, à l'occasion.

▶ **Visites** : visites individuelles possibles sur demande. Pas de visites de groupes.

CENTRE SOPHIE BARAT €€

11, rue Davier - **JOIGNY**
✆ 3 86 92 16 40
www.centre-sophie-barat.com
Participation aux frais 51 € par jour (adultes) ou 36 € (étudiants et jeunes chômeurs). Journée de prière 26 €.

Un centre spirituel international implanté dans une maison de famille, entre Yonne et coteaux de Bourgogne. Ouvert en 1994 par le diocèse et les sœurs du Sacré-Cœur, ses locaux sont adaptés pour répondre aux exigences d'un centre spirituel, et à la vie de la communauté. Bien qu'ayant plus de 400 ans, la Maison Barrat n'est pas un musée. Y séjourner, c'est aussi s'en laisser inspirer. Le centre vous propose des retraites et haltes spirituelles variées, et vous ouvre les portes de la maison natale de la fondatrice des religieuses du Sacré-Cœur de Jésus.

ABBAYE DE REIGNY ✝

Reigny - **VERMENTON**
✆ 03 86 81 59 30
www.abbayedereigny.com
Toute l'année sur rdv. Juillet-août : tous les jours (sauf samedi et dimanche matin) : 10h-12h, 14h-18h. Adulte : 5 €.

Cinquième fille de Clairvaux, l'abbaye fondée en 1128 conserve un exceptionnel réfectoire avec des peintures du début du XIVe siècle. On peut aussi voir un pigeonnier du XVIIe et les fondations de bâtiments, dont les bases de la seconde abbatiale reconstruite au XVIIIe siècle par Claude-Nicolas Ledoux, architecte natif de l'Yonne. Superbement restaurée, son scriptorium fut transformé au XVIIIe siècle en appartements, dont certains ont été fréquentés par Coco Chanel notamment. Un superbe édifice à découvrir absolument, entre Auxerre et Vézelay.

BOURGOGNE-FRANCHE-COMTÉ

© JAVARMAN - SHUTTERSTOCK.COM

Abbaye de Pontigny.

ABBAYE DE PONTIGNY ✝ ★★

5, avenue de l'Abbaye
PONTIGNY
✆ 03 86 47 54 99
www.abbayedepontigny.com
9h-18h. Pas de visite pendant les offices et les jours de concerts. Tarif visites guidées : 5 €/pers.

Voilà une étape indispensable lorsque l'on passe par le Chablisien. L'abbaye de Pontigny est la seconde fille de Cîteaux, fondée en 1114. Elle est surtout la plus grande abbatiale cistercienne au monde (4 000 m² au sol). Longue de plus de 121 mètres, elle domine la vallée de son clocher gothique. Construite à la période charnière entre le roman et le gothique, l'abbatiale dispose du premier art gothique cistercien en Bourgogne. Admirablement préservée, elle est désormais l'église paroissiale de ce village construit après la Révolution. Des messes le dimanche à la belle saison, et des offices chaque jour sont organisés. Le domaine attenant est l'ancien enclos monastique, et seul le dortoir des convers (ouvert l'été grâce à des expositions) a été conservé depuis l'époque cistercienne, ainsi qu'une partie du cloître. Le philosophe Paul Desjardins y lança les « Décades de Pontigny » qui rassemblèrent des auteurs comme André Gide ou François Mauriac. Un lieu agréable à deux pas des vignobles chablisiens. A noter qu'une saison culturelle est organisée chaque année par l'association Les Amis de Pontigny qui fait vivre ces lieux depuis 35 ans. Des concerts, un festival (Les Heures musicales), des conférences et des expositions... Bref, il fait toujours bon passer par cette abbaye pleine de vie. Sans oublier un passage dans sa belle boutique où l'on trouvera notamment des produits issus de productions monacales comme des confitures, le miel de la Grange de Beauvais, des gâteaux, ou les vins du vignoble Angst.

MAISONS D'ACCUEIL VEZELAY €

26, rue Saint Pierre - **VÉZELAY** ✆ 03 86 33 22 14
www.hotellerie-vezelay.fr
Participations aux frais d'hébergement variables. Se renseigner au secrétariat collectif des 3 accueils.

Les fraternités de Jérusalem accueillent des groupes ou des individuels pour des retraites, sessions, temps de ressourcement dans trois maisons : le Centre Sainte-Madeleine, la maison Saint-Bernard et Béthanie.

Les fraternités monastiques de Jérusalem proposent aussi des retraites sur un thème biblique, des retraites « A l'écart avec Dieu », des sessions « Ogives » au croisement de l'art et de la foi, des stages. Capacité importante avec 3 maisons d'accueil.

ABBAYE SAINTE-MARIE DE LA PIERRE QUI VIRE €

SAINT-LÉGER-VAUBAN ✆ 03 86 33 19 20
www.apqv.fr
Participation aux frais, selon les possibilités de chacun.

Cette abbaye bénédictine a été fondée en 1850 par le père Jean-Baptiste Muard. A sa mort, la communauté compte une vingtaine de moines et se développe rapidement. Mais elle est contrainte à l'exil en 1880 ainsi qu'en 1904. Ce n'est qu'en 1921 qu'elle retrouve son monastère. Aujourd'hui l'abbaye compte une cinquantaine de moines. Ils pratiquent selon les préceptes de saint Benoît, l'accueil fraternel pour toute personne désirant effectuer un temps de réflexion et de prière.

- **Offices** : vigiles à 2h05 (20h45 le samedi) ; laudes à 6h05 (6h35 le lundi et le dimanche) ; eucharistie à 9h15 (10h le dimanche) ; sexte à 12h30 ; none en privé à 14h15 (14h45 le dimanche) ; vêpres à 18h (17h30 le lundi – 18h le dimanche) ; complies à 20h30 (sauf le samedi). Les jours de Noël et de Pâques, l'eucharistie est à 11h.
- **Accueil** : 50 personnes maximum. Toute personne peut être accueillie pour un temps de réflexion sur sa vie, un temps de ressourcement spirituel, ou d'approfondissement de sa foi, dans le silence, le recueillement. La participation à la prière des frères est une aide essentielle à cette démarche. La rencontre avec un frère pour un temps de discernement est possible. Le logis des hôtes est tenu par les frères. Il est réparti sur deux lieux : l'hôtellerie du bas (connexe au monastère) et l'hôtellerie du haut, appelée aussi « Béthanie ». « Béthanie » permet l'accueil de groupes (petits dortoirs) ou de familles avec enfants en bas âge. Vous pouvez apporter vos draps pour alléger le service. Le climat du Morvan peut être rude : prévoir un vêtement chaud en toute saison. Dans le cadre du monastère, également accueil possible de groupes divers pour un temps de réflexion et de partage, avec une participation à certains offices et la possibilité de rencontrer un frère. Des locaux d'hébergement (chambres, dortoirs, cuisine, salles de réunion) sont disponibles pour des groupes (30 personnes maxi) souhaitant une certaine autonomie. Accueil à la journée : une salle peut être proposée pour un groupe (enfants, jeunes, groupes de réflexion).
- **Boutique** : fonds important de librairie religieuse et d'autres sujets (avec les livres d'art des éditions Zodiaque dont le monastère fut l'éditeur), vente d'objets religieux, médailles, chapelets, icônes, crucifix, statues, souvent labellisés Monastic. Et aussi les productions artisanales du monastère (fromages, poteries, porcelaines décorées, images et cartes diverses, souvent en sérigraphie, jusqu'aux cartes postales du monastère).

BRETAGNE

Péninsule au bout du monde, mais grande ouverte sur lui, la Bretagne préserve une culture forte, profondément enracinée mais nourrie des apports extérieurs et volontiers partagée avec ses visiteurs. Une région au riche patrimoine de pierre, des mégalithes aux châteaux. Une région baignée par un climat clément, où terre et mer s'unissent pour former des paysages grandioses, sublimes décors pour toutes sortes d'activités au grand air. Une région de spiritualité s'il en est, offrant de multiples opportunités de séjours d'ouverture à soi. Comment parler de la Bretagne religieuse sans évoquer les « Pardons », ces rassemblements de fidèles venus expier leurs fautes depuis le XVe siècle, tradition encore très vivante aujourd'hui. Mais aussi Sainte-Anne d'Auray, lieu de pèlerinage majeur de la Chrétienté. De l'Ille-et-Vilaine au Finistère, abbayes et monastères vous accueillent pour vos retraites et séjours de réflexion.

LES PARDONS BRETONS

A partir du XVe siècle, avec la construction des églises, les pèlerins se réunissent en grandes assemblées pour obtenir le pardon de leurs péchés ainsi que des indulgences. Ces rassemblements, que le clergé prit l'habitude de nommer « pardons », sont encore très vivants aujourd'hui et typiques de la Bretagne.

Un pardon débute par une messe solennelle en plein air et se poursuit par une procession chantée dans laquelle sont portées des statues de saints, des croix et des bannières. Une fête profane prolonge le plus souvent la célébration religieuse. Lorsqu'il se déroule en bord de mer, le pardon termine souvent la procession en embarquant sur un bateau le clergé, les enfants et les reliquaires. Le prêtre peut alors bénir tous les bateaux du port, comme à Locquirec pour le Pardon de Saint-Jacques ou à Groix à la bénédiction des Courreaux.

Le Pardon de Notre-Dame-du-Crann-en-Spézet – Finistère : le dimanche de la Trinité, une importante motte de beurre, symbole de fécondité et de richesse, est confectionnée et finement décorée pour la Vierge.

Le Pardon de Saint-Yves, à Tréguier – Côte d'Armor : chaque 3e dimanche de mai, ce pardon réunit des cardinaux, des évêques et des avocats du monde entier. Une longue procession accompagne la statue et les reliques de saint Yves, patron de Bretagne, de la cathédrale de Tréguier à l'église Minihy-Tréguier, lieu natal de saint Yves.

La grande Troménie de Locronan – Finistère : ce pardon, qui dure une semaine, a lieu tous les 6 ans suivant un rythme calendaire celtique. Le pèlerinage reprend le tracé d'un parcours initiatique celtique. Au VIIe siècle, saint Ronan installe son ermitage dans la Forêt sacrée et, chaque semaine, il parcourt toute la région pour l'évangéliser.

Le Pardon de Sainte-Anne-d 'Auray – Morbihan : haut lieu de culte en Bretagne, c'est le plus important pardon de la région. Le 26 juillet, plusieurs dizaines de milliers de personnes gravissent la reproduction de la Scala Santa en récitant un Ave Maria à chaque marche.

Le Pardon des Sept Saints de Vieux-Marché – Côte-d'Armor : ce pardon islamo-chrétien qui a été créé en 1954 est célébré le dernier dimanche de juillet. Il symbolise le rapprochement de l'islam et du christianisme avec des messes catholiques et Fahtiya, la prière musulmane.

Le Pardon de la Madone des Motards à Porcaro – Morbihan : depuis 1979, le recteur procède à la bénédiction de plusieurs milliers de deux-roues.

BRETAGNE

ACCUEIL FOYER DE CHARITÉ €

795, Rue de l'Eglise Tressaint - **DINAN**
✆ 02 96 85 86 00 - www.tressaint.com

La participation financière pour le séjour est libre.

Fondé en 1966, le Foyer de Charité de Tressaint a commencé dans un manoir breton du XIVe siècle, puis s'est agrandi au fil des années. Il est inséré dans l'Eglise diocésaine. Situé à quelques kilomètres de Dinan, dans les Côtes-d'Armor, le Foyer est au cœur d'un parc de 7 hectares qui surplombe la vallée de la Rance. Il offre un espace de silence et de recueillement pour tous ceux qui viennent se ressourcer, qu'ils partagent ou non la foi chrétienne. Comme tous les membres des Foyers de Charité du monde, vos accueillants de Tressaint ont choisi de consacrer leur vie à l'évangélisation. Par leur travail, leur prière, leur accueil et les retraites spirituelles proposées, ils veulent vivre et témoigner ensemble de l'amour du Christ pour chacun, fortifier les chrétiens dans leur foi, et donner à tous la chance de rencontrer le Christ et de grandir en humanité. Les membres du Foyer partagent une vie simple et fraternelle. Ils mettent en commun leurs biens et leurs compétences pour faire du Foyer un lieu propice au ressourcement spirituel de leurs contemporains. Il existe à l'heure actuelle 76 foyers de charité à travers le monde, dont 11 en France.

Le Foyer de Lanvallay propose de nombreuses formules de séjours spirituels à choisir : retraites de 6 jours pour tous, haltes spirituelles de 1 à 3 jours, week-ends pour les couples et également des séjours spécifiques pour les étudiants, ou pour les jeunes de 12 à 17 ans ou de 7 à 11 ans.

- **Offices** : messe quotidienne à 11h30 (11h15 le dimanche). Chapelet à 18h ou 18h30. Adoration du Saint-Sacrement en général dans l'après-midi.
- **Accueil** : grande capacité d'accueil. Au cœur d'un parc de 7 hectares qui domine la vallée de la Rance, ce foyer offre un cadre idéal pour tous ceux qui viennent se ressourcer, qu'ils partagent ou non la foi chrétienne. Le Foyer de Charité propose des retraites spirituelles de 6 jours pour tous, des week-ends ou des journées de ressourcement. Pour les malentendants, la maison est équipée de boucles magnétiques. Elle est également aménagée pour faciliter les déplacements des personnes à mobilité réduite, en fauteuil ou mal-voyantes. Il est conseillé d'apporter draps, serviettes de toilette, serviettes de table, médicaments personnels, bible ou évangiles, carnet de notes. A signaler que pour toutes les retraites et la plupart des week-ends, il y a possibilité de garderie pour enfants de 0 à 9 ans (places limitées). Pour plus d'informations, prendre contact au 02 96 85 86 00 ou par e-mail.
- **Boutique** : petite boutique sur place tenue par une association.

ABBAYE DE BOQUEN

PLÉNÉE-JUGON ✆ 02 96 30 22 36
www.abbayedeboquen.fr
Ouvert toute l'année. Visite libre de l'abbaye, en dehors des offices liturgiques.

Aux alentours de 1137, vient s'établir à Boquen un petit groupe de moines originaires de l'abbaye de Bégard, près de Guingamp. Ils sont appelés par Olivier, Comte de Dinan et Agnorie de Penthièvre, sa femme, à y fonder une abbaye cistercienne, dans la continuité des maisons cisterciennes qui émergent alors dans l'ancien duché de Bretagne. Pendant tout le Moyen Age, l'abbaye est peuplée d'une trentaine de moines d'une grande ferveur religieuse, et devient un foyer d'enseignement. Les XVIe et XVIIe siècles voient le déclin de l'abbaye, notamment suite à une gestion hasardeuse dérivée du régime de la Commende, qui institue la nomination des abbés par le roi et non plus par les moines. Les vocations se tarissent, et à la révolution le monastère ne compte plus que 4 moines. Les biens sont alors vendus et l'abbaye elle-même devient une ferme. En 1935 il ne reste guère que quelques bâtiments servant d'habitation à des familles de cultivateurs. Les années 1935-1965 sont celles de la renaissance de l'abbaye, rachetée par Dom Alexis Presse, un passionné qui va engager d'énormes réparations. L'abbaye est classée Monument historique depuis 1938. La congrégation des Sœurs de Bethléem y a prié pendant une vingtaine d'années jusqu'en 2000. Contraintes au départ, elles ont proposé à la communauté du Chemin neuf, dont le siège est à Lyon, de reprendre le service de prière en l'abbaye de Boquen. Cette reprise est effective depuis le 1er janvier 2011. Retraite spirituelle individuelle (renseignements auprès de l'abbaye) : la communauté peut vous accueillir si vous désirez prendre un temps de silence sous le regard de Dieu. Elle organise aussi au cours de l'année des sessions en groupe (se renseigner auprès du secrétariat général de la communauté à Lyon ou sur le site Internet).

Offices : office du matin à 8h30, eucharistie à 12h lundi, mercredi, jeudi, vendredi et samedi ; mardi à 18h30 ; dimanche à 11h30. Temps d'Adoration : lundi, mercredi, jeudi et vendredi de 15h30 à 17h30. Journée de désert / halte spirituelle : le 2e mardi du mois de 10h à 16h30.

Accueil : vingtaine de chambres. Retraites organisées, détail sur le site Internet de la communauté du Chemin neuf. Pour des retraites individuelles s'adresser à sœur Denise ou à sœur Claire.

Boutique : le magasin de l'abbaye est ouvert tous les jours de 9h30 à 12h et de 14h à 18h30 sauf mardi matin et dimanche. Sur demande pour les groupes. (Hors vacances scolaires). Il propose une librairie religieuse et divers produits d'artisanat monastique : icônes, art religieux, faïences...

ABBAYE SAINT-JACUT DE LA MER €€

3, rue de l'Abbaye - **SAINT-JACUT-DE-LA-MER**
✆ 02 96 27 71 19 - www.abbaye-st-jacut.com
A partir de 60 € par nuit par adulte en pension complète.

La Maison d'accueil de l'abbaye est gérée par l'association la Providence qui est administrée par des religieuses et des laïcs. Elle peut accueillir toute l'année toute personne à la recherche d'un lieu de détente, repos ou réflexion, que ce soit en séjour individuel, en famille ou en groupe. Pour ses retraites organisées l'abbaye fait appel à des théologiens religieux et laïcs prêts à vous aider à reconsidérer votre vie selon l'enseignement des Évangiles. La communauté des sœurs de l'abbaye de Saint-Jacut-de-la-Mer fait partie de la Congrégation de l'Immaculée de Saint- Méen-le-Grand. Elle est née en 1831 à Saint-Méen-le-Grand d'une initiative du Père Corvaisier, curé de la paroisse, et de Pélagie Le Breton, engagée dans les œuvres paroissiales. Pour les retraites individuelles, la communauté des sœurs vous invite à partager ses offices. Les programmes d'activités sont consultables sur le site Internet de l'abbaye. L'abbaye dispose de 3 lieux de prière : la chapelle, l'oratoire et la crypte.

Offices : laudes à 8h, vêpres à 17h45. Messe, horaires variables selon les jours.

Accueil : 100 chambres (individuelles, doubles ou familiales), toutes dotées de salles de bains privatives, dont quelques chambres adaptées aux personnes handicapées, soit une capacité totale d'hébergement de 160 personnes. La plupart des chambres sont desservies par ascenseur. Les chambres, simples, bénéficient toutes d'une couverture wifi et sont également équipées d'une table pour travailler ou écrire.

Autel de l'abbaye de Boquen.

BRETAGNE

ABBAYE SAINT-GUÉNOLÉ ✝ ★

Rue Gorrequer - **LANDÉVENNEC** ✆ 02 98 27 73 34
www.abbaye-landevennec.fr

Ouvert toute l'année. Contribution pour l'hôtellerie selon possibilité. Boutique.

Fondé par saint Guénolé à la fin du Ve siècle, ce monastère ne tarda pas à devenir un haut lieu monastique de Bretagne. L'empereur Louis le Pieux lui imposa en 818 d'adopter la règle de saint Benoît. Vers 884, Wormonoc, moine copiste disciple de Gurdisten, y acheva d'écrire « une vie de saint Paul-Aurélien », un ouvrage de référence pour les érudits qui s'intéressent à cette période de l'histoire chrétienne. En 913, le premier monastère fut presque totalement détruit par des envahisseurs normands. Reconstruit, ses moines en furent expulsés à la Révolution. L'abbaye actuelle, d'architecture moderne, fut édifiée entre 1950 et 1965 par des bénédictins de Kébénéat qui perpétuent ainsi à Landévenec une présence durant depuis plus de quinze siècles. Les vestiges visibles de l'ancienne abbaye datent des IXe et XIIe siècles et le tombeau du roi Gradlon, du XIIe siècle également. Le monastère abrite une communauté de 18 moines. Il se situe à l'embouchure de l'Aulne dans un cadre apaisant de verdure et ouvert sur la rade de Brest. Il dispose d'une hôtellerie pour recevoir les personnes qui le désirent pour un temps de retraite, de silence, de ressourcement qui va de quelques jours à une semaine maximum. Les hôtes sont invités à participer librement à la prière de la communauté bénédictine. Une salle de lecture avec bibliothèque est à disposition des hôtes qui par ailleurs peuvent bénéficier du cadre silencieux du parc. Il est possible de rencontrer un moine pour un accompagnement spirituel.

▶ **Offices :** vigiles à 5h20, laudes à 8h, eucharistie à 11h15 (10h30 le dimanche), office médian à 14h (14h30 les dimanches et fêtes), vêpres à 18h15 et complies à 20h30.

▶ **Accueil :** 23 chambres individuelles, 18 doubles et un dortoir. Capacité maximale 60 lits. Les hôtes disposent d'une chambre individuelle (chambres à deux lits pour les couples). Draps et serviettes sont fournis. Les repas sont pris habituellement en silence. L'hôtellerie accueille, hommes, femmes et couples qui désirent partager un moment de paix et de silence tout en pouvant participer aux offices liturgiques de la communauté.

▶ **Boutique :** dans la boutique, vous trouverez des pâtes de fruits et des produits du verger des moines ainsi qu'une librairie religieuse.

▶ **Visite :** pour ceux qui viennent au monastère sur une journée, il est possible de participer à la messe et aux offices, d'être accueilli à la librairie à ses heures d'ouverture et de voir un film et une petite exposition qui présentent le monastère et la vie de la communauté. L'église reste ouverte toute la journée.

MAISON D'ACCUEIL L'ILE BLANCHE 🛏 €

1, impasse de l'Ile Blanche - **LOCQUIREC**
✆ 02 98 67 43 72
www.ile-blanche-locquirec.fr

Tarifs multiples selon la saison et le type de séjours. Pension complète à partir de 51,10 € par nuit par personne.

Construit en 1661 par l'armateur Pierre de la Haye, le manoir d'origine est un témoignage de l'activité maritime locale liée au commerce du lin. En 1903, il devient la propriété de Monsieur Norton, avocat-conseil du vice-roi des Indes. Après l'avoir transformé en château en 1903 à l'initiative de son épouse, et y avoir donné de somptueuses fêtes, il s'en sépare en 1926. La congrégation des Filles du Saint-Esprit l'acquiert alors et y établit de 1928 à 1967 un juvénat, école pour jeunes filles se préparant à entrer dans la vie religieuse, avec la construction de nouveaux bâtiments. Après 1968, l'Ile Blanche se reconvertit en maison d'accueil dans le sens d'un « ressourcement humain et spirituel » : aux retraites spirituelles et sessions d'étude s'ajoutent les chapitres de congrégations religieuses, les séjours de repas et de détente, les classes de mer, l'accueil des seniors ou de religieux en convalescence. Depuis 1982, sa gestion a été confiée à une association (de loi 1901) avec une direction laïque à partir de 2008. Depuis 2002, la maison d'accueil de l'Ile Blanche s'est ouverte aussi à d'autres accueils plus diversifiés : séminaires d'entreprises, stages de formation, vacances...

La maison prône des valeurs qui lui sont chères : la reconnaissance de la dignité de toute personne, quels que soient son origine sociale, son âge, ses croyances, sa sensibilité spirituelle ; une qualité d'accueil marquée d'un parti-pris de simplicité, de bienveillance, d'écoute, d'attention aux besoins de la personne, dans la disponibilité et la discrétion ; un sens de l'hospitalité qui sache reconnaître tout ce que peut apporter à la maison la présence des diverses personnes accueillies ; et un esprit d'équipe dans la reconnaissance des responsabilités spécifiques des uns et des autres, avec la volonté d'adhérer et de travailler ensemble au projet de la maison, de tenir à la fois les exigences de la gestion et celles que requiert le service d'hospitalité.

▶ **Offices** : récollections « vie consacrée » animées par des sœurs de la communauté et un aumônier. Tous les jours, partage des temps de prière de la communauté : laudes, vêpres et eucharistie (11h30). Présence d'un aumônier permanent. Le dimanche, eucharistie à 10h.

▶ **Accueil** : capacité d'accueil de 80 personnes avec 63 chambres, dont 18 doubles. Accueil de personnes en vacances, ou en recherche d'espace et de contacts. Accompagnement personnel pour les personnes qui le souhaitent sur demande.

Abbaye Saint-Guénolé.

CARMEL DE MORLAIX ✠

9, rue Sainte-Marthe
MORLAIX
✆ 02 98 88 05 82
www.carmel-morlaix.fr

Participation aux frais d'hébergement à convenir lors de votre réservation selon vos possibilités.

Le Carmel de Morlaix a été établi dès 1619 sous l'impulsion de la Bienheureuse Anne de Saint-Barthélemy, compagne très chère de Sainte Thérèse d'Avila. Le monastère a été implanté près de la source Notre-Dame des Fontaines à la demande des habitants et avec la permission des gouverneurs de la ville. Il est situé rue Sainte-Marthe au cœur des ruelles du vieux Morlaix sur un site de deux hectares dont les jardins ont récemment été remis en valeur avec en particulier son jardin des Sept Demeures sur un parcours de 700 mètres environ. Il offre de vastes espaces parsemés de coins plus intimistes. Construit sur la roche, ce monastère a l'allure d'un petit château et semble veiller sur les fidèles près de la fontaine de vie. Le site attire depuis de nombreuses années des pèlerins qui y vénèrent une statue de la Vierge, abritée dans une niche. Une chapelle a été édifiée en 1424 à côté de la fontaine qui subsiste de nos jours. A la Révolution, les religieuses ont été dispersées, mais elles rachètent leur monastère en 1816. De nos jours, la communauté de carmélites, peu nombreuse, demeure très active. C'est dans ce contexte qu'elle pratique l'accueil de personnes souhaitant observer un temps de silence et de prières en cours d'année dans ces lieux particulièrement favorables à cette démarche. Le carmel dispose de quelques chambres pour des retraites dans le silence et la solitude. Il peut y recevoir des hôtes divers : hommes, femmes, couples et même enfants. La participation aux offices et à l'eucharistie est souhaitée.

CENTRE SPIRITUEL DE CRÉAC'H BALBÉ 🛏 €

Créac'h Balbé - **SAINT-URBAIN**
✆ 02 98 25 00 43

Tarifs divers à partir de 17 € par nuit par personne.

Le centre spirituel diocésain de Créac'h Balbé est un lieu d'accueil dépendant du diocèse de Quimper et Léon. Ce lieu, au cadre agréable, situé au milieu de la verdure et au calme, est adapté pour des séjours de ressourcement spirituel. Il vous propose tout au long de l'année : des journées de formation, de haltes spirituelles, de retraites, de rencontres organisées par le service diocésain pour l'animation spirituelle. Les groupes venant avec leurs animateurs sont les bienvenus pour des journées de ressourcement spirituel, de calme, de repos, de prières. Renseignez-vous par téléphone ou en envoyant un email, car le site Internet ne fournit que peu d'informations. De nombreuses options sont envisageables selon vos envies et la taille de votre groupe. Des séjours de jeunes avec hébergement sous tentes sont possibles également, sur le terrain attenant. L'accueil est en principe destiné aux habitants du diocèse, mais cela n'empêche pas la possibilité de discuter de formules disponibles si vous ne venez pas du coin.

- **Offices** : il n'y a pas d'offices réguliers. Chaque session ou retraite établit son propre programme liturgique.
- **Accueil** : 30 chambres, 2 salles à manger, 2 salles de conférence équipées, 8 salles de réunion, 1 bibliothèque annexe de la bibliothèque diocésaine, 1 chapelle et 1 oratoire, 1 parc de verdure en campagne très calme, au pays des enclos paroissiaux. Une équipe de professionnels et de bénévoles est au service de l'animation et de la vie du centre.

© BOBROY20 - FOTOLIA

LA CATHÉDRALE SAINT-CORENTIN ★★★

Place Saint-Corentin - **QUIMPER**

✆ 02 98 53 04 05

Haute saison : du lundi au samedi de 9h45 à 18h30 ; le dimanche et les jours fériés de 14h à 18h30.

Véritable joyau de l'art gothique breton, la cathédrale Saint-Corentin de Quimper, située dans le centre-ville de Quimper, est liée à l'histoire de la ville et de ses habitants. Un attachement profond pour cette belle construction, commencée en 1239 et qui s'étale sur près de six siècles, est encore aujourd'hui perceptible. Saint Corentin (V[e] ou VIe siècle), ermite que le légendaire roi d'Armorique Gradlon nomma premier évêque du royaume, donne son nom à l'édifice. Rappelons que l'achèvement de ses deux tours avec la construction des flèches, visibles de presque toutes les parties de la ville, a été financée par les Quimpérois eux-mêmes, à la fin du XIXe siècle. C'est d'ailleurs en 1862 que la cathédrale sera classée Monument historique. Et si l'on ne devait retenir qu'une partie de son histoire, ce sera sa transformation en temple de la Raison pendant la Révolution française, moment qui verra la destruction de tout son mobilier et de ses objets sacrés. Le Concordat lui rendra sa vocation première en 1801. On pourra noter également une particularité architecturale, celle de l'absence d'alignement entre le chœur et la nef. Orientation symbolique qui reprend la position de la tête du Christ sur la croix ou construction décalée de la nef pour des bases stables, éloignée de l'Odet, le mystère n'est pas encore tout à fait tranché. Entièrement restaurée dans les années 1990 et 2000, elle permet d'admirer sa polychromie originelle dans toute sa beauté.

CENTRE DIOCÉSAIN LA HUBLAIS €€

Avenue de La Hublais - **CESSON-SÉVIGNÉ**
✆ 02 99 83 11 02

Pour les tarifs contacter l'accueil.

Cette maison de maître a été édifiée après 1820 par l'architecte Richelot, sur un concept de malouinière (maison de Saint-Malo). En 1926, le château de La Hublais est vendu à un hôtelier qui y adjoint à la demeure une salle de bal, aménagée ensuite en chapelle. En 1955, La Hublais devient la propriété de la Communauté de la retraite, laquelle la revend au diocèse de Rennes, Dol et Saint-Malo en 1990. En 2013, Compass Group France est choisi afin d'assurer la gestion du centre. Demeure authentique, La Hublais est un véritable havre de paix, à proximité de Rennes avec un parc arboré de 4 hectares, des espaces de travail aérés et des salles de réception rénovées. La Hublais participe également à la mission pastorale de l'Église catholique en pouvant accueillir dans un cadre privilégié des séminaires et retraites, mais elle ne les organise pas. Il vous faudra donc venir avec votre propre programme et organiser tout cela avec le personnel sur place qui vous aidera à trouver la formule qui vous convient.

Offices : ce sont ceux de la paroisse et à l'église de Cesson-Sévigné. Dimanche messe à 10h.

Accueil : dans deux pavillons, 52 chambres simples, doubles ou triples, dont 4 permettant l'accès aux personnes à mobilité réduite. Les pavillons, situés au milieu d'un parc, vous garantissent calme et repos en toute sérénité. Coté restauration, La Hublais possède un grand espace de restauration offrant une vue imprenable sur le parc et un restaurant club à l'ambiance chaleureuse.

MAISON SAINT-FRANÇOIS €€

1, avenue des Acacias - **DINARD** ✆ 02 99 88 25 25
www.maison-saint-francois.com

Participation à partir de 60 € par personne en pension complète, variable selon la saison et les modalités de séjour.

Située au-dessus d'une jolie crique, proche du centre-ville de Dinard, la Maison Saint François vous accueille toute l'année. Cet ancien couvent de capucins garde les traces de son histoire. Bâtiments en granit, chapelle, pièce pour déambuler, donnent au lieu une ambiance particulière empreinte de quiétude. La maison est entourée d'un jardin privatif enclos de 500 m² avec pelouses, terrains ombragés, zone de jeux pour les enfants, parterres fleuris, bancs. La communauté propose différentes sessions auxquelles participent des membres du Foyer telles que : session fleurs et prière, jeunes retraités et prière, randonnée-prière. Se renseigner et s'inscrire sur le site Internet ou par téléphone. En dehors de l'été, la Maison Saint-François accueille des groupes en pension complète ou demi-pension, pour une ou plusieurs journées de tourisme, détente, des sessions de travail ou de prière. Sortie paroissiale, week-end spirituel, équipe d'animation pastorale. La Maison Saint François fait en sorte de s'adapter aux besoins de tous et chacun !

Offices : tous les jours temps de prière animés par la communauté : prières du matin ou du soir, messe tous les jours à 11h, chapelet à 18h15. Chaque après-midi, le Saint-Sacrement est exposé pour des temps d'Adoration. La chapelle est à votre disposition.

Accueil : 70 chambres avec sanitaires complets. Accueil en pension complète. Les repas sont préparés sur place « comme à la maison » ! Hôtes et membres de la communauté partagent la même table une fois par jour.

CATHÉDRALE SAINT-SAMSON ✝ ★★★

Place de la Cathédrale
DOL-DE-BRETAGNE

Cette cathédrale bâtie dans le style gothique dit anglo-normand est l'une des plus belles de Bretagne. Elle serait reliée au mont Dol par un passage souterrain selon une légende locale et rend hommage à saint Samson, homme d'Eglise né à la fin du Ve siècle. A l'intérieur, les stalles en chêne sculpté, le trône épiscopal, la grande verrière, le tombeau de Thomas James ou la sculpture en bois du *Christ aux outrages* sont à découvrir. Unique en France, elle possède un double puits alimenté par une même source et relié par une galerie souterraine.

ÉGLISE NOTRE-DAME ✝ ★★

VITRÉ

Visite libre.

Cette église des XVe et XVIe siècles financée par la Confrérie des Marchands d'Outre-Mer étonne par ses multiples influences architecturales. Au sud, un décor gothique flamboyant, richement décoré de sept pignons, de pinacles, de gargouilles, de larges fenêtres et d'une chaire extérieure. A l'ouest se distingue un portail Renaissance aux vantaux sculptés. A l'intérieur, vous trouverez de nombreux retables ainsi qu'un vitrail Renaissance. En partant, n'oubliez pas de découvrir le superbe panorama sur la campagne environnante depuis le jardin des Bénédictins.

MONASTÈRE NOTRE-DAME DE BEAUFORT ✝

Monastère de beaufort - **PLERGUER**
✆ 06 74 94 76 65
www.monastere-beaufort.com
Boutique ouverte du mardi au dimanche de 14h30 à 17h ; tous les jours en juillet et août.

C'est dans un ancien manoir breton, le château de Beaufort, que 4 sœurs dominicaines se sont installées le jour de l'Ascension 1963 à l'invitation d'un Dominicain, le père Mellet. Laissés à l'abandon après la guerre en 1945, les bâtiments étaient en très mauvais état. Les travaux de réfection durèrent plusieurs dizaines d'années. La chapelle fut agrandie en 1974, le réfectoire et la salle commune réaménagés en 1991. Le reste du manoir et notamment les parties réservées à l'accueil seront achevés en 1996. Nouvel agrandissement de la chapelle en 1999. Ce monastère héberge une communauté de moniales contemplatives, appartenant à l'ordre des Prêcheurs : un ordre apostolique fondé par saint Dominique au XIIIe siècle. Les monastères des Dominicaines se trouvent « à la croisée des chemins » de gens divers, et accueillent tous ceux et celles qui cherchent Dieu, un réconfort, un lieu d'accueil et de silence.

▶ **Offices** : laudes à 7h, messe à 11h (8h30 le jeudi), vêpres à 17h30, office du soir à 20h30.

▶ **Accueil** : capacité d'accueil de 12 personnes environ en chambres doubles ou simples. Accueil spirituel ouvert aux individuels (hommes, femmes, couples) comme aux groupes qui souhaitent partager le silence et la prière de la communauté en bénéficiant de leur vie fraternelle.

▶ **Boutique** : ouvert tous les jours de 14h30 à 17h sauf le lundi, propose aussi des livres et des cartes, des CD (chant liturgique de Beaufort, Kora), batik et tissages, vêtements liturgiques, icônes...

LA ROCHE DU THEIL 🛏 €

REDON ✆ 02 99 71 11 46
www.larochedutheil.com
Participation aux frais d'hébergement variable selon le type de séjour. A convenir lors de votre réservation.

Du XVe siècle jusqu'en 1839, La Roche du Theil est une propriété seigneuriale regroupant chapelles, fermes et terres agricoles. Il est alors transformé en séminaire par les eudistes (membres de la congrégation de Jésus et Marie) qui se consacrent à l'évangélisation et à la formation des prêtres. Le séminaire de La Roche ferme ses portes en 1959 : les séminaristes présents sont transférés à Ris-Orangis en région parisienne. A partir de 1987, le centre de spiritualité eudiste y organise régulièrement des week-ends et sessions de formation. En 2000, les eudistes associés à d'autres congrégations proches spirituellement créent le centre d'accueil et de spiritualité de la Roche du Theil animé par des laïcs et des religieux eudistes ou d'autres congrégations. Actuellement à la Roche vous sont proposés à l'année des week-ends et des retraites pour ouvrir son cœur à la confiance en Dieu. Des occasions pour se reconstruire intérieurement, redécouvrir la joie et retrouver la paix intérieure qui nous redonne confiance en tout ce que nous avons à vivre. Vous pouvez télécharger sur le site Internet les programmes spirituels de l'année. Le parc de 12 hectares attenant invite à la contemplation.

▶ **Offices** : 3 offices quotidiens ouverts par la communauté : laudes à 8h30, messe à 11h30 en semaine (11h le dimanche), vêpres à 18h40.

▶ **Accueil** : une centaine de lits pour 79 chambres. Salles de conférence, de travail, bibliothèque. Boutique : petite boutique avec librairie d'ouvrages eudistes, cartes postales, objets religieux divers.

Monastère Notre-Dame de Beaufort.

ABBAYE LA JOIE NOTRE-DAME €

La Ville Aubert - **CAMPÉNÉAC** ✆ 02 97 93 42 07
abbaye-lajoie-nd.com

Participation aux frais d'hébergement à convenir lors de votre réservation et selon vos possibilités.

La communauté cistercienne est fondée en 1920 à Sainte-Anne-d'Auray. Des bâtiments mal adaptés et le manque de terres à cultiver incitèrent la communauté de Timadeuc à acheter le château de la Ville Aubert à Campénéac, situé à proximité de la forêt de Brocéliande. La communauté s'y transféra en septembre 1953. C'est la seule abbaye de moniales cisterciennes de Bretagne. Deux lieux d'accueil sont offerts, pour les adultes individuels ou les groupes de jeunes.

Office : horaires variant selon les saisons d'été et d'hiver, se renseigner lors de votre réservation. En hiver vigiles à 14h15, laudes à 7h (7h15 dimanche), tierce à 9h, messe à 8h45 (dimanche à 11h10), sexte à 12h15, none à 14h30, vêpres à 17h45 (dimanche à 17h30), complies à 19h40.

Accueil : à l'hôtellerie, 24 chambres. 2 salles à manger, une bibliothèque et une salle de réunion. Pour des groupes qui souhaitent partager la liturgie tout en restant autonomes pour les repas et les horaires, la communauté met à leur disposition un bâtiment à proximité du monastère avec 30 lits en chambres et dortoirs.

Boutique : les produits fabriqués dans les biscuiterie et chocolaterie renommées de l'abbaye y sont en vente, ainsi que ceux d'autres monastères (miel et confitures, pâtes de fruits, produits bio, produits d'hygiène, fromage, bonbons). Elle comporte également aussi un rayon librairie important (religieux, enfants, Bretagne), et des articles religieux, avec un grand choix de statues, santons, crucifix, icônes, chapelets.

MAISON SAINT-LOUIS MARIE €

2, rue Lucien Briend - **JOSSELIN**
✆ 02 97 22 21 92

Participation aux frais d'hébergement à convenir lors de votre réservation.

Lieu de prière fondé par les pères carmes au XVIIe siècle, le centre est animé de nos jours par la communauté du Verbe de Vie constituée de plusieurs groupes de personnes désirant vivre de la spiritualité de la communauté. Le centre accueille des personnes individuellement ou en groupe qui souhaitent y passer un temps de réflexion et de prière. Il propose également des sessions de retraites organisées, de récollection, de halte spirituelle ou de formation chrétienne. Plus de détails par contact téléphonique aux heures de secrétariat.

SAINTE-ANNE-D'AURAY

Capitale spirituelle de la Bretagne, Sainte-Anne d'Auray en est aussi un des plus grands lieux de pèlerinage depuis quatre siècles. Mais sainte Anne, la grand-mère du Christ, y est vénérée depuis le Ve siècle. Sainte Anne est l'épouse de saint Joachim et la mère de la Vierge Marie. La Bible ne donne pas de renseignements sur les parents de Marie, le plus ancien document qui parle d'eux est le protévangile de Jacques, apocryphe. Le culte de sainte Anne a débuté en Orient avec une basilique élevée en son honneur à Constantinople. Les Franciscains l'ont introduite à leur calendrier en 1263. Sainte Anne est honorée dans le diocèse de Vannes depuis le XVe siècle. De nombreuses églises et chapelles lui sont dédiées. Le pape Grégoire XIII a étendu cette fête à toute l'Église catholique en 1584. La première chapelle de Sainte-Anne a été construite à l'époque mérovingienne. Mais c'est au XVIIe siècle que naît le pèlerinage. Entre 1623 et 1624, sainte Anne serait apparue à Yvon Nicolazic à une vingtaine de reprises. Tenant un flambeau à la main, elle indique au laboureur une ancienne statue dans son champ du Bocenno et elle demande qu'on lui construise une chapelle. L'évêque de Vannes donne son autorisation et demande à une communauté de pères carmes d'organiser l'accueil des pèlerins. Les carmes animeront le sanctuaire jusqu'à la Révolution, époque à laquelle ils sont chassés et la statue découverte par Yvon Nicolazic est brûlée. La chapelle et le couvent sont vendus. La première est rachetée en 1802 et le second en 1810. En 1815, un petit séminaire est ouvert dans la ville. Entre 1866 et 1872, l'ancienne chapelle est détruite et une nouvelle basilique est construite dans le style néogothique. En son sommet une statue de bronze représente sainte Anne tenant un flambeau.

Basilique Sainte-Anne - 9, rue de Vannes - Sainte-Anne d'Auray - Tel : 02 97 57 68 80. Site : www. sainteanne-sanctuaire. com - Offices : messe dominicale samedi 18h30, dimanche 9h30, 11h et 18h30. En semaine 9h, 11h et 18h30. Chapelet, tous les jours à 15h. Laudes et vêpres, tous les jours avant la messe. Confessions, du lundi au samedi de 9h30 à 12h et de 15h30 à 18h, le dimanche de 16h30 à 18h. Les principales fêtes 7 mars : anniversaire de la découverte de la statue de sainte Anne. 25 et 26 juillet : Grand Pardon de Sainte-Anne. 15 août : assomption de la Vierge Marie. 1er dimanche d'octobre : fête de Notre-Dame du Rosaire.

ABBAYE SAINTE-ANNE DE KERGONAN €€

PLOUHARNEL ✆ 02 97 52 45 14

www.kergonan.org

Frais d'hébergement à régler en fonction de vos possibilités.

En 1897 des moines en provenance de Solesmes s'installèrent dans la commune de Plouharnet, à l'entrée de la presqu'île de Quiberon. Ils en seront chassés quelques années après lors des lois anticléricales et se réfugièrent en Belgique de 1901 à 1922. Les bâtiments de l'abbaye, réquisitionnés pendant la Seconde Guerre mondiale, seront récupérés par les moines bénédictins à la libération. L'église abbatiale a été achevée en 1968 après d'importants travaux. Les moines accueillent toute l'année individuellement ou en petit groupe : hommes, femmes, ménages, familles, pour des temps de retraite dans le partage de la vie de la communauté et de sa liturgie, accompagnés ou non.

▶ **Offices** : chants grégoriens en latin toute l'année. Vigiles à 5h25, laudes à 7h30, messe à 10h, sexte à 12h45, none à 13h45, vêpres à 18h (16h30 dimanche et jours de fêtes), complies à 20h30.

▶ **Accueil** : l'hôtellerie Saint-Martin, fraîchement rénovée, dispose de 6 chambres pour une capacité maximale de 12 personnes. Contacter le père hôtelier pour toute réservation afin de convenir du montant de votre participation également.

▶ **Boutique** : l'art monastique est un élément important de la règle de saint Benoît. Visitez les rayons de l'importante boutique du monastère : librairie, objets pieux avec un grand rayon de chants grégoriens et de céramiques de l'abbaye Sainte-Anne de Kergonan, belles faïences de l'abbaye, appréciées depuis des années, décorées à la main et passées au grand feu.

ABBAYE SAINT-MICHEL DE KERGOGNAN €

PLOUHARNEL ✆ 07 89 56 75 43

www.saintmicheldekergonan.org

Participation aux frais d'hébergement à convenir lors de votre réservation avec la soeur hôtelière.

En 1896, mère Cécile Bruyère, première abbesse de l'abbaye Sainte-Cécile de Solesmes décida la fondation de l'abbaye de Saint-Michel. Pour les accueils individuels les sœurs reçoivent les familles des moniales, les jeunes en recherche de leur vocation, et d'autres personnes qui désirent un temps de retraite, de pause spirituelle. L'abbaye Saint-Michel organise aussi périodiquement des retraites pour jeunes filles pour découvrir la vie chrétienne et la vie monastique. qui s'interrogent sur une éventuelle vocation. Enfin elles accueillent également, en clôture, pour un temps de travail avec les moniales seulement dans le cadre des retraites organisées au cours de l'année. Pour tout séjour, contacter la sœur hôtelière à l'avance pour indiquer vos motivations et proposer des dates de séjour, ne pouvant dépasser 8 jours.

▶ **Offices** : offices sont intégralement chantés en grégorien : laudes à 7h, messe à 10h, selon la forme ordinaire du rite romain en latin, vêpres à 17h (16h les dimanches et solennités).

▶ **Accueil** : l'hôtellerie dispose de 9 chambres avec un ou plusieurs lits. Séjours spirituels individuels limités à 8 jours maximum.

▶ **Boutique** : importante boutique avec DVD et CD de chants grégoriens, librairie avec ouvrages pour adultes et enfants, nombreux produits de l'abbaye, soins du corps, confitures, plaques de saints patrons et divers autres articles religieux.

▶ **Visite** : une exposition permanente permet de découvrir l'ordre bénédictin et l'histoire de l'abbaye Saint-Michel.

ACCUEIL SAINT-JOSEPH €

9, rue Pasteur - **SAINT-PIERRE-QUIBERON**

✆ 02 97 30 94 89

accstjoseph.com

Participation aux frais d'hébergement à convenir avec la sœur hôtelière. 24 chambres individuelles ou doubles.

Le sœurs dominicaines de la Présentation accueillent toute l'année hommes ou dames seuls, en couple (avec leurs enfants éventuellement), religieux, prêtres et des groupes organisés pour des séjours de vacances, des sessions ou séminaires et des retraites collectives. La maison d'accueil est située à l'est de la presqu'île de Quiberon, en bordure de la plage Kéraude sur la baie. Chaque hôte peut y trouver accueil, attention à l'autre et partage, dans une grande liberté et le respect le plus fraternel dans un climat de convivialité.

ABBAYE NOTRE-DAME-DE-TIMADEUC ✝

Timadeuc - **ROHAN**
✆ 02 97 51 50 29
www.abbaye-timadeuc.fr
Ouvert toute l'année, 7j/7. Accès libre et gratuit. Boutique. Visites guidées.

C'est l'abbé de l'abbaye de la Trappe qui fonde le 24 juillet 1841 Timadeuc. En septembre 1847, le monastère est érigé en abbaye. Les moines en sont expulsés en 1880 puis y retournent. En 1863, un incendie ravage l'abbaye. Le monastère définitif sera reconstruit entre 1925 et 1930. Pendant la Seconde Guerre mondiale, le père Guénaël, résistant, est déporté. A la Libération, l'abbaye reçoit la médaille de la Résistance. En 1947, 14 moines de Timadeuc rejoignent l'abbaye de Melleray en Loire-Atlantique. Les adultes sont reçus en hôtellerie pour un séjour de 8 jours maximum. Vous partagerez la vie de prière et de silence de la communauté des 24 cisterciens trappistes. L'abbaye organise régulièrement des week-ends thématiques et des semaines monastiques. Il est possible de se joindre à la prière de la communauté pour une journée et de rencontrer un moine pour lui demander conseil sur un problème de vie quotidienne. Pour un premier séjour, les trappistes recommandent une durée de deux à trois jours. Par la suite, une retraite individuelle pourra être plus longue, mais sans excéder une semaine. Cette proposition s'adresse uniquement à des adultes. L'hôtellerie Saint-Martin dispose de 6 chambres pour un capacité maximale de 12 personnes. Vous pouvez également visiter l'importante boutique du monastère : librairie, objets pieux avec un important rayon de chants grégoriens et de céramiques de l'abbaye Sainte-Anne de Kergonan, belles faïences de l'abbaye décorées à la main.

ABBAYE DE RHUYS ✝

1, place Monseigneur Ropert
SAINT-GILDAS-DE-RHUYS
✆ 02 97 45 23 10
www.abbaye-de-rhuys.fr
Tarifs multiples en fonction du type de retraite. A titre d'exemple 180 € pour une semaine de retraite individuelle.

L'abbaye de Rhuys qui abrite la communauté des sœurs de la Charité de Saint-Louis est située en sud Bretagne à Saint-Gildas de Rhuys sur une presqu'île dans un environnement naturel et exceptionnel au bord de l'océan. Son centre d'accueil est géré par une association loi 1901 comprenant à la fois les religieuses de la communauté et des laïcs. Moderne et possédant une grande capacité d'accueil, il offre ses structures à un très large public : des personnes individuelles, des groupes de toutes conditions, de tous âges, de toutes nationalités ou religions, en particulier pour ceux et celles qui souffrent de solitude. Son équipe s'efforce d'offrir à ceux qui séjournent à l'abbaye, en groupe, en famille ou individuellement, le soutien d'une présence fraternelle, un espace de prière et la possibilité d'un accompagnement spirituel, dans le respect et la liberté de chacun. Pour les personnes plus particulièrement en recherche d'un hébergement pour un séjour spirituel, il peut vous accueillir aussi bien individuellement qu'en groupe le temps d'une journée, d'un week-end, d'une semaine. L'abbaye organise aussi tout au long de l'année des temps de retraite et de haltes spirituelles auxquels il vous est possible de vous inscrire (programme détaillé et possibilité d'inscription sur le site Internet ou bien par téléphone). Son centre d'accueil offre la possibilité d'une halte reposante, d'une session de retraite, d'un temps de séminaire tout autant que d'un temps de recueillement, de ressourcement, d'éveil.

Abbaye de Rhuys.

PASSPORT

CENTRE-VAL DE LOIRE

La Région Centre-Val de Loire regroupe 6 départements : Cher, Eure-et-Loir, Indre, Indre-et-Loire, Loiret et Loir-et-Cher. A Tours et Orléans, les principales métropoles, s'ajoutent des cités de charme avec leur centre historique comme Blois, Bourges ou encore Chartres. Traversé par la vallée de la Loire, le territoire est surtout connu pour ses somptueux châteaux, avec les plus célèbres d'entre eux, le château de Chenonceau et le château de Chambord, mais ils ne doivent pas faire oublier les cathédrales : celles de Chartres, d'Orléans, de Tours ou de Bourges sont à inscrire sur votre carnet de route ! Tous ces lieux, qu'ils soient urbains ou ruraux, chargés d'histoire et d'architecture ou perdus dans l'immensité de la nature, sont propices à la contemplation de l'œuvre divine, comme en témoignent les nombreuses communautés religieuses qui se sont développées dans la région et vous accueillent le temps d'une retraite.

CATHÉDRALE SAINT-ÉTIENNE ✞ ★★★★

Place Etienne-Dolet
BOURGES
✆ 02 48 65 49 44
www.bourges-cathedrale.fr
Accès libre. Visites guidées crypte et Tour Nord toute l'année.

La cathédrale Saint-Etienne est inscrite au patrimoine mondial de l'Unesco. Ce grand vaisseau très lumineux de 124 m de longueur, 40,80 m de large et 37,15 m sous voûte est la plus large et l'une des plus grandes cathédrales gothiques de France. Bien qu'elle ait été consacrée en 1324, sa construction s'échelonne de la fin du XIIe au XVIe siècle. Elle est l'objet de campagnes de sauvegarde depuis plusieurs années pour lutter contre les ravages de la pollution sur les sculptures. L'une des caractéristiques les plus originales de la cathédrale est de posséder cinq portails de dimensions différentes ornés de sculptures retraçant les grands thèmes de l'Ancien et du Nouveau Testament. Depuis les jardins de l'hôtel de ville, on peut admirer le chevet pyramidal avec ses arcs-boutants à double volée. A voir, l'étonnante méridienne de cuivre du chanoine Goumet avec les trois œilletons percés dans les verrières qui permettent aux rayons du soleil de tomber dessus à midi, l'ensemble de vitraux du XIIe au XVIIe siècle – la verrière du « Grand Housteau » offerte par le duc Jean de Berry et l'Annonciation de la chapelle de Jacques Cœur. L'église basse abrite le gisant partiel du duc de Berry, une petite galerie vestige d'un sanctuaire du XIe avec ses motifs libertins, et les grandes statues autrefois en décor de façade. Le buffet du grand orgue date de la seconde moitié du XVIIe, l'horloge astronomique décorée du début du XVe siècle. La tour nord dite « tour de Beurre » culmine à 65 mètres.

MONASTÈRE SAINT-DOULCHARD 🛏 €

115, route de Vouzeron - **SAINT-DOULCHARD**
✆ 02 48 65 57 65
www.annonciade.info/saint-doulchard
La participation aux frais de séjour est à déterminer avec la soeur hôtelière. Séjours de 8 jours maximum.

A 3 km de Bourges environ, le monastère de l'Annonciade à Saint-Doulchard offre un cadre propice à la prière, au silence et à la solitude régénératrice. Le premier monastère de l'Annonciade construit à Bourges par sainte Jeanne de France existe toujours, mais sa chapelle est devenue chapelle militaire. Il abrite le gisant de Jeanne de France. Le monastère de Saint-Doulchard fut fondé, lui, en 1988 par le monastère de Thiais, et permit le retour de la communauté de l'Annonciade dans le Berry.

L'hôtellerie du monastère actuel permet d'accueillir groupe, famille ou individuel (en pension ou demi-pension) pour un temps de ressourcement spirituel. Les retraitants peuvent organiser leur temps à leur rythme. Ils sont invités à participer librement à la prière des Heures de la Communauté. Une participation aux services et à l'entretien des lieux est appréciée. La sœur hôtelière est à la disposition des retraitants pour plus de renseignements s'ils le désirent. Pour les jeunes, en particulier à la fin de l'été, avant de débuter une nouvelle année d'étude ou professionnelle, la communauté propose de vivre cinq jours à son rythme pour découvrir la vie liturgique (offices et eucharistie), la vie communautaire, le travail.

- **Offices :** laudes à 8h, messe à 8h30 (10h le jeudi et 18h les dimanche et fêtes), vêpres à 17h30. Vendredi après-midi : adoration eucharistique.
- **Accueil :** 25 chambres, 2 salles de réunion, réfectoire (80 places pour les pèlerinages), parc.

La cathédrale Saint-Etienne de Bourges.

© DBRNJHRJ - STOCK.ADOBE.COM

Notre-Dame-de-Chartres.

CATHÉDRALE NOTRE-DAME ✝ ★★★★

16, Cloître Notre-Dame - **CHARTRES**
✆ 02 37 21 59 08 - www.cathedrale-chartres.org
Ouverte 7j/7 8h30-19h30. Juillet et août, mardi, vendredi, dimanche jusqu'à 22h.
Pas de visite pendant la messe.

Au beau milieu des champs de blé, semblables à une mer d'or caressée par le soleil et le vent, s'élèvent les clochers asymétriques de la cathédrale de Chartres. Inscrite au patrimoine mondial de l'Unesco, elle rayonne par-delà les frontières. Notre-Dame de Chartres est tout à la fois un lieu de culte et un chef-d'œuvre architectural. Souvent détruite par les incendies, et toujours reconstruite avec la même magnificence, la cathédrale a traversé les siècles et les guerres. Aujourd'hui encore, elle est en cours de rénovation, à l'intérieur comme à l'extérieur. Mais on peut tout de même admirer ses sculptures d'une finesse inouïe ; ses vitraux, dont le bleu si lumineux a fait la renommée de Chartres ; sa crypte aux dimensions incroyables ; son labyrinthe circulaire ; son architecture où s'entremêlent les styles roman et gothique ; sans oublier le « Voile de la Vierge ». La cathédrale de Chartres regorge de secrets, et pour vous permettre d'effleurer son histoire, gravée dans la pierre de Berchères, le diocèse organise des visites guidées extrêmement instructives.

Inauguré en grande pompe en octobre 2020, le reliquaire réalisé par le créateur Hubert Le Gall révèle à travers une scénographie sublime le Voile de la Vierge, relique chrétienne qui selon la légende aurait été portée par Marie à la naissance du Christ.

A la suite d'un vœu fait alors que son fils était malade, l'écrivain Charles Péguy entreprend un pèlerinage à pied de Paris à Chartres, le 14 juin 1912. Après sa mort en 1914, ses amis choisissent de suivre ses pas en méditant ses poèmes. Les pèlerins étudiants sont de plus en plus nombreux. Le cardinal de Paris, Monseigneur Verdier, donne son assentiment à un étudiant, compagnon de saint François, qui organise des temps de partage appelés chapitres. Les pèlerinages auront désormais lieu chaque année même pendant la guerre. En 1991, le Père Soubrier, évêque accompagnateur de la Mission étudiante, crée une nouvelle formule de pèlerinage, se déroulant désormais à l'occasion du dimanche des Rameaux. Elle donne davantage de responsabilités aux étudiants dans l'organisation. Les Journées mondiales de la jeunesse de Paris en 1997 et surtout en 2000 donnent une nouvelle dynamique au pèlerinage qui débute désormais par une marche depuis Paris : départ le samedi matin à 7h sur le parvis de Notre-Dame de Paris où les pèlerins reçoivent leur livret, temps d'envoi depuis la cathédrale, parcours dans Paris jusqu'à une porte de Paris, le samedi soir étape avec veillée festive, le dimanche matin marche en silence jusqu'à Chartres, arrivée en début d'après-midi à la cathédrale puis passage à Notre-Dame-Sous-Terre, messe à 17h et retour à Paris en soirée.

De nombreuses hôtelleries traditionnelles accueillent le pèlerin dont l'ancienne Maison Saint-Yves (1, rue Saint Éman – Tél. : 02 37 88 37 40 - www.maison-st-yves.com), autrefois maison d'accueil pour les pèlerins de Chartres qui est devenue une hôtellerie traditionnelle.

La cathédrale est ouverte tous les jours de 8h30 à 19h30. Visites guidées toute l'année, sauf les 1er janvier, 25 décembre et pendant les offices. Horaires variables selon les saisons. Possibilité d'organiser une visite guidée pour groupes sur réservation préalable. Le service accueil et visites organise également des cycles de conférences, des visites à thème et des week-ends découverte. Visites de la crypte toute l'année sauf les 1er juin, 21 juin et 25 décembre (horaires variables selon les saisons).

CHAPELLE ROYALE SAINT-LOUIS ★★

2, Square d'Aumale
DREUX
✆ 02 37 46 07 06
www.chapelle-royale-dreux.com
Mercredi-lundi, d'avril à juin, 10h-12h30/13h30-17h30. Juillet-août 9h30-18h. Septembre 9h30-12h/13h30-17h30. 9,20 €.

© STÉPHAN SZEREMETA

Située dans l'enceinte des ruines du château, la chapelle royale Saint-Louis de Dreux est la nécropole de la famille d'Orléans. De style néogothique, l'édifice constitue un bel exemple d'architecture du XIXe siècle auquel les vitraux de Sèvres apportent un éclat particulier. Léguée avec le château de Dreux par Henri d'Orléans, comte de Paris, la chapelle appartient désormais à la Fondation Saint-Louis.

ABBAYE DU BOIS DE NOTTONVILLE ✞ ★

L'Abbaye
NOTTONVILLE
✆ 02 37 96 91 64
Tous les après-midi de 15h30 à 19h d'avril à fin octobre. De 15h à 18h de novembre à fin mars.

Il faut entrer en profondeur dans les terres beauceronnes de la vallée de la Conie pour découvrir la monumentale abbaye de Nottonville. Tourelles, poternes, murailles dignes d'un château féodal, l'édifice a été construit au XVe siècle et est inscrit sur la liste des monuments historiques. A proximité de l'enceinte, Marie-Thérèse Pousse propose du fromage de chèvre fermier (du crottin, de la buche de chèvre, de la faisselle et d'autres) issu de l'élevage caprin qui vit dans le domaine.

PRIEURÉ SAINT-THOMAS €€

29, rue du Prieuré Saint-Thomas
EPERNON
✆ 02 37 83 60 01
Les tarifs varient selon les types de séjours.

Situé dans la vallée de l'Eure, dans la ville d'Epernon, le Prieuré Saint-Thomas bénéficie, aux portes de la région Ile-de-France, d'un cadre champêtre exceptionnel et calme. Il est animé depuis 2008 par l'association Prieuré Saint-Thomas qui est composée de la congrégation des Sœurs du Christ et de laïcs qui œuvrent ensemble pour promouvoir toute action de formation intellectuelle et spirituelle ainsi que toute action sociale dans l'amour du Christ. Le Prieuré Saint-Thomas fait partie du réseau des Centres Spirituels Ignatiens. Il accueille des groupes : mouvements, congrégations religieuses, scolaires et universitaires, familles, associations, collectivités locales, entreprises. Mais aussi des particuliers pour un temps de réflexion ou de repos. La communauté des Sœurs du Christ, présente et discrète, est disponible pour accueillir, échanger ou accompagner les hôtes. Chaque année, le Prieuré Saint-Thomas propose un large programme d'animations spirituelles à l'attention de publics différents. Les retraites ignatiennes constituent un élément essentiel du programme (programme détaillé à consulter ou télécharger sur le site Internet). Plus généralement lieu de ressourcement, le Prieuré Saint-Thomas propose un approfondissement de la vie spirituelle sous forme de sessions et retraites animées par une équipe de prêtres, religieux ou laïcs : retraites de 3, 5 ou 8 jours, parcours bibliques, haltes spirituelles, sessions « Approfondissement de la foi », journées « Culture, art et spiritualité », formations humaines.

▸ **Offices** : les offices et/ou l'eucharistie sont célébrés en semaine dans la chapelle entièrement restaurée en 2009. Deux oratoires sont également à la disposition des hôtes du Prieuré Saint-Thomas.

▸ **Accueil** : le prieuré jouit d'une large capacité hôtellière. Il peut recevoir 66 personnes en 45 chambres, dont des chambres individuelles, 12 doubles et 3 familiales, dans un confort simple, mais rénovées relativement récemment. Il assure une restauration soignée. Plusieurs salles de réunion fonctionnelles sont disponibles pour les colloques. A signaler la possibilité d'hébergement d'hôtes à mobilité réduite (ascenseur, 2 chambres avec tout l'équipement nécessaire). L'hébergement au Prieuré Saint-Thomas peut être de très courte durée (une nuit) pour une journée de formation, une rencontre familiale ou de moyenne durée (quelques jours) pour une retraite spirituelle, ou encore pour une session de plus longue durée (quelques semaines) pour une rencontre de congrégations, un stage, une convalescence, un temps de repos.

ABBAYE DE FONTGOMBAULT ✝ ★

40, rue de l'Abbaye
FONTGOMBAULT
✆ 02 54 37 12 03
fontgombault.free.fr/site/abbaye.html
Ouvert toute l'année. Tous les jours de 9h à 13h et de 14h à 19h. Seule l'abbatiale se visite. Gratuit. Boutique.

L'abbaye est connue dans le monde entier, c'est un lieu essentiellement consacré au recueillement. En 1991 était fêté son neuvième centenaire. Pierre de l'Étoile et ses compagnons ermites fondèrent cette abbaye en 1091 sur une rive de la Creuse et adoptèrent la règle de saint Benoît. Elle se développa considérablement en fondant, durant les XIIe et XIIIe siècles, une vingtaine de prieurés. En 1741, les bénédictins furent remplacés par des lazaristes puis par des trappistes en 1849 qui s'exilèrent aux États-Unis en 1904. De 1919 à 1948, un séminaire diocésain pour vocations tardives s'établit dans une partie des bâtiments. 22 bénédictins venus de Solesme relevèrent l'abbaye en 1948. Aujourd'hui la communauté est composée d'environ 60 moines. Pour subvenir à leurs besoins, ceux-ci exercent plusieurs activités, telles que divers artisanats de poterie de grès, d'émaux ou d'icônes authentiques. Ils exploitent également eux-mêmes leur domaine agricole en pratiquant l'élevage, l'agriculture, l'arboriculture ou le maraîchage. Son hôtellerie monastique permet aux personnes le souhaitant d'y faire une retraite en profitant des offices monastiques et du silence des lieux. L'hôtellerie du monastère offre 32 chambres pour hommes, les repas étant pris en commun avec les moines. Et aussi 14 chambres individuelles plus 16 doubles destinées aux familles dans de petites maisons attenantes au monastère, les repas étant préparés par les retraitants. On peut visiter l'église abbatiale de 9h à 13h et de 14h à 19h.

CENTRE SAINT-JEAN DE LA CROIX 🛏 €

Hameau de Courtioux
MERS-SUR-INDRE
✆ 09 77 98 44 75
www.paroisseetfamille.com
Participation aux frais d'hébergement à convenir lors de votre réservation.

L'Association Saint-Jean de la Croix a pour but l'entraide au développement de leur vie intérieure à l'école des maîtres de la spiritualité chrétienne et la participation à des œuvres d'apostolat dans leur vie paroissiale. Ils sont prêtres ou laïcs, célibataires ou mariés. Le centre organise des sessions de formation chrétienne ouvertes à une quinzaine de personnes autour de l'approfondissement de la vie intérieure à partir de l'étude des grands textes.

CENTRE D'ACCUEIL DES PÈLERINAGES 🛏 €

3 Bis, rue Notre Dame - **PELLEVOISIN**
✆ 02 54 39 09 92
www.pellevoisin.net
Participation aux frais d'hébergement à convenir lors de votre réservation.

En 1875, une femme de 32 ans, Estelle Faguette, atteinte d'une maladie incurable, décide d'écrire une lettre à la Vierge afin de lui demander d'intercéder miséricordieusement en vue de sa guérison. La Vierge lui apparaît alors, à cinq reprises, en février 1876, et la réconforte. Elle lui dit : « Je suis miséricordieuse. » Le 19 février, Estelle est guérie. De juillet à décembre 1876, Marie fait à Estelle dix nouvelles apparitions et lui fait connaître son désir de voir les fidèles porter le Sacré-cœur et devenir des « apôtres de la Miséricorde ». Dès 1877, la chambre où elle a été guérie est transformée en chapelle et les pèlerinages sont autorisés. La guérison d'Estelle Faguette a été officiellement déclarée miraculeuse en 1983 par Monseigneur Vignancour, l'archevêque de Bourges.

Estelle a par la suite mené une vie simple et pieuse, elle est décédée en 1929 à 86 ans. On peut toute l'année se rendre dans la chapelle des apparitions et dans la grotte de Montbel où Estelle avait déposé sa lettre. Le centre de pèlerinage accueille des personnes, des familles ou des groupes pour une session ou une retraite. La permanence de la prière auprès du sanctuaire est assurée par la communauté des sœurs et frères de Saint-Jean. Pour venir en pèlerinage et découvrir le message de Pellevoisin ou pour participer à une activité spirituelle, contactez frère Jean-Théotokos. Pour vivre un séjour dans la solitude et le silence, contactez les sœurs contemplatives de Saint-Jean.

▶ **Offices** : messe tous les jours à 11h. Possibilité de confession. Offices de la communauté des sœurs contemplatives : laudes à 7h, messe à 11h30, vêpres à 17h30. Exposition du Saint Sacrement de 6h à 7h et de 18h à 19h.

▶ **Accueil** : 50 places en chambres simples ou doubles. Sanitaires à l'étage. Salles de conférence. Le sanctuaire offre d'autres possibilités aux pèlerins pour se loger toute l'année. Également dans une des 4 maisons mises à disposition des pèlerins et des familles pour quelques jours. Pour les femmes, les prêtres et les religieux, les sœurs contemplatives proposent quelques chambres et les repas en solitude et en silence. Pour ce faire, veuillez contacter le 02 54 39 00 46 ou adresser un courriel aux sœurs contemplatives à l'aide du formulaire de contact. Pendant l'été les sœurs contemplatives accueillent aussi pour quelques jours des jeunes femmes désirant prendre du temps pour Dieu auprès d'une communauté religieuse, partager sa vie de prière et de travail.

MAISON DE CHEZELLES €€

CHEZELLES

✆ 02 47 58 52 01

emmanuel.info/ile-bouchard

Pension complète ou demi-pension. Participation aux frais à convenir lors de votre réservation.

La maison d'accueil de Chézelles appartenant à la communauté de l'Emmanuel est située à 50 km de Tours et à 9 km seulement du sanctuaire Notre-Dame-de-la-Prière de L'Île-Bouchard (10 min en voiture). Le bâtiment, ancien château du XVIIIe siècle, entouré de son grand parc arboré de 10 hectares offre un cadre magnifique et calme, propice à la prière et à la méditation. Cette maison est adaptée pour recevoir des groupes de plus de 20 personnes. Cette maison d'accueil met à votre disposition des chambres, un service de restauration et des salles de réunion.

MAISON DE MARIGNY €€

L'ILE-BOUCHARD

✆ 02 47 58 52 01

Participation aux frais d'hébergement à convenir lors de votre réservation.

Appartenant à la communauté de l'Emmanuel, la maison d'accueil de Marigny est une belle demeure du XVIIIe siècle, entourée d'un beau parc au cœur du village de L'Île-Bouchard, située à seulement 10 minutes à pied de l'église Saint-Gilles, lieu des apparitions mariales de 1947. Sa proximité avec le sanctuaire Notre-Dame-de-la-Prière permet aux pèlerins, aux retraitants et aux familles de participer aux offices. Cette maison d'accueil est idéale pour les petits groupes autonomes (cuisine à disposition) et les personnes seules.

MAISON DE PRIÈRE SAINTE-URSULE €

32, rue Mésangerie - **SAINT-CYR-SUR-LOIRE**

✆ 02 47 88 46 00

ursule-tours.cef.fr

Pension complète à 41 €. Repas seul à réserver à l'avance.

Ouverte en 1978 par la compagnie des Sœurs de Sainte-Ursule, cette maison de prière accueille dans un cadre agréable sur les rives de la Loire. Au cœur d'un jardin, elle offre de nombreuses possibilités d'hébergement, salles de réunion, bibliothèque, chapelle, oratoire. Elle abrite également une communauté de moniales de Sainte-Ursule d'Anne de Xaintonge. Cette maison de prière organise tout au long de l'année des animations et retraites suivant la spiritualité ignatienne.

MAISON SAINT-JEAN €

Les Roches - **SAINT-QUENTIN-SUR-INDROIS**

✆ 02 47 92 26 07

www.maisonsaintjean.com

Participation libre aux frais.

Fondée en 1975, la communauté Saint-Jean qui veut découvrir le mystère de Jean l'évangéliste, le disciple du Christ, est arrivée dans le diocèse de Tours en 1992. La maison Saint-Jean a été fondée cette année-là à l'appel de l'archevêque de Tours. Le château des Roches était alors la propriété de Philippe Tripier qui le confia aux Frères de Saint-Jean. Au XIVe siècle, les Roches appartenaient à la famille de la bienheureuse Jeanne-Marie de Maillé, qui y est née en 1332.

Les frères de Saint-Jean proposent des week-ends de formation, des camps d'été et des retraites, notamment pour les jeunes de 15 à 35 ans et les jeunes foyers. Au mois d'août, depuis 1998, un festival est également organisé, pendant cinq jours, en lien avec les JMJ. Accueil individuel : le temps d'une journée ou d'une semaine, vous pouvez venir partager la vie de l'École de Vie et des frères. Une participation à la vie commune vous sera demandée. Accueil de groupes : scouts et guides, aumôneries et mouvements pour les jeunes sont toujours les bienvenus à la Maison Saint-Jean. Contactez le frère hôtelier pour retenir bien à l'avance vos week-ends, temps forts, récollections, camps, retraites, CEP.

- **Offices** : oraison communautaire à 6h15 (6h45 le dimanche), laudes à 7h (7h30 le dimanche), office du milieu du jour 11h45 (11h30 le dimanche), messe à 12h (8h le vendredi), vêpres à 18h, adoration de 18h30 à 19h30 (jusqu'à 21h le jeudi).
- **Accueil** : la maison Saint-Jean accueille surtout des jeunes de 15 à 35 ans. Une vingtaine de chambres.

MONASTÈRE SAINTE-CLAIRE €

24, rue du pas Notre-Dame - **TOURS**

✆ 02 47 54 38 49

Conditions d'accueil à convenir avec la mère supérieure.

Le 5 novembre 1920, sept religieuses en provenance du diocèse de Plymouth en Cornouailles reviennent en France et sont accueillies dans le diocèse de Tours dans une petite maison de la ville. Les vocations se multiplient alors et un déménagement s'impose. La Communauté acquiert une propriété au nord de Tours, et le 18 mars 1928 est érigé le nouveau Monastère Sainte-Claire à Tours. Les sœurs reçoivent des groupes de jeunes pour la journée, mais aussi des jeunes filles en recherche de vie religieuse pour une retraite en clôture.

COMMUNAUTÉ CATHOLIQUE DES BÉATITUDES €

NOUAN-LE-FUZELIER
✆ 02 54 88 77 33
www.beatitudes-nouan.org

A la fin du séjour, chacun règle son séjour selon ses possibilités de façon libre et anonyme.

La Communauté des Béatitudes est fondée en 1973, lorsque deux jeunes couples, les Croissant et les Hammel, se décident à vivre ensemble après avoir ressenti ensemble l'appel du Christ. Elle fait partie des « communautés nouvelles » nées dans l'Église catholique dans la mouvance du Renouveau Charismatique à la suite du Concile Vatican II. Elle se compose non seulement de religieux, mais aussi de laïcs, appelés à partager une vie fraternelle et une dimension apostolique.

A l'origine de la communauté, les quatre créateurs sont inspirés par Lanza del Vasto, fondateur de la communauté de l'Arche, par les pasteurs Louis Dallière et Thomas Roberts, et par Marthe Robin, fondatrice des Foyers de Charité.

De 1973 à 1981, la Communauté est essentiellement contemplative. Ils sont missionnaires par la prière, par l'accueil de personnes de tous horizons attirés par la beauté de la liturgie et par la spiritualité de la Communauté. Puis émerge un déploiement apostolique et missionnaire, qui mène à une croissance rapide à travers le monde.

Dans les années 2000, la Communauté entre en crise, la forçant à des réformes structurelles importantes.

Ce chemin aboutit en juin 2011 : la Communauté est érigée par Mgr Le Gall, archevêque de Toulouse, en « Association publique de fidèles de droit diocésain en vue de devenir Famille ecclésiale de vie consacrée. »

Trois branches séparées ont été créées : branche des frères consacrés, branche des sœurs consacrées et branche laïque, réunies en une seule communauté, gouvernée par un président.

Puis le 12 novembre 2020, le dicastère romain pour les instituts de vie consacrée concède à Mgr Le Gall, la faculté d'ériger la Communauté des Béatitudes en « Famille ecclésiale de vie consacrée » de droit diocésain. L'érection a lieu le 8 décembre, en la solennité de l'Immaculée Conception.

Au cœur de la Sologne, à 150 km au sud de Paris, la Communauté vous reçoit dans un magnifique domaine propice aux retraites et récollections spirituelles, au recueillement, au silence, et à la paix du cœur. Les sœurs accueillent toute l'année des personnes seules, des familles, des couples et des enfants pour partager avec eux la vie de leur communauté le temps d'une halte spirituelle. Des séjours de retraite à thèmes particuliers y sont également proposés. Les retraites spirituelles proposées par la communauté marquent une pause dans le quotidien. Le cadre propice à l'intériorité et le rythme de la retraite rendent disponible à soi-même et à Dieu.

CARMEL DE BLOIS €

La Chambaudière - **VALENCISSE** ✆ 02 54 70 04 29
www.carmel.asso.fr/Molineuf-Blois.html

Participation aux frais d'hébergement à convenir lors de votre réservation.

Le carmel de Blois, fondé en 1625 par celui de la rue Chapon à Paris, s'est maintenu à Blois jusqu'à nos jours, sans interruption, malgré son expulsion en 1792 et son incendie en juin 1940. Il a simplement été transféré à Molineuf, village situé à 10 km de Blois et aujourd'hui rattaché à la commune de Valencisse, dans la vallée de la Cisse. Il fait partie d'un réseau de 30 carmels sur le nord de la France qui s'étend jusqu'à la Suisse avec le carmel du Pâquier, la Hongrie avec le carmel de Magyarszek, et la Transylvanie avec le carmel de Marosszentgyörgy.

La Fédération des carmélites France-Nord est née en juin 2007 à la suite d'un long cheminement commun, les Fédérations de Lisieux et de Paris ont fusionné au cours de leur Assemblée triennale à Lisieux, pour ne former qu'une seule Fédération sous le patronage de Thérèse de Lisieux et d'Élisabeth de Dijon. La Fédération favorise la communion et l'entraide entre les monastères. Il existe deux autres Fédérations de carmélites en France.

Bien que fondamentalement contemplative, la communauté du carmel met un point d'honneur à unir action et contemplation. Par le compagnonnage avec des sœurs dans une communauté, s'harmonisent ces deux aspects. La vie contemplative est profondément active, tout occupée du prochain par amour du Christ ; et la vie authentiquement active est contemplative, parce qu'elle reconnaît en Dieu la source de toute action juste et bonne.

Selon sainte Thérèse d'Avila, la vie en communauté permet d'unir action et contemplation, pour être tournée en même temps vers Dieu et vers les autres : « Pour donner à Notre Seigneur une hospitalité parfaite, il faut que Marthe et Marie-Madeleine se joignent ensemble. Et savez-vous quelle est la nourriture de prédilection de notre Hôte ? C'est que notre zèle, par tous les moyens qu'il peut inventer, lui ramène des âmes, afin que ces âmes se sauvent et chantent ses louanges pendant l'éternité. » (*Le Château intérieur*, 7e demeure, ch. 4).

L'accueil est ouvert toute l'année, sauf en janvier, pour des retraites de familles ou petits groupes de 10 personnes maximum comme pour des retraites personnelles dans la prière, le silence et la solitude. Possibilité de partager la prière communautaire et de rencontrer de l'aide auprès d'une sœur.

- **Offices** : laudes à 8h30, messe à 9h (le dimanche tierce à 10h15, messe à 10h30), milieu du jour à 12h, vêpres à 17h30, complies à 20h.
- **Accueil** : une annexe proche du monastère permet l'accueil de petits groupes (jusqu'à 10). Les carmélites disposent également de 6 chambres pour des retraites individuelles.

MONASTÈRE NOTRE-DAME €

73, Route de Mi Feuillage - **BOUZY-LA-FORÊT**
✆ 02 38 46 88 96
www.benedictines-bouzy.com
Participation aux frais d'hébergement à convenir avec la soeur hotelière lors de votre réservation.

« Tous les hôtes seront reçus comme le Christ » (*Règle de saint Benoît*). C'est dans cet esprit que vivent aujourd'hui ses fils et ses filles, et il n'est pas de monastère bénédictin sans structure d'accueil permettant à tous de trouver un cadre de prière, de silence et de recueillement. Non seulement l'accueil est partie intégrante de la mission des bénédictins, mais la gentillesse et la compréhension avec laquelle ils l'accomplissent sont véritablement touchantes. Ce monastère de bénédictines de Notre-Dame du Calvaire est récent et d'architecture résolument moderne. C'est le 25 juillet 1998 qu'a eu lieu la bénédiction de la première pierre du monastère de Bouzy-la-Forêt. Son inauguration a eu lieu le 3 octobre 1999 en présence de son évêque, Monseigneur Gérard Daucourt, du Père Abbé et des moines de l'abbaye de Fleury, des architectes et constructeurs du monastère, ainsi que du maire et de nombreux habitants de Bouzy-la-Forêt et de beaucoup d'amis qui se sont déplacés pour ce jour très spécial. La communauté accueille volontiers toutes les personnes (seules ou en groupe) qui seraient désireuses de séjourner durant quelques heures ou quelques jours dans son hôtellerie. Une partie du monastère, distincte de celle qui abrite la communauté de moniales, a été spécialement aménagée pour accueillir les personnes qui désirent bénéficier de la prière de la communauté et profiter du calme de la forêt. Possibilité de rencontrer le Père aumônier ou une sœur. Des retraites et sessions sont organisées au cours de l'année. La communauté peut accueillir pour plusieurs jours les groupes d'environ 20 personnes. Promenades : à signaler que la forêt d'Orléans est le plus vaste massif forestier domanial de France. Cette solitude est peuplée de chevreuils, cerfs, sangliers, biches...

▸ **Offices** : en semaine, laudes à 6h30, messe à 8h30, sexte à 12h, none à 14h15, vêpres à 18h, complies à 19h45, vigiles à 20h30. Dimanche et fêtes, messe à 10h30 et vêpres à 17h.

▸ **Accueil** : douze chambres destinées à accueillir les personnes qui désirent effectuer un séjour de retraite et de prière tout en bénéficiant du calme de la forêt environnante. Deux salles de réunion, une bibliothèque, trois salles à manger et un oratoire à la disposition des hôtes complètent les équipements d'accueil.

▸ **Boutique** : outre divers produits utilitaires (hygiène, alimentation...), la boutique propose des cartographies, petits objets de piété et livres religieux pour adultes et enfants, et la fameuse « Eau d'Émeraude » (lotion pour la peau et l'hygiène buccale) produite par la communauté.

MAISON DE LA RUCHE €

32, route des Marais - **MEUNG-SUR-LOIRE**
✆ 02 38 44 30 57
www.saintlaurentorleans.com/la-ruche
Tarifs fixes mais de nombreuses formules existent, à partir de 18 € par personne et par nuit.

A deux heures de Paris et 20 minutes d'Orléans, La Ruche vous accueille au cœur d'un parc de 2,5 hectares, calme, verdoyant et arboré pour vos retraites, récollections, mais aussi colonies de vacances, fêtes de famille, sorties associatives, etc. Cette Maison fait partie de la paroisse Saint-Laurent d'Orléans dont la charge est confiée à la communauté des Frères de Saint-Jean et est gérée par une association de la paroisse. Le domaine de La Ruche comprend un grand bâtiment (Maison Saint-Joseph) qui abrite chambres, dortoir, réfectoire et salle de conférence.

MAISON DE BETHANIE €

80, route de Sandillon - **SAINT-JEAN-LE-BLANC**
✆ 02 38 66 95 48
soeursapostoliquesdesaintjean.com
Participation aux frais d'hebergement selon vos possibilités sur la base des tarifs indicatifs diocésains.

Les Sœurs Apostoliques de Saint-Jean accueillent toute l'année familles et enfants pour des retraites et autres séjours spirituels régulièrement organisés dans leur prieuré de Béthanie situé à Saint-Jean-le-Blanc. Programme détaillé sur le site du diocèse d'Orléans. Selon leurs disponibilités, elles accueillent groupes et séjours individuels pour un temps de ressourcement, de retraite, dans l'esprit de la communauté. Ainsi que des jeunes cherchant un cadre spirituel pour réviser des examens. Les sœurs partageront avec plaisir la participation à leur liturgie.

CARMEL DE MICY-ORLEANS €

18, rue Claude Joliot
SAINT-PRYVÉ-SAINT-MESMIN ✆ 02 38 66 62 40
Paricipation aux frais d'hébergement selon vos possibilités.

C'est dans le premier élan de l'implantation des carmels en France que celui d'Orléans a été fondé en 1617. Pendant la Révolution, la communauté poursuivit sa vocation d'offrande et d'intercession, cachée dans des maisons orléanaises. En 1939, elle quitta le quartier du vieil Orléans pour aller s'installer sur l'emplacement de l'ancienne abbaye de Micy, fondée par Clovis et lieu traditionnel ancien de prières du diocèse. Les carmélites y reçoivent des femmes souhaitant faire une retraite spirituelle ainsi que de petits groupes souhaitant se ressourcer.

ABBAYE DE FLEURY ✞ ★★

Avenue de l'Abbaye
SAINT-BENOIT-SUR-LOIRE
✆ 02 38 35 72 43 - www.abbaye-fleury.com
Montant des frais de séjour libre.

La première mention d'un monastère vivant sous la règle de saint Benoît apparaît en Gaule vers 620 dans une lettre adressée à l'évêque d'Albi par l'abbé d'un monastère proche de Castres. Peu après, quelques moines s'établissent sur la rive nord de la Loire, à 30 km en amont d'Orléans, sur une petite butte proche du village de Fleury, et y construisent une église dédiée à Notre-Dame, tandis qu'une seconde colonie de moines s'installe à une centaine de mètres plus loin, autour d'une église Saint-Pierre. A cette époque ces communautés ne vivent pas encore sous la règle de saint Benoît, mais sous celle d'un autre grand fondateur, saint Colomban. Les deux communautés ne tardent pas à fusionner et le monastère est désormais connu sous le nom de Saint-Pierre de Fleury. L'abbé Mummolus fit apporter, des ruines de mont Cassin, les reliques de saint Benoît et de sa sœur jumelle Scolastique. Le monastère de Fleury devint alors Saint-Benoît-sur-Loire et connut, plus tard, l'apogée de son rayonnement grâce à saint Abbon (988-1004), esprit universel martyrisé à la Réole. Abbon est tenu par ses contemporains pour l'homme le plus instruit de son temps, son œuvre littéraire et scientifique est vaste et il sait discerner et favoriser les dons littéraires de ses moines. Sous son abbatiat et celui de Gauzlin, son successeur, l'abbaye abrite toute une pléiade d'écrivains, d'historiens, d'hagiographes ou de poètes dont certains, comme leur abbé, trouvent encore de nos jours des éditeurs. L'activité artistique fut surtout l'œuvre de la génération suivante, celle qui se formait sur les bancs de l'école lorsque Abbon était abbé, et qui s'épanouit sous Gauzlin. Celui-ci entreprend les constructions des édifices, encore visibles aujourd'hui, notamment la Tour porche. La guerre de Cent Ans et les guerres de religion ruinent le monastère et réduisent les effectifs de la communauté. La congrégation de Saint-Maur relève l'abbaye jusqu'à sa suppression par la Révolution. En 1944, les moines de la Pierre-qui-Vire vinrent restaurer la vie monastique régulière à Saint-Benoît. Aujourd'hui, la communauté compte une quarantaine de religieux. Elle accueille les personnes désirant partager sa vie de prière, de silence et de réflexion. Elle organise aussi des week-ends d'initiation et et de formation à la prière.

▸ **Offices :** en semaine laudes à 6h30 (7h15 dimanche), tierce à 8h15 (9h dimanche), messe à 12h (11h dimanche), none à 14h30 (15h dimanche), vêpres à 18h10 et vigiles à 21h. La messe conventuelle est en chant grégorien et célébrée en français.

▸ **Accueil :** les hommes sont logés dans l'hostellerie sud la plus proche du monastère dans quinze chambres environ et les repas sont pris avec la communauté en réfectoire. Les couples, les femmes et les familles sont logés dans l'hôtellerie nord d'une capacité de 32 personnes en chambres individuelles ou doubles. Enfin des groupes de jeunes jusqu'à 39 personnes peuvent être logés en dortoir dans la ferme du clos en autonomie pour leurs repas.

▸ **Boutique :** les moines vendent leurs fabrications : confiseries, bougies. Ils pratiquent l'art des émaux et de la peinture sur porcelaine.

▸ **Visites :** la basilique est ouverte tous les jours de 6h30 à 22h. Des visites guidées sont proposées de mars à octobre, en principe les dimanches et fêtes à 15h15, les samedis à 14h45. Si vous souhaitez venir en pèlerinage en groupe, contactez par courriel ou par courrier postal le frère chargé des visites : basilique@abbaye-fleury.com

Détail de l'abbaye de Saint-Benoit-sur-Loire.

PASSEPORT

CORSE

La Corse, c'est avant tout une histoire riche et ancienne, une culture singulière faite à la fois de métissages et d'un fort sentiment d'appartenance – avec ses mythes, ses héros, et le maquis pour décor. Chargé de sens et de souvenirs pour le peuple corse, le territoire peut rester impénétrable aux non-initiés ; passion et patience sont de mise pour l'apprivoiser. Mais s'y attacher et prendre le temps, c'est la promesse de promenades extraordinaires, la découverte d'arômes uniques et d'un terroir diversifié, et, enfin, la perspective d'une aventure humaine authentique. Loger dans un monastère corse, c'est profiter d'une paix, d'un ressourcement et d'une spiritualité ambiante toute particulière. En prime, le décor extraordinaire vous offrira de multiples opportunités de vous évader hors les murs et de vous plonger dans cette nature extraordinaire entre terre et mer, entre pics et profondeurs.

LE MONASTÈRE DE L'ASSUNTA GLORIOSA ✞

SOLENZARA ✆ 04 95 57 43 41

Participation libre à discuter à l'inscription.

La Famille monastique de Bethléem, de l'Assomption de la Vierge, et de Saint Bruno est créée le 1er novembre 1950. Ce jour, le pape Pie XII proclame sur la place Saint-Pierre de Rome le dogme de l'Assomption de la Vierge. Selon ce dogme, Marie mère de Jésus est montée au ciel, non seulement âme, mais également corps. De cette annonce naît la vocation de pèlerins français qui entendent alors l'appel à tout donner pour que de nouvelles communautés naissent dans l'Eglise. Leur vocation sera de communier à la vie de la Mère de Dieu présente au cœur de la Trinité, dans une vie d'adoration du Père en Esprit et en Vérité.

Avec cette profession de foi naît en 1951 une communauté de femmes consacrées résolues à se donner pleinement à la contemplation de la Vierge. Plusieurs décennies plus tard, le 6 octobre 1976, jour de la Saint-Bruno, naît la communauté monastique des frères de Bethléem. Les premiers frères prennent l'habit et s'établissent au monastère de Currière-en-Chartreuse. Les deux communautés, femmes et hommes, vivent séparés mais selon la même règle.

Aujourd'hui, trois monastères de frères subsistent dans le monde. Celui de Currière est toujours debout, auquel s'ajoutent l'Italie et Israël. Les sœurs sont quant à elles présentent dans de nombreux pays, sur plusieurs continents, avec près d'une trentaine de monastères.

En 1988, l'évêque d'Ajaccio, Monseigneur Casanova, invita les moniales de Bethléem et de l'Assomption de la Vierge et de Saint-Bruno à s'installer sur le Monté Santu, un site particulièrement sauvage, où elles entreprirent la construction de ce monastère, bâtiment récent à l'architecture moderne et épurée. La chapelle est ouverte toute la journée, y compris pendant les offices liturgiques. Possibilité de suivre la piste et de redescendre à pied jusqu'à la plage de Canedda (environ 1h15). Les sœurs y proposent un accueil au Désert où il est possible de passer quelques jours dans le silence et la solitude. N'hésitez pas à appeler le monastère pour de plus amples informations sur les possibilités de retraites.

▶ **Offices** : possibilité de partager la liturgie de la communauté dont les horaires varient selon les jours.

▶ **Accueil** : quelques chambres seulement. Les conditions de cette hospitalité strictement solitaire sont fournies sur demande écrite seulement.

▶ **Boutique** : la boutique propose divers produits artisanaux monastiques : objets religieux ou autres.

▶ **Visites** : la chapelle est accessible toute la journée, même durant les offices.

LE COUVENT SAINT-FRANÇOIS ✞ ★

Route d'Arbori - **VICO** ✆ 04 95 26 83 83

www.couventdevico.fr

Ouvert toute l'année. Haute saison tous les jours et les jours fériés de 8h à 20h.

Le couvent Saint-François de Vico est né grâce à la volonté d'un homme, Giovan Paolo da Leca. A la fin du XVe siècle, ce seigneur chef de guerre à la solide réputation cherche à développer son image de courtisan et de mécène religieux, pour suivre les tendances de son temps. En 1481, il obtient du pape Sixte IV l'autorisation d'élever un couvent à l'emplacement qu'il jugera bon. Quelques années plus tard, son homologue et rival du sud de la Corse, Rinuccio della Rocca, lui emboîte le pas et fonde le couvent de Tallano.

A son origine, le couvent de Vico n'est constitué que de quelques habitations, dont les conditions de confort sont semblables aux maisons les plus modestes des environs. Les bâtiments n'évolueront que peu dans les deux siècles suivants. Au XVIIe siècle cependant, les habitants de Vico donnent un nouveau souffle au monastère avec la construction de plusieurs ailes lui donnant son aspect actuel.

Depuis 1836 et après les affres de la Révolution, le couvent a été restauré et réinvesti par les missionnaires oblats de Marie Immaculée dont le père Albini a été le supérieur. Il est reconnu comme un apôtre de la Corse, sa fête est célébrée chaque année le 20 mai au couvent, le lieu de son tombeau. Aujourd'hui, la mission des Oblats continue dans ce secteur pastoral. Le couvent, qui est situé à 1,5 km du village de Vico, est un lieu de paix où résident les missionnaires. Il offre également une vue magnifique. C'est un lieu ouvert à tous ceux et celles qui veulent partager leur soutien, leur solidarité, ainsi à tous ceux et celles qui demandent à y être hébergés. Une retraite spirituelle y est traditionnellement organisée tous les ans en juillet. Cependant, le couvent accueille aussi toute l'année des séjours individuels, de familles ou de groupes. Toutefois, seuls les groupes peuvent bénéficier de pension (complète ou 1/2 pension). Pour les particuliers, une cuisine et une salle à manger sont mises à disposition en rez-de-jardin. A signaler, de nombreuses randonnées magnifiques accessibles dans les environs. Attention, si ce lieu vous intéresse, il est prudent de réserver longtemps à l'avance, surtout pour les groupes.

▶ **Offices :** horaires des offices assurés par la communauté des Oblats de Marie indiqués mensuellement sur le site internet : couventdevico.fr. Vous pouvez aussi téléphoner pour la pastorale uniquement au 06 47 36 72 96.

▶ **Accueil :** 60 personnes maximum. 17 chambres de 1 à 6 lits. Cuisine et sanitaires à l'étage.

www.petitfute.com
1er site d'information touristique
GUIDES DE VOYAGE
ADRESSES ET AVIS
EXPÉRIENCES
IDÉES DE SÉJOURS
JEUX CONCOURS
BONS PLANS
PLUS D'INSPIRATION SUR
petit futé

COUVENT DU SAINT ESPRIT €

Marcassu
CATERI
✆ 06 10 39 11 78
Ouvert de Pâques à fin octobre.
Réservation par téléphone.

Édifié en 1621, ce couvent fut sujet à de nombreux changements de communauté. Depuis 2019, après une vacance de cinq ans, ce sont les soeurs de la communauté du Rosier de l'Annonciation qui occupent les lieux et accueillent les pèlerins, seuls ou en famille ou en petits groupes entre Pâques et fin octobre. Vous pourrez vous y ressourcer dans un cadre splendide et baigné de silence. Les horaires de repas et le silence sont à respecter pour le bien-être de tous. Petit déjeuner et demi-pension sont également proposés par les sœurs.

MAISON SAINT HYACINTHE €€

Lieu dit Miomio - **SANTA-MARIA-DI-LOTA**
✆ 04 95 33 28 29
https://couventsainthyacinthe.corsica
Chambres simples à partir de 44 € par nuit par personne.

La Maison Saint-Hyacinthe est un ancien couvent rénové récemment par l'association Concorde, amie de la Mission catholique polonaise française en France. Elle accueille des personnes seules, ou en famille ou en groupes, et désirant un simple séjour de repos et de recueillement dans le calme de cette nature. Mais aussi des randonneurs cherchant un point de départ pour les excursions en montagne. Le lieu peut se prêter également pour organiser une fête familiale (communion, mariage, anniversaires...) ou un séminaire professionnel.

COUVENT SAINT DOMINIQUE

7, route de Pigna
CORBARA
✆ 04 95 60 06 73
www.stjean-corbara.com
Participation libre aux frais d'hébergement.

Sur le site d'une ancienne abbaye, un orphelinat est construit en 1420 par Nicolas Savelli, évêque de Tino. En 1456, ce lieu devient un couvent franciscain jusqu'à la Révolution. Aujourd'hui, ce sont les frères de Saint-Jean qui habitent les lieux. Faire un séjour au couvent de Corbara, c'est vouloir partager une vie en communauté, où se côtoient le silence et la prière, la réflexion personnelle et la beauté d'un cadre naturel magnifique. Il ne s'agit pas d'une hôtellerie proposant uniquement le gîte et le couvert, mais bien d'une famille religieuse, la communauté des frères de la congrégation Saint-Jean, qui s'ouvre à celles et ceux qui cherchent à partager pour un moment leur vie communautaire. Le couvent est également un centre de séjours spirituels pour tous ceux qui en éprouvent le besoin : jeunes, familles ou célibataires. La communauté leur propose des activités de prière, de formation spirituelle, philosophique, ainsi que des moments de détente et de sport, dans le cadre de sessions d'été. Sont à votre disposition pour cela : la chapelle, la salle de lecture avec sa bibliothèque, la salle de récréation, la cuisine des hôtes pour la préparation des repas pour les tout petits. Chaussures de marche pour la moyenne montagne à prévoir si vous souhaitez profiter des alentours. Lors d'un séjour, chacun doit s'engager à participer aux services communs : ménage, service de table, vaisselle.

- **Offices** : oraison à 6h45, laudes à 7h30, messe à 1h30, sexte à 12h15, vêpres à 18h.
- **Accueil** : Repas pris en commun à 12h30 et 19h30.

Le Couvent Saint Dominique à Corbara.

GRAND EST

Cette région de l'Est de la France résulte de la fusion des anciennes régions Alsace, Champagne-Ardenne et Lorraine. Baignée par le majestueux Rhin, le territoire à 80 % recouvert par la forêt, est une destination de tourisme vert par excellence. Avec ses espaces naturels remarquables, dont 6 parcs naturels régionaux et 25 réserves naturelles, la région est également riche en histoire et patrimoine comme en témoignent les villes de Metz, Mulhouse, Nancy, Reims et Strasbourg. Cette région abrite cinq destinations touristiques de charme : l'Alsace, les Ardennes, la Champagne, la Lorraine et les Vosges, chacune offrant un visage et des spécialités typées. On y découvre de Petites Cités de caractère®, la route des Crêtes des Vosges, le château du Haut-Koenigsbourg, ou encore la cathédrale de Reims. Pour profiter au mieux de cette destination en famille, laissez-vous guider par notre sélection d'adresses !

CARMEL DE LA FONTAINE OLIVE ✝

Route du Carmel
AUBIGNY-LES-POTHÉES
✆ 03 24 35 81 82
Participation aux frais d'hébergement à convenir lors de votre réservation en fonction des moyens de chacun.

La région des Ardennes était autrefois une terre de moines avec l'abbaye cistercienne de Signy, la Chartreuse du Mont Dieu, l'abbaye d'Elan, etc. Mais depuis la Révolution aucune communauté religieuse stable ne s'était réinstallée malgré bien des tentatives. C'est en 1975, à la suite de l'appel de l'évêque auxiliaire de Reims qui souhaitait la présence d'une communauté contemplative dans les Ardennes, que les sœurs d'un carmel de la région parisienne s'installèrent à la Fontaine Olive. Elles y proposent avec enthousiasme un accueil individuel seul, ou en petits groupes allant jusqu'à 8 personnes, pour quelques jours, à la petite maison d'accueil extérieure au carmel et en pleine nature, pour des personnes désirant partager la prière de la communauté et cherchant un lieu de silence et de calme. Les carmélites de la Fontaine Olive peuvent accueillir aussi, pour la journée, des groupes d'un maximum de 25 personnes environ. Les offices sont comme partout à horaire fixe : laudes à 8h, eucharistie à 11h ou à 11h30, vêpres à 18h30, vigiles à 21h. Le dimanche messe à 10h30. L'accueil se fait dans les 6 chambres, 2 salles de réunion et un ermitage. Les hôtes font eux-mêmes leur cuisine mais tout le matériel leur est fourni. À noter également une intéressante boutique dans laquelle sont présentés les produits des travaux des sœurs dans leurs ateliers avec broderie, draps, vêtements liturgiques, tissages, plaids en mohair, cannage, traitements de texte.

L'ERMITAGE DE SAINT-WALFROY

Sanctuaire Saint-Walfroy
MARGUT
✆ 03 24 22 67 31
http://saintwalfroy.com/
Tarifs différents selon le type d'accueil et de prestations. Se renseigner au préalable.

En l'an 565, à l'époque mérovingienne, venant du nord de l'Europe, le diacre Walfroy, disciple de saint Martin de Tours, entame un ermitage dans le Pays d'Yvois. Il joint à la prière une forme de pénitence dérivée des coutumes des stylites d'Orient : il se tient sur une colonne, exposé aux rigueurs du climat ardennais. Impressionnés par son exemple, les habitants de la région se convertissent au christianisme. Sous l'injonction de l'évêque de Trèves, Walfroy quitte sa colonne, évangélise la région et construit, au sommet de la colline, une église en l'honneur de saint Martin. Il en fait un foyer de vie religieuse. Il meurt peu avant l'an 600, inhumé dans l'église qu'il a construite. Ses reliques ont été transportées en Yvois (Carignan) le 7 juillet 979. Après saint Walfroy, des ermites vivant de leur travail, continuent la vie de prière et de pénitence.

Après avoir été détruite plusieurs fois au cours des siècles, la chapelle Saint-Walfroy a été reconstruite après la Seconde Guerre mondiale pour accueillir les pèlerins qui viennent encore y séjourner ou s'y reposer. Le site reste toujours dédié à la quête spirituelle. Il est géré par l'Association Saint-Walfroy, composée de bénévoles et de salariés, et propose au total 38 chambres dont 5 adaptées aux personnes à mobilité réduite. Des salles de réunion de 10 à 100 places sont disponibles pour les moments de rencontre, avec tout l'équipement nécessaire (rétroprojecteur, écran, sono, paperboard...).

SANCTUAIRE SAINT-ANTOINE DES HAUTS-BUTTÉS ✝

Les Hauts Buttés - **MONTHERMÉ**
✆ 03 24 53 02 74
www.saint-antoine.eu
Ouvert tous les jours et les jours fériés de 9h à 17h (18h en haute saison).

En 1706, le roi Philippe V d'Espagne autorise la construction d'une chapelle aux Vieux-Moulins d'Hargnies dédiée à saint Antoine de Padoue. En 1769, les habitants demandent l'autorisation de construire un nouveau lieu de culte proche de leurs habitations. L'église actuelle est un lieu de pèlerinage extrêmement fréquenté. De multiples plaques, témoignages de gratitudes, ornent également les murs de l'église, qui conserve par ailleurs une relique de saint Antoine de Padoue.

SANCTUAIRE NOTRE-DAME DE BON SECOURS

2, rue de l'Eglise
NEUVIZY
✆ 03 24 72 11 18
L'église est ouverte tous les jours de 9h à 19h. Chaque année du 1er au 8 mai, neuvaine à Marie.

En avril 1752, huit enfants de Neuvizy découvrent dans un chêne une petite statue de la Vierge entourée de rayons lumineux. Ils décident de réciter des prières puis préviennent le curé. Le culte est reconnu à la fin de l'année par l'archevêque après une série de miracles et de guérisons. La statue est transportée en procession dans l'église de Neuvizy qui devient un lieu de pèlerinage. La nouvelle église est achevée en 1876 et le sanctuaire est consacré en 1936 par le cardinal Suhard.

MONASTÈRE NOTRE-DAME-DE-LA-SAINTE-ESPÉRANCE ✞

Place Huguenot-Bailly - **MESNIL-SAINT-LOUP**
✆ 03 25 40 40 82
www.monastere-mesnil.fr
Participation libre aux frais de séjour.

Au cœur du XIXe siècle, le curé du petit village de Mesnil-Saint-Loup cherche à animer sa paroisse et à engager ses paroissiens dans la foi. Il s'appuie sur une prière à la vierge : « Notre-Dame de la Sainte-Espérance, convertissez-nous ». Mais il ne se contente pas de prêcher à ses paroissiens. Il s'engage dans la vie monastique à l'école de saint Benoît. Ce curé, plus connu sous le nom religieux de Père Emmanuel, édifie avec quelques compagnons au cœur de sa paroisse un « petit coin de Jérusalem » comme il aimait à désigner son monastère. Sa communauté est affiliée en 1886 à la Congrégation bénédictine de Mont-Olivet, née au XIVe siècle de l'appel du Bienheureux Bernard Tolomei. À la mort du Père Emmanuel, en 1903, les deux monastères qu'il a engendrés connaissent l'épreuve des lois anticléricales. Ce n'est qu'après la Première Guerre mondiale que les moines pourront rouvrir leur monastère. Mis en sommeil après la Seconde Guerre mondiale, il sera restauré à partir de 1976 par le Père Michel Martin et des moines venus de l'abbaye du Bec et bientôt rejoints par une petite communauté de moniales oblates, elles aussi issues du Bec.

Six fois par jour, la communauté célèbre l'office dans la chapelle récemment restaurée. Adjoint au monastère de Notre-Dame-de-la-Sainte-Espérance se trouve le monastère Sainte-Scholastique. Le monastère accueille celui qui souhaite une retraite loin de la ville, dans un univers sobre mais moderne. Nulle contrainte, seule une invitation à partager le quotidien de la communauté.

La journée monastique est rythmée par la prière des Heures à la chapelle du monastère. La chapelle, ouverte de 5h30 à 20h45, vous permet de vivre la louange des Heures avec la communauté ainsi que des temps de prière personnelle. Les moines vous encouragent à partager au moins un office en leur compagnie. L'hôtellerie dispose de chambres individuelles ou doubles : 15 lits pour 10 chambres. Elle est également dotée d'une grange aménagée pouvant accueillir une cinquantaine de personnes pour des conférences.

Au cours de votre séjour, vous avez la possibilité de rencontrer un frère. Les hommes prennent leurs repas avec la communauté. Les groupes peuvent cuisiner ou commander les repas.

Le monastère se livre aussi à de l'artisanat, a créé sa maison d'édition, et vous propose de visiter son magasin quotidiennement, de 10h à 11h et de 14h30 à 17h15. N'hésitez pas à joindre les chaleureux Frères Bertrand, Guillaume et Bernard pour tout renseignement.

MAISON DIOCESAINE NOTRE-DAME EN L'ISLE €

10, rue de l'Isle - **TROYES**
✆ 03 25 71 68 00
Contactez Mme Moniot-Robert Marie-Hélène pour toute réservation.

Au début du XIIIe siècle, des intellectuels parisiens s'installent au Val des Écoliers près de Langres et fondent un ordre de chanoines. Ils établissent bientôt à Troyes un prieuré, Notre-Dame en l'Isle, dans une île formée par les dérivations de la Seine. Une première église fut construite à partir de 1302 sous le vocable de Notre-Dame et Sainte-Catherine. D'importants travaux furent ensuite effectués au XVIIe siècle. La chapelle du Grand Séminaire actuel a été édifiée sur les gros murs du transept de l'église antérieure. Aujourd'hui, La Maison Notre-Dame-en-l'Isle abrite des services et mouvements du diocèse, les services administratifs du diocèse, et la direction diocésaine de l'enseignement catholique (DIDEC). Elle propose ses équipements et structures d'accueil principalement aux religieux et prêtres du diocèse, mais aussi à des associations reconnues d'intérêt général pour la tenue de retraites, sessions ou haltes de passage. Elle héberge aussi les pèlerins de Saint-Jacques-de-Compostelle munis de leur créanciale. Elle est située dans le centre historique de Troyes au milieu d'un parc boisé et possède son propre parking.

Offices : ils sont éventuellement organisés par les groupes eux-mêmes selon les programmes de leurs cessions ou retraites.

Accueil : capacité maximale de 68 lits avec 12 chambres avec salle de bains, 12 chambres avec lavabo (douches et WC collectifs) et 2 dortoirs. Le linge de toilette et les draps de lit sont fournis.

MONASTÈRE DE LA VISITATION €

72, rue André Beury
TROYES
✆ 03 25 73 23 48
Participation aux frais selon les moyens de chacun.

Le monastère a été fondé en 1631 par Mère Marie-Jacqueline Favre, sœur de Vaugelas le célèbre grammairien. Sainte Chantal y a séjourné dans les premières années du monastère. Il a été fermé pendant la Révolution de 1792 à 1807. En 1875, sa prieure, Mère Marie de Sales Chapuis est morte en odeur de sainteté. De nos jours ce monastère de visitandines reçoit uniquement des femmes pour des retraites en clôture et avec possibilité d'accompagnement spirituel selon l'école de saint François.

ABBAYE DE BAUMGARTEN ✞

Chemin de Compostelle - **BERNARDVILLE**
✆ 03 88 57 86 55 - abbaye-baumgarten.fr
Participation aux frais selon vos possibilités. Contact pour les retraites de préférence par téléphone.

Cette abbaye récemment restaurée est occupée par une communauté de moniales cisterciennes précédemment installée à l'abbaye Notre-Dame d'Altbroon, fondée en 1125 et à l'histoire riche et mouvementée, devenue trop vaste pour elles. Prenant les rênes de cette belle abbaye, elles perpétuent à Baumgarten leur tradition d'accueil de retraitants depuis leur emménagement en 2010. Les repas sont pris en commun dans la salle à manger du point accueil. Petit déjeuner : 8h, déjeuner : 12h, dîner : 18h. Des participations aux services tels que nettoyage et dressage des tables, balayage de la salle à manger, vaisselle, sont demandées. Une salle de réunion est disponible au rez-de-chaussée du bâtiment. Participation aux temps de prière de la communauté : un minimum de présence aux offices est demandé afin de vous imprégner de la spiritualité des sœurs. La chapelle jouxte le point accueil.

« Vous qui venez passer quelques heures, quelques jours à l'ombre de notre abbaye, qui venez vous recueillir dans le silence de la prière, vous qui, avec nous, cherchez le visage de Jésus-Christ, notre Seigneur, sachez que, dès l'instant où vous devenez notre hôte, nous vous "adoptons" et qu'après votre départ, nous ne vous oublierons pas. Nous continuerons à vous porter dans notre prière, à vous soutenir dans votre marche vers Dieu, à Le prier pour qu'Il vous guide au chemin de ses volontés, dans la fidélité à l'amour. Aux heures d'épreuve, lorsque vous pourriez être tentés de perdre courage ou confiance, souvenez-vous que les sœurs de Baumgarten offrent pour vous leur prière, leur travail, leurs épreuves et tournez-vous avec elles, vers Celui qui est notre vie à tous, notre force, notre paix, notre joie… ».

▸ **Offices :** semaine, vigiles à 4h20, laudes à 7h, eucharistie à 7h25, tierce à 9h15, sexte à 12h15, none à 14h15, vêpres à 17h15 et complies à 19h45. Le dimanche, vigiles à 4h20, laudes à 7h15, eucharistie à 10h30, tierce à 9h, none à 13h45, vêpres à 17h et complies à 19h45.

▸ **Accueil :** ni accueil touristique, ni hôtel-restaurant, ni espace où l'on vient d'abord pour échanger avec d'autres, ce monastère est un lieu où l'on vient chercher le recueillement et la solitude, un lieu où l'on vient faire silence pour s'ouvrir à une rencontre avec Dieu. La structure d'accueil compte 12 chambres. Chaque chambre comprend un cabinet de toilette avec douche et WC.

▸ **Boutique** : les moniales vendent leur production artisanale de fruits secs et de vêtements liturgiques ainsi que du sirop d'Aiguebelle et quelques autres objets religieux d'artisanat monastique.

PRIEURÉ DE NOTRE-DAME DE MARIENTHAL ✞

1, place de la Basilique - **MARIENTHAL**
✆ 03 88 93 90 91 - www.basiliquemarienthal.fr
Pension complète, demi-pension ou chambre seule. Participation selon ses moyens à voir avec la soeur hôtelière.

Le sanctuaire Notre-Dame de Marienthal est un lieu privilégié de ferveur populaire ancien, lieu de pèlerinage encore actif de nos jours. Situé à 25 km seulement de Strasbourg, dans la forêt de Hagueneau, il possède une église gothique du XIIIe siècle, basilique mineure depuis 1882. La Vierge Marie y est représentée par deux statues vénérées depuis le XVe siècle : *Notre-Dame de la Joie* et *Notre-Dame des Douleurs*. Depuis 1970, le sanctuaire bénéficie de la présence d'un prieuré de Bénédictines du Sacré-Cœur de Montmartre qui assistent les prêtres diocésains et gèrent une maison d'accueil pour des séjours en famille, ou individuels dans un cadre de silence et de prières.

▸ **Offices :** messes tous les jours du lundi au samedi à 9h et 11h + le samedi à 18h15. Le dimanche à 8h, 9h, 11h et 18h. Adoration du Saint-Sacrement en semaine de 15h30 à 17h45, le dimanche de 15h30 à 17h45 (17h en hiver). Office divin du mardi au samedi, lectures à 7h30, laudes à 8h, vêpres à 17h45, complies à 21h, vigiles (samedi soir) à 21h. Le dimanche, laudes à 8h, vêpres à 15h. Chapelet, en semaine à 15h, le dimanche à 14h.

▸ **Accueil :** 40 chambres dont 25 avec sanitaires complets. Salle à manger 300 couverts, salle de conférence 200 places. Sur réservation auprès de la sœur hôtelière.

▸ **Boutique de la basilique :** librairie, objets de culte ou de piété, vêtements liturgiques.

▸ **Visite guidée du Sanctuaire :** les visites guidées sont organisées par les prêtres ou les sœurs de la communauté.

MAISON NOTRE-DAME D'OBERBRONN 🛏 €

2, rue Principale
OBERBRONN
✆ 03 88 80 84 50
www.maison-accueil-oberbronn.com
Réservations en direct sur le site Internet.

Cette maison d'accueil pour individus ou groupes est ouverte toute l'année et a une capacité d'accueil de 90 personnes. Elle est située dans l'enceinte des bâtiments d'un couvent, à l'entrée du village d'Oberbroon. Elle est gérée par une équipe de sœurs de la congrégation des Sœurs du Très Saint Sauveur. L'ancien château de la Wasenbourg est devenu la maison mère des sœurs dont le dévouement fut reconnu par décret impérial lors d'une épidémie de choléra en 1854.

FOYER DE CHARITÉ DE OTTROTT €

51, rue Principale - **OTTROTT** ✆ 03 88 48 14 00
www.lewindeck-ottrott.fr
Tarifs variables selon les retraites. Se renseigner par téléphone ou sur le site internet.

La création des Foyers de Charité repose sur la rencontre de Marthe Robin et d'un prêtre, le père Georges Finet, en 1936. Aujourd'hui, ils sont présents dans une quarantaine de pays de par le monde. Pour ce qui concerne le Foyer d'Ottrot, l'histoire débute en février 1965 par l'achat du domaine de l'ancien château d'Ottrott. En mars, un petit groupe s'y installe et l'abbé Jean-Joseph Schmitt est nommé Père du Foyer. Après maintes années d'accueil et de travaux, le Foyer de Charité d'Ottrot fête ses 40 ans en 2005. Le 31 mars 2008, le Père Wolfram fête ses 75 ans et à cette occasion estime devoir présenter sa démission de Père du Foyer à l'évêque de Strasbourg. Le Père Bernard Schnabel lui succède en 2009. Début d'une nouvelle tranche de travaux en 2011 se terminant au printemps 2014 avec inauguration du Foyer rénové. En 2015, Le Père Schnabel quitte lui aussi le Foyer de Charité pour un ministère paroissial. Aujourd'hui « si vous aspirez en secret à trouver des espaces silencieux, accueillants et paisibles... Si vous voulez reprendre souffle, reprendre espoir... », cette communauté vous accueille. Composée de permanents, engagés à vie, partageant leurs biens, leur travail, et leur prière, ils vous ouvrent leur portail du « Windeck-Ottrott ». La maison est située en bordure d'un grand jardin à l'anglaise (10 ha), historique et protégé (classé Jardin remarquable), de style anglais, aménagé dans le goût romantique avec des essences provenant du monde entier : séquoias d'Amérique, ptérocaryas du Caucase, tulipiers de Virginie, gingkos de Chine. Ottrott, village historique et fleuri, fondé au XIIe siècle, offre à de nombreux vacanciers calme et qualité de vie. Et c'est sur sa commune que se situe le site exceptionnel du Mont Sainte-Odile qui domine tout le paysage.

Offices : si vous le désirez, vous pouvez vous joindre à la messe et aux temps de prière de la communauté.

Accueil : 21 chambres doubles pour la plupart. Se renseigner pour les disponibilités, car cette communauté organise tout au long de l'année des retraites spirituelles de durées et à des dates variables. On peut en consulter le planning et les thèmes choisis sur son site Internet. Elle organise aussi des temps forts en week-end ou en journée.

Boutique : elle abrite une petite librairie religieuse.

Visites : le parc du Windeck, classé Jardin remarquable, lieu privilégié de beauté, de contemplation et d'apaisement se visite lorsque les conditions météorologiques sont favorables.

MONT SAINTE-ODILE

OTTROTT
✆ 03 88 95 80 53
www.mont-sainte-odile.com
Prix variables selon la durée et la date, réservation en direct sur leur site Internet.

Le Mont Sainte-Odile est un lieu emblématique pour les catholiques alsaciens. Situé à 753 m d'altitude, l'abbaye de Hohenbourg abrite le célèbre sanctuaire. Face à un panorama extraordinaire vous pourrez, dans ce cadre monastique, venir en pèlerin, méditer, prier, ou simplement vous ressourcer. Aux alentours un environnement naturel exceptionnel permet des randonnées pédestres grâce à des chemins balisés. Des équipements tels que des salles de séminaire et de restauration propice à la convivialité, ainsi qu'une hostellerie, permettent de recevoir confortablement les individus comme les groupes. Enfants, adolescents comme adultes, personnes handicapées, croyants ou non, tous y sont accueillis, conformément à la tradition d'accueil qu'Odile et ses sœurs pratiquaient. Vous serez toujours les bienvenus au Mont Sainte-Odile que ce soit pour une heure, un jour ou une semaine. Vous pourrez également y découvrir la tradition spirituelle catholique et sa vitalité actuelle, ou bien approfondir votre démarche de quête personnelle de sens de la vie, ou aussi rencontrer d'autres personnes avec lesquelles vous pourrez échanger, partager, prier, célébrer.

Offices : horaires variant selon les fêtes et les saisons. Détail sur le site Internet. Exemple pour l'hiver au Sanctuaire du Mont Sainte-Odile : lundi, mardi, jeudi, vendredi : 8h30 laudes, 10h30-11h confessions sur demande ; 11h messe, 14h30 chapelet médité, 15h messe, 16h vêpres et Salut au Très-Saint-Sacrement, 19h30 complies. Mercredi 8h30 laudes, 10h-10h45 : confessions sur demande, 11h : messe, 14h30 : dévotion à sainte Odile, 15h : louange eucharistique, 16h messe, 19h30 complies. Samedi 8h30 laudes, 11h messe, 15h-16h30 confessions à la chapelle Sainte-Attale ou salle « Vatican », 16h30 messe dominicale,19h30 complies. Dimanche 8h30 laudes, 9h-9h45 confessions à la chapelle Sainte-Attale ou salle « Vatican », 10h grand-messe à la basilique, 11h messe à la chapelle Sainte-Attale (dans le cloître), 11h30 messe à la basilique, 14h30 dévotion mariale, 15h vêpres et Salut au Très-Saint-Sacrement, 16h30 messe, 19h30 : complies.

Accueil : hôtellerie 115 chambres, restauration classique avec nombreux menus différents, self-service pèlerins.

Boutique : la boutique du Mont Sainte-Odile propose un vaste choix d'articles de souvenirs et de livres dont ceux retraçant l'histoire de sainte Odile. Horaires d'ouverture : tous les jours de la semaine de 10h à 12h et 13h à 18h.

visites guidées : à l'intérieur avec audio-guides, application spéciale pour smartphone pour l'essentiel du sanctuaire.

GRAND EST

Mont Sainte-Odile.

FOYER NOTRE-DAME DE REINACKER

Couvent de Reinacker - **REUTENBOURG**
✆ 03 88 03 23 26
Nuitée à partir de 35 € par nuit en individuel.

Le pèlerinage à la Vierge de Reinacker est antérieur à 1350. Une reconstruction totale du petit sanctuaire eut lieu en 1407. Le 14 septembre de cette même année, jour de la fête de l'Exaltation de la Sainte Croix, on put procéder à la nouvelle consécration de la chapelle. Cette église est placée sous le patronage de la Vierge Marie en son Assomption, et aussi sous celui de la Sainte Croix. Un double portail gothique date de 1410. La partie supérieure de la tour octogonale date de 1623 et la statue de la Madone sur la tour du pignon de 1827. Mais la « statue du pèlerinage » est celle qui se trouve à l'intérieur de la chapelle, sur l'autel latéral de droite. On l'appelle la Vierge Miraculeuse, en raison des grâces nombreuses obtenues par son intercession. Dans leur foyer proche de l'église, les Sœurs de saint François d'Assise accueillent à longueur d'année de nombreux visiteurs, pèlerins ou non, seuls ou en groupe et aux motivations diverses grâce à un site exceptionnel : des maisons réparties sur un vaste espace en pleine campagne. Il se situe à 3 km de Marmoutier, à 9 km de Saverne et à 32 km de Strasbourg, en bordure du village de Reutenbourg (67440).

▶ **Offices :** laudes à 7h, du lundi au vendredi (en été, à la chapelle), vêpres à 17h45 suivies de l'Eucharistie, du lundi au vendredi (en hiver, à partir du 1er novembre, à l'oratoire), eucharistie à 11h, chapelet à 17h45 puis vêpres. Samedi, eucharistie à 11h, chapelet à 17h45 puis vêpres. Dimanche, eucharistie à 9h30, vêpres à 16h.

Les jours de fêtes, eucharistie à 9h30, vêpres à 16h.

▶ **Accueil :** les Sœurs de saint François d'Assise accueillent à longueur d'année dans leur foyer des familles, des couples ou des personnes seules, ainsi que les groupes les plus divers : associations, mouvements, paroisses, communautés religieuses, mais aussi des groupes sans lien direct avec la religion, cherchant un lieu calme et une simplicité d'accueil ; des journées de pèlerinage ; des séminaires, des formations. Possibilité de rester juste une journée ou plusieurs jours. Le Foyer reçoit également des personnes individuelles ou des familles pour du repos, en demi-pension ou pension complète avec possibilité de rester jusqu'à deux semaines.

S'agissant de l'hébergement, le Foyer Notre-Dame de Reinacker possède 35 chambres, 63 lits avec douche et WC sans ascenseur. Aussi, 10 salles de réunion de 10 à 150 personnes. Pour la restauration, une salle à manger accueille jusqu'à 100 couverts. Cuisine familiale et soignée.

HOTELLERIE LA PAIX SAINT-BENOIT €

1 à 3, rue Saint-Benoît - **ROSHEIM**
✆ 03 88 50 41 67
benedictines-rosheim.com
Chambre individuelle à partir de 45 € avec petit déjeuner.

Depuis le 15 octobre 1862, les 12 moniales venues du monastère lorrain de Saint-Nicolas de Port vivent ici selon la règle du Bienheureux Père saint Benoît et le charisme de leur fondatrice, Catherine de Bar, au XVIIe siècle. C'est pour cela qu'elles s'appellent « Bénédictines du Saint Sacrement ». Tradition et modernité : un monastère bénédictin pour l'Europe du XXIe siècle ! Saint Benoît a été déclaré par Paul VI, Saint Patron de l'Europe. En 1972, Monseigneur Elchinger, alors évêque de Strasbourg, a voulu que soit soutenue la construction de l'Europe par la prière en un lieu identifié par tous ses diocésains. C'est ainsi qu'il a demandé aux moniales bénédictines de Rosheim de prier particulièrement pour la paix et l'unité de cette nouvelle entité politique. Son successeur, en 1993, Monseigneur Brand, encouragea cette démarche au monastère. Depuis, les moniales soutiennent plus particulièrement par leur prière le travail de l'Observateur permanent du Saint-Siège au Conseil de l'Europe. Côté travail, activité chère à saint Benoît, ces religieuses partagent leur activité entre l'accueil dans leur hôtellerie et fabrication d'hosties. L'hôtellerie qui jouxte le monastère et la ferme aménagée en 1993 et située à l'extrémité du parc du monastère leur permettent de s'investir pleinement dans cette tradition d'accueil bénédictine.

▶ **Offices** : exposition du Saint-Sacrement, tous les jeudis et vendredis le Très Saint-Sacrement est exposé après la messe jusqu'à la fin des vêpres. Le 1er samedi du mois, veillée d'Adoration de 20h30 à 22h. Devant le Saint-Sacrement exposé, les fidèles sont invités à prier avec les sœurs pour les vocations sacerdotales et religieuses.

▶ **Accueil** : les moniales accueillent groupes, familles et personnes isolées qui veulent vivre un temps de réflexion, de paix spirituelle dans une ambiance de prière afin d'y puiser des forces vives pour la recherche de Dieu. À côté du monastère, l'hôtellerie dispose d'une salle à manger, d'un salon, d'un oratoire et d'un jardin ombragé. Grande salle pour réunions ou conférences jusqu'à 60 personnes. Les chambres, individuelles et à deux ou trois lits, sont toutes équipées d'un lavabo, d'une salle d'eau et sanitaires. Dans une ferme aménagée en 1993 à l'extrémité du parc du monastère, on peut disposer de chambres individuelles (douche, WC) très accueillantes et confortables ou de deux petits dortoirs pour six personnes, équipés chacun d'une douche, d'un WC et d'une kitchenette.

CATHÉDRALE NOTRE-DAME ★★★★

Place de la Cathédrale - **STRASBOURG**
www.cathedrale-strasbourg.fr
Cathédrale ouverte en visite libre tous les jours de 7h à 11h20 et de 12h40 à 19h. Plateforme accessible de 9h30 à 20h.

Construite à l'emplacement d'une ancienne basilique rhénane de 1015 détruite par un incendie dont on peut voir les vestiges dans la crypte, la réalisation de Notre-Dame s'étala sur trois siècles entre 1176 et 1439. La cathédrale de Strasbourg est assurément un des chefs-d'œuvre de l'architecture médiévale, mêlant le style roman de son abside et de son transept au style gothique de sa nef et de sa façade.

Sa haute flèche, qui culmine à 143 mètres, a été longtemps le monument le plus haut de la chrétienté. Elle donne toute sa beauté et sa cohérence à ce chef-d'œuvre de grès rose dont Victor Hugo dira : « J'ai vu Chartres, j'ai vu Anvers. Il me fallait Strasbourg, prodige du gigantesque et du délicat. »

Impossible de détailler ici toutes ses richesses mais citons tout de même la rosace, les tympans, les vitraux de la nef dont les plus anciens datent du XIIIe siècle, le pilier des anges, la chaire de style gothique tardif et le buffet d'orgue orné de curieux personnages.

L'horloge astronomique (1547) mérite que l'on s'y attarde. Elle présente un phénomène étrange découvert en 1974 : à chaque équinoxe et à heure précise, si le temps le permet, un rayon de soleil traverse un vitrail et illumine en vert le Christ ornant la chaire.

Autant les édifices romans séduisent par la pureté de leurs lignes autant le gothique, caractérisé ici de « flamboyant », impressionne par sa complexité architecturale et l'impression de verticalité accrue.

On peut accéder à la plate-forme qui constitue la base des six étages de tourelles ajourées qui offre un point de vue exceptionnel à 66 m de hauteur. On y monte via 332 marches.

Avec environ plus de 4 millions de visiteurs par an, la cathédrale de Strasbourg est la deuxième cathédrale la plus visitée de France après Notre-Dame de Paris et ses 12 millions de visiteurs, bien avant Reims et Chartres.

Église-mère du diocèse de Strasbourg, abritant le siège – la cathèdre – de l'évêque, la cathédrale appartient depuis la Révolution à l'État. Cependant, selon une tradition qui remonte au XIIIe siècle, la ville de Strasbourg prend part à son entretien à travers la Fondation de l'Œuvre Notre-Dame (OND).

Siège d'un chapitre de chanoines et d'une paroisse conduite par un archiprêtre, la cathédrale accueille de nombreux fidèles lors des offices du dimanche et de la semaine. Une douzaine de prédicateurs s'y relaient lors des messes dominicales mais elle s'ouvre aussi à des concerts et à d'autres manifestations culturelles, dans le respect de son affectation cultuelle et de son rayonnement spirituel.

MAISON D'ACCUEIL THÉRÈSE D'AVILA €

Rue de Saint Marc - **GUEBERSCHWIHR**
✆ 03 89 49 31 01
Pension complète à partir de 45 €.

En 1873, l'abbé Pierre Paul Blanck voulut fonder, en 1843, au Mont Sainte-Odile une congrégation religieuse se vouant, comme cette sainte, à l'Adoration perpétuelle du Sacrement et au travail manuel. Manquant de moyens financiers il y renonça mais profita en mars 1945 de la mise en vente de l'ancien monastère de Saint-Marc à Guesberschwihr pour l'acheter et y installer aussitôt les premières religieuses qu'il appelle « Sœurs de Saint-Joseph ». Aujourd'hui celles-ci accueillent les personnes désirant participer à l'une de leurs retraites, sessions, ou journées de formation religieuse, organisées tout au long de l'année et dont vous trouverez le détail du calendrier sur leur site. Mais aussi des séjours d'une ou plusieurs journées pour des groupes ayant leur propre animateur ainsi que les personnes souhaitant effectuer des journées de désert en privé.

Offices : le dimanche, laudes à 9h25, eucharistie à 10h (sauf fêtes particulières), vêpres à 18h, complies à 20h. En semaine, laudes à 8h30, eucharistie à 9h (sauf fêtes particulières) vêpres à 18h. Tous les mercredis : Intercession pour les membres de la Confrérie de Saint-Joseph et pour des vocations pour l'Église. 1er jeudi du mois : Adoration continue de 14h à 23h. 1er vendredi du mois : récollection communautaire. Adoration continue. Chapelet : tous les mardis, mercredis, jeudis, samedis à 14h avec la communauté. Adoration : tous les jours Adoration silencieuse dans le Mystère de Jésus-Christ. Eucharistie de 10h à 12h et de 14h à 18h. Confession : tous les vendredis de 16h à 17h à la chapelle du monastère.

Accueil : posez-vous quelque temps en silence, en retraite, en prière… dans cette Maison d'Accueil Thérèse d'Avila, où vous serez les bienvenus ! Dans un écrin de nature et de calme, la maison d'accueil Thérèse d'Avila a pour but de permettre la quête de l'essentiel. Une équipe de religieuses et un prêtre sont au service de votre accueil. Elle dispose pour cela de 39 chambres individuelles équipées d'un cabinet de toilette (douches à l'étage), 5 chambres doubles dont 3 aménagées pour personnes à mobilité réduite. Elle met à votre disposition : un oratoire de 50 places, 2 salles de conférence (50 à 200 places,) des petites salles de carrefours, une salle TV + vidéo, une bibliothèque, une salle à manger pouvant accueillir une centaine de personnes.

Boutique : le couvent possède une boutique où sont en vente de nombreux produits et objets issus de l'artisanat monastique principalement.

MAISON D'ACCUEIL DE NOTRE-DAME DES TROIS EPIS €

18, rue Thierry Schoeré - **LES TROIS EPIS**
✆ 03 89 78 95 95 - www.ndtroisepis.fr
A partir de 45 € par personne en chambre individuelle avec petit déjeuner.

Son histoire commence le 3 mai 1491, avec l'apparition de la Sainte Vierge Marie à un forgeron d'Orbey, nommé Thierry Schoeré, qui se rendait au marché de Niedermorschwihr pour y acheter du blé. Tenant dans une main un glaçon, dans l'autre trois beaux épis sur une seule tige, elle lui dit : « N'aie pas peur, va, plus vite que le pas. Dis aux habitants qu'ils changent de vie et viennent ici en procession. » Mais Thierry Schoeré a eu peur, il n'a pas parlé. Il a fallu ce signe : un sac de blé impossible à soulever, symbole de toutes les peurs qui nous paralysent. C'est alors seulement qu'il transmet le message donné par la Vierge Marie. Dès 1491, plusieurs congrégations se succédèrent pour desservir le sanctuaire, lequel est fermé durant la Révolution. Mais l'amour à la Vierge dans le cœur des fidèles n'hiberne pas. En juillet 1912, les Missionnaires Rédemptoristes s'installent aux Trois-Epis et, depuis cette date, ils y assurent la pérennité du message de Marie. Les Rédemptoristes sont des missionnaires. Où qu'ils soient, ils sont d'abord et avant tout les missionnaires de l'amour de Dieu. Leur « pays de mission » est là où une personne a besoin de se sentir aimée. Ces missionnaires de la Parole vivante, sont des semeurs d'espérance, des communicateurs de la Bonne Nouvelle, des passionnés de Jésus, des serviteurs au service des sans-espoir.

Offices : du lundi à samedi, laudes à 8h45, messe à 9h, Adoration eucharistique de 9h45 à 11h, office du milieu du jour à 11h45, Adoration eucharistique de 15h à 17h, chapelet à 17h30. Tous les mercredis à 19h30 : Groupe « Saint Luc », chapelet et louange charismatique. Le dimanche, messes à 7h30 et à 17h30 (chapelle) et messes à 9h30 et à 11h (église). Célébration mariale avec Salut au Saint-Sacrement tous les dimanches à 15h (chapelle).

Accueil : la Maison d'Accueil des Missionnaires rédemptoristes propose divers hébergements, dans un cadre privilégiant le ressourcement, le confort, l'accessibilité et le calme avec chambres individuelles, doubles, familiales, lumineuses, décorées avec soin, avec salles de bains adaptées et fonctionnelles. Salles de conférences, de réunions, salles multifonctions, salons. Restauration midi et soir, sur réservation. Vaste parking à votre disposition.

Boutique : le magasin Le Grain de Blé propose ses produits monastiques avec cosmétiques et soins, produits alimentaires, objets en bois d'olivier, icônes et bougies, spiritueux, livres – CD et carterie, objets de piété et bijoux.

MAISON SAINT-BERNARD €€

LUCELLE ✆ 03 89 08 13 13
www.cerl-lucelle.fr
Nuit avec petit déjeuner inclus pour 1 personne 36 €.

Aménagé sur le site même de l'ancienne abbaye de Lucelle, le Centre européen de rencontres de Lucelle (CERL), constitue le plus important équipement d'accueil du Sundgau. On vous proposera la nuitée, la pension complète ou la demi-pension. Les prestations spirituelles sont l'organisation de sessions, stages, retraites en groupe ou en démarche isolée. Il vous est également possible de participer aux offices journaliers, et d'échanger avec un prêtre.

Offices : dans la chapelle Notre-Dame de Lucelle. Tous les jours, sauf lundi et samedi, messe à 11h. Dimanches et jours de fêtes : Grand'Messe à 10h30, Sainte Messe à 17h. Également grotte dédiée à la Vierge de Lourdes.

Accueil : une quarantaine de chambres rénovées, avec téléphone, toutes équipées de douches et WC (draps et linge de toilette fournis) ; également salles pour séminaires, colloques et animations de 35 m² à 180 m² (équipées wifi). Autres prestations : ascenseur, parking, salle de télévision, bibliothèque, accès Internet, jardin. Le restaurant, pouvant accueillir jusqu'à 300 convives, vous propose la cuisine du terroir, les spécialités régionales.

Visites : la « voûte du Souvenir » expose les objets que l'on a pu sauver des destructions de l'abbaye au début du XIXe siècle. Une maquette de l'ensemble du domaine immédiat de l'abbaye cistercienne trône au centre de la salle, à l'échelle 1/5 000e. Tout autour sont disposés des panneaux explicatifs sur des thèmes aussi variés que la géologie, l'histoire, l'agriculture, l'industrie du fer, les tanneurs, les tuileries.

MONASTÈRE SAINT JEAN-BAPTISTE D'UNTERLINDEN €

53, Holnet
ORBEY
✆ 03 89 71 23 30
Participation aux frais selon les possibilités de chacun. Prendre contact avec le monastère.

L'histoire de ce monastère de dominicaines commence en 1232. Onze ans après la mort de saint Dominique, un monastère de dominicaines est fondé à Colmar, dédié à saint Jean-Baptiste. Les sœurs y vécurent jusqu'à la Révolution. Aujourd'hui installé à Orbey-Tannach, ce monastère abrite une petite communauté de 9 sœurs se consacrant à la prière et aux louanges. Les moniales proposent d'accueillir des personnes seules ou des groupes qui désirent se ressourcer et partager la prière.

ABBAYE D'OELENBERG ✝

REININGUE
www.abbaye-oelenberg.com
Participation selon vos possibilités.

Fondé en 1046, il s'agissait à l'origine d'un monastère de chanoines réguliers de Saint-Augustin. Situé sur l'une des dernières collines du Sundgau, l'édifice a connu une histoire mouvementée et a été en partie détruit à plusieurs reprises. À la Révolution, l'abbaye est vendue et c'est en 1825 que des moines trappistes s'y installèrent. Ils vivent encore aujourd'hui selon la règle de pauvreté cistercienne. Le magasin monastique propose de la farine et des pâtes produites au moulin d'Oelenberg. Ils accueillent aussi les fidèles pour des retraites spirituelles.

Abbaye d'Oelenberg.

ABBAYE NOTRE DAME D'IGNY ✝

ARCIS-LE-PONSART
✆ 03 26 48 98 98
abbaye-igny.fr
Participation selon les possibilités de chacun.

La Charte de fondation de l'abbaye d'Igny est datée de 1126. Pour remercier saint Bernard de son intercession à Reims pour régler un différend entre le peuple champenois et l'archevêque Renaud de Martigny, ce dernier lui offrit une terre pour fonder un monastère. Les moines de l'abbaye de Clairvaux, dont c'était la quatrième fondation, arrivèrent en 1128. Ils s'installèrent légèrement plus haut et plus au sud que l'endroit actuel, pour être ensuite transférés à l'endroit actuel. Sous l'abbatiat de Guerric, à partir de 1138, le monastère connut un grand rayonnement et la communauté se développa rapidement. Au XIVe siècle, de nouveaux bâtiments sont construits. Les siècles suivants virent la décadence de l'abbaye, avec le régime de la Commende, les guerres dévastatrices, puis la Révolution... Un renouveau timide vint dans la seconde moitié du XIXe siècle, stoppé net par la Grande Guerre. De grandes rénovations ont lieu entre les deux guerres, sur le modèle d'un ancien monastère cistercien, le Loc-Dieu en Aveyron, en habillant la construction de béton d'un revêtement de pierres venant des précédents monastères.

Depuis 2009, après les travaux nécessaires à l'accueil de 65 moniales achevés en 2011, se sont regroupées plusieurs anciennes petites communautés d'autres abbayes qui ont dû fermer faute d'effectifs suffisants, pour refonder une nouvelle communauté plus importante en faveur de leur union : il s'agit de Belval dans le Pas-de-Calais, de La Grâce-Dieu dans le Doubs et d'Igny dans la Marne, puis en 2010 de la communauté cistercienne d'Ubexy dans les Vosges. Pour leur travail les moniales ont créé un atelier de chocolaterie moderne.

Aujourd'hui tous ceux qui viennent au monastère sont reçus par les sœurs avec respect et humanité. La paix, la prière et la Parole de Dieu leur sont proposées de sorte qu'ils puissent se ressourcer et prendre un nouvel élan spirituel.

Leur hôtellerie rénovée accueille les personnes désireuses de trouver un lieu de prière et de silence. Les hôtes peuvent être reçus individuellement ou en groupes. Ils sont conviés à se joindre à la prière de la communauté. Ils peuvent organiser eux-mêmes leur séjour et peuvent demander l'aide spirituelle d'une moniale. Une bibliothèque est à leur disposition. La campagne alentour offre de nombreuses possibilités de détente et de méditation. Durée du séjour à l'hôtellerie limitée à huit jours maximum. Possibilité de prendre les repas en silence dans une salle à manger à part. Chacun assure l'entretien de sa chambre et participe à la vaisselle.

FOYER DE CHARITÉ 🛏 €

4, Grande rue - **BAYE**
✆ 03 26 52 80 80
Frais de séjour : chacun s'acquitte de sa part selon ses réelles possibilités à convenir lors de l'inscription.

À Baye, vous êtes accueilli au cœur du château qui abrite ce Foyer de Charité dans un cadre de nature et de beauté. Lieu propice au repos du corps et de l'âme, cet environnement déconnecte totalement de la vie quotidienne et des pollutions de l'esprit. Le Foyer de Charité appartient à la grande famille des Foyers de Charité, nés de la rencontre en 1936 de Marthe Robin et du père Georges Finet à Châteauneuf-de-Galaure (Drôme). Il anime des retraites spirituelles catholiques qui s'adressent à tous (à partir de 18 ans), quel que soit votre parcours, humain, catéchétique, proche ou loin de l'Église. Lors d'une retraite spirituelle au sein de cette communauté bienveillante, que vous soyez baptisés ou non, pratiquants occasionnels, réguliers ou même non-pratiquants, de confession catholique ou de toute autre religion, venus d'horizons et de milieux très diversifiés, vous serez accueillis absolument de la même façon parmi la « famille » du Foyer. À noter l'offre intéressante de retraites « diététiques » sainte Hildegarde de 6 jours avec du pain à l'épeautre au petit déjeuner et des tisanes de fenouil au goûter. Vous pouvez découvrir le détail du calendrier des retraites prévues en consultant le site Internet du foyer ou en vous renseignant par téléphone.

▸ **Offices** : la fraternité spirituelle vous propose de participer aux 4 prières quotidiennes qui caractérisent l'esprit de famille des Foyers de Charité : la prière de consécration à Jésus par Marie, la prière à la Vierge Marie, la prière à saint Joseph et les 3 invocations à la Vierge Marie, la prière pour demander la béatification de Marthe Robin. Hors des sessions, liturgie de la communauté : laudes à 7h30, messe à 8h30, Adoration du Saint-Sacrement à 18h30.

▸ **Accueil** : vous êtes hébergés dans l'enceinte du château, dans des chambres individuelles ou doubles (avec 2 lits), rénovées, confortables et bien chauffées. Merci d'apporter vos draps et linge de toilette. Pension complète. Les repas sont faits maison, large place à une nourriture saine (fruits et légumes…). Une animation spirituelle pour les enfants de 6 à 12 ans (garderie pour les petits mais nombre limité) est prévue pour certaines retraites et récollections. Objets dont l'apport est conseillé : paire de draps (pour les couples, apporter chacun votre paire de draps en 90 cm, 2 lits par chambre pour les couples), serviettes de toilette et de table, Bible ou Évangile, carnet de notes… Pour pouvoir profiter par tous les temps du parc et des bois, il est prudent d'apporter une tenue de promenade ou de sport.

MONASTÈRE SAINTE-CLAIRE €

2, rue Pierre Bérégovoy - **CORMONTREUIL**
✆ 03 26 86 95 12

Conditions d'accueil et participation aux frais d'hebergement à convenir avec la sœur hôtelière.

Le monastère Sainte-Claire rassemble une communauté d'un peu moins d'une trentaine de femmes, âgées d'une trentaine d'années à 89 ans, dont la joie est d'être rassemblées ensemble dans la simplicité et la fraternité. Chacune a fait l'expérience de la rencontre de Jésus-Christ et a voulu le suivre dans une vie de louanges et de prière pour les hommes et les femmes de ce temps.

Tout au long de l'année le monastère Sainte-Claire de Cormontreuil accueille ceux qui désirent prendre un peu de temps pour se consacrer à la prière, ou simplement se poser un moment, faire silence, réfléchir, se confier à une soeur, recevoir un accompagnement spirituel. Seul ou en groupe, pour 1 heure, 1 journée ou pour 1 semaine (au maximum), la maison des clarisses est ouverte à la quête spirituelle de tous leurs contemporains quels qu'ils soient. La présence de chacun(e) nourrit la prière de toute la communauté, et sa participation à leur liturgie est une joie et est perçue comme un enrichissement pour les moniales. Cette maison d'accueil est simple mais conviviale. Elle dispose aussi d'un petit coin de lecture et d'un oratoire attenant à la maison d'accueil. Enfin précisons que l'accueil s'y fait selon les possibilités de chacun. L'ouverture est limitée à un nombre restreint de personnes. Les sœurs peuvent mettre à disposition au maximum 10-11 chambres avec possibilité éventuelle d'entité familiale. Le nombre total d'accueil est limité à 11 personnes. N'hésitez pas à prendre contact avec les sœurs pour plus de renseignements. À noter, en 2021 est née une chaîne de formation franciscaine en ligne. La formation franciscaine en ligne est ouverte à toute personne désireuse d'approfondir la spiritualité franciscaine. Si le nom de François d'Assise est connu, les possibilités de formation en français restent restreintes. Cette chaîne propose des formations inédites en franciscanisme. Il existe aussi depuis plusieurs années une bibliothèque franciscaine en ligne, tous les détails sur le site Internet.

- **Offices** : messe à 7h25 (10h30 le dimanche), vêpres puis Adoration à 17h30, complies à 20h15. Les mercredis et samedis, messe précédée de l'Adoration à 18h. Le dimanche, laudes à 8h, eucharistie à 11h15, vêpres à 17h30, Adoration à 18h, complies à 20h.
- **Accueil** : une vingtaine de chambres simples ou doubles, avec un réfectoire, et deux petites salles de rencontres ainsi qu'une grande salle de réunion.
- **Boutique** : les sœurs y vendent des hosties, des bougies, des icônes, des vêtements liturgiques, une petite caverne d'Ali Baba version catholique en somme.

MAISON DIOCÉSAINE SAINT-SIXTE €

6, rue Lieutenant Herduin
REIMS
✆ 03 26 82 72 50
www.catholique-reims.fr/stsixte

Chambre seule à partir de 27 €. Petit déjeuner 5 €.

Située entre la cathédrale Notre-Dame et la basilique Saint-Remi, la maison se situe sur la voie des sacres. Elle accueille avant tout l'ensemble des mouvements et services du diocèse. En plein cœur de la ville, elle propose ses équipements pour des formations, des récollections et colloques organisés par des groupes eux-mêmes. Mise à disposition de bureaux, salles de réunion et espaces de réception. Les anciennes « cellules » du séminaire ont été entièrement réaménagées en chambres.

MONASTÈRE DES BENEDICTINES ★

2, place de l'Abbaye - **SAINT-THIERRY**
www.benedictines-ste-bathilde.fr

Participation aux frais d'hébergement à convenir selon vos possibilités lors de votre réservation.

Saint Thierry, disciple de saint Rémi, fonda l'abbaye au Ve siècle. De 1121 à 1135, l'ami de saint Bernard, Guillaume de Saint-Thierry, illustre par ses écrits, en fut l'abbé. En 1777, la communauté sera chassée et l'abbaye entièrement rasée. La vie monastique reprit en 1968 avec l'arrivée des bénédictines de Vanves, communauté fondée par Marguerite Waddington-Delmas, convertie au catholicisme à l'âge de 26 ans. Aujourd'hui, le monastère accueille retraitant(e) s ou groupes désirant partager la prière de leur communauté et y effectuer un séjour d'approfondissement spirituel. La participation à la prière des sœurs est essentielle à cette démarche. L'horaire des journées est rythmé par la prière liturgique de la communauté. Les hôtes sont invités à y participer ainsi qu'à la messe quotidienne. La rencontre avec une sœur est possible au cours du séjour. Il est possible de partager le repas avec les sœurs à l'heure du déjeuner, après la messe.

- **Offices** : matines à 5h25, laudes à 7h50, messe à 12h, none à 14h15, vêpres à 17h30, complies à 20h30. Samedi vigiles à 20h15. Dimanche laudes à 8h, messe à 11h, none 13h30, vêpres à 17h45, complies à 21h30.
- **Accueil :** 18 chambres simples ou doubles avec douche et WC à l'étage. 3 salles de réunion.
- **Boutique :** Le magasin est ouvert du lundi au dimanche de 15h à 17h, mercredi et samedi de 10h à 11h30. La communauté y vend des travaux de composition et d'impression, de restauration de tapis d'Orient, de créations de batiks d'art.

© S. REMAIN - ICONOTEC

CATHÉDRALE NOTRE-DAME DE REIMS ★★★★

2, place Cardinal-Luçon - **REIMS**
✆ 03 26 47 55 34
www.cathedrale-reims.com
Ouvert tous les jours de 7h30 à 19h30 (19h15 dimanche et jours fériés).
Visite des tours : adulte 8 €, réduit 6,50 €.

Merveille d'architecture gothique, la cathédrale Notre-Dame de Reims est devenue dès le XIe siècle, avec le couronnement d'Henri Ier, le lieu de sacre officiel des rois de France. Marqué par les guerres, l'édifice n'a pas pour autant perdu de sa superbe et a été patiemment restauré au cours du siècle dernier. À ses superbes vitraux du XIIIe siècle viennent s'ajouter trois créations modernes de Marc Chagall (1974) et depuis 2011 six vitraux de l'artiste allemand Imi Knoebel.

L'ABBAYE DES PRÉMONTRÉS ✞ ★★★

9, rue Saint-Martin - **PONT-À-MOUSSON**
✆ 03 83 81 10 32
www.abbaye-premontres.com
Ouvert toute l'année. Tous les jours de 10h à 18h. Gratuit jusqu'à 6 ans. Adulte : 6 €.
Hôtel : 71 chambres.

L'abbaye des Prémontrés est un lieu unique en Lorraine, et le plus bel exemple d'architecture monastique de la région. Instiguée en 1608 par la communauté des prémontrés de Sainte-Marie-aux-Bois, elle sortira de terre un siècle plus tard. En 1964, l'abbaye se transforme en centre culturel et est gérée par une association dont la vocation est de sauvegarder son patrimoine, diffuser son histoire et promouvoir des rencontres culturelles. Dans cet écrin de pierres et de verdure classé monument historique depuis 1919, il faut s'attarder dans l'église abbatiale Sainte-Marie-Majeure et dans ses magnifiques jardins. À l'intérieur, les escaliers (rond, ovale et carré) sont à ne manquer sous aucun prétexte. Vous pouvez même séjourner dans l'une des 71 chambres*** de l'abbaye (dont 2 accessibles aux personnes à mobilité réduite), avec vue sur les jardins ou sur la Moselle, qui garantissent un séjour totalement dépaysant et reposant. L'abbaye est composée de trois jardins qui s'étalent sur 2,5 hectares. Créé en 2009, le jardin du cloître ou jardin des Senteurs offre aux visiteurs, durant la belle saison, un bouquet odorant de plantes et de fleurs. La quiétude du lieu, sa palette de couleurs et sa faune variée en font un lieu très prisé. Depuis mars 2018, un jardin à la française a pris place au pied de la grande façade de la cour d'honneur. Suivant l'esquisse d'un jardin régulier, les parterres sont rythmés de topiaires et agrémentés d'ornements tels que des obélisques, des vases d'Anduze et des bancs. À deux pas de là, se trouve le jardin de la Moselle qui s'étend le long de la rivière. Propice à la détente, ce jardin bucolique offre une parenthèse calme et un joli point de vue sur le monument et sur la ville de Pont-à-Mousson. Ce lieu authentique chargé d'histoire se prête parfaitement aux réceptions (séminaires et événements privés) et organise des expositions temporaires, ateliers pour enfants, apéro'expo ouverts à tous tout au long de l'année. L'abbaye des Prémontrés dispose de 6 salles de réception historiques de différentes tailles qui peuvent être aménagées selon les envies, pour y accueillir des évènements divers tels que déjeuner/dîner familial ou entre amis, baptême, communion, anniversaire. Le plus : les cocktails peuvent même avoir lieu dans les somptueux jardins qui offrent une vue imprenable sur la Moselle. Retrouvez sur le site la programmation culturelle riche et variée mêlant expositions, concerts, théâtre, conférences... Une visite incontournable en Lorraine, à seulement 20 minutes de Nancy et Metz.

MONASTÈRE SAINTE-CLAIRE 🛏 €

24, rue Sainte-Colette
VANDOEUVRE-LÈS-NANCY
✆ 03 83 55 42 86
Se renseigner par téléphone sur les disponibilités et les conditions d'accueil en fonction des moyens de chacun.

Fondé en 1447, à Pont-à-Mousson, par sainte Colette la réformatrice de l'ordre. Lors de la Révolution, le couvent fut partiellement détruit et les clarisses chassées en 1972. C'est sous l'impulsion de sœurs venus de Renaix en Belgique que la vie religieuse de l'ordre de sainte Claire, reprit dans cette banlieue de Nancy en 1921. De nos jours les religieuses n'accueillent que des dames pour des retraites individuelles dans un cadre monacal et avec quelques chambres seulement ou des groupes pour des journées de réflexion uniquement.

CARMEL DE VERDUN ✞

25, rue Saint Victor - **VERDUN**
✆ 03 29 86 03 97
www.carmelverdun.fr
Participation à convenir à la réservation.

Verdun accueille les « Filles de Sainte-Thérèse » en 1634. Le carmel disparaît à la Révolution française le 14 mai 1790. En 1924, les carmélites de Rouvroy, en Belgique, issues de la communauté de Nancy cherchèrent à revenir en France. Le diocèse de Verdun les accueillit avec joie. La messe de fondation a été célébrée le 11 novembre.

Dans la suite de son histoire, la communauté aura la joie d'entrer avec enthousiasme dans le mouvement initié par le Concile Vatican II. En 1974, une de ses sœurs partira en Afrique avec deux autres sœurs des Carmels de Tours et Troyes pour fonder le Carmel de Brazzaville. Ce monastère accueille, pour quelques jours, les personnes qui désirent faire une retraite, en silence et en solitude, dans un monastère, soutenues par la prière liturgique d'une communauté.

- **Offices :** en semaine, oraison à 6h15, laudes à 7h15, messe à 8h, sexte à 11h55, vêpres à 17h, oraison à 17h30. Le dimanche, laudes à 7h15, messe à 8h, sexte à 11h45, Adoration à 16h45, vêpres à 17h45.
- **Accueil :** capacité limitée à six chambres (dont une à deux lits), avec une salle de bains, une salle à manger, une kitchenette, une salle pour l'accueil de groupes, un salon et un petit jardin. Les repas peuvent être servis à l'accueil.
- **Boutique :** articles de literie confectionnés au monastère avec couvertures piquées en laine, édredons, couettes, oreillers, coussins tapisserie, gigoteuses. Point de vente ouvert tous les jours de 9h30 à 16h30 (sauf les dimanches et les jours de fête). Mais aussi vente en ligne sur : www.ateliers-plumlaine.com.

L'abbaye des Prémontrés à Pont-à-Mousson.

CENTRE SPIRITUEL BETHANIE

Prieuré Notre-Dame et Saint-Thiébault
GORZE
✆ 03 87 52 02 28
www.centre-bethanie.org/
Participation libre aux frais d'hébergement.

Le Centre Béthanie est un centre œcuménique ouvert à tous. La communauté, non confessionnelle, qui y réside est orthodoxe. Elle occupe depuis 25 ans le prieuré Saint-Thiebault, à l'écart et au calme, pour tenter de vivre au quotidien l'enseignement donné à Béthanie et pour permettre l'accueil des sécessionnistes en s'inscrivant concrètement dans le projet de Béthanie. Aujourd'hui, il y a 10 adultes dont 2 femmes consacrées. La communauté de Béthanie organise tout au long de l'année des sessions spirituelles et retraites dont le programme peut être consulté sur le site Internet. Elle reçoit aussi toutes personnes pour des séjours spirituels individuels ou en petits groupes. w Offices : la liturgie de la communauté est orthodoxe, mais en français avec chants s'apparentant au grégorien. Pour les sessions, messe le soir à 18h. Sinon, à 10h30 (19h le mercredi soir). Méditation puis laudes à 7h15, tierce à 9h15, sexte à 12h, none à 15h, vêpres à 18h30, complies à 21h (sauf le mardi).

Le centre possède une capacité d'accueil jusqu'à 60 personnes lors des sessions, avec chambres simples, doubles ou multiples. La durée d'accueil est limitée à 5 jours, au-delà desquels une retraite peut devenir trop longue pour la plupart. Petit déjeuner et repas de midi sont pris en commun. Accès ouvert à la bibliothèque. Salles de réunion. La boutique propose la vente d'icônes et de nombreux objets religieux. Librairie d'ouvrages de la communauté et CD de liturgie.

CARMEL DE LA TRINITE €

80, rue général de Gaulle
PLAPPEVILLE
✆ 03 87 32 83 38
www.carmeldemetz.fr
Participation libre aux frais d'hébergement.

Ce carmel a été fondé en 1623 par cinq carmélites venant du premier couvent de Paris. Peu après leur arrivée à Metz, les sœurs s'installèrent sur la paroisse Saint-Gengoult jusqu'à la Révolution qui les dispersa. 70 ans plus tard, à la demande de la comtesse de Briey, un nouveau petit groupe de moniales vint, en août 1861, rétablir le carmel. Elles s'installèrent sur la colline du Haut de Sainte-Croix, non loin de la cathédrale. Depuis, les moniales ont assuré la fabrication des hosties pour tout le diocèse en même temps que l'accueil de retraitants.

CENTRE SPIRITUEL DES AMIS DE LA DIVINE PROVIDENCE

14, rue Principale - **SAINT-JEAN-DE-BASSEL**
✆ 03 87 03 00 57
Participation à décider à la réservation.

Le couvent de la Divine Providence est la maison mère de cette congrégation de femmes venues des quatre coins du monde. Leur histoire commence au XVIIIe siècle lorsque Jean Martin Moyë, jeune prêtre, vicaire dans la ville de Metz, découvre les populations abandonnées dans la campagne environnante. Ému par leur détresse, il imagine un projet pour lutter contre l'ignorance qui maintient ces personnes dans des situations précaires. Il en fait part à Marguerite Lecomte et à trois de ses jeunes compagnes d'origine modeste. Le 14 janvier 1762 envoyées par Jean Martin, Marguerite et ses compagnes acceptent de demeurer dans les hameaux perdus de Saint-Hubert, de Befey, de Vigy et de Vry. Elles vivent parmi les gens, partagent leur dur quotidien et leur enseignent les « choses nécessaires au salut ». Pour les Sœurs, c'est le début d'un long partenariat en réponse au projet de Dieu. Aujourd'hui elles sont en mission en France, Belgique, Madagascar, Côte d'Ivoire, Comores, États-Unis et Équateur. Elles accompagnent ceux que l'ignorance prive de leur dignité.

La gestion de l'accueil de son centre spirituel est assuré par l'Association des Amis de la Providence qui peut recevoir toute l'année des groupes, des hôtes individuels pour des haltes spirituelles, des retraites et des sessions de formation humaine et spirituelle aussi bien pour des enfants et des jeunes que pour des adultes. Les Sœurs de la Divine Providence sont engagées avec des laïcs dans cette mission d'accueil et d'accompagnement. Les possibilités d'aide spirituelle sont nombreuses. Vous pouvez selon vos souhaits prier seul(e) ou avec d'autres, échanger avec une sœur, partager la prière de la communauté, faire une retraite individuelle, seul(e) ou accompagné(e) ou bien participer à une retraite animée déjà organisée, et aussi vivre un temps de repos dans un cadre de silence et de paix. Enfin pour des groupes, organiser une retraite, session, rencontre. Vous y serez reçu dans un cadre champêtre avec parc, forêt dans un environnement particulièrement calme.

▸ **Offices :** laudes à 7h30, vêpres et messe à 18h (sauf samedi 11h45 et dimanche 11h), vêpres à 18h le samedi et le dimanche.

▸ **Accueil :** capacité d'accueil maximale 90 personnes avec chambres simples et doubles avec sanitaires privés ou collectifs. Ascenseur, accessibilité aux personnes à mobilité réduite. Possibilité de location chambre seule, petit déjeuner, demi-pension ou pension complète. Location de draps. Parking.

HAUTS-DE-FRANCE

Riche de ses paysages, de son histoire et de son patrimoine, la région des Hauts-de-France offre une grande variété d'opportunités de séjours spirituels. Elle se démarque par son territoire étendu et par ses singularités, comptant la Côte d'Opale et sa fameuse baie de Somme, qui appartient au club des plus belles baies du monde. Avec de nombreuses réserves naturelles et ornithologiques, la région séduit les amateurs de nature. Elle possède aussi de nombreux atouts du côté culturel et industriel. Parmi les régions les plus industrialisées de France, elle a su très tôt voir l'intérêt de développer son tourisme industriel et s'engage dans la valorisation de son patrimoine et de son histoire. Capitale européenne de la culture, Lille a su développer son attractivité autour de nombreux événements culturels, qu'elle ne cesse de développer. Fière de son passé, tournée vers l'avenir, c'est une région qui vous surprendra !

MAISON SAINTE-CROIX €

60, rue du Val
BELLEU
✆ 03 23 73 22 25

Tarifs variés selon le séjour, contacter directement l'accueil. 80 couchages maximum. Pension ou demi-pension.

Au milieu d'un superbe parc de 11 hectares, qui se prête au recueillement comme à la détente la Maison Sainte Croix est un lieu d'accueil et de ressourcement intéressant pour des groupes déjà constitués, confessionnels ou autres, avec leurs propres animateurs. La Maison peut recevoir des mouvements, des groupes religieux comme des institutions scolaires, pour des temps de retraites, de récollections ou de sessions. Jeunes comme adultes trouveront ici un lieu calme et paisible idéal pour partager, approfondir leur réflexion ou leur spiritualité.

MONASTÈRE SAINTE-CLAIRE €

25, Rue de Bihécourt - **VERMAND**
✆ 03 23 66 48 90

Quelques chambres pour des retraites individuelles de dames. Participation aux frais à convenir avec la mère supérieure.

Le monastère des Clarisses a été fondé en 1985 par des sœurs de Tinqueux (Marne) qui résident depuis quelques années du côté de Cormontreuil, non loin de Tinqueux. Comme le souligne Sœur Anne, « notre première mission, c'est la prière », à raison de 35 heures par semaine. A ce jour, à Vermand, le monastère des Clarisses compte sept sœurs, qui ont toutes fait vœu de pauvreté. Leur subsistance dépend essentiellement des dons de nourriture qu'elles reçoivent des paroissiens des environs. Leur vie est partagée entre vie solitaire, un retour sur soi et un temps essentiel de rencontre du Christ, et vie communautaire qui est l'essence d'une vie monastique quel que soit l'ordre. Chaque jour, elles consacrent cinq heures à la prière, mais aussi, outre les tâches ménagères, elles pratiquent le jardinage qui les aide à subvenir à leurs besoins en plus des dons. Toutefois, elles ne vivent pas totalement recluses dans leur monastère et sont totalement intégrées à la vie communautaire locale. Elles accueillent aussi régulièrement des visiteurs venant prier seuls ou avec elles dans la chapelle, pour un moment de recueillement personnel ou un partage avec les sœurs. Elles reçoivent aussi des groupes jusqu'à 35 personnes pour une journée de partage de leur vie monastique. Mais aussi d'autres personnes qui s'y rendent pour une retraite ou se ressourcer loin des turpitudes de la vie quotidienne.

Offices : office de lectures à 6h30, laudes à 8h, messe à 11h15 (jeudi et vendredi 18h) suivie de l'adoration du Saint-Sacrement, complies à 20h15.

MAISON DE LA TRINITÉ CERFROID

BRUMETZ
✆ 03 23 71 44 39
http://comcerfroid.blogspot.com

Participation aux frais à discuter lors de la réservation.

La Maison de la Trinité de Cerfroid a été fondée par le Provençal saint Jean de Matha en 1193. Au lendemain de la célébration de sa première messe, il eut l'inspiration qui le poussa à fonder l'Ordre de la Très Sainte Trinité et de la Rédemption des Captifs. Il se retira dans les bois de Cerfroid pour y vivre avec des ermites. La noblesse des environs lui offrit des terres et une maison pour sa mission : racheter des chrétiens prisonniers en Orient et réaliser des œuvres de Miséricorde. En huit siècles, plus de 100 000 captifs ont été rachetés par les Trinitaires, dont Miguel de Cervantès (auteur de *Don Quichotte*). Leur action est appuyée par le pape Innocent III dès 1198. La propriété actuelle date du XIIIe siècle. Elle a été offerte par Gaucher III de Châtillon, un proche du roi Philippe Auguste.

La Maison de la Trinité de Cerfroid deviendra dès lors le chef d'ordre des Trinitaires ou Mathurins jusqu'à la Révolution. Le Ministre Général y établit sa résidence jusqu'en 1462 et les chapitres généraux de l'Ordre s'y tiendront. Par l'édit de Montmorecy signé en 1632, le roi Louis XIII introduit les Trinitaires réformés de la congrégation de Pontoise et ils y resteront jusqu'en 1792. Vendue comme bien national, la propriété passera de main en main et en 1867, le Trinitaire Calixte de la Providence la racheta et y installa un noviciat et une maison d'orphelins. Par manque de vocation, il quitta la maison vingt ans plus tard. Il faudra attendre 1944 pour que les religieuses titulaires de Valence la reprennent et y établissent une école ménagère pour les jeunes filles des villages environnants. Les pères, de retour en France en 1970, y installent un noviciat dès 1986 et assurent avec les religieuses un service d'accueil et d'accompagnement spirituel.

Aujourd'hui, la Maison de la Trinité de Cerfroid, berceau de l'ordre des Trinitaires (congrégation apostolique), se situe au sein d'un cadre naturel et magnifique. C'est une Maison où l'on séjourne dans une ambiance familiale, avec des sœurs, des frères et des laïcs, heureux de vous accueillir. Elle offre l'hospitalité à toute personne, seule ou en groupe, qui désire vivre un ou plusieurs jours dans un lieu de prière, pour un temps de retraite, de récollection ou de repos. Le lieu dispose pour les groupes d'une grande salle avec cloison amovible et de 3 autres salles qui peuvent contenir de 10 à 20 personnes. La chapelle de la communauté est à la disposition des hôtes.

ABBAYE SAINT-JEAN-DES-VIGNES ★★★

Rue Saint-Jean - **SOISSONS**
✆ 03 23 53 17 37
www.soissons.catholique.fr

Ouvert toute l'année du lundi au vendredi de 10h à 12h15 et de 13h30 à 18h ; le week-end de 10h à 12h15 et 13h30 à 19h.

L'Abbaye Saint-Jean-des-Vignes est un incontournable de la ville de Soissons. Les ruines ont conservé d'élégantes flèches hautes de 75 m. Arpentez le remarquable réfectoire, le très beau cloître du XIIIe siècle et le logis abbatial. Le Centre d'Interprétation de l'Architecture est installé dans l'ancien logis de l'Abbé entièrement restauré. A côté d'une remarquable maquette de l'abbaye, des panneaux explicatifs permettent de mieux appréhender l'histoire de la ville et du patrimoine.

Abbaye du Mont des Cats.

ABBAYE DU MONT DES CATS ✞

2470, route du Mont des Cats - **GODEWAERSVELDE**
✆ 03 28 43 83 70 - www.abbaye-montdescats.com
La grand-messe a lieu le dimanche à 11h.
Les horaires des autres offices sont affichés à l'entrée du monastère.

Vers 1650, les frères Antonins s'installent au sommet du Mont des Cats, qui dépend de l'évêque d'Ypres. En 1689, les frères sont rattachés à la communauté de Saint-Antoine, vivant sur le Mont Kemmel. En 1792, l'ermitage est supprimé. L'artiste peintre, originaire d'Hazebrouck, qui rachète les bâtiments souhaite faire revivre l'abbaye, non seulement pour la prière mais aussi pour éduquer les enfants. C'est ainsi que des moines trappistes venus de l'abbaye de Notre-Dame du Gard s'installe le 26 janvier 1826. Trop à l'étroit dans l'ermitage des Augustins, ils en construisent un autre et agrandissent les bâtiments de l'école. Fin XIXe siècle, un nouveau monastère voit également le jour. Durant la guerre de 1914-1918, l'abbaye servit de garnison et d'hôpital. L'offensive allemande devenant menaçante pour le Mont des Cats, les moines sont évacués pour reprendre possession des lieux à la fin de la guerre. La dédicace de l'église abbatiale rénovée eut lieu le 30 août 1950 en présence d'un nonce apostolique à Paris, Monseigneur Roncalli, futur pape Jean XXIII. Le monastère accueille des retraitants individuels, en groupe ou en famille, qui cherchent un approfondissement dans leur vie de prière. Une partie des bâtiments leur est réservée et un frère est présent pour les écouter et dialoguer. La participation à la liturgie de la communauté est souhaitable.

▸ **Offices** : vigiles à 4h15, laudes à 6h30 (6h15 le dimanche), tierce à 8h30 (8h45 dimanche, sauf mardi, mercredi, vendredi, samedi), messe à 8h30 mardi, mercredi, vendredi et samedi (11h dimanche), sixte à 12h sauf dimanche, none à 14h (14h15 dimanche), vêpres à 17h15 mardi, mercredi, vendredi et samedi (16h dimanche), messe lundi et jeudi à 17h15 (17h45 dimanche), complies à 20h.

▸ **Accueil** : 28 chambres disponibles (dont neuf à 2 lits), connexion wifi sécurisée dans les chambres, participation libre à la prière des moines, repas en silence, vaste jardin. Horaires des repas : petit déjeuner en libre-service de 5h à 9h, déjeuner à 12h20 en semaine, 12h30 le dimanche, dîner à 18h15. Durée possible du séjour de 1 à 10 jours.

▸ **Boutique** : CD du monastère, pains spéciaux, fromages. Les moines de l'abbaye du Mont des Cats se sont fait une spécialité de produire du fromage de haute qualité. Vous trouverez sur leur site Internet de belles photos du processus de fabrication, et vous pouvez bien entendu acheter un échantillon de cette production en boutique. Egalement sur le site Internet, une sélection d'ouvrages religieux assez intéressants, que vous pouvez commander directement.

MAISON DIOCÉSAINE D'ACCUEIL MERVILLE 🛏 €

70, rue Victorine Deroide
MERVILLE
✆ 03 28 42 82 27
mda-merville.com
Tarifs selon les prestations, se renseigner directement.

La Maison d'accueil de Merville est la plus grande maison diocésaine au nord de Paris. Elle reçoit aussi bien des groupes d'Église que des mouvements, des familles ou des individuels qui cherchent un lieu où se poser, se retrouver, vivre leurs sessions, leurs retraites spirituelles dans un lieu propice. Elle dispose pour cela d'une grande capacité d'hébergement, de nombreuses salles de réunion, de salles à manger, de lieux de célébration et d'un grand parc.

PRIEURÉ SAINT-DODON 🛏 €

18, Grand-Rue - **MOUSTIER-EN-FAGNE**
✆ 03 27 61 81 28
Conditions d'accueil et participation aux frais d'hébergement à convenir avec la mère supérieure.

Le Prieuré Saint-Dodon à Moustier-en-Fagne est aujourd'hui un point de repère pour les chrétiens, dans une société qui ne se réfère plus aux mêmes valeurs. C'est pourquoi il y maintient, seul dans la région, l'Eucharistie de rite latin chaque fin d'après-midi. Le travail au prieuré comprend, outre les charges habituelles d'une telle maison, la peinture d'icônes (sur commande seulement) et l'accueil des hôtes retraitants. Les bénédictines célèbrent des offices de rite byzantin, célébrés en français. Elles accueillent des retraitants individuels, ou en groupes.

MONASTÈRE NOTRE-DAME DE LA PLAINE 🛏 €

287, avenue de Lattre-de-Tassigny
SAINT-ANDRÉ-LEZ-LILLE
✆ 03 20 51 76 20
Conditions d'accueil et participation aux frais d'hébergement à convenir avec la mère supérieure.

Ce monastère, bâti progressivement autour de l'ancien château de la Cessoie acquis en 1948, est la maison générale de l'ordre des cisterciennes bernardines d'Esquermes. Sa communauté comptait, en 2017, 35 sœurs, d'origines et d'âges divers (de 31 à 103 ans). Participation possible à la liturgie du monastère. Des groupes de jeunes peuvent être accueillis. Des salles de réunion sont mises à disposition pour des journées de réflexion ou des rencontres.

CENTRE SPIRITUEL DE HAUTMONT €

31, rue Mirabeau - **MOUVAUX** ✆ 03 20 26 09 61
www.hautmont.org

Tarifs sur devis pour individuels, groupes et hébergement.

L'histoire du Centre spirituel du Hautmont commence en 1888, alors qu'un groupe d'industriels et commerçants acquiert un vaste terrain vallonné à Mouvaux, et lance les travaux de la maison de retraites. Dès 1890, «Notre-Dame de Hautmont» accueille ses premiers retraitants. Mais de nombreuses vicissitudes provoquent l'arrêt de ces activités quelques années plus tard, qui ne reprendront qu'en 1953. Situé au cœur de la Métropole lilloise, le centre est un lieu d'Eglise qui accueille toute personne et tout groupe en recherche de sens sur sa vie, sur l'évolution de la société et sur Dieu. Sa pédagogie s'inspire particulièrement de l'expérience humaine et spirituelle vécue par saint Ignace de Loyola, fondateur des Jésuites. Monseigneur Laurent Ulrich, archevêque de Lille, a confié la gestion de ce lieu à la Communauté de vie chrétienne (communauté de laïcs en partenariat avec Fondacio). Au travers de ses programmes, un vrai développement de la personne et de la vie en société avec une croissance spirituelle. Elle apporte accueil et écoute, accompagnement spirituel, possibilité de prière (lieux et temps ouverts à tous), mais aussi accueil de groupes extérieurs et de familles (location de salles, hébergement et restauration). Un parc arboré de 8 hectares vous permettra de trouver le « silence intérieur » et la paix nécessaires à toute retraite ou session. Des parcours variés, une grotte de Lourdes, deux petits étangs, quelques animaux au pré lui donnent un cadre champêtre, malgré la zone urbaine qui l'entoure. Vous pourrez vous y promener et vous y détendre pendant tout votre séjour. C'est pour cela que le parc reste privé, et n'est pas ouvert au public. De plus, il existe, aux alentours, des circuits de promenade et des balades pédestres accessibles à tous. Plans disponibles à l'accueil.

- **Offices** : il n'y a pas de liturgie fixe, mais adaptée à chaque session ou retraite. Possibilité d'utiliser la chapelle ou les trois oratoires de la maison.
- **Accueil** : nombreux équipements et grande capacité d'accueil avec une salle de 230 places (ou deux salles de 115 personnes), le chalet haut (capacité 80 personnes) et bas (capacité 30 personnes) équipé d'une cuisine, 10 salles permettant d'accueillir de 10 à 30 personnes, 40 chambres (pour 90 couchages maximum) dont 14 sont équipées de douches et WC. Un restaurant proposant différents types de repas, buffets et cocktails. Enfin une chapelle et 3 oratoires ainsi qu'une bibliothèque sont également à disposition.

© CT

CATHÉDRALE SAINT-PIERRE ★★★★

Rue Saint-Pierre - **BEAUVAIS**
✆ 03 44 48 11 60
www.cathedrale-beauvais.fr
Accès libre à la cathédrale de 10h à 18h15 d'avril à octobre, et de 10h à 12h15 et de 14h à 17h15 de novembre à mars.

Le chœur gothique le plus haut du monde, c'est ce qui rend célèbre cette cathédrale. L'effet de verticalité est d'autant plus impressionnant que le reste de l'édifice n'est pas achevé. Au XIIIe siècle, Beauvais est à l'apogée de sa puissance et l'évêque-comte Milon de Nanteuil décide de construire la plus haute et vaste église du royaume, à la place de l'ancienne église (dont on peut voir encore aujourd'hui une partie accolée à la façade ouest, et que l'on appelle « la Basse œuvre »). Les travaux commencent en 1225. Le chœur et le bas-côté oriental du transept sont terminés en 1272, mais sa hauteur le fragilise, et en 1284, l'effondrement d'une partie de la voûte marque les esprits. Vont alors commencer des travaux de consolidation jusqu'en 1340. Le chantier est ensuite interrompu faute de financement et à cause de la guerre de Cent Ans. De 1500 à 1550, sous la direction du renommé Martin Chambiges, le transept est construit. Ses successeurs prennent l'initiative d'ériger une tour lanterne (110 m) à partir de 1563, forçant à l'arrêt les travaux de la nef, qui avaient comme objectif de consolider la construction. La tour est terminée en 1569, mais s'effondre au bout de quatre années ! Faute de fonds, la nef ne sera ensuite jamais réalisée. Si la Révolution française a privé la cathédrale des statues qui ornaient son portail et de bien des éléments de son décor intérieur, vous pouvez encore admirer quelques peintures et des vitraux et l'horloge astronomique (52 cadrans, 68 automates jouant la scène du Jugement dernier).

CARMEL SAINT-JOSEPH ✞

38, rue de Varanval - **JONQUIÈRES**
✆ 03 44 37 01 00

Conditions d'accueil et participation aux frais d'hébergement à convenir avec la mère supérieure.

L'histoire tragique des carmélites de Compiègne pendant la Terreur a été racontée par l'écrivain Bernanos et mis en opéra par Francis Poulenc. Le carmel de Compiègne est issu des monastères d'Amiens et de Paris. En 1641, les huit carmélites fondatrices prennent possession de la maison dite de la « toison d'or ». Après plusieurs déménagements, elles entrent dans leur monastère en 1648. La proximité de la Cour vaudra à la communauté de nombreuses visites et les bienfaits d'Anne d'Autriche, de Louis XIV puis de Marie Leczinska et de ses filles. En 1792, les sœurs sont expulsées mais continuent discrètement à vivre leur vie religieuse. Elles offrirent alors leur vie à Dieu, pour que la paix soit rendue à l'Église et à l'État. Dénoncées et arrêtées, elles sont incarcérées le 22 juin 1794 au monastère de la Visitation avant d'être transférées à la Conciergerie de Paris. Elles seront guillotinées le 17 juillet, sur l'actuelle place de la Nation. Les religieuses montèrent à l'échafaud en chantant le *Veni Creator*, devant une foule médusée et bouleversée. La Révolution de 1848 dispersa les sœurs. En 1867, sous la conduite de Mère Marie-Thérèse de l'Enfant-Jésus, quelques religieuses du carmel de Troyes s'installèrent dans une masure, en périphérie de la ville. La construction du monastère est achevée en 1872 et celle de la chapelle en 1888. En 1896 s'ouvre un procès en béatification des carmélites guillotinées. C'est le pape Pie X qui procédera à leur béatification en 1906. En raison du grand nombre de novices, le carmel fonda une autre maison dans le diocèse de Beauvais en 1892. Les lois anticléricales, au début du XXe siècle, chassent les sœurs qui s'exilent en Belgique. Dans les années 1980, le monastère devient trop petit et trop vétuste. Les carmélites décidèrent d'en construire un nouveau à Jonquières à dix kilomètres à l'est de Compiègne. Il fut inauguré en 1992. Dans la crypte de l'église sont conservés les souvenirs des carmélites martyres, dont les corps reposent au cimetière de Picpus (Paris XIIe).

▸ **Offices** : laudes à 7h30, Eucharistie à 11h, vêpres à 18h et complies à 20h15. L'église du monastère est ouverte tous les jours de 6h à 21h et la crypte à partir de 8h à 17h pour les personnes désirant partager la prière silencieuse et la liturgie de la communauté.

▸ **Accueil :** accueil très restreint pour des personnes souhaitant effectuer une retraite individuelle.

▸ **Visites :** sur demande téléphonique préalable au carmel, vous avez la possibilité d'accéder au Mémorial des carmélites martyres qui se trouve à Jonquières.

LA FERME DE TROSLY

23, rue d'Orléans - **TROSLY-BREUIL**
✆ 03 44 85 34 70
www.lafermedetrosly.fr

Nuit et petit-déjeuner 34 € pour une personne seule.

Située en lisière de la forêt de Compiègne, la Ferme est le lieu de fondation de la communauté de l'Arche par Jean Vannier. Elle est située dans le vieux village de Trosly-Breuil, à la lisière de la forêt de Compiègne. L'ensemble des bâtiments et le jardin avoisinant, rénovés dans le respect du style des maisons du Soissonnais, créent un milieu harmonieux d'accueil et de prière. Enracinée dans l'église catholique, la communauté formée de laïcs a une vocation spécifique de prière et d'accueil. Ses membres partagent leur vie dans un esprit familial, dans l'environnement des foyers de l'Arche qui accueillent des personnes avec un handicap. Ceci marque sa spécificité et son originalité. C'est également un foyer d'adoration centré sur l'Eucharistie, et un centre spirituel accueillant retraites et sessions. La Ferme accueille aussi des personnes seules, en couple ou en famille pour des temps de ressourcement dans une ambiance familiale. Ils peuvent participer à la vie de prière et communautaire de La Ferme. L'Arche pratique depuis toujours l'ouverture et la tolérance envers les multiples différences vécues au sein de la famille humaine, qu'elles soient culturelles, religieuses, ou sociales.

▸ **Offices** : laudes à 8h45 du lundi au vendredi, Eucharistie à 18h (sauf jeudi et samedi à 11h). Les offices ont lieu dans la chapelle de l'Arche.

▸ **Accueil** : capacité d'accueil 40 personnes environ. Pour les sessions organisées, noter qu'elles commencent le soir du jour prévu avec le dîner et se terminent un après-midi. Merci d'apporter vos draps.

PRIEURÉ NOTRE-DAME DE CANA €

37, rue du Château
TROUSSURES
✆ 03 44 47 86 05
www.stjean-troussures.fr

Pension complète : 45 € par personne et par jour. Pour les groupes et retraites se renseigner.

Le prieuré Notre-Dame de Cana : un lieu de prières et de paix ouvert à tous animé par la congrégation Saint-Jean depuis Pâques 1997. Les frères vous proposent de partager la vie du prieuré, la messe, les offices et les repas. Vous pouvez demander un accompagnement spirituel. Organisation de retraites thématiques, haltes spirituelles, retraites du temps liturgique, retraites de couples. Autres équipements : une chapelle, des salles de conférence, une librairie.

MAISON SAINT-VAAST €

103, rue d'Amiens
ARRAS
✆ 03 21 21 40 38
arras.catholique.fr/accueil-hotellerie
Tarifs détaillés sur le site ou par téléphone. Chambres simples à partir de 30 € par nuit.

Au cœur de la Maison diocésaine d'Arras, la Maison Saint-Vaast permet l'accueil des groupes de la société civile ou bien religieuse, sur réservation préalable uniquement. Tout en étant à proximité du centre-ville, c'est un lieu propice au calme car il se situe au milieu d'un grand parc. Lieu de formation comme de partage, cet espace offrant convivialité et vie fraternelle peut vous fournir un lieu de ressourcement. On y retrouve ce que chacun veut bien y apporter : joie, paix, amitié, et prière dans la chapelle ou l'oratoire.

MAISON DIOCÉSAINE LES TOURELLES

12, avenue de l'Yser - **CONDETTE**
✆ 03 21 83 71 42
www.les-tourelles-de-condette.fr
Participation aux frais selon les moyens de chacun.

Entre Boulogne-sur-Mer et Le Touquet en pleine Côte d'Opale, la maison diocésaine des Tourelles est située au milieu d'un parc non loin de la mer et d'une forêt. Les Caps Blanc-Nez et Gris-Nez ne sont pas loin non plus. Elle accueille pour des séjours de durée variable, dans une ambiance familiale et de liberté, aussi bien des personnes seules, des familles, des religieux (ses), des prêtres, des jeunes, en pension complète. Elle accueille aussi des groupes autonomes pour une journée, un week-end, une semaine, pour des formations, des rencontres, des retraites de professions de foi, des temps forts. Elle propose également son propre programme de sessions avec sa propre équipe d'animation composée d'un prêtre et de laïcs. C 'est un lieu où chacun peut se reposer, reprendre son souffle ou faire le point. Chaque jour prières et eucharistie vous sont proposées avec trois lieux de prière à disposition : la chapelle et deux oratoires. Les offices règlent la journée monastique, l'eucharistie a lieu tous les jours à 11h. Possibilité pour des groupes de pratiquer leur propre liturgie s'ils le souhaitent, avec l'accord de l'organisation. La maison dispose de 47 chambres à 1 ou 2 lits, pour une capacité totale de 80 personnes. Ce sont aussi des salles de réunion équipées de vidéoprojecteurs et de wifi très haut débit, une grande salle de conférence pouvant accueillir 200 personnes équipée d'un vidéoprojecteur et de wifi très haut débit, plusieurs salles à manger, un oratoire et une chapelle.

ABBAYE SAINT-PAUL

50, rue de l'École
WISQUES
✆ 03 21 12 28 50
www.abbaye-saint-paul-wisques.com
Tarifs à convenir avec le père hôtelier.

1833 : Dom Prosper Guéranger restaure la présence bénédictine en France, en fondant l'abbaye Saint-Pierre à Solesmes. Il en devient le premier abbé (de 1837 à 1875) et donne naissance à la Congrégation de France, dite ensuite Congrégation de Solesmes. En 1889, quelques moines de Solesmes rejoignent l'abbaye des bénédictines de Notre-Dame à Wisques en tant que chapelains des moniales. Ils forment le noyau du nouveau monastère de Saint-Paul, lequel est érigé en prieuré conventuel autonome en 1895 et en abbaye en 1910.

Vous éprouvez le besoin de faire une pause pour réfléchir, prendre une décision, aller à la rencontre du Seigneur ? Vous cherchez un lieu de silence et de recueillement, et vous voulez partager avec la communauté la prière liturgique de l'Église ? L'abbaye peut vous accueillir selon ses disponibilités du moment avec un accueil monacal grâce à quelques chambres, une bibliothèque, une salle de réunion et un oratoire où méditer, prier, pour des séjours ne dépassant pas une semaine. Les offices comme toujours rythment la journée, ici à base de chants grégoriens et psalmodie en français. Matines à 5h30, laudes à 7h30, messe chantée à 9h45, vêpres à 18h, complies à 20h30. Pour l'accueil, quelques chambres à 2 lits, le reste en chambres individuelles, une salle de réunion, et un oratoire où méditer, prier. Également présence d'une boutique : le magasin de la communauté propose ses productions de céramiques qui peuvent aussi être commandées par Internet. Et également un rayon de librairie d'ouvrages religieux.

MONASTÈRE SAINTE-CLAIRE €

24, rue de la Fontaine - **WISQUES**
✆ 03 21 95 57 30
arras.catholique.fr/abbaye-wisques
Participation aux frais d'hébergement à convenir avec la sœur hôtelière selon les moyens de chacun.

La communauté de Notre-Dame est actuellement composée d'une vingtaine de membres : moniales, novices et postulantes. Ensemble, elles vivent selon la règle écrite au VIe siècle par saint Benoît pour chercher Dieu, l'aimer et le servir. Parmi leurs activités, les sœurs bénédictines accueillent des familles, des couples, des petits groupes, des personnes individuelles, des jeunes, pour des motifs variés : retraite, silence, repos, écoute, et partage de leur liturgie grâce au cadre silencieux d'un ancien pavillon de chasse tout proche du monastère.

CATHÉDRALE D'AMIENS ✝ ★★★★

Place Notre-Dame - **AMIENS**
✆ 03 22 80 03 41
www.cathedrale-amiens.fr
Fermé le mardi, le dernier dimanche de septembre. Billet jumelé Tours et Salle du Trésor : 8 €. Salle du Trésor : 4 €.

Impossible de visiter Amiens sans passer admirer cette grande dame qui est l'un des joyaux du patrimoine français. Superbe et gigantesque édifice de pierre, elle trône au centre d'Amiens, une situation et un style gothique qui la rendent emblématique de la cité. Elle est l'une des six cathédrales françaises à figurer au patrimoine mondial de l'UNESCO, où elle est inscrite depuis 1981. En 2020 ont été fêtés les 800 ans de la pose de la première pierre.

C'est la plus vaste cathédrale de France et le plus vaste édifice gothique du Moyen Age. Les dimensions exceptionnelles de ce monument laissent le visiteur bouche bée par deux fois : lorsqu'il se tient devant son imposante façade, puis lorsqu'il pénètre à l'intérieur et fait face à son époustouflante verticalité.

Quelques chiffes pour vous laisser imaginer l'ampleur d'un tel bâtiment : sa flèche affiche une hauteur de 112 m (notons au passage qu'elle est d'origine et qu'il s'agit de l'une des plus anciennes flèches en bois et en plomb d'Europe) et la voûte de la nef 43 m, la longueur totale est de 145 m et le volume intérieur est d'environ 200 000 m^3, soit deux fois la cathédrale Notre-Dame de Paris. On pourrait y faire entrer trois églises de taille moyenne ! Ce gigantisme a bien entendu posé quelques problèmes au moment de la construction, d'autant qu'elle n'a pas été édifiée au milieu de nulle part : dès le départ, il était entendu que la cathédrale ferait partie du tissu urbain d'Amiens. Pour obtenir la place nécessaire, il fallut notamment détruire l'église Saint-Firmin-le-Confesseur ainsi que l'Hôtel-Dieu. L'initiateur de la construction de l'édifice est Evrard de Fouilloy, évêque d'Amiens, qui a trouvé ici son le lieu de repos éternel, et dont le gisant de bronze se trouve dans la nef. La prospérité de la ville donne à l'évêque les moyens de réaliser un lieu à la hauteur de ses ambitions. Spécialisée dans la production textile, la ville d'Amiens s'est enrichie grâce au commerce de la draperie et de la guède (plante qui permet d'obtenir le célèbre bleu d'Amiens). En plus des ressources de l'archevêché, une ribambelle de donateurs privés font preuve d'une grande générosité.

Les travaux commencent en 1220 et sont menés par l'architecte Robert de Luzarches. Ce qui fait la particularité de la cathédrale d'Amiens, c'est son homogénéité. Contrairement à d'autres cathédrales, où plusieurs styles architecturaux s'imbriquent et se superposent, celle-ci donne l'impression d'avoir été construite en une seule fois. Cette grande cohérence stylistique s'explique en partie par le fait qu'il ne fallut qu'une cinquantaine d'années pour achever le gros œuvre. Trois maîtres d'œuvre prennent successivement la tête des opérations : après le décès de Robert de Luzarches, la réalisation des travaux est confiée à Thomas de Cormont, puis à son fils, Renaud de Cormont. La cathédrale d'Amiens appartient ainsi au style gothique classique, dans la lignée des grandes cathédrales françaises du XIIIe siècle. L'autre aspect de la cathédrale qui la distingue des édifices antérieurs est son apparente transparence. A l'intérieur, les fenêtres sont très hautes et occupent presque toute la surface latérale. Le chœur, en particulier, est baigné de lumière grâce à son triforium. Contrairement à celui de la nef, qui est aveugle, le triforium du chœur possède des baies ouvertes. Ici, la maçonnerie s'est fait plus discrète pour laisser entrer la lumière et, là où la pierre dominait auparavant, le verre s'est imposé. Si l'effet est saisissant pour le visiteur d'aujourd'hui, il faut s'imaginer l'impact que cette explosion de lumière pouvait avoir au Moyen Age.

A l'extérieur comme à l'intérieur de l'édifice, il y a tellement à voir que le regard ne sait où se poser. Dans la cathédrale, vous pourrez admirer les deux gisants de bronze du XIIIe siècle, le labyrinthe qui servait de parcours initiatique aux fidèles, les 110 stalles de bois sculptées qui servaient de chaises pour les chanoines de la cathédrale, et le fameux haut-relief de saint Jean-Baptiste représentant les épisodes de la vie du saint. Mais la renommée de la cathédrale d'Amiens lui vient surtout des sculptures médiévales dont elle regorge littéralement. Sa façade occidentale comporte trois gigantesques portails édifiés entre 1220 et 1230. Sur les soubassements de la façade, on ne fait pas attention à la multitude de détails et à la myriade de personnages qui apparaissent dans les petites scènes sculptées tant l'œil est attiré par les figures imposantes qui dominent les portails. Celui du centre, qui est aussi le plus grand, présente notamment la sculpture du *Beau Dieu*, merveille du XIIIe siècle qui représente le Christ bénissant de la main droite. C'est son maintien majestueux et son attitude sereine qui ont valu à cette représentation l'appellation de *Beau Dieu*. Restaurées au XIXe siècle, les sculptures de la façade sont magnifiquement préservées.

▶ **Spectacle gratuit « Chroma »** : spectacle joué de mi-juillet à mi-septembre et au mois de décembre à la tombée de la nuit. D'une durée de 50 minutes, il se compose de 20 minutes de son et lumière et de 30 min de polychromie évoquant l'histoire de Notre-Dame et de la ville d'Amiens par la couleur. La façade se transforme en un gigantesque écran, pour le plus grand plaisir des locaux, touristes et familles de passage. Un événement de renommée internationale à ne surtout pas rater, d'autant plus qu'il est gratuit et justifie vraiment à lui seul de passer une soirée supplémentaire à Amiens !

ILE-DE-FRANCE

L'Ile-de-France, c'est Paris bien évidemment, avec en son cœur des lieux de culte emblématiques, de toutes religions. C'est Notre-Dame de Paris, c'est la basilique du Sacré-Cœur... Mais l'Île-de-France, ce sont également les Hauts-de-Seine, la Seine-et-Marne, la Seine-Saint-Denis, le Val-d'Oise, le Val-de-Marne et les Yvelines. Six départements et une capitale qui font de cette région un véritable bijou à polir pour découvrir un foisonnement de trésors architecturaux, de lieux classés aux patrimoines national et mondial, de musées incontournables, et d'échappées vertes au cœur d'une nature qui sait être présente et préservée. Ce sont aussi de nombreux monastères, de multiples maisons d'accueil, à l'écoute d'une population bigarrée dans l'un des plus grands centres de peuplement du pays. Dans une région où l'activité quotidienne est souvent stressante, les besoins de s'évader sont grands.

PRIEURÉ SAINT-BENOIT €

1, allée Saint Benoît - **ETIOLLES**
✆ 01 69 89 97 88 - benedictinsetiolles.org
Conditions d'accueil et de participation aux frais à convenir lors de votre réservation selon vos moyens.

Aujourd'hui 12 000 bénédictins vivent dans un millier de monastères environ, réunis en 21 congrégations. Le Prieuré Saint-Benoît fait partie de la congrégation de l'Annonciation dont les monastères sont implantés en Europe, en Amérique, en Afrique, en Inde... Leur vocation communautaire de « Moines pour la Ville » se développe depuis 40 ans autour de quatre fondamentaux : la lecture de la Bible, lue et méditée chaque jour, l'office liturgique, célébré et actualisé avec celles et ceux qui le souhaitent, l'hospitalité, par l'accueil de groupes et l'accueil individuel, l'ouverture aux questions d'aujourd'hui, par des engagements pastoraux et professionnels. Les moments liturgiques qui rythment le temps, les moyens de formation et d'approfondissement spirituels proposés chaque année et les repères historiques de la Communauté dans la vie d'Eglise sont là pour favoriser la vie monastique comme une école de vie et l'ouverture au monde pour partager et grandir avec des frères et des sœurs.

Particularités du Prieuré, il s'inscrit réellement dans la vie de ses semblables en élaborant chaque année des « propositions » ouvertes à toute personne intéressée pour partager et approfondir les questions de fond, humaines et spirituelles, qu'elle se pose. Ces propositions sont conçues dans un esprit d'ouverture et élaborées par une équipe en collaboration entre moines et laïcs. Les angles d'approche sont variés, afin de rejoindre chacun dans sa quête humaine et spirituelle, selon les « chemins » qui lui conviennent.

Les moines bénédictins exercent des activités professionnelles ou sont en charge de paroisses. Ils proposent de nombreuses sessions de formation spirituelle en soirées, week-ends et accueillent des groupes déjà organisés pour des temps réguliers de partage et d'approfondissement de leur foi. Ils peuvent prévoir des interventions par un frère du prieuré (en demandant à l'avance). La participation à la liturgie de la communauté, des temps de prière personnelle à la chapelle ou à l'oratoire, leur permettra de profiter de ce temps privilégié. L'accueil pour une retraite individuelle est également possible, de préférence en semaine. Les frères proposent aussi à des jeunes de 18 à 30 ans de vivre quelques semaines à quelques mois dans leur communauté et leur offrent une formation à la vie spirituelle. Il met à la disposition de ses hôtes 3 salles de réunion.

▶ **Offices** : laudes et eucharistie à 7h30, heure médiane à 12h30, vêpres à 19h. Le dimanche laudes à 8h et messe à 11h.

▶ **Accueil** : capacité 28 lits avec 19 chambres à 1 ou 2 lits.

NOTRE-DAME DE L'OUYE €

Chemin des Abbessses - **LES GRANGES-LE-ROI**
✆ 06 86 03 50 13
notredamedelouye.fr
Tarifs à partir de 23 € par personne et par nuit avec petit déjeuner.

L'écrin de nature dans lequel se niche l'abbaye de l'Ouÿe est un lieu sacré depuis des temps reculés. D'abord sanctuaire païen, le lieu accueille, semble-t-il, dès l'Antiquité tardive un ou plusieurs oratoires. La fondation de l'abbaye elle-même est plus une légende qu'une réalité historique. Elle affirme que « Un roi, chassant dans la forêt, se trouva séparé de ses compagnons. Ne sachant pas où il se trouvait, il appela longtemps, en cherchant son chemin dans la forêt épaisse. Le jour commençait à décliner lorsque, près de la clairière, il appela de nouveau. Soudain, des voix répondirent. Ses compagnons qui le cherchaient aussi avaient "ouï" ses appels et le secoururent. » Ce roi n'est autre que Louis VII le Jeune (1120-1180). Il décide d'élever dans cette clairière où il fut sauvé par ses amis, une chapelle pour remercier le ciel de son intercession. Il y adjoint des terres labourables et des bois, et donne au lieu le nom de Notre-Dame-de-l'Ouÿe. En 1163, il fait don de ces terres à l'ordre de Grandmont, fondé par saint Etienne de Muret. Des religieux s'installent donc à l'Ouÿe. C'est sous leur direction que naissent les bâtiments claustraux, la chapelle, le cloître, la salle du chapitre, le dortoir et le réfectoire, mais aussi des granges, écuries, étables, bergeries et même un pigeonnier.

L'abbaye de l'Ouÿe sera occupée par les religieux de l'ordre de Grandmont jusqu'en 1770. L'ordre est alors au début de son déclin. Les Grandmontains vivent alors des rebellions entre les clercs et les frères convers, en particulier au XIIIe siècle, ainsi que d'autres épreuves internes comme externes. Le pape Jean XXII impose de grandes réformes à l'ordre au début du XIVe siècle. Après 1770, l'abbaye passe sous l'autorité des bénédictines jusqu'à la Révolution Française....

Après la révolution, l'abbaye est vendue en tant que bien national à des marchands de Dourdan. Elle connaît plusieurs propriétaires qui se succèdent et l'abbaye devient peu à peu le « Château de l'Ouÿe », sur lequel sont entreprises de profondes rénovations. En 1945, les Ursulines rachètent l'ancien prieuré qui devient une maison d'accueil et de prière. Puis le Diocèse de Paris rachète les lieux en 2015, pour y construire de nouveaux bâtiments, afin d'accueillir des groupes de retraitants.

▶ **Accueil** : grande capacité d'accueil (plus de 200 personnes) que ce soit sous tente dans le parc, en gestion libre, ou en hôtellerie de 70 chambres avec sanitaires, pour un total de 206 lits et avec service de restauration soigné avec 3 salles de restauration.

ILE-DE-FRANCE

LA VIE PREND
UN SENS
RADIO
NOTRE
DAME
FM100.7 - RADIONOTREDAME.COM
FM 100.7 - RADIONOTREDAME.COM
crédit photo : gettyimages

LA CLARTE DIEU

95, rue de Paris - **ORSAY** ✆ 01 69 28 45 71
www.clarte-dieu.fr

Participation aux frais selon le type de séjour.

La Clarté-Dieu sera heureuse de vous accueillir pour vos séminaires de formations ou de réflexions spirituelles. Vous pouvez effectuer une demande de réservation pour un groupe ou en individuel. Ancien séminaire franciscain, la Clarté-Dieu a été reconvertie en centre spirituel en 1969. Le domaine situé à Orsay dans un grand parc boisé est aujourd'hui animé par une fraternité très soudée réunissant des religieuses franciscaines, des laïcs bénévoles et un couvent de religieux franciscains, certains au service également du diocèse d'Evry. Le centre spirituel accueille surtout des groupes désirant effectuer une démarche religieuse, mais aussi des personnes individuelles, des couples avec possibilité de participer aux diverses liturgies des communautés.

Chaque groupe ou individu apporte sa pierre à l'édifice spirituel commun. La Clarté-Dieu propose, de son côté, des aides en termes de formation à la spiritualité franciscaine, à l'enracinement dans la Parole de Dieu, et deux retraites par an à l'occasion de l'Avent et du Triduum pascal. Agenda détaillé des autres sessions et formation sur le site internet de la Clarté-Dieu. N'hésitez pas à le consulter. Les messes quotidiennes, les offices, l'adoration et le sacrement de réconciliation sont le cœur de cette spiritualité. Nombreuses salles de réunion et plusieurs lieux de prière à disposition des hôtes.

Offices : avec les frères à la chapelle Sainte-Claire, laudes à 8h, vêpres à 18h30..

Avec les sœurs à l'oratoire Saint-Damien : laudes à 7h30, mardi à 16h30 adoration suivie des vêpres, vendredi Adoration à 17h30, samedi chapelet à 18h.

Avec les sœurs et les frères : messe à 11h les dimanches et fêtes, à la chapelle du Christ souverain Prêtre, messe en semaine à la chapelle Sainte-Claire à 12h, vêpres à 18h30 tous les jours sauf mardi, à l'oratoire Saint-Damien.

Accueil : grande capacité d'accueil, plus de 90 personnes, avec chambres simples, à deux lits ou multiples. Accès aux personnes handicapées avec ascenseurs aux étages. Certaines chambres ont les sanitaires par étage. Accueil possible en chambre seulement ou demi-pension ou pension complète.

Restauration sur place avec grande salle à manger : 8h petit déjeuner, 12h45 déjeuner en semaine, 12h15 le dimanche, 19h15 dîner. Pour des relations fraternelles, merci de bien vouloir, après le repas participer à desservir, nettoyer et dresser le couvert pour le service suivant. Pour les groupes, consultez auparavant sur le site la grille de participation aux frais ainsi que la convention d'accueil des groupes à accepter pour tout séjour.

ABBAYE SAINT-LOUIS-DU-TEMPLE ✝

Chemin de Limon - **VAUHALLAN** ✆ 01 69 85 21 00
www.abbaye-limon-vauhallan.com

Conditions d'accueil et de participation aux frais à convenir lors de votre réservation selon vos moyens.

Dès les premiers mois de la Révolution française, la famille de Condé quitte la France. Après un essai de vie religieuse chez les Capucines, à Turin, la princesse Louise rejoint Dom de l'Estrange et les Cisterciennes en Suisse puis en Russie. En 1802, elle fait profession religieuse à Varsovie, chez les Bénédictines du Saint-Sacrement. Lorsque les troupes napoléoniennes avancent vers l'est, elle fuit vers l'Angleterre. A la Restauration, elle rentre en France, après 25 ans d'exil, et Louis XVIII lui propose d'installer un monastère dans l'ancien domaine des Templiers (près de la tour où la famille royale avait été emprisonnée). A la Révolution de 1848, le gouvernement chasse les religieuses qui achètent un hôtel particulier rue Monsieur. Elles ouvrent un pensionnat. Malgré les lois anticléricales, les sœurs restent à Paris mais elles doivent finalement quitter leur maison. Après un séjour à Meudon, elles construisent un nouveau monastère, après la Seconde Guerre mondiale, à Limon sur le plateau de Saclay. Elles y sont installées depuis 1951. Un musée sur place retrace cette histoire. On peut le visiter sur rendez-vous.

Les Bénédictines accomplissent de nombreuses tâches : les travaux ménagers, le secrétariat, la comptabilité et la gestion, la bibliothèque, de la reliure, de l'artisanat (céramiques, images, bougies décorées, broderie…) et l'accueil avec quelques chambres pour héberger des personnes individuelles ou de petits groupes pour une retraite spirituelle et le partage de la vie liturgique dans un cadre reposant.

Offices : laudes à 7h15, tierce à 9h30 (9h45 le dimanche), sexte à 11h45, Eucharistie à 12h (10h le dimanche), none vers 13h15, vêpres à 17h30, complies 20h et vigiles à 20h45. Saint-Sacrement exposé de 16h45 à 19h les jours de fête, le premier vendredi du mois et tous les jeudis. Chapelle ouverte de 6h30 à 21h35.

Vie spirituelle : les sœurs organisent un samedi par mois des rencontres d'un groupe de prière, des journées monastiques (avec travail manuel, prières, partage de la Parole, marche méditative) et donnent des cours de cithare, de chants grégoriens. Elles tiennent aussi une bibliothèque de prêt de livres essentiellement religieux.

Accueil : capacité d'accueil de 15 chambres (20 lits).

Boutique : bougies décorées, icônes collées, chapelets, statues et crèches. La communauté tient également un atelier de reliure, une librairie religieuse et vend divers produits en provenance d'autres monastères.

CENTRE SPIRITUEL MANRESE

5, rue Fauveau - **CLAMART**
✆ 01 45 29 98 60
www.manrese.com

Coût indicatif 56 € par nuit en pension complète, révisable selon votre santé financière.

Ce centre spirituel tire son nom d'une petite ville de Catalogne, Manresa, où saint Ignace de Loyola (1491- 1556) fondateur des jésuites changea radicalement de vie. C'est là qu'il commença en 1522, la rédaction de ses Exercices Spirituels, où il décrivit comment le Seigneur le guidait dans la prière. Cette Maison a été créée depuis 1876 par les pères de la Compagnie de Jésus. Aujourd'hui une communauté jésuite habite sur le Centre et participe avec d'autres jésuites, ainsi que des prêtres diocésains, des religieuses et des laïcs, à son animation. Tous ont été formés et vivent de la spiritualité ignatienne. Le centre propose une grande variété de cessions que l'on peut consulter sur son site internet et auxquelles chacun peut s'inscrire selon ses recherches et questionnements du moment : haltes spirituelles de quelques jours, retraites d'initiation aux exercices spirituels ou accompagnement à leur pratique, week-ends de préparation au mariage ou pour des couples, sessions thématiques, formations pour prêtres ou laïcs à l'écoute et à l'accompagnement spirituel. Mais l'on peut aussi choisir de s'inscrire pour un séjour spirituel géré de façon totalement autonome tout en participant aux offices de la communauté.

▶ **Offices :** laudes à 9h et messe à 12h chaque jour. Chaque retraite organisée à laquelle on peut s'inscrire pouvant organiser sa propre liturgie dans les divers lieux de prière présents dans le centre.

▶ **Accueil :** capacité d'accueil environ 70 personnes avec 48 chambres simples ou doubles.

ACCUEIL SAINT-PAUL €

22, rue de l'Abbé Derry
ISSY-LES-MOULINEAUX
✆ +33 1 45 29 16 06

Conditions d'accueil et participation aux frais d'hébergement à convenir lors de la réservation.

L'accueil Saint-Paul occupe une partie du domaine du Couvent de la Congrégation des Fils de la Charité avec son agréable parc privé. Proche de la station de métro Mairie d'Issy (ligne 12), ce qui facilite son accès, il offre cependant calme et tranquillité propice à la réflexion, la méditation ou le travail tout en se situant dans la capitale. Il accueille de préférence des groupes pour des retraites spirituelles ou des formations religieuses. Mais il peut recevoir aussi des groupes scolaires en déplacement et aussi des individuels selon les disponibilités.

PRIEURÉ SAINTE-BATHILDE

7, rue d'Issy
VANVES
✆ 01 46 42 46 20

A l'origine de la Congrégation des Bénédictines : la recherche spirituelle d'une protestante au début du vingtième siècle, Marguerite Waddington-Delmas. Pionnière dans l'établissement d'une vie monastique féminine ouverte et forte, elle verra un grand nombre de ses œuvres confirmées dans leurs grandes lignes par le Concile Vatican II. Dans sa recherche spirituelle qui la conduit vers l'Eglise Catholique, Maguerite se lie peu à peu à la famille bénédictine par l'oblature séculière, c'est-à-dire en promettant de suivre la règle de saint Benoît dans sa vie privée sans pour autant rejoindre un couvent. Le 11 juillet 1918, elle rejoint l'ordre de manière régulière à l'abbaye de Ligugé. Elle prend le nom de Sœur Bénédicte. La même année, à l'abbaye Sainte-Croix de Poitiers, participant pour la première fois à toutes les heures de l'Office, elle découvre la prière liturgique qui deviendra le cœur de sa vie. C'est alors que s'éveille le désir de se donner tout entière à Dieu. Dom Besse, autre personnage central de la création de l'ordre, et à qui elle se confie, songe immédiatement à une oblature régulière. Il rêvait de voir se créer des maisons où des femmes auraient mené la vie bénédictine dans un cadre ouvert. A travers divers tâtonnements, un essai prend forme au cours de 1919 avec un groupe de quelques oblates qui s'installent à Paris dans un petit hôtel particulier de l'avenue de Ségur. Mais il faudra attendre jusqu'en 1926 pour que soit acceptée par l'église cette nouvelle congrégation, fondée sous le nom d'Oblates missionnaires de Saint-Benoît. Le début de l'histoire de la communauté de Vanves correspond à celle de la naissance de la Congrégation jusqu'en 1934 où la fondation d'Ambositra à Madagascar donne à Vanves un visage de communauté en communion avec une autre.

Au prieuré Sainte-Bathilde, c'est toute la communauté qui accueille les hôtes, cependant quelques sœurs sont chargées de l'hôtellerie. La sœur chargée de la porterie et les sœurs hôtelières sont disponibles et assurent le travail d'entretien, de présence, d'enseignement, et d'accompagnement. La communauté reçoit des personnes seules ou des groupes qui cherchent un lieu de ressourcement spirituel et de silence. Elles les invitent à la prière de la communauté et ces personnes peuvent rencontrer une sœur si elles le souhaitent. La communauté de bénédictines propose aussi des retraites et des sessions diverses qu'elles organisent : bibliques, de prière, de chant ou de cithare… Elles tiennent également la librairie religieuse de Vanves qui est contiguë au monastère.

BASILIQUE DU SACRÉ-CŒUR DE MONTMARTRE ★★★

rue du Chevalier de la Barre - **PARIS** (18e)
✆ 01 53 41 89 00
www.sacre-coeur-montmartre.com
Ouvert tous les jours de 6h30 à 22h30. Dôme : 7j/7 : 10-17h30 à partir du 01/11 et 10-19h à partir du 01/03.

Le Sacré-Cœur est l'un des monuments les plus connus de Paris. Il est vrai qu'il ne passe guère inaperçu, aussi monumental que bien placé, trônant au sommet de la butte Montmartre. On s'y rend autant pour découvrir le monument que pour bénéficier de l'une des plus belles vues sur la capitale. C'est pourtant un édifice relativement récent. Imposant, avec ses 100 m de long, ses 50 m de large et son dôme de 83 m de hauteur, cet édifice est le fruit d'un projet politique et moral des années 1870 attribuant aux déboires du pays (défaite de Sedan contre la Prusse et emprisonnement de Napoléon) une profonde crise spirituelle et tout autant de péchés à se faire pardonner à l'époque. Ainsi fut-il décidé d'ériger une immense église en guise de vœu national. Quant à la Butte, c'est parce qu'elle surplombe la capitale qu'elle fut choisie. Le lieu permit aussi d'ouvrir une nouvelle page d'histoire en lien avec son riche passé religieux. Mais ce projet est volontiers associé à la volonté d'expier les douloureux épisodes de la Commune, question qui de nos jours ressurgit souvent dans les débats. Le chantier, dirigé par Paul Abadie (et 5 autres architectes !), dura 50 ans. La nature argileuse du terrain qu'il fallut compenser par de colossaux travaux de soutènement retarda la construction tandis que la guerre de 14-18 mit un coup d'arrêt au chantier pendant plusieurs années. Si l'édifice fut consacré en 1919 (le titre de Basilique en fait un lieu de pèlerinage), il ne fut totalement achevé qu'en 1923. De style romano-byzantin, la partie antérieure de la basilique consiste en un groupe de coupoles d'inspiration byzantine tandis que la partie postérieure renvoie à la tradition romane avec ses absides. Sa couleur blanche, elle, est due à ses pierres extérieures venant de la carrière de Souppes (Seine-et-Marne) qui blanchissent naturellement au contact de l'eau de pluie. Il est à noter que du fait de l'étroitesse du terrain de construction, la basilique dut être orientée selon un axe nord-sud et non est-ouest contrairement à la norme. L'architecture intérieure est également romano-byzantin. On remarquera tout particulièrement la mosaïque du chœur, l'une des plus grandes du monde et figurant le Christ ressuscité, bras ouverts et cœur d'or (« Sacré-Cœur »). On pourra aussi voir le grand orgue de 1898 signé Cavaillé-Coll. La basilique abrite la célèbre « Savoyarde » de 1895. Sachez qu'il est possible de visiter le Dôme, point le plus élevé de Paris après la tour Eiffel !

MAISON D'ACCUEIL DE L'ASSOMPTION €

17, rue de l'Assomption - **PARIS** (16e)
✆ 01 46 47 84 56
www.assomption-auteuil.com
Chambres simples à partir de 56 € par nuit par personne.

Cette Maison d'accueil ouverte à tout type de clientèle comme un hôtel classique reçoit aussi des groupes ou des individus qui souhaitent y séjourner pour se joindre à la prière de la communauté des religieuses de l'Assomption qui vivent à côté. Il est également possible de venir se recueillir sur la tombe de sainte Marie-Eugénie canonisée en 2007 à Rome. Pour les groupes, plusieurs salles de travail sont disponibles. Pas de restauration mais une cuisine est à votre disposition.

MONASTÈRE DE L'ADORATION RÉPARATRICE €

39, rue Gay Lussac
PARIS (5e)
✆ 01 43 26 75 75
Accueil fermé en juillet-août. Conditions d'accueil à convenir avec la soeur hôtelière.

Le monastère des sœurs de l'Adoration Réparatrice a été fondé en 1848 par Mère Marie-Thérèse du Cœur de Jésus. C'est dans sa chapelle que l'écrivain et futur académicien André Frossart a été converti, en 1935, expérience qu'il raconte dans *Dieu existe, je l'ai rencontré*. Les femmes, uniquement, souhaitant quelques jours de retraite personnelle peuvent y être accueillies dans quelques chambres individuelles. Le monastère possède 6 chambres seulement, à réserver à l'avance.

MONASTÈRE DE LA VISITATION €

68, avenue Denfert-Rochereau
PARIS (5e)
✆ 01 43 27 12 90
Possibilités d'accueil et conditions à convenir avec la sœur hôtelière selon vos possibilités.

Saint François de Salles et sainte Jeanne de Chantal, fondateurs de l'ordre de la Visitation, ont eux-mêmes créé ce monastère à Paris en 1619 au cœur du faubourg Saint-Marceau. Il s'agissait de la sixième maison de l'ordre. Dispersée à la Révolution, la communauté s'est ensuite installée à son emplacement actuel. Les Visitandines accueillent uniquement des dames pour des retraites en clôture dans le silence et la solitude pour un à huit jours maximum.

CATHÉDRALE NOTRE-DAME DE PARIS ★★★★

6, parvis Notre-Dame - Place Jean-Paul II
PARIS (4e)
www.notredamedeparis.fr

Fermée pendant la durée des travaux suite à l'incendie du 15 avril 2019. Dons possibles via le site internet.

Monument mondialement connu dont le nom seul évoque la capitale française : Notre-Dame-de-Paris. Avec ses huit cents ans d'histoire, elle trône fièrement au cœur de la cité. Si l'année 1163 marque les débuts de sa construction, il a fallu plusieurs siècles pour que les travaux soient achevés. Notre-Dame étant à la fois un chef-d'œuvre et un lieu spirituel, l'incendie du 15 avril 2019 a profondément choqué. Les travaux devraient permettre à Notre-Dame de retrouver son lustre d'ici 2024.

Rosace de Notre-Dame de Paris.

MAISON D'ACCUEIL EPHREM SACRE-COEUR €€

35, rue du Chevalier-de-la-Barre - **PARIS** (18e)
✆ 01 53 41 89 09
www.sacre-coeur-montmartre.com
Les dates et les tarifs sont à convenir directement avec une Sœur hôtelière.

La Maison d'accueil Éphrem Sacré-Cœur est une hôtellerie catholique dédiée à l'accueil des retraitants. Attenante à la basilique, elle accueille toute personne qui effectue une démarche de prière ou de pèlerinage, ainsi que celles qui veulent se joindre à l'adoration eucharistique de nuit et aux célébrations liturgiques. Plusieurs formules sont proposées aux personnes individuelles et aux groupes :

1. Une journée : retraite ou pèlerinage d'une journée, avec un repas à la Maison d'accueil et participation à la vie du sanctuaire. Pour plus d'informations, voir sur le site Internet les rubriques : accueil des groupes, journée-type de pèlerinage, groupes d'enfants.

2. Une nuit : le relais d'adoration eucharistique de nuit permet à tous ceux qui le souhaitent de participer à la grande mission d'intercession de la basilique, pour l'Église et le monde. Logement en chambre ou en dortoir. L'accueil a lieu chaque soir au 35, rue du Chevalier de la Barre, entre 20h30 et 21h45. Chacun doit s'engager à assurer une heure de prière pendant le relais d'adoration nocturne dans la basilique. Fréquence : une fois par mois au maximum. Inscription par téléphone (01 53 41 89 03), par e-mail : adoration@sacre-coeur-demontmartre.fr, ou en ligne. Attention : s'inscrire suffisamment à l'avance (au moins 48h), sous réserve de places disponibles.

3. Retraite de plusieurs jours (cinq jours au maximum) pour individuels ou groupes. En pension complète ou demi-pension uniquement, avec la participation à la vie du sanctuaire (eucharistie, offices, adoration). Les dates et les tarifs sont à convenir directement avec une sœur hôtelière.

4. Retraites prêchées : à dates fixes, voir les rubriques sur le site Internet : retraites liturgiques, familles pour les dates et conditions d'inscription. Les chapelains de la basilique et les sœurs bénédictines du Sacré-Çœur de Montmartre assurent l'accueil spirituel. Également plusieurs salles de conférence et une chapelle.

Offices : outre l'adoration permanente nocturne, la participation à la vie du sanctuaire (eucharistie, offices, adoration) est possible. Des liturgies spécifiques avec des horaires différents peuvent être proposées selon les différentes retraites.

Accueil : capacité 52 chambres et environ 180 lits avec quelques chambres individuelles et des dortoirs. Le dimanche : possibilité de déjeuner après la messe de 11h (selon places disponibles sur inscription 48h à l'avance au 01 53 41 89 09 ou par e-mail).

PRIEURÉ SAINT-BENOIT €

3-7, Cité du Sacré-Coeur - **PARIS** (18e)
✆ 01 46 06 14 74
www.prieure-saintbenoit.com
Participation aux frais d'hébergement à convenir lors de votre réservation avec la sœur hôtelière et selon vos moyens.

Dans les années 1870, Adèle Garnier s'intéresse au mouvement spirituel qui a fait naître la basilique du Sacré-Cœur de Montmartre, édifiée en réparation à tous les troubles nationaux. En 1874, elle a l'intuition de lier l'adoration du Saint-Sacrement au culte du Sacré-Cœur et forme le dessein de créer une communauté de religieuses consacrées à l'adoration. Cette communauté est aujourd'hui toujours présente et les Bénédictines du Sacré-Cœur de Montmartre peuvent accueillir dans leur hôtellerie monastique au confort simple mais accueillante groupes, individuels et pèlerins en pension complète ou en demi-pension pour des séjours de prière, seul ou en partageant la liturgie de la communauté, ou pour des séjours de silence, de retraite dans un climat fraternel, ou encore pour partager les temps liturgiques forts de l'année ou tout simplement réviser vos examens dans un lieu paisible, qui se prête à l'introspection. Dans tous les cas, il existe la possibilité de se faire aider et accompagner par une sœur.

Offices : eucharistie à 11h30 en semaine (11h15 à la basilique), 11h30 les dimanche et fêtes. En semaine : office à 7h40 des lectures, laudes à 8h, office du milieu du jour à 13h30, vêpres à 18h, complies à 21h15 (samedi : vigiles à 21h). Le dimanche laudes à 8h, offices du milieu du jour à 12h30, vêpres à 16h.

Accueil : capacité maximale 55 lits avec 35 chambres simples ou doubles. Également à la disposition des hôtes, 7 salles de réunion de 10 à 70 places et une salle à manger de 100 places.

CENTRE SPIRITUEL DES FRERES CARMES €

1, rue Père Jacques - **AVON** ✆ 01 60 72 28 45
centrespirituel-avon.org

Conditions d'accueil et de participation aux frais à convenir lors de votre réservation selon votre type de séjour.

Le centre est animé par la communauté des Frères des Carmes depuis 1965. Il occupe les anciens locaux du petit collège fondé en 1934 par le père Jacques de Jésus. Pour les accueils individuels, le séjour se déroule en silence, y compris durant les repas accompagnés de musique. Vous pouvez participer à la liturgie de la communauté, notamment à l'eucharistie en milieu de journée. Accès libres aux oratoires, à la bibliothèque, au jardin et au parc du château de Fontainebleau qui longe la propriété du Centre spirituel. La forêt de Fontainebleau se trouve à 15 à 20 minutes à pied. Il est possible de rencontrer un frère pendant votre séjour. Pour les groupes, la communauté des Frères Carmes et une équipe de laïcs y animent la liturgie dans un cadre paisible et accueillant propice à la prière et au ressourcement à proximité de la forêt et du parc du château de Fontainebleau. Équipements à disposition : 4 lieux de prière (chapelle, oratoires), 8 salles de réunions équipées de matériel de projection vidéo et d'une connexion Wifi. Vous pouvez aussi faire appel aux frères du couvent pour un exposé thématique, un témoignage et pour recevoir le sacrement de Réconciliation.

Offices : oraison à 7h, laudes à 8h, eucharistie à 11h45 (11h15 le dimanche), vêpres à 18h15, suivies de l'oraison, complies à 20h40.

Accueil : capacité jusqu'à 95 personnes avec 54 chambres. Pour la restauration, 3 salles à manger de 10 à 70 places. Possibilité de pension et 1/2 pension.

LE MONASTÈRE SAINT-JOSEPH

1 bis, avenue Victor-Thiébaut
BROU-SUR-CHANTEREINE
✆ 01 60 20 61 60
benjc.net

Lieu de prière et de recueillement, se renseigner avant de se rendre sur place.

Autrefois, le monastère appartenait au château dont il était une dépendance. Depuis1933, il accueille la congrégation des Bénédictines de Jésus crucifié. Une église monastique moderne a été construite il y a quelques années. La congrégation accueille groupes et individuels souhaitant se recueillir et faire retraite. Insolite : sous un dôme, subsiste l'ancienne glacière, creusée dans la terre, servant jadis à stocker les denrées périssables, tel le gibier chassé dans la forêt voisine.

CARMEL MARIE MÈRE DE DIEU €

30, rue Grande - **FORGES**
✆ 01 64 32 18 35
www.carmel.asso.fr

Conditions d'accueil et de participation aux frais à convenir lors de votre réservation.

Le petit village de Forges abrite le Carmel de Marie Mère de Dieu, au milieu d'un espace vert de deux hectares. Le carmel a été fondé à Fontainebleau en 1875 et transféré à Forges cent ans plus tard. La communauté actuelle du carmel de Forges a pour particularité d'être formé de sœurs provenant de trois carmels différents (Besançon, Domrémy et Forges). Les moniales pratiquent l'accueil pour des retraites individuelles avec possibilité de participer aux offices de la Communauté.

PRIEURÉ SAINT-MARTIN €

149, rue jodelle - **LA HOUSSAYE-EN-BRIE**
✆ 01 64 07 56 10

Conditions d'accueil et de participation aux frais à convenir lors de votre réservation selon votre type de séjour.

Cette grande maison reçoit le nom de « Prieuré St-Martin » par le Père Michel-Dominique Epagneul lorsqu'il crée la Congrégation en 1943. Ce fut très longtemps une maison de formation : Prieuré de Noviciat jusqu'en 1953 puis Prieuré d'Etudes jusqu'en 1974. Une chapelle y a été aménagée en 1962, avec des vitraux de Marc Hénard illustrant les Béatitudes.

Huit Frères vivent actuellement au prieuré. Ils sont tous engagés dans la pastorale rurale : aumônerie de jeunes, groupes d'Eglise, desserte de secteurs sans prêtre résidant, visiteur en maison de retraite, travail salarié, participation à des associations et groupes culturels et sociaux...

Régulièrement les Frères se rencontrent avec les Sœurs des Campagnes de Lumigny dans le partage de la prière ou de l'apostolat. Parmi les Frères vivant dans cette communauté, on compte des Frères étudiants et des Frères responsables de l'ensemble de la Congrégation (Frères du Conseil Général). La communauté est aussi interculturelle avec des Frères burkinabés, béninois, togolais et français.

Le service d'hôtellerie, quant à lui, est assuré en collaboration avec des laïcs salariés, pour l'accueil de nombreux groupes, mouvements d'église et autres. 4 salles de réunion, chapelle et oratoire sont à la disposition des hôtes. Un vaste parc boisé permet détente et repos et recueillement à tous ceux qui le souhaitent.

Offices : louanges le matin à 6h30, prière de mi-journée à 12h15, louanges du soir à 18h45.

Accueil : capacité environ 30 personnes avec 24 chambres simples ou doubles.

ACCUEIL NOTRE-DAME ✞

6, rue Montmorin - **JOUARRE** ✆ 01 60 22 84 18
abbayejouarre.org

Participation aux frais d'hébergement à convenir lors de votre réservation avec la sœur hôtelière.

A 70 km à l'est de Paris, Jouarre est assise sur le plateau de Brie, au confluent de deux vallées, la Marne et le Petit Morin. « Jouarre » est un nom d'origine celtique, Jotrum, qui signifierait « citadelle lumineuse ». L'habitat remonte ici quant à elle à l'époque gallo-romaine. L'abbaye fut fondée en 634 par Adon et sainte Telchide, première abbesse. Aux VIIe et VIIIe siècles, Jouarre est à l'origine de deux monastères : l'abbaye de Chelles et celle de Notre-Dame de Soissons. Le monastère adopte la règle de saint Benoît au IXe siècle. Du XIIe au XVe siècle les abbesses exercent une grande autorité dans le pays alentour des monastères. La guerre de Cent Ans, détruisant l'abbaye, contraint les moniales à l'exil. Au XVIe siècle, Madeleine d'Orléans, abbesse et sœur de François Ier impose au monastère reconstitué la règle observée à l'abbaye de Fontevrault. Au siècle suivant, le monastère compte 120 moniales. Au XVIIIe siècle, Catherine de Montmorin, abbesse pendant 54 ans, fait construire les grands bâtiments qui subsistent encore. Après la Révolution, la vie monastique reprend en 1837 avec 25 moniales qui étaient restées dans la région. Les religieuses sont à nouveau chassées par les lois anticléricales du début du XXe siècle. Pendant la Première Guerre mondiale, l'abbaye est transformée en hôpital militaire. La communauté y revient après quelques années d'exil. Le XXe siècle la verra poursuivre son chemin d'Eglise, entrant avec joie dans la mouvance insufflée par le concile de Vatican II. La communauté appartient à la fédération du Cœur Immaculé de Marie, associée à la Congrégation Bénédictine de Subiaco.

Créée il y a une cinquantaine d'années, l'association des Amis de Notre-Dame de Jouarre a pour objet la sauvegarde et la mise en valeur des bâtiments anciens de l'abbaye. L'église abbatiale a été complètement rénovée en 2004. Il s'agit d'un lieu central car plusieurs fois par jour les sœurs s'y réunissent pour répondre à l'invitation du Seigneur. La grande respiration de leur prière est la louange, émerveillement devant l'amour de Dieu et l'intercession pour le monde. Refait dans les années 90, le cloître est quant à lui composé de grandes vitres, lumineux au moindre rayon de soleil. Il forme un carré d'environ 30 m par côté pour la circulation entre les lieux conventuels, c'est-à-dire les lieux de vie de toute communauté monastique. Cette galerie de circulation autour d'un petit jardin est un lieu de silence et de paix invitant au recueillement intérieur.

Il y a 20 ans s'est installée au rez-de-chaussée de la grande aile du XVIIIe siècle une grande bibliothèque de plus de 3 000 volumes. Ce qui fut le réfectoire depuis la Révolution est devenu la grande salle de la bibliothèque équipée de rayonnages mobiles, ce qui donne une grande capacité de rangement, de tables de travail et de rayonnages fixes entre les fenêtres où les « usuels » sont mis à la disposition des lectrices. La hauteur de plafond de 6 mètres a permis d'y adjoindre une mezzanine où sont rangées les collections de revues. Une bibliothèque de livres d'art est dans un autre local.

La communauté accueille avec joie des hôtes seuls ou en groupe et est heureuse de pouvoir leur offrir un espace de silence et de paix pour un temps de ressourcement spirituel à l'accueil Notre-Dame. Parmi ses multiples propositions : des week-ends à la découverte des Pères du désert, des sessions d'initiation à la *lectio divina*… Programme détaillé consultable sur le site internet. Elle peut aussi accueillir des groupes pour une journée grâce à l'accueil Jéricho. La maison d'accueil Notre-Dame reçoit, elle, toute personne désirant effectuer un séjour pour une durée de deux à huit jours maximum.

Offices : vigiles à 5h30 (dimanche 20h30 la veille), laudes à 8h30 (7h15 le dimanche), sexte à 12h30, vêpres à 17h45 (vendredi et dimanche 17h), complies à 20h15 sauf dimanche.

Messes intégrées aux laudes en semaine et à 9h45 le dimanche.

Accueil : L'accueil Notre-Dame est l'hôtellerie principale. Rénovée il y a peu, elle permet d'offrir un accueil monastique. De plus, elle met à la disposition de ses hôtes, bibliothèque, tisanerie, salle de réunion (et de vidéoprojection). Sans oublier bien sûr la chapelle Sainte-Aguilberte… Pour la restauration, la salle Saint-Benoît permet d'accueillir, à table, ceux qui le désirent. C'est-à-dire les retraitants, mais aussi, amis ou gens de passage qui peuvent partager également les repas, dans un climat familial et paisible. La participation à la vaisselle peut être aussi une occasion d'échanger.

Boutique : située au pied de la tour romane vous y trouverez de nombreux produits d'artisanat monastique, dont les fameux santons de l'abbaye, mais aussi une librairie avec un fonds important d'ouvrages religieux. Ouverte tous les jours sauf le mardi.

Visites : joyaux de l'art mérovingien, les cryptes Saint-Paul et Sainte-Ebrégésile sont dans un état de conservation exceptionnel. La crypte Saint-Paul renferme les sarcophages des saints fondateurs de l'abbaye. La tour du XIIe servait de clocher à l'église abbatiale. Edifiée à la fin du XIe siècle, à l'ouest de l'Abbatiale carolingienne « Notre-Dame », cette tour fut incendiée à la guerre de Cent Ans, et fut dotée à la Renaissance de trois splendides salles intérieures voûtées d'ogives. A voir également, la façade des bâtiments monastiques du XVIIIe siècle. La crypte et la tour se visitent tous les jours sauf le mardi de 10h (10h30 dimanche et jours de fête) à 12h et de 14h30 à 18h (17h en hiver).

MAISON SAINT-VINCENT €

34, rue des Tournelles - **L'HAŸ-LES-ROSES**
✆ 01 46 64 46 64

Renseignements, disponibilités et devis préalables à l'accueil.

La Maison Saint-Vincent située à L'Haÿ-les-Roses est un lieu d'accueil des Filles de la Charité de la Famille de Saint-Vincent-de-Paul. Cette congrégation religieuse féminine catholique fondée au XVIIIe siècle par saint Vincent de Paul et Louise de Marillac est aujourd'hui une société de vie apostolique de droit pontifical membre de la fédération des Sœurs de la Charité. A l'origine, elles se consacrent au service des malades et au service corporel et spirituel des pauvres. La première des religieuses, Marguerite Naseau (1594-1633), était une ancienne vachère qui depuis sa jeunesse apprenait à lire aux petites filles des environs. Les Filles de la Charité furent la première congrégation féminine à échapper à la règle de la clôture et à circuler en dehors du monastère. Pour leurs fondateurs, Vincent de Paul et Louise de Marillac, leur monastère devait être les cellules des malades, leur cloître les rues de la ville ou les salles des hôpitaux. En 1641, les religieuses fixèrent leur maison-mère de Paris dans la rue du Faubourg-Saint-Denis, paroisse Saint-Laurent, en face de la maison Saint-Lazare de la congrégation de la Mission, autre fondation de Vincent de Paul. Elles en furent chassées à la Révolution, en 1790, mais furent les premières à légalement être réinstituées en 1800. Durant tout le XIXe siècle, et jusqu'aux années 1960, les sœurs de Saint-Vincent-de-Paul ont été des auxiliaires de santé dans les hospices et les asiles. Elles forment aujourd'hui le plus grand groupe de religieuses de l'Eglise catholique, et sont présentes dans 91 pays.

Une communauté de 26 sœurs réside dans la maison Saint-Vincent, participant avec joie à leur mission d'accueil de tous ceux et celles (groupes uniquement), qui souhaitent venir dans leur Maison pour divers séjours et sessions spirituels : temps forts de rencontre, retraites, journées de réflexion avec des jeunes de mouvements et services divers. Un magnifique parc mitoyen avec la roseraie départementale et la présence d'un parking participent à rendre ce lieu accueillant. Grande salle de conférence sonorisée, et plusieurs autres plus petites. A signaler que cette Maison d'accueil est agréée par la CAVIMAC et le MSM pour des convalescences ou repos de prêtres ou de religieux (ses).

Office : une deuxième chapelle est disponible pour que les groupes puissent y organiser leur propre liturgie. Sinon, il est possible de partager celle de la communauté messe vers 11h15 et vêpres vers 18h15.

Accueil : 59 chambres dont certaines à 2 lits. Restauration de type familial sur place. Draps et serviettes fournis.

MONASTÈRE DE L'ANNONCIADE €

38, rue Jean-François Marmontel - **THIAIS**
✆ 07 68 46 43 43
www.annonciade.info/thiais

Possibilités d'accueil et conditions à convenir avec la sœur hôtelière.

Sainte Jeanne de France, fille de Louis XI, fonda l'ordre de la Vierge Marie, en 1502. Jeanne a vécu à une époque marquée par un grand souci de réforme et par la figure emblématique de saint François d'Assise. En 1476, elle est mariée à Louis d'Orléans qui deviendra plus tard le roi Louis XII. Jeanne vit alors une épreuve qui la fortifiera, répudiée pour raison d'Etat en 1498. Ayant acquis le titre de duchesse de Berry, elle fonde, avec l'aide de son confesseur franciscain, le bienheureux Gabriel-Maria, l'Ordre de la Vierge Marie dont elle avait eu l'intuition en son enfance. Alors qu'elle priait la Vierge, celle-ci lui aurait dit : « Avant ta mort, tu fonderas un ordre religieux en mon honneur… ». Durant toute sa vie, elle fait preuve d'une extrême bonté et se tourne vers les pauvres. Son amour de la Vierge Marie ne manque pas d'émouvoir ceux qui la rencontrent. Elle meurt à Bourges le 4 février 1505. Son culte se répand, mais il faut attendre 1950 pour que Jeanne soit canonisée par le pape Pie XII.

Quant au monastère de l'Annonciade de Thiais, son histoire débute avec celui de Boulogne-sur-Mer, fondé en 1636, fermé en 1792, mais restauré en 1818. Pendant toute la période post-révolutionnaire, les religieuses se consacrent à l'éducation des jeunes filles. En 1904, le monastère de Boulogne-sur-Mer s'exile en Angleterre près de Douvres. A partir de 1922, plusieurs sœurs décident de retourner en France. En 1926, elles s'installent à Thiais à 15 km de Paris. Situé dans le quartier tranquille de « Grignon », le monastère de l'Annonciade est consacré « à l'imitation de la Vierge Marie, pour plaire à Dieu ». Les annonciades y pratiquent l'accueil monastique traditionnel, qui permet de partager avec tous ceux qui le désirent, le silence, la prière et la quête de Dieu. Les sœurs accueillent toutes personnes individuelles et groupes pour des retraites et séjours spirituels pour des durées maximales de 8 jours. Au cœur d'un grand espace boisé, une salle de 500 m² peut aussi accueillir « les journées d'amitié » ainsi que des groupes importants à la journée. Le parc est entièrement clos avec accès à la chapelle pour les célébrations. Nouvelle chapelle et remise aux normes de l'accueil avec ascenseur sont prévues pour juin 2019.

Offices : laudes à 7h, eucharistie à 9h15, office du milieu du jour à 11h45, office des lectures à 13h45, vêpres à 17h30 (18h le samedi), complies à 21h.

Accueil : 20 chambres pour des retraites individuelles ou des groupes.

ACCUEIL DE BETHANIE €

BLARU

✆ 01 34 76 21 39

benedictines-blaru-bethanie.fr

Prendre contact pour connaître les conditions d'accueil, participation aux tâches et frais.

Les bénédictines du Sacré-Cœur de Montmartre accueillent les personnes individuelles ou en groupe pour des retraites, des temps de prière ou de réflexion. Animation spirituelle et participation aux offices de la communauté possibles. Les offices sont chantés en français. Programme annuel de sessions organisées disponible sur demande. Les durées d'accueil, seul ou en groupe sont de 2 à 6 jours maximum. L'accueil dispose d'une capacité 50 personnes avec 44 chambres. Séjour en pension complète seulement. Limité à 6 jours maximum.

L'ERMITAGE ACCUEIL

22, rue de l'Ermitage

✆ 01 39 23 19 80

www.ermitage-fondacio.fr

Tarifs variables selon le programme choisi.

Situé en bordure du parc du château de Versailles dans un écrin de verdure propice à l'introspection, l'Ermitage propose un lieu d'accueil pour vos rencontres familiales, professionnelles ou d'approfondissement spirituel. Chaque année, de nombreuses personnes assistent aux diverses sessions de formation, programmes d'enseignement ou rencontres favorisant l'écoute et le partage, temps de ressourcement spirituel ouverts à tous. Leur programme est détaillé sur le site Internet, les thématiques sont variées et couvrent de nombreux aspects de la vie, sur lesquels beaucoup d'entre nous se posent de multiples questions. Préparations au mariage, veuvage, mais aussi jardinage et spiritualité ou révéler sa créativité… Fondacio est une communauté reconnue par l'Église catholique (statuts canoniques) et entretient des liens avec les Églises orthodoxe et protestante. Sur place, une équipe de professionnels et de bénévoles vous recevra avec joie et sera à votre à disposition ainsi que de nombreuses salles pour des groupes. Parking gratuit pour voitures. En termes de structure d'accueil, l'Ermitage dispose d'une capacité d'hébergement 36 lits avec 12 chambres dont 1 pour couple. Sanitaires à chaque étage, à proximité des chambres. Les draps de lit et les couvertures sont fournis, seul le linge de toilette est à votre charge. Toutes les chambres sont équipées de lavabo, table et chaise. Une salle de restauration est disponible sur place. Pour les groupes, possibilité de pension complète ou demi-pension.

FOYER DE CHARITÉ LA PART DIEU €

108, route de Villiers

POISSY

✆ 01 39 65 12 00

www.foyer-la-part-dieu-poissy.com

Participation aux frais d'hébergement et de session à convenir lors de votre réservation.

Situé à 25 km de Paris, le foyer est un véritable havre de paix. Il a été fondé en 1959 dans un enclos forestier sur les hauteurs dominant la vallée de la Seine. Le Foyer de Charité organise toute l'année des retraites prêchées et des récollections ouvertes à tous sur inscription préalable : individus, familles, groupes, prêtres.. Programme détaillé et conditions d'inscription sur le site internet. Il est géré par la communauté de laïcs consacrés «Foyer de Charité» de Poissy.

CENTRE SPIRITUEL NOTRE-DAME DU CENACLE ✞

68, avenue de Paris - **VERSAILLES**

✆ 01 39 50 21 56 - www.ndcenacle.org

Participation aux frais d'hébergement à convenir lors de votre réservation selon vos possibilités.

Le Centre se situe à 800 mètres du château de Versailles. Avec un magnifique parc avec pelouses, sentiers ombragés et pièce d'eau, c'est un havre de paix au cœur de Versailles.

Une équipe de laïcs et de sœurs, de la communauté de Notre-Dame-du-Cénacle, y anime tout au long de l'année de nombreuses propositions de séjours spirituels : retraites, réflexion, formations, célébrations, etc. Retraites et animations suivent la pédagogie des *Exercices spirituels* d'Ignace de Loyola. Programme et inscription sur le site Internet.

Elle accueille des groupes déjà constitués : jeunes en aumôneries, catéchèse, membres de divers mouvements, paroisses… Ces groupes peuvent faire appel à un membre de l'équipe du Centre pour participer à l'animation de tout ou partie de leur rencontre.

Mais elle accueille aussi individuellement les personnes qui désirent venir se poser, prier, réfléchir, prendre un peu de recul (seules ou en demandant à être accompagnées par un membre de la communauté).

Elle met à la disposition des hôtes : 6 salles de réunion et 2 salles de conférence, une salle de détente.

A retenir : il est possible par parrainage d'offrir une ou plusieurs journées de ressourcement spirituel à des personnes qui n'en ont pas les moyens. Capacité d'accueil de 34 lits avec 15 chambres doubles, 4 chambres simples. La plupart sont avec douche et WC, accessibles par ascenseur et un parking. Pour la restauration sur place, 3 salles à manger de 20, 24 et 30 personnes.

NORMANDIE

Au nord-ouest de la France, sur les bords de la Manche, la Normandie vous réserve d'émouvantes expériences spirituelles. Avec le Calvados, l'Eure, la Manche, l'Orne et la Seine-Maritime, le territoire normand regorge de sanctuaires à visiter, de pèlerinages à entreprendre, de lieux d'exception propices à la contemplation. On pense au Mont-Saint-Michel, fleuron du tourisme français, mais aussi et surtout lieu saint où affluent les pèlerins du monde entier. On pense aussi à Notre-Dame de Montligeon ou au sanctuaire Sainte-Thérèse de Lisieux… Côté tourisme, la Normandie abrite aussi des sites classés parmi les plus beaux villages de France, et des villes prestigieuses dont les fleurons sont Rouen, Le Havre, Etretat ou bien Giverny. Un séjour complet entre retour sur soi et ouverture aux paysages et habitants du lieu est possible ici. De quoi faire une pause dans une vie quotidienne vécue à cent à l'heure.

THÉRÈSE DE LISIEUX

LE SANCTUAIRE DE SAINTE-THÉRÈSE DE LISIEUX ACCUEILLE LES PÈLERINS

D'un père horloger-bijoutier et d'une mère dentellière, Thérèse Martin est née en 1873 à Alençon. A 4 ans, elle perd sa mère et la famille s'installe à Lisieux. Tandis que Thérèse suit les cours de l'école des bénédictines, sa sœur Pauline entre au carmel. A 10 ans, Thérèse tombe gravement malade mais est guérie miraculeusement face à une statue de la Vierge Marie. Dès l'année de sa première communion, elle songe à entrer au carmel. Sa véritable conversion a lieu lors de la nuit de Noël de 1886. Au cours d'un pèlerinage en Italie, elle demande au pape d'entrer au carmel à 15 ans. Après la mort de son père, Mère Agnès, la supérieure du carmel, lui ordonne d'écrire ses souvenirs d'enfance, ce qu'elle continue à faire jusqu'à sa mort en 1897. Un an après sa mort paraissait un livre composé à partir de ses écrits qui l'a fait connaître dans le monde entier. Elle fut canonisée le 17 mais 1925. Depuis 1927, sainte Thérèse est la patronne des missionnaires et a été reconnue, en 1997, « docteur de l'Eglise ». C'est la troisième sainte qui obtient ce titre après Thérèse d'Avila et Catherine de Sienne.

Les lieux à visiter

La cathédrale Saint-Pierre est un des joyaux de l'art gothique normand. C'est aussi le lieu où ste Thérèse a le plus participé à la vie de l'Église locale pendant sa jeunesse. Le carmel de Lisieux a été fondé en 1838. Lorsque sainte Thérèse y est entrée en 1888, la communauté comptait 26 sœurs. La chapelle du carmel abrite aujourd'hui les reliques de sainte Thérèse devant lesquelles les fidèles peuvent se recueillir. Après la canonisation de Thérèse, l'évêque propose d'édifier une basilique en son honneur, soutenu dans son idée par le pape Pie XI. Les travaux commencent en 1929 malgré les réticences du clergé local. La bénédiction solennelle de la basilique a lieu en juillet 1937 par le cardinal Pacelli, futur pape Pie XII. Les jours de grandes fêtes, jusqu'à 3 000 pèlerins peuvent se rendre dans la chapelle supérieure. Dans la crypte, cinq mosaïques représentent la vie de ste Thérèse. Une chapelle a été aménagée en 2000 pour permettre aux pèlerins de se recueillir. La maison d'enfance de sainte Thérèse, « Les Buissonnets », se visite. Sa famille s'y installa comme locataire en novembre 1877, peu après le décès de la mère de Thérèse à Alençon. Thérèse y passera 11 ans de sa vie jusqu'à son entrée au carmel. La visite des différentes pièces nous permet d'imaginer les épisodes importants de son enfance et de son adolescence : la cheminée de la cuisine, qui rappelle la grande grâce de Noël 1886, a été décisive pour la suite de sa vie ; la salle à manger où eurent lieu le repas de sa première communion ainsi que son dernier repas avant son entrée au carmel ; la chambre où eut lieu sa guérison miraculeuse le 13 mai 1883. Dans une dernière pièce sont exposés ses objets familiers. Sans oublier la présence de la statue du jardin devant laquelle Thérèse demanda, lors de la Pentecôte 1887, l'autorisation à son père d'entrer au carmel.

Offices religieux

Au carmel : messes à 8h, 9h (avec les carmélites), 11h15. Le dimanche 9h, 11h15 (avec les carmélites) et aussi à 8h à la chapelle de l'Ermitage. Prière silencieuse à 6h15, laudes à 7h20, lecture spirituelle à 8h20, eucharistie à 9h, office du milieu du jour à 12h, nones à 13h40, prière silencieuse à 17h, vêpres à 18h, office des lectures suivi des complies à 20h10.

Basilique : messes du lundi au samedi à 15h30 à la basilique inférieure. Le dimanche à 10h30 à la basilique supérieure du dimanche de Pâques au dimanche du Christ Roi et à la basilique inférieure du premier dimanche de l'Avent au dimanche des Rameaux, et à 17h à la basilique inférieure. Les premier, troisième et cinquième dimanches du mois à 9h messe Motu Proprio à la basilique inférieure.

Cathédrale Saint-Pierre : messes en semaine à 18h, dimanche à 10h30.

Venir à Lisieux

Que vous soyez seul, en famille ou en groupe pour un pèlerinage, il est souhaitable de prendre contact avec : Sanctuaire Sainte Thérèse – Service pastoral accueil – 31, rue du Carmel – SC 62095 - 14102 Lisieux Cedex – ✆: 02 31 48 55 08. Fax : 02 31 48 55 26. Email : info@therese-de-lisieux.com. Si vous venez en groupe, vous pourrez bénéficier d'aide pour l'élaboration d'un programme adapté. Si vous venez individuellement, vous trouverez de l'aide pour tirer le meilleur parti du temps que vous passerez à Lisieux (possibilité de pèlerinage guidé du 1er juillet au 31 août, sauf le 15 août, films, visite du dôme, diorama Thérèse Martin, expositions).

HÔTELLERIE LA JOIE SAINT-BENOÎT €

48, rue Saint-Loup - **BAYEUX** ✆ 07 49 50 50 03
www.lajoiesaintbenoit.com

Conditions d'accueil et participation aux frais d'hébergement à convenir avec la sœur hôtelière lors de l'inscription.

Le monastère a été fondé en 1648 par trois sœurs d'Escoville, originaires de l'abbaye Notre-Dame-de- Caen. Les bénédictines ont adopté la réforme de Catherine de Bar. Sur l'emplacement de l'ancien couvent des Cordeliers dont il ne reste que le pavillon Saint-Michel (XIIIe et XVIe siècles), les bâtiments actuels datent de la fin du XVIIIe. Dans l'église abbatiale, les reliques de sainte Ide, la mère du chevalier Godefroy de Bouillon, ainsi qu'une Vierge en bois d'Yves le Pape. Les sœurs accueillent dans leur hôtellerie monastique des personnes individuelles ou des groupes organisés pour des retraites dans la prière mais aussi toute personne à la recherche d'un lieu calme pour un temps de repos et de paix. Les hôtes ont également accès à des espaces verts très agréables. Elles reçoivent volontiers des groupes de jeunes pour des sessions quotidiennes. Possibilité de participer aux offices journaliers. Possibilité d'échange avec un prêtre ou une religieuse.

- **Offices** : messes quotidiennes célébrées en grégorien et en français : du lundi au mercredi à 11h45, jeudi à 9h30, vendredi et samedi à 11h45, dimanche à 9h30. Autres offices : laudes à 7h, heure médiane à 12h (sauf en cas de messe), vêpres à 17h45, complies à 19h15.
- **Accueil** : environ 24 chambres au confort moderne avec douches et WC. Grande salle à manger. Possibilité de séjour en pension complète.
- **Boutique** : vente de divers objets et produits issus de l'artisanat monastique et librairie diocésaine ouverte tous les après-midi.

MONASTÈRE DE LA VISITATION

3, rue de l'Abbatiale
CAEN
✆ 02 31 86 19 40

Conditions d'accueil et participation aux frais d'hébergement à convenir avec la sœur hôtelière.

Fondé à Dol-en-Bretagne en 1627, le monastère des Visitandines a été transféré à Caen en 1631, à proximité de l'abbaye aux Hommes et de l'église romane Saint-Étienne. C'est ici que vécut la sœur de sainte Thérèse-de-l'Enfant-Jésus, entre 1899 et 1941. La crypte de la chapelle abrite son tombeau. Les moniales accueillent des femmes uniquement, pour des retraites individuelles dans le partage de la prière. Elles gèrent aussi un atelier de reliure, de tricot et de fleurs artificielles.

ERMITAGE SAINTE-THÉRÈSE €

23, rue du Carmel - **LISIEUX** ✆ 02 31 48 55 10
www.therese-de-lisieux.catholique.fr

Fermé en janvier. 92 chambres, à partir de 35 €, avec petit déjeuner. Demi-pension 42 €. Parking inclus.

L'Ermitage Sainte-Thérèse est l'un des deux Centres d'accueil spirituels du Sanctuaire de Lisieux. Rénové en 2005, ce grand bâtiment de style traditionnel normand peut accueillir jusqu'à une centaine de personnes. Il est organisé pour pouvoir recevoir indépendamment des pèlerins et des retraitants, que ce soit individuellement ou en groupe. Il est également géré par les religieuses de l'Institut des Servantes de Sainte-Thérèse-de-l'Enfant- Jésus. A signaler, sur place, la présence de son accueillante chapelle Notre-Dame-du-Sourire située au sein même de l'Ermitage et qui est ouverte à tous ceux qui souhaitent un temps de prière communautaire ou silencieuse sans avoir à se rendre au Sanctuaire. Egalement des salles de réunion à la disposition des groupes de pèlerins qui le désirent. Un ascenseur dessert tous les étages. Un parking privatif est réservé aux personnes hébergées selon ses disponibilités. Un calendrier annuel de retraites et de week-ends est proposé à tous ceux qui veulent approfondir leur vie chrétienne en s'inspirant de l'expérience spirituelle de sainte Thérèse-de-l'Enfant-Jésus. Il est consultable sur le site, ou vous pouvez le demander par courrier.

- **Offices** : à quelques mètres du carmel de Lisieux, les hôtes peuvent participer aisément à sa liturgie.
- **Accueil** : capacité d'accueil de 178 lits avec 92 chambres simples et doubles avec lavabos. Sanitaires communs dans le couloir.
- **Visites** : découverte aisée des lieux thérésiens à proximité (les Buissonnets, la cathédrale Saint-Pierre), visite des expos ou du diorama...

FOYER LOUIS ET ZÉLIE MARTIN €

15, avenue Sainte-Thérèse
LISIEUX
✆ 02 31 48 55 10
www.therese-de-lisieux.catholique.fr

Fermé en janvier. Chambre simple à partir de 30 €. Petit déjeuner inclus.

Le Foyer saints Louis et Zélie Martin est un des centres d'accueil spirituel du Sanctuaire, offrant la possibilité d'être hébergé et de prendre des repas dans les conditions des maisons d'accueil religieuses. Il est géré par les sœurs de la congrégation italienne des Servantes de sainte Thérèse de l'Enfant-Jésus. Il est ouvert à tous : individuels, groupes ou familles qui souhaitent vivre leur pèlerinage dans la joie et la prière. Il dispose de deux salles de 250 et 50 personnes.

ABBAYE SAINT-MARTIN DE MONDAYE ✞

L'Abbaye - **JUAYE-MONDAYE** ✆ 02 31 92 58 11
www.mondaye.com
Visite : dimanche à 15h30 de septembre à juin, tous les jours à 14h30 en juillet-août. 5 €.

En 1121, Saint-Norbert crée l'ordre de Prémontré, dont le nom est choisi tout simplement faisant référence à son lieu de fondation, au cœur de la forêt de Saint-Gobain dans l'Aisne. A cette époque, la chrétienté est en pleine effervescence et de nombreuses communautés sont fondées. Chartreux, Cisterciens, Victorins, tous voient leurs origines à cette époque.

Saint Norbert souhaite que sa nouvelle famille religieuse vive l'idéal de la première communauté chrétienne de Jérusalem, décrite au début du livre des Actes des Apôtres, à la suite de saint Augustin. Au Ve siècle, celui-ci définit une Règle pour permettre à des clercs de mener la vie commune et le service pastoral de l'Eglise.

L'ordre vit son apogée au XIIIe siècle, durant lequel il possède jusqu'à 600 monastères dans le monde entier : France, mais aussi Ecosse, Italie, Israël… En France seulement, une centaine de maisons, principalement dans le Nord et l'Est du pays, desservent plus d'un millier de paroisses alors que survient la Révolution.

Réinstitué après la Révolution, l'ordre de Prémontré participe au XIXe siècle à l'effort missionnaire de l'Eglise, et il compte aujourd'hui quelque mille cinq cents religieux, moines et moniales à travers le monde.

Chaque abbaye est autonome et gouvernée par un Père abbé. Comme toutes les communautés religieuses de droit pontifical, l'Ordre de Prémontré possède sa maison générale à Rome, où réside le Père abbé général.

En 1202, un groupe de religieux se constitue autour de Tustin, ermite vivant sur la colline de Mondée. En 1215, l'évêque Jourdain du Hommet demande à la communauté de s'intégrer à l'Ordre de Prémontré, sous la paternité de l'abbé de La Lucerne. A l'époque, la Normandie compte déjà un certain nombre d'abbayes de l'Ordre de Prémontré : l'abbaye d'Ardenne aux portes de Caen, l'abbaye de la Lucerne dans la Manche, ainsi que l'abbaye de Blanche-Lande, l'abbaye de Silly près de Sées, et les abbayes de Bellozanne et de L'Isle Dieu au diocèse de Rouen. Les frères sont des priants et des pasteurs d'âmes. Durant tout le Moyen Age, l'abbaye de Mondaye reste une maison modeste. Le monastère partage l'insécurité des Normands pendant la guerre de Cent Ans. Au moment des guerres de Religion, l'abbatiale de Mondaye est pillée et son abbé Julien Guichard sauvagement assassiné. C'est au début du XVIIIe siècle que l'abbaye de Mondaye connaît la période florissante, avec la reconstruction du monastère menée par le Père Eustache Restout, prémontré de Mondaye, mais aussi architecte et peintre d'une grande famille normande. On peut aujourd'hui encore admirer l'œuvre unique en Normandie de cette période classique. La Révolution chasse ses habitants. Le monastère devient collège puis refuge de religieuses trappistines conduites par Madame de Chateaubriand. C'est en 1858 que la vie des prémontrés reprit à Mondaye grâce à des religieux de Grimbergen (Belgique) expulsés en 1880 et en 1903 par les lois républicaines. C'est en 1921 que le père Exupère Auvray ramena les frères à Mondaye. Huit siècles après la première installation, la colline est toujours un « mons dei », une montagne de Dieu. Dans un magnifique cadre de verdure typiquement normand (pommiers et vaches) et en pleine campagne, dans le calme et le silence, la communauté vous accueille volontiers pour un temps de retraite, de récollection, de session, un séjour de repos ou de révision. L'accueil est ouvert à tous, seuls ou en famille, hommes ou femmes, adultes ou adolescents, qui sont hébergés dans les différents bâtiments dédiés à l'hôtellerie ou sur les aires de campement.

Lors de votre séjour, un accompagnement spirituel, une rencontre avec frère ou encore une prédication de retraite sont possibles.

▶ **Vie spirituelle :** les prémontrés animent des sessions de théologie, de chant, de liturgie et sont responsables de plusieurs aumôneries. Ils publient une revue, *Le Courrier de Mondaye*, qui a pour objectif de faire connaître les activités de l'abbaye et la spiritualité de l'ordre des prémontrés. Le site Internet de la communauté présente l'abbaye, son histoire ainsi que le calendrier des retraites et des manifestations culturelles. Les mercredis de l'été, des haltes spirituelles sont organisées.

▶ **Offices :** laudes à 7h30, messe à 12h (11h le dimanche), milieu du jour à 14h (sauf le dimanche), vêpres à 18h30 (18h le dimanche), complies à 20h30 (20h le dimanche).

▶ **Accueil :** le monastère possède 4 structures d'accueil :

- Une hôtellerie récente, tout confort, avec 24 chambres, 45 lits (17 chambres à 2 lits, 7 chambres simples), salle d'eau et w.c. privatifs, 2 oratoires. Salle de conférence modulable : 15 à 100 personnes. Salon de jardin privatif et belle architecture ;
- Le Pavillon pour accueillir des groupes d'adolescents avec 24 chambres à 2 lits (soit 48 couchages) ;
- Le Logis et l'Ermitage pour les groupes, les familles ou les individuels, dans les bâtiments de l'ancienne ferme de l'abbaye (jusqu'à 17 personnes) ;
- Les campements sur plusieurs terrains clos dans les abords immédiats de l'abbaye.

▶ **Boutique** : grande boutique Saint-Norbert avec nombreux articles et objets issus de l'artisanat monastique. Important rayon de librairie. Possibilité de commander en ligne.

▶ **Visites** : en juillet et août, visites guidées tous les jours à 16h. Du 1er septembre au 30 juin : le dimanche après-midi à 15h30. En dehors de ces horaires, visites guidées possibles sur demande.

ABBAYE DU BEC-HELLOUIN ✝ ★★★

3, place de l'Abbé-Herluin - **LE BEC-HELLOUIN**
✆ 02 32 43 72 60 - www.bec-hellouin.fr
Participation aux frais d'hébergement à convenir lors de votre réservation selon vos possibilités.

Installée dans un paysage bucolique, Notre-Dame-du-Bec est résolument l'une des plus belles abbayes de Normandie. L'arrivée sur le site, avec la haute tour-clocher Saint-Nicolas du XVe siècle dominant la vallée du Bec, est magnifique.

C'est en 1034 que l'abbaye fut fondée, selon la règle de saint Benoît, par le bienheureux Herluin, chevalier du comte de Brionne. En 1045, le monastère connut son apogée avec Lanfranc de Pavie qui créa l'école du Bec, et Anselme, jeune étudiant d'Aoste, penseur religieux le plus influent de son siècle et conseiller de Guillaume le Conquérant. La croissance de l'abbaye fut telle qu'on envisagea, vers 1060, son déplacement au lieu qu'elle occupe aujourd'hui ainsi que la construction d'un nouveau monastère. En 1077, une nouvelle église fut également consacrée par Lanfranc qui, sept ans auparavant, devint archevêque de Cantorbéry et entreprit la réforme de l'église anglo-saxonne. Le travail du cuir et des étoffes est attesté dès cette époque, quand Roger de Beaumont accorda la franchise de tout ce qui était nécessaire aux religieux de l'abbaye du Bec pour leurs chaussures et leurs vêtements, fabriqués à Pont-Audemer. Au XIIe siècle, l'école du Bec ne cesse de grandir. Robert de Thorigny, futur abbé du Mont-Saint-Michel, en est le prieur. L'abbaye fut ruinée à la Révolution, mais renaît de ses cendres, en 1948, avec l'arrivée des moines de Mont-Olivet, venus des communautés de Mesnil-Saint-Loup et de Cormeilles-en-Parisis. La même année, l'association des amis de Belloc se crée pour contribuer à la restauration de l'abbaye qui a retrouvé ainsi une belle part de son rayonnement international.

L'abbaye est ouverte au public tous les jours sauf le mardi, à l'exception du parc et de l'église abbatiale qui sont ouverts quotidiennement. Parce qu'elle est encore en activité, elle se découvre uniquement à heure fixe dans le cadre d'une visite guidée, afin de ne pas perturber le recueillement des moines. La visite, qui dure entre 45 et 60 minutes, permet de découvrir les bâtiments conventuels, le logis de l'abbé, le cloître qui date du XVIIe siècle, tout comme la salle capitulaire… La bibliothèque des moines, dont les bâtiments d'origine et une grande partie des manuscrits d'époque ont disparu pendant la Révolution, est elle aussi ouverte au public. La salle de lecture est propice à la découverte des volumes (près de 100 000 ouvrages !) qu'elle renferme.

Si l'idée de faire une retraite à Notre-Dame-du-Bec vous tente, sachez que l'hôtellerie des frères est ouverte à tous ceux qui désirent prier, réfléchir, reprendre souffle, trouver écoute et dialogue, faire une pause en paix. C'est la tradition dans tous les monastères bénédictins, où la règle est d'accueillir chacun comme on accueillerait le Christ. Pour les intéressés, l'abbaye comprend une maison d'hôte, ouverte toute l'année sauf en janvier. Elle reçoit aussi bien des personnes seules que des groupes, familles, amis, jeunes, couples, etc. Elle comprend deux étages avec salle à manger, bibliothèque, oratoire, deux salles d'eau non mixtes et des chambres individuelles ou doubles. Les hôtes peuvent partager la prière communautaire et demander un accompagnement spirituel auprès d'un frère s'ils le souhaitent. Le travail manuel est pratiqué en silence afin de mieux parvenir à une prière continuelle. Les retraitants peuvent opter pour ses séjours plus ou moins longs ; contactez maisondeshotes@abbayedubec.org pour en savoir plus.

Aujourd'hui, les moines consacrent l'essentiel de leur temps à la prière et au travail. Le labeur manuel, pratiqué dans un silence religieux, est l'une des valeurs fondamentales de la vie bénédictine. Parmi les activités manuelles pratiquées par les moines, la production de faïences artisanales, mise en place depuis le retour de la communauté en 1946, est sans aucun doute la plus importante. Dans leurs ateliers créés en 1957, les moines se chargent de toutes les étapes du processus de fabrication, de la création des moules au coulage des pièces en passant par les différentes cuissons, l'émaillage et le décor des faïences. Ensuite, les pièces produites sont vendues dans le magasin aux côtés de produits artisanaux confectionnés par d'autres communautés monastiques de la région (bougies, conserves, vin, huiles essentielles, etc.). Le reste de la journée au monastère est rythmé par la vie en communauté et les tâches liées à l'entretien et au bon fonctionnement du monastère : cuisine, ménage, raccommodage, jardinage, repassage, bricolage… La lecture, également, est une activité courante au sein du monastère.

Sur le plan spirituel, les frères de l'abbaye sont également très engagés dans le dialogue œcuménique et interreligieux. Des relations soutenues avec des chrétiens orthodoxes ont été développées dans un partage spirituel. Des démarches ont été entreprises avec l'Eglise anglicane par des rencontres pour approfondir les connaissances mutuelles et les traditions spirituelles. Les quatre derniers archevêques sont ainsi venus séjourner à l'abbaye du Bec. Avec des réformés de la région normande, un travail commun d'études bibliques et de réflexion sur des problèmes pastoraux, comme celui des foyers mixtes, ainsi que les rencontres dans le cadre du renouveau charismatique ont permis un approfondissement de relations fraternelles. Plus récemment, l'abbaye du Bec a décidé de s'ouvrir au dialogue interreligieux monastique en invitant des moines et des moniales bouddhistes pour des temps d'échange et de rencontre.

MONASTÈRE SAINTE-FRANÇOISE ROMAINE ✞

9, route de Rouen - **LE BEC-HELLOUIN**
✆ 02 32 44 81 18
www.monasteresaintefrancoise.com
Les visites du monastère sont possibles, ainsi que la participation aux offices.

Héritières de la tradition spirituelle sainte Françoise Romaine, dès le XVe siècle, les moniales sont en lien avec le monastère bénédictin olivétain frère voisin. La communauté des moniales oblates fondée à Cormeilles-en-Parisis en 1924 est venue s'installer en 1949 à 2 km de l'abbaye de Notre-Dame-du-Bec. Les deux communautés se rejoignent pour les offices majeurs (messe, vêpres et vigiles) les dimanches et jours de grandes fêtes à l'abbaye Notre-Dame-du-Bec. Aujourd'hui, les sœurs partagent leur vie entre la prière communautaire et le travail. Les sœurs reçoivent pour des temps de silence et de prière des personnes qui désirent passer quelques jours sur place et prendre part à leur liturgie.

▸ **Offices :** indépendantes pour leur organisation et leur vie quotidienne, les deux communautés de Notre-Dame-du-Bec et de Sainte-Françoise-Roumaine se retrouvent pour les messes dominicales et les grandes fêtes, unissant dans la même louange les voix masculines et féminines.

▸ **Accueil :** quelques chambres doubles et simples pour personnes seules ou petits groupes. Conditions de l'accueil en pension complète : pour des personnes souhaitant vivre un temps de ressourcement spirituel, une certaine participation à la prière de la communauté, le respect du silence et du recueillement des autres et le respect de l'horaire.

▸ **Boutique :** les sœurs vendent leurs bougies décoratives fleuries, parfumées ou flottantes. Elles confectionnent aussi du linge d'autel et des vêtements liturgiques.

ABBAYE NOTRE-DAME DE FONTAINE-GUÉRARD ★★

CD 714
RADEPONT
✆ 06 86 08 04 67
www.abbayefontaineguerard.fr
Ouvert d'avril à septembre. Tarif plein : 6 €, tarif réduit : 4,50 €, tarif enfant : 3,50 €, gratuit : moins de 7 ans.

© JEAN-MICHEL PEERS

Au pied d'une source aux vertus guérisseuses, cette abbaye de femmes semble avoir été oubliée au fil du temps. Chef-d'œuvre du style gothique anglo-normand du XIIIe siècle où la rigueur cistercienne prend toute sa pureté, fondée en 1190, elle offre au visiteur un cellier troglodytique, les ruines de l'abbatiale, une salle capitulaire à trois nefs, une salle de travail, le dortoir des moniales et les jardins monastiques ponctués de sculptures évoquant les femmes qui y vécurent.

© JONATHAN - FOTOLIA

Le cloître de l'abbaye Notre-Dame-du-Bec.

CARMEL D'AVRANCHES €

59, boulevard du Luxembourg
AVRANCHES
✆ 02 33 58 23 66
Contact / réservation : soeur hotelière.
Pension complète 35 € / jour environ selon vos possibilités.

Situé à une demi-heure du Mont-Saint-Michel, ce monastère a été fondé en 1890 dans le Nord et implanté à Avranches en 1921. La construction du nouveau monastère a commencé en 1936 et sa consécration a eu lieu en 1990. La coupole de la chapelle, toute de dalles de verre éclaté, est l'œuvre du maître verrier de Chartes Gabriel Loire. Les sœurs reçoivent dans leur carmel pour des retraites de courtes durées. Possédant un petit rucher, elles produisent leur propre miel. Trois chambres disponibles pour un accueil en pension complète.

ETOILE DE LA MER €€

Allée du Présbytère - **SAINT-JEAN-LE-THOMAS**
✆ 02 33 48 84 24 - www.etoiledelamer.org
Tarifs détaillés sur le site de 53 € en chambre familiale à 69 € en chambre simple en pension complète.

Un panorama exceptionnel sur la baie du Mont-Saint Michel pour cette récente Maison d'accueil qui doit son origine à la congrégation Notre-Dame-du-Mont-Carmel d'Avranches et qui est depuis 2011 animée par la Communauté du Chemin Neuf. Cette communauté catholique à vocation œcuménique est née d'un groupe de prière charismatique en 1973. Elle compte aujourd'hui près de 2 200 membres permanents dans vingt-six pays, et 12 000 personnes au service des missions de la communauté. Ses missions sont nombreuses et couvrent de nombreux aspects de la vie : humanitaire, éducative... Ses membres vivent soit dans des maisons communautaires, soit chez eux. Le cadre assure le calme et la détente. Elle est située à proximité des plages du Mont-Saint-Michel et de ses marées. La Maison accueille dans un bâtiment confortable et bien équipé aussi bien des groupes que des personnes seules pour des séjours, pour un temps de ressourcement ou de repos, et aussi pour une fête familiale ou simplement des pèlerins pour une étape. Elle dispose de salles de réunion équipées de vidéoprojecteurs qu'elle peut mettre à disposition des groupes.

Offices : la Communauté partage avec les hôtes qui le souhaitent l'office des laudes à 7h45 et un temps d'adoration eucharistique en fin de journée.

Accueil : capacité 112 lits avec 39 chambres, 4 salles de réunion, service de restauration simple et familial. Accueil en pension et demi-pension seulement. L'établissement dispose de chambres simples, doubles ou familiales, toutes équipées de sanitaires complets.

ABBAYE NOTRE DAME DE GRACE €

BRICQUEBEC-EN-COTENTIN ✆ 02 33 87 56 11
http://abbayebricquebec.fr
Tarifs auprès du frère hôtelier.

L'abbaye fut fondée le 13 juillet 1824. L'abbé Dom Onfroy (1777-1857), curé de Disgoville dans le diocèse de Coutances- Avranches, aspirait à la vie monastique cistercienne, mais son évêque hésitait à laisser partir un si bon prêtre. Finalement il l'invite à fonder lui-même un monastère dans son diocèse. Un terrain en très mauvais état lui est offert à Bricquebec. Il accepte, en faisant à l'évêque la même réponse que saint Pierre avait faite au Christ : « Sur ta parole je jetterai le filet ». En 1836, Rome érige le prieuré en abbaye et son fondateur devient le premier abbé sous le nom de Dom Augustin Onfroy. Dom Vital (1857-1948), quatrième abbé, comprend que Dieu est Amour et que tout consiste à s'abandonner entre ses mains comme un enfant. En 1897, il prend la responsabilité de la fondation de deux monastères au Japon. La communauté de cisterciens trappistes tire sa subsistance d'une exploitation agricole qui comprend un élevage bovin et un laboratoire fournissant des produits de charcuterie vendus au magasin. L'abbaye reçoit des retraitants pour une semaine maximum dans le silence et la prière. Possibilité d'avoir un accompagnement spirituel.

Offices : matines 4h15, laudes 6h45, messe 8h30, vêpres 18h.

Accueil : une dizaine de chambres simples ou doubles.

Boutique : gamme complète de charcuterie connue sous le nom de Les Charcuteries de la Trappe. Ce sont des produits naturels avec le savoir-faire traditionnel permis par une production artisanale.

HÔTELLERIE FRATERNITÉS MONASTIQUES DE JÉRUSALEM €

LE MONT-SAINT-MICHEL ✆ 02 33 58 31 71
www.abbaye-montsaintmichel.com
Hôtellerie fermée en juillet et août.

Les Fraternités Monastiques de Jérusalem sont créées en 1975, le jour de la Toussaint. Elles sont nées de la rencontre entre un désir porté par le Cardinal François Marty, alors archevêque de Paris, et une proposition du Père Pierre-Marie Delfieux, ancien aumônier d'étudiants à la Sorbonne, fondateur des Fraternités de Jérusalem. Instituts religieux à caractère monastique, les Fraternités Monastiques de Jérusalem ont une vocation essentiellement contemplative. Ordinairement, ils mènent leur vie monastique au cœur des villes si marquées par l'indifférence et la solitude, pour y ouvrir une oasis de prière. Ils sont aussi présents dans des hauts lieux de pèlerinages tels Vézelay et le Mont-Saint-Michel. Leur liturgie ouverte à tous, en partie inspirée de l'Orient chrétien, est chantée trois fois par jour en polyphonie, par les frères et sœurs. Le tracé spirituel des Fraternités Monastiques de Jérusalem rédigé par le Père Pierre-Marie Delfieux est contenu dans l'ouvrage « Jérusalem, Livre de Vie ». Il s'inspire d'abord de l'Ecriture, mais aussi des grandes traditions monastiques et des grands maîtres spirituels des Eglises d'Orient et d'Occident, d'hier et d'aujourd'hui. Les Fraternités sont aujourd'hui présentes à Paris, Vézelay, Strasbourg, La Ferté-Imbault, Rome et Florence, le Mont-Saint-Michel, Montréal, Cologne et Varsovie.

L'accueil des retraitants à la Fraternité monastique de Jérusalem, particuliers et petits groupes (8 personnes maximum) pour un séjour en silence se fait du mardi au dimanche matin. Le séjour est d'une semaine maximum. Les frères reçoivent les hommes, et les sœurs accueillent les dames qui s'engagent à vivre une retraite authentique en silence, au rythme des communautés, et à participer ponctuellement aux travaux communautaires. Les hôtes sont hébergés dans une maison du Mont-Saint-Michel à proximité de l'abbaye. Cette maison gérée par un hôtel privé est réservée aux seuls retraitants.

▶ **Offices** : à l'abbaye, laudes 6h50 du mardi au vendredi (7h50 samedis, dimanches et jours fériés + le mois d'août), messe 12h du mardi au samedi (11h15 le dimanche), vêpres 18h20 du mardi au samedi. Chaque jeudi soir, les frères et sœurs assurent l'adoration du Saint-Sacrement à l'église Saint-Pierre dans le village, de 20h30 à minuit.

▶ **Accueil** : 5 chambres pour des retraitants individuels. Pour des groupes, ou des familles de 8 à 10 personnes maximum, accueil autonome à Stella Maris avec cuisine équipée et salle à manger/salle de travail.

ABBAYE NOTRE-DAME-DE-PROTECTION ✝

8, rue des Capucins
VALOGNES
✆ 02 33 21 62 82
abbaye.valognes.pagesperso-orange.fr
Tarifs en fonction de vos possibilités.

L'abbaye actuelle a été initialement construite pour une communauté de moines capucins. En 1789, cet ordre mendiant tombe en désuétude et les derniers capucins s'exilent à Jersey. Devenu entre-temps fabrique de draps, le couvent est racheté en 1810 par les bénédictines. Les bombardements de 1944 n'épargnent pas ce havre de paix, quatre-vingt-quatre bombes tombent dans l'enceinte du monastère. La reconstruction mêle avec harmonie l'ancien et le moderne, dans une sobriété toute monastique. Sculptures et vitraux contemporains voisinent avec des œuvres du grand siècle – retable de bois du XVIIe siècle avec le tableau de La Hayre, vitraux de Léon Zack – dans une église vaste, à nef unique, dont la charpente de 1956 évoque une coque de navire renversée. En visite sur place, veillez à respecter le calme et la sérénité des lieux. Les bénédictines dépendent de l'ordre des contemplatives. L'accueil, humble et paisible est une invitation à l'observation et à la méditation. Ici, les femmes peuvent également être accueillies pour une retraite au calme. Pour celles n'ayant jamais tenté l'expérience et désireuses de se ressourcer ou tout simplement de travailler au calme, n'ayez crainte : vos sorties sont évidemment libres, les heures de repas étant simplement fixes et respectées. Enfin, un passage ici ne peut se concevoir sans visite au magasin, les bénédictines valognaises fabriquant leurs propres pâtes de fruit, proposant également de nombreux autres produits.

BASILIQUE NOTRE-DAME ✝ ★★

Place de La Magdelaine
ALENÇON
Ouvert tous les jours de 8h30 à 19h.

D'architecture gothique, la construction de la basilique Notre-Dame d'Alençon a débuté en 1356 et s'est terminée au XIXe siècle. L'édifice possède l'un des plus beaux portails gothiques flamboyants de Normandie. Une véritable dentelle de pierre, peuplée de statues illustrant le thème de la Transfiguration, rarement représenté. Cette façade contraste avec le chœur et le clocher. Très massifs, ils ont été reconstruits au XVIIIe siècle après que le monument a été frappé par la foudre. C'est dans cette basilique que sainte Thérèse de Lisieux a été baptisée.

ABBAYE NOTRE-DAME ✝ ★

2, rue de l'Abbaye
ARGENTAN
✆ 02 33 67 12 01
abbaye-argentan.fr
Tarifs à discuter avec la sœur hôtelière.

L'abbaye, fondée à Almenesches à la fin du VIe siècle, est l'une des plus anciennes de France. Détruite par les Normands puis restaurée vers 1060, elle a adopté la règle de saint Benoît. A la Révolution, le monastère est dispersé mais la vie communautaire reprend à Vimoutier en 1822 puis à Argentan en 1830. En 1944, il est à nouveau détruit lors de la bataille de Normandie, la communauté se replie alors à Sées. En 1958, un monastère entièrement reconstruit permet aux moniales de s'installer à nouveau à Argentan. La crypte de l'église abrite une relique de sainte Opportune (une abbesse du VIIIe siècle) auprès de qui les couples viennent demander d'intercéder pour avoir un enfant. Enfin, les sœurs tiennent différentes ateliers : calligraphie, enluminures, sérigraphie, et pratiquent la dentelle à l'aiguille (elles ont l'exclusivité du point d'Argentan).

▶ **Offices** : possibilité d'assister aux offices hors clôture seulement. Les moniales sont très attachées à maintenir la tradition du chant grégorien. Messe conventuelle chantée en semaine à 9h25 (10h les dimanches et jours de fêtes). Vêpres à 17h15 (17h dimanches et fêtes).

▶ **Accueil :** 4 chambres pour des séjours spirituels individuels, les familles ou les amis. Pour des groupes avec aumônier, possibilité d'accueillir jusqu'à 10 personnes dans un petit ermitage annexe, le Clos Sainte-Opportune, pour de brefs séjours.

▶ **Boutique :** dentelles, images pieuses, carterie, CD du monastère, catalogue de prières pour fêtes liturgiques, évènements familiaux...

SANCTUAIRE NOTRE-DAME DE MONTLIGEON 📷

26, rue Principale - **LA CHAPELLE-MONTLIGEON**
✆ 02 33 85 17 00
Ouvert lundi-vendredi de 9h à 12h30 et de 13h30 à 18h30. Samedi, dimanche et jours fériés de 9h à 13h et de 14h à 18h.

Le sanctuaire Notre-Dame de Montligeon a été fondé à la fin du XIXe siècle par l'abbé Paul Buguet, qui fut ordonné prêtre en 1866 à l'âge de 23 ans. Douze ans plus tard, il est nommé à la chapelle Montligeon, un petit village situé au pied de la forêt de Réno-Valdieu. Dès son arrivée, il restaure la paroisse, puis le lavoir, fait construire un bassin pour l'alimentation en eau potable. Fortement marqué par le décès accidentel de son frère puis de deux de ses nièces, il entreprend le projet de créer une œuvre expiatoire pour « la délivrance des âmes délaissées du purgatoire ». Dans le même temps, il crée une petite imprimerie pour publier les bulletins de son association. Les commandes affluent rapidement et en 1894 l'entreprise s'installe dans de nouveaux murs et devient Société anonyme des établissements de la chapelle Montligeon, qui compte 31 ouvriers. En 1887, est organisé le pèlerinage pour les « saintes âmes ». Les dons affluent pour la construction d'une église ouverte au culte dès 1911. Le père Buguet meurt en 1918. Le 28 août 1928, le pape Pie XI donne à l'église Notre-Dame Libératrice le titre et la dignité de basilique mineure. La statue de Notre-Dame de Montligeon de 3,70 mètres de haut en marbre a été couronnée le 19 septembre 1935, en présence de 15 000 personnes, dont dix évêques. A partir de 1956, le père Lefèvre nouveau recteur de la basilique, renoue les liens de Montligeon avec les pays d'Europe, d'Afrique et d'Amérique. Il instaure deux nouveaux pèlerinages annuels. Son successeur choisit de rénover l'imprimerie et de créer une maison d'accueil. Après son décès, c'est le père Préaux qui est devenu recteur en 2001, poursuivant l'œuvre du père Buguet. Depuis mai 2016, une campagne de restauration de la basilique de Montligeon a été entreprise et est toujours en cours. Aujourd'hui, le Sanctuaire se caractérise par 2 missions fondamentales : une Œuvre de prière pour les défunts et d'accompagnement des personnes en deuil et une Œuvre de réflexion et d'accompagnement du travail humain. Ainsi que 3 identités fortes : une Œuvre internationale, une Œuvre d'Eglise, une Œuvre ouverte à tous.

Plusieurs pèlerinages ont lieu au cours de l'année. Le 15 août pour l'Assomption. Le 1er dimanche d'octobre, pour les personnes malades ou handicapées. Le 1er et le 2 novembre puis les 4, 11 et 18, grandes journées de prières pour les défunts. Le dimanche de Pâques, ouverture des pèlerinages et fêtes de la Miséricorde puis pèlerinage de l'Ascension.

Sanctuaire Notre-Dame de Montligeon.

FRATERNITÉ NOTRE-DAME €

Fraternité de la Bradrière - **LA CHAPELLE-VIEL**
✆ 02 33 34 34 90
https://www.labrardiere.com
Contact soeur Marie-Emanuelle.
En pension complète. Participation selon les moyens de chacun, sur la base de 39 €.

Cette petite communauté religieuse indépendante, fondée par le père Pal Labutte, est composée de quelques sœurs à demeure dans cette maison à l'environnement silencieux en pleine campagne. Elle pratique une spiritualité mariale et eucharistique et suit la règle de saint Augustin. Elle suit l'exemple de Mère Yvonne-Aimée, religieuse de la première moitié du XXe siècle ayant dédié sa vie à devenir une mère spirituelle pour de nombreux prêtres. A 9 ans, Yvonne-Aimée comprit, avec l'aide du père jésuite qui la préparait à sa première communion, qu'elle devait, chaque jour de sa vie, prier et offrir des sacrifices pour les prêtres. C'est pour traduire dans la continuité cette forme de maternité spirituelle que le Père Labutte a fondé sur le domaine de La Brardière l'œuvre de la Communauté Notre-Dame en 1983, dont la Famille de Marie qui prend la suite de cette œuvre s'efforce de garder l'esprit et de prolonger la mission. À La Brardière, on prie pour les vocations religieuses et sacerdotales en reconnaissant le rôle de la Vierge Marie dans la rédemption du Christ.

Vous pouvez être accueilli au choix en partageant la vie des quelques sœurs ou en petits bungalows indépendants, pour des séjours en groupe ou individuels. La vie commune se déroule dans la prière liturgique, l'Eucharistie, l'Adoration, la lecture, le travail, le partage et l'accueil des hôtes.

Offices : laudes à 7h30, messe à 10h, milieu du jour à 13h, vêpres à 17h45, complies à 20h.

Accueil : 6 chambres et 3 bungalows. Environ 20 personnes.

CENTRE D'ACCUEIL LA SOURCE €

27, rue A. Loutreuil - **SÉES**
✆ 02 33 27 96 90
www.centre-accueil-lasource.fr
Chambres de 18 €, à 23 € (chambre double) et 45 € (studio). 1/2 pension et pension complète. Repas de 9,50 € à 13 €.

Le Centre d'Accueil Activités de la Source-Providence de Sées reçoit des groupes, associations, professionnels ou confessionnels pour l'organisation de réunions, séminaires, séjours culturels, pèlerinages... Il est particulièrement équipé pour l'organisation de rencontres destinées à la formation, à la réflexion et la spiritualité ou à la recherche. A Sées, au cœur de l'Orne rural, il dispose d'un parc privé et d'un verger. Il jouxte le couvent des sœurs de la Providence de Sées.

ABBAYE DE LA TRAPPE ★

SOLIGNY-LA-TRAPPE ✆ 02 33 84 17 05
www.latrappe.fr
Fermée en janvier.
Contacter l'hôtellerie pour les tarifs.

Fondée en 1140 par l'abbaye du Breuil-Benoît dans l'Eure, cette abbaye cistercienne est le seul monastère masculin du département de l'Orne. Le comte Rotrou III a bâti en 1122 une chapelle à la mémoire de son épouse Mathilde, morte lors d'un naufrage. En 1140, les moines s'y installent et sept ans plus tard l'ensemble de la congrégation s'agrège à l'ordre de Cîteaux. Au cours de la guerre de Cent Ans, les frères doivent quitter l'abbaye, livrée aux pillages à deux reprises, pour se réfugier à quelques kilomètres. Le régime de la commende ruine considérablement l'abbaye au début de l'époque moderne.

En 1662, Armand-Jean Le Bouthillier de Rancé, filleul de Richelieu, en devient l'abbé après avoir mené une vie frivole. Il réinstaure la discipline et le silence, plaçant l'abbaye sous la règle de la stricte observance. La Trappe connaît alors un nouvel essor. Saint-Simon et Bossuet y ont séjourné. Pourtant, à partir de la Révolution française, les moines doivent s'enfuir. Une partie d'entre eux, menée par Augustin de Lestrange, s'installe en Suisse dans l'ancienne chartreuse de la Valsaintes. D'autres parcourent l'Europe et même l'Amérique où ils propagent la spiritualité cistercienne. En 1815, une partie des exilés regagne la Trappe de Soligny dont l'abbaye est en ruine. Un nouveau monastère est construit dans le style néogothique entre 1885 et 1895.

Vie monastique : après Vatican II, le décret d'unification supprime la distinction entre moines de chœur, destinés au chant des offices, et moines convers, qui se consacrent davantage aux travaux manuels, et permet à chacun d'accomplir sa vocation propre dans une unité respectueuse du pluralisme. La liturgie a été réformée et les constitutions rénovées en 1990. Chacune des liturgies célébrées dans l'église de l'abbaye est ouverte aux fidèles qui le souhaitent.

Aujourd'hui, les cisterciens trappistes accueillent hommes et femmes pour des séjours spirituels ne dépassant pas une semaine dans leur hôtellerie. La participation aux offices est souhaitée mais reste libre.

Offices : vigiles à 4h15, laudes à 7h et messe (7h30 le samedi), tierce à 9h30, sexte à 12h15, none à 14h15, vêpres à 18h15, complies à 20h15. Les dimanches et fêtes, messe à 10h30 et vêpres à 17h. Les frères consacrent plusieurs heures par jour à la *lectio divina*.

Accueil : 35 chambres avec douches à l'étage. Pension complète. Les repas sont pris en silence dans le réfectoire. A côté du monastère, la Bergerie, structure d'accueil plus souple, reçoit en gestion autonome des groupes de jeunes et de personnes à mobilité réduite.

CARMEL DU HAVRE €

151, rue Félix Faure - **LE HAVRE** ✆ 02 35 46 50 75
www.carmelduhavre.fr

Libre participation aux frais d'hébergement selon les moyens de chacun.

Venu de Lourdes, un petit groupe de carmélites s'est implanté en Normandie, sur les hauteurs de la ville du Havre dès 1894. Aujourd'hui la communauté compte 17 sœurs. La vie des carmélites s'articule entre la prière, la vie en communauté et le travail manuel. Elle s'inscrit aussi dans une ouverture au monde pour œuvrer à sa transformation via la prière. Elle accueille ceux qui désirent partager la prière liturgique. Elle offre quelques chambres pour des retraites de quelques jours dans le silence et la solitude. Jardins et oratoire sont accessibles pour les retraitants.

▸ **Offices** : oraison à 7h, laudes à 8h (8h30 dimanche), eucharistie à 8h30 (9h dimanche), milieu du jour à 12h15, vêpres à 17h15, oraison à 17h45, complies à 20h30.

▸ **Accueil** : 6 chambres pour des retraites de 3 à 4 jours. Accueil en pension complète.

▸ **Boutique** : les moniales y proposent leurs confitures et gelées artisanales ainsi que des hosties et divers objets religieux. Ouverture de 9h15 à 12h et de 14h30 à 17h.

▸ **Visite du Jardin du silence** : un lieu d'accueil pour les moniales du Havre. En plein cœur du centre-ville, un espace de contemplation, de méditation et de prière. Ce jardin est ouvert à tous ceux qui veulent prendre un temps de réflexion. On peut aussi y admirer les œuvres des artistes qui ont collaboré à son élaboration. L'Association Régionale des Parcs et Jardins de Haute-Normandie lui a attribué le « Prix du jardin symbolique ». Que vous soyez croyant ou non, différentes approches sont possibles, des parcours vous sont proposés à la boutique.

MONASTÈRE SAINTE-MARIE €

22, chemin des meuniers - **MARTIN-EGLISE**
✆ 02 35 04 66 91

Conditions d'accueil et participation aux frais d'hébergement à convenir avec la sœur hôtelière.

Dans une hôtellerie adjacente au monastère les sœurs augustines de la Miséricorde reçoivent cordialement toutes celles et ceux (en groupe ou individuellement) qui recherchent un joli cadre de verdure, calme et silencieux, favorable à la méditation, à la prière et au travail. L'histoire des Augustines dans la région débute à Dieppe au VIIIe ou IXe siècle. Dans ce qui n'était encore qu'un petit bourg de pêcheurs, quelques femmes se sont retrouvées pour porter secours aux pauvres et aux malades. Elles les nourrissaient, les soignaient, les hébergeaient, parfois même dans leurs maisons. Reconnaissant en eux le visage du Christ, quelques-unes de ces femmes ont alors imaginé vivre ensemble pour mieux s'occuper des autres. Pour assurer la stabilité de leur décision, elles ont fait vœu de servir les pauvres et les malades en s'appuyant sur la règle de saint Augustin. Pendant 600 ans, la Communauté grandit et s'affirme sur Dieppe, surmontant une à une de multiples difficultés. A partir du XVIIe siècle, le mouvement va grandir, se fédérer, essaimer dans de nombreux pays du monde. Elles sont aujourd'hui présentes sur 3 continents.

Sur place, chapelle et oratoire. Possibilité de participer aux offices journaliers de la communauté. Possibilité d'échange avec un prêtre ou une religieuse.

▸ **Offices** : au monastère 7h30 laudes, 12h30 milieu du jour, 18h30 vêpres, 20h45 complies. Eucharistie 11h30 ou 18h30 selon les jours (11h le dimanche).

▸ **Accueil** : capacité d'accueil 36 personnes maximum avec 28 chambres simples ou doubles. Pension complète.

© JEF WODNIACK - SHUTTERSTOCK.COM

Abbaye de Saint-Wandrille.

ABBAYE DE SAINT-WANDRILLE ✝ ★★

2, rue Saint-Jacques - **RIVES-EN-SEINE**
✆ 02 35 96 23 11 - www.st-wandrille.com

Conditions d'accueil et de participation aux frais à convenir lors de votre réservation avec le frère hôtelier.

C'est l'ancien ministre du roi Dagobert, saint Wandrille, qui fonda l'abbaye en 649, dans la forêt de Jumièges, selon le souhait de saint Ouen, évêque de Rouen. Dans sa ferveur chrétienne, Saint-Wandrille fera par ailleurs construire sept églises, dédiées à saint Pierre, saint Paul, saint Laurent, saint Pancrace, saint Saturnin, saint Amand et Notre Dame. Les trois premiers siècles de l'histoire du monastère furent florissants. De Fontenelle sortirent plusieurs évêques et une trentaine de saints inscrits au catalogue des saints de l'Eglise. Wandrille veilla jusqu'à sa mort en 668 sur la communauté. Lors des exactions des Vikings en 852, les reliques des saints Wandrille et Ansbert sont transférées à Gand en 944. A Saint-Bavon de Gand, une communauté se reconstitue et vient avec l'abbé Maynard, en 960, faire renaître la vie monastique à Fontenelle. En 1006, le duc de Normandie, Richard 1er, relance l'œuvre de restauration monastique. L'abbé saint Gérard reconstruit à Fontenelle les bâtiments laissés par ses prédécesseurs en piètre état, en particulier le réfectoire et le dortoir, grâce à de généreuses aumônes de nobles dames normandes. D'autres dons affluent grâce au culte de saint Vulfran ; dont on découvre les reliques dans les fondations de l'église en 1008. La nouvelle église abbatiale sera dédiée en 1031 sous Saint Gradulphe. Ce dernier et ses successeurs aident à la fondation ou à la restauration des abbayes normandes du Mont-Sainte-Catherine, de Préaux, de Grestain, de Montivilliers et de Fontenay. Le monastère est à son apogée aux XIe et XIIe siècles. Mais la guerre de Cent Ans désole le pays. Fin XIVe, apparaît la commende. En 1562, les troupes huguenotes saccagent le monastère. Pendant près d'un siècle, ce sont les prélats de la famille de Neufville-de-Villeroy qui vont exploiter le monastère. Au XVIIe siècle, l'abbaye de Saint-Wandrille entre dans la Congrégation Bénédictine de Saint-Maur, ramenant ferveur et vitalité spirituelle. Jusqu'à la Révolution, de nombreux moines viennent y étudier. En 1790, le dernier prieur devint maire avant d'être curé constitutionnel, membre de la Convention puis du Conseil des Cinq-Cents. La même année, les mauristes se retirent. En 1894, la vie monastique reprend, sous la conduite de Dom Jean Martial Besse, puis de Dom Joseph Pothier jusqu'en 1901. La communauté ne revint en Normandie qu'en 1931. Le 80e successeur de saint Wandrille, Dom Pierre Massein, y prit place en 1996. Aujourd'hui, une communauté de trente frères bénédictins perpétue cette tradition de prière et de travail, de silence et de simplicité, avec pour guide le très révérend père Dom Jean-Charles Nault, 82e abbé.

L'abbaye de Saint-Wandrille dispose de plusieurs lieux d'accueil pour les personnes souhaitant faire une retraite spirituelle. La communauté de bénédictins ne prêche pas de retraite, mais il est toujours possible de demander à rencontrer un frère pour un échange. Il est demandé aux hôtes de participer aux messes conventuelles et aux offices de la communauté, particulièrement aux sexte, none, vêpres et complies.

- **Les amis de l'abbaye Saint-Wandrille.** Cette association créée en 1961 a pour but de contribuer à l'entretien de l'église abbatiale, à l'accueil des fidèles et des visiteurs et à la mise en valeur du patrimoine culturel et artistique de l'abbaye. Elle compte aujourd'hui plus de 400 membres qui apportent un soutien moral et financier à la communauté, notamment pour la restauration des bâtiments et dans la perspective d'un accueil toujours plus large de tous ceux qui viennent nombreux rendre visite à l'abbaye. Par ailleurs, elle édite une revue trimestrielle, *Gesta*, qui se compose de la chronique du monastère, trame de la vie monastique, que viennent partager à leur façon hôtes, fidèles et touristes.
Email : association.amis@saint-wandrille.com

- **Activités de travaux monastiques :** au sein de la communauté une dizaine de moines assure, avec le concours de quelques employés, une partie des ressources nécessaires à son besoin : une brasserie moderne, les éditions de Fontenelle spécialisées dans la réimpression de livres anciens et l'édition d'ouvrages à petit tirage. Renascentis : un atelier de conservation et de restauration de tableaux. Et de nombreuses autres activités non commerciales, noviciat, accueil...

- **Offices** : vigiles à 5h25, laudes à 7h30, messe à 9h45 (10h dimanche), sexte à 12h45, none à 14h15 (14h30 le dimanche), vêpres à 17h30 (17h le dimanche), complies à 20h35.

- **Accueil :** hôtellerie intérieure (capacité 20 personnes) pour les hommes et hôtellerie extérieure (capacité 25 personnes) pour les familles et les femmes.

- **Boutique :** grande boutique avec des rayons de librairie, de disques (chant grégorien, orgue et musique religieuse), objets de piété, et des produits artisanaux fabriqués par une trentaine de communautés religieuses. Egalement boutique en ligne sur le site.

- **Visites :** le site des ruines de l'ancienne abbatiale et l'église actuelle sont ouverts au public en permanence de 5h15 à 13h et de 14h à 21h15. Du 21 mars à fin juin et de septembre à la Toussaint : visite guidée tous les jours à 15h30. Dimanches et fêtes : une visite supplémentaire à 11h30.
Juillet et août : trois visites tous les jours : 11h30, 15h et 16h. Possibilité d'organiser une visite pour un groupe toute l'année, sur rendez-vous. Renseignement : visites@ st-wandrille.com

NOUVELLE-AQUITAINE

La Nouvelle-Aquitaine est la plus vaste des régions françaises. Elle est bordée par 720 km de littoral côté atlantique, et offre landes et forêt, vallées et sommets, châteaux et édifices religieux prestigieux, et villes au riche patrimoine, dont Bordeaux, Poitiers et Limoges. Entre patrimoine et nature, cette vaste région offre une profusion de lieux à découvrir. De lieux touristiques, certes, mais aussi de lieux de recueillement et de spiritualité. Dans les Landes, vous pourrez comme de nombreux fidèles découvrir le berceau de Saint-Vincent-de-Paul, dont l'action sociale est bien présente encore aujourd'hui. En Corrèze, vous pourrez suivre les pas de Saint-Antoine de Padoue... et dans tous les départements de cette belle région, monastères et abbayes vous accueillent pour des séjours de ressourcements de diverses durées dans des cadres enchanteurs, qu'ils soient bucoliques ou au cœur de la cité.

ABBAYE SAINT-ÉTIENNE-DE-BASSAC ✞ ★

50, rue de Condé - **BASSAC**
✆ 05 45 83 08 32
www.abbaye-de-bassac.fr
Ouvert toute l'année. Le cloître et les jardins sont en accès libre toute l'année.

L'abbaye n'accueille plus de retraitants, toutefois son histoire mérite qu'on s'y attarde. Des visites guidées sont organisées par l'office de tourisme. Des manifestations s'y déroulent et des offices y sont célébrés tout au long de l'année de façon irrégulière. Enfin, plusieurs associations ont été créées pour lui redonner un avenir, dont certaines avec la participation du diocèse.

Dans le diocèse de Saintes, Wardrade, seigneur de Jarnac, et Rixendis son épouse, fondent au début du XIe siècle, une abbaye sur les bords de la Charente. Les premiers moines bénédictins à prendre possession des lieux vinrent de la grande abbaye de Saint-Cybard d'Angoulême. L'église est dédiée à Notre-Dame, saint Etienne, martyr, et les apôtres Pierre et Paul. Au XIIIe siècle, l'église est agrandie. Une succession de quatre voûtes bombées de style gothique angevin ou Plantagenêt s'ouvrent sur un magnifique portail polylobé enchâssé dans une façade de style roman. En 1434, les Anglo-Gascons pillent l'abbaye et ruinent les bâtiments conventuels. C'est le père abbé Henri de Courbon qui va restaurer l'abbaye et la fortifier. En 1516, comme toutes les abbayes, Bassac passe sous le système de la Commende. Pendant les guerres de Religion, l'abbaye est de nouveau pillée, détruite, et plusieurs moines sont tués. En 1666, l'abbaye de Bassac est affiliée à la nouvelle congrégation bénédictine de Saint-Maur. De vastes travaux de reconstruction sont entrepris, dont les bâtiments conventuels actuels et la superbe décoration du chœur des moines. A la Révolution, les moines peu nombreux sont chassés, les bâtiments vendus comme biens nationaux et le cloître détruit. En 1820, l'église abbatiale devient église paroissiale, classée monument historique en 1880. En 1947, les Frères missionnaires de Sainte-Thérèse de l'Enfant-Jésus rachètent les bâtiments conventuels et les restaurent. Les Frères missionnaires de Sainte-Thérèse sont des religieux de vie apostolique, qui vivent leur vocation selon l'esprit de Sainte-Thérèse, en fraternité. Ils participent à la vie des quartiers et autrefois à l'accueil et à l'animation de l'abbaye de Bassac et exercent une activité professionnelle. Ils sont au service des jeunes, des blessés de la vie, de ceux qui cherchent un lieu de rencontres. L'abbaye de Bassac était leur maison mère. Aujourd'hui, plusieurs associations, dont Les Amis de l'Abbaye de Bassac, œuvrent aussi bien dans l'animation culturelle que dans la restauration des bâtiments et jardins.

ABBAYE DE MAUMONT ✞

Abbaye Sainte Marie - **JUIGNAC**
✆ 05 45 60 34 28
www.maumont.com/fr
Contribution aux frais de retraite selon vos moyens.

En 1817, Pépin d'Aquitaine fonde un foyer de vie monastique à l'emplacement de la ville actuelle de Saint-Jean-d'Angély. En 1776, le prieur des bénédictins de Saint-Jean-d'Angély dirige Gertrude Coullaud vers l'abbaye de Saint-Malxent où elle reçoit l'habit en 1777. En 1792, l'abbaye devient Bien national et les bénédictins doivent s'exiler. Quant à Mère Gertrude Coullaud, devenue maîtresse des novices, elle est contrainte de rejoindre sa famille à Saint-Jean.

Les moines lui laissent une somme d'argent pour « rallumer le flambeau ». En 1816, elle réunit quelques religieuses et achète, grâce aux fonds laissés par les moines, une petite maison à Saint-Jean-d'Angély. Le monastère Notre-Dame-des-Anges est officiellement fondé en 1827. Il se développera par la suite avec l'abbaye de Pradines. En 1957, les bénédictines manquent de place et de calme et décident de déménager. Elles s'installent en 1959 dans le château de Maumont. La communauté prend le nom de Sainte-Marie-de-Maumont. En 1996, elles fondent le monastère de Sainte-Croix-de-Friguiagbé en Guinée. Aujourd'hui, la cinquantaine de bénédictines travaillent dans ses ateliers de reliure (livres anciens, ouvrages d'art, reliure traditionnelle), d'ornements liturgiques et d'archivages numériques. Elles ont également enregistré des CD et DVD de chants sacrés et réalisé un recueil des hymnes en français chantés et composés à l'abbaye avec le poète Pierre Emmanuel. L'accueil est ouvert aux groupes de jeunes comme d'adultes, aux familles, et pour les séjours individuels, uniquement aux femmes. Le cadre champêtre se prête au repos, à la prière et au ressourcement personnel. On peut y faire une retraite individuelle ou en groupe. Les groupes peuvent demander une animation par une sœur. Les séjours sont limités entre 4 et 8 jours. La Communauté souhaite vivement partager sa prière liturgique. Elle propose également, tout au long de l'année, des temps forts, week-ends et sessions (voir les thèmes et calendrier sur son site internet). Toute l'année, elle offre la possibilité pour des jeunes filles de faire un stage d'initiation à la vie monastique. Offices : en français et chant grégorien pour la messe. Laudes à 7h30, eucharistie à 8h50 (10h le dimanche) sexte à 12h30, vêpres à 17h15, complies à 20h05, vigiles en alternance à 2h30 ou à 20h30. Accueil : l'hôtellerie a été rénovée depuis 2016 avec une vingtaine de chambres, simples ou doubles, et un accueil en pension complète. Boutique : icônes peintes, brodées et collées. Atelier ouvert du lundi au samedi de 10h à 12h et de 14h à 16h30.

Abbaye Saint-Étienne-de-Bassac.

LE RAMEAU DE NIEUL-SUR-MER ✝

2, avenue de la Rochelle
NIEUL-SUR-MER
✆ 05 46 37 47 24

Monastère fondé en 1922 à La Rochelle. Des clarisses s'y sont installées en 1993, puis une nouvelle communauté a pris la suite en septembre 2017. Les Clarisses du Rameau font partie d'un mouvement créé en 1979, le Rameau de Sion, suivant l'inspiration de Marie-Paul de la Trinité. A Nieul, les sœurs accueillent sur réservation des personnes seules, des couples, des religieuses, des prêtres ou toute personne en quête d'un temps de détente ou de ressourcement en solitude et en silence.

MAISON DIOCÉSAINE DE SAINTES €

6, allée du séminaire
SAINTES
✆ 05 46 93 03 29

Devis établis au préalable sur simple demande et selon le type de séjour.

La Maison diocésaine de Saintes, outre ses autres services dédiés principalement aux habitants du diocèse de Charente-Maritime, permet d'accueillir dans un cadre agréable, des groupes, comme des individuels pour des sessions ou récollections, ainsi que des pèlerins sur les chemins de pèlerinage. Elle leur offre un hébergement unique par son environnement et sa situation. Les groupes accueillis doivent avoir leur propre animation et programme. Mais ils peuvent aussi participer aux offices et à l'Eucharistie avec la fraternité et les prêtres résidents. Ce peut être des services diocésains, des établissements catholiques, des associations, des mouvements, des individuels… Pour une bonne organisation, veuillez effectuer vos réservations par téléphone ou par mail, auprès de la directrice, 3 semaines au moins avant la date souhaitée. Le centre peut mettre à disposition des groupes des paperboards, vidéoprojecteurs, TV, lecteurs DVD, lecteurs CD ainsi qu'une salle avec sono non portative et micros. Pour la pratique de leur liturgie, les hôtes peuvent disposer d'un oratoire (jusqu'à 40 personnes) ou d'une grande chapelle (plus de 50 personnes).

Accueil : pour l'hébergement, 2 possibilités : 16 chambres simples (de 1 à 5 lits). Elles sont équipées d'un lavabo par chambre et de sanitaires collectifs à l'étage. Elles sont orientées sur le vaste parc qui entoure le bâtiment ou sur le cloître avec vue apaisante et calme. Et 15 chambres confort, à lit couple ou lits individuels.

L'ABBAYE AUX DAMES ★★

11, place de l'Abbaye - **SAINTES**
✆ 05 46 97 48 48
www.abbayeauxdames.org

Haute saison du 1er mai au 30 septembre. Basse saison du 1er octobre au 30 avril. Horaires et tarifs voir site internet.

La grande dame de pierre a été fondée par Agnès de Bourgogne et Geoffroy Martel, comte d'Anjou. Premier couvent pour femmes de la Saintonge, l'abbatiale Notre-Dame est un des joyaux de l'art roman saintongeais. Le clocher, en forme de pomme de pin et couvert d'écaille de pierre, se visite. Vous découvrirez les bâtiments conventuels où étaient jadis éduquées les jeunes filles nobles. L'Abbaye aux Dames est désormais la cité musicale. Le Festival de Saintes (50e édition en 2021), le Jeune Orchestre de l'Abbaye, un programme d'éducation artistique et le site historique de l'abbaye en sont les piliers. Surtout, l'abbaye propose une visite unique en France : Musicaventure. Il suffit de se munir d'un casque pour une découverte à la fois sensorielle et connectée ! Innovation technologique et histoire ne font qu'une et le son 3D vous permet une immersion complète. L'abbaye propose une autre expérience unique : le Carrousel musical, un surprenant manège abrité par une coque de miroirs. Prenez place devant l'un des 24 instruments géants et laissez-vous séduire par une mélodie originale. La musique se vit de multiples façons, en s'installant près du cloître, dans un transat, la Sieste Sonore vous permettra de revivre en musique les concerts emblématiques du Festival de Saintes. Mais l'abbaye accueille aussi tous ceux voulant passer une nuit dans les anciennes cellules des nonnes. 33 chambres sont disponibles. L'occasion rêvée de s'imprégner du charme des lieux et de s'accorder une nuit insolite au cœur de la cité.

© JONATHAN - FOTOLIA

LES GROTTES DE SAINT-ANTOINE DE PADOUE

41, avenue Edmond-Michelet
BRIVE-LA-GAILLARDE
✆ 05 55 24 10 60
www.fratgsa.org
Participation aux frais à convenir à la réservation.

A la sortie sud de Brive-la-Gaillarde, entre ville et campagne, le pèlerinage national à Saint Antoine de Padoue offre aux promeneurs comme aux pèlerins ses cinq hectares de parc verdoyant. Depuis que saint Antoine de Padoue vécut dans ces grottes en 1226, ce site paisible et harmonieux est intimement lié à l'histoire du Limousin. Venu évangéliser le sud de la France, le prédicateur va passer près d'une année dans la région, notamment à Brive à partir de l'été 1226. Il va y fonder un couvent, à l'emplacement de la grande Poste actuelle, sur un terrain donné par la Vicomté de Turenne. Et c'est dans des cavités, comme il en existe de nombreuses au sud de Brive, qu'il va se retirer régulièrement pour se recueillir, prier, étudier... Le culte de saint Antoine de Padoue se répand très vite. Il est canonisé par le pape Grégoir IX, seulement onze mois après sa mort, et l'année suivante, on célèbre déjà sa fête annuelle à Brives. De nombreuses grottes deviennent lieux de pèlerinage. A Brive, les franciscains construisirent un ermitage, au-dessus de la grotte centrale, en 1360. Guerres et Révolution ne découragèrent pas les pèlerins qui y vinrent toujours aussi nombreux. Mais il faut attendre 1874, pour voir le pèlerinage officiellement ouvert et des travaux de réaménagement entrepris par le curé de la paroisse Saint-Serin de Brive. Le nouveau couvent, la grande église, le chemin de croix font de Brive le centre national du culte de saint Antoine en France. Pour le soixantième anniversaire de la libération de Brive, le site des Grottes de Saint-Antoine a été l'occasion de manifestations culturelles rappelant l'implication forte des frères durant la résistance. Chaque premier dimanche du mois, les frères de Saint-Antoine invitent les pèlerins à vivre une journée communautaire. Des haltes spirituelles sont également organisées pendant le temps de l'avent, du carême et de la Semaine sainte avec enseignement quotidien. Les grandes fêtes du sanctuaire sont : la fête de saint Antoine le 13 juin, l'Assomption le 15 août et la fête des oignons le dernier dimanche d'août. Une communauté de frères franciscains et de laïcs anime ce sanctuaire, aidée d'une fraternité franciscaine séculière. La maison accueille personnes seules, familles et groupes pour un temps de halte spirituelle, de repos ou de vacances. Organisation de retraites prêchées. Capacité d'accueil : 50 personnes. Chambres simples ou doubles avec lavabo ou sanitaires complets. Pension complète possible.

MONASTERE DU JASSONNEIX €

Le Jassonneix - **MEYMAC**
✆ 05 55 95 21 11
Ouvert toute l'année. 10 chambres.

Le château du Jassonneix, au milieu d'un domaine de plusieurs hectares, existait déjà au Moyen Age, construit probablement autour du XVe siècle. Le château actuel fut construit sur les ruines du précédent aux alentours de 1800. Ce nouvel édifice possède deux tours rectangulaires reliées par un corps de logis, transformé en un seul grand corps de logis vers 1850. Madame des Places, dernière descendante directe de ses seigneurs, en fit don aux moniales de l'abbaye de la Coudre (Laval, Mayenne), en vue de l'implantation d'une communauté religieuse en Corrèze. Les 3 premières moniales trappistines arrivèrent le 26 juin 1981, en la fête du Sacré-Cœur. Pendant 25 ans, la communauté demeura maison annexe de l'abbaye de la Coudre. Les visiteurs venant de plus en plus nombreux pour bénéficier de la beauté, du calme des lieux, et de la prière de la communauté, la construction d'une salle de réunion puis celle d'une église furent décidées et exécutées. En 2006, la communauté poursuivant son aventure, le 4 février, le monastère fut érigé en prieuré autonome avec la possibilité d'ouvrir un noviciat. Enfin, le 8 janvier 2018, Monseigneur Francis Bestion présidait la messe d'installation de la nouvelle communauté de sœurs bernardines dans le monastère du Jassonneix à Meymac, en présence de Monseigneur Laurent Percerou, évêque de Moulins, de Sœur Myriam, mère abbesse de l'abbaye de La Coudre et de Dom Patrick, père abbé de l'abbaye de Sept-Fons. Entre-temps les moniales s'étaient intégrées à la population locale par leur travail manuel : d'abord fabrication et rénovation de matelas de laine, rempaillage de chaises. Plus tard, en 1987, les sœurs se lancèrent dans la culture de myrtilles et de divers petits fruits qui leur a permis de développer une gamme importante de confitures, gelées et confits, vendus sur place dans leur boutique comme sur les marchés locaux ou expédiés vers divers autres magasins monastiques. En même temps selon la Règle de saint Benoît elles eurent à cœur de développer un accueil dans leur petite hôtellerie pour toutes les personnes qui désirent prendre un peu de recul dans le calme en partageant la liturgie de la communauté.

- **Offices** : messe à 6h45, tierce à 9h15, sexte à 12h15, none à 14h15, vêpres à 17h30, complies à 19h30.
- **Accueil** : l'hôtellerie dispose d'une dizaine de chambres situées dans une ancienne maison de maître du domaine à proximité du monastère.
- **Boutique** : vous trouverez dans leur boutique, entre autres, toute la large gamme de la production du prieuré en confitures, gelées et confits.

SAINT-ANTOINE DE PADOUE

Le 15 août 1195, Fernando naît à Lisbonne. A l'âge de 15 ans, il entre chez les chanoines réguliers de saint Augustin au monastère Saint-Vincent de Fora. Quatre ans plus tard, il est ordonné prêtre au monastère de Sainte-Croix de Coïmbra. Revêtu de la bure de saint François, il prend le nom d'Antonio et passe l'été 1220 dans le couvent franciscain des Oliviers. En partance pour évangéliser le Maroc, il tombe malade ; son navire dérouté se retrouve en Sicile chez les franciscains de Messine. Il prêche en Italie puis en France. Nommé Custode du Limousin en juin 1226, il fonde le couvent de Brive. Antoine meurt le 13 juin 1227 et est canonisé moins d'un an plus tard.

CARMEL DE BESSINES ✞

16, rue de Bellevue
NIORT
✆ 05 49 33 64 95
www.carmel.asso.fr/Niort.html

Possibilités d'accueil et conditions à convenir avec la sœur hôtelière ou la Mère supérieure.

Huit moniales du monastère de l'Incarnation, situé à Paris, fondent le carmel en 1648. La mère de l'une des carmélites, Catherine Gobin de Niort, fit l'acquisition d'un hôtel à Niort. Sur cet emplacement, l'architecte Le Duc construisit un grand monastère qui abrita, tout au long du XVIIIe, une vingtaine de sœurs. Après la Révolution, les carmélites ne peuvent réintégrer leur monastère, vendu comme bien national. Selon le souhait de Monseigneur Pie, évêque de Poitiers, cinq carmélites s'installèrent dans une petite maison, rue de Strasbourg, en 1858. La construction du monastère dura de 1858 à 1868. Suite aux lois anticléricales, les carmélites se réfugient (dès 1901) en Belgique et reviennent en France en 1919. En 1940, pendant la guerre, les carmélites de Niort accueillirent une communauté belge venant de Corioule. Puis en 1955, la communauté accueillit pour deux ans 16 carmélites d'Hanoï, qui repartirent plus tard pour fonder le carmel de Dolbeau au Canada. En 2006, les carmélites de Niort décidèrent de faire construire un nouveau monastère mieux adapté aux besoins actuels de la communauté et moins lourd à entretenir. Situé sur un terrain de 2,5 ha aux portes du Marais poitevin, le nouveau monastère de Bessines a été inauguré en 2009 par Monseigneur Rouet, archevêque de Poitiers. Actuellement, la communauté est constituée de 9 carmélites et d'une postulante. Elle accueille ponctuellement des groupes pour des sessions et dispose de 2 chambres pour recevoir des femmes pour des retraites.

MONASTÈRE DE L'ANNONCIATION ✞

Pié-Foulard - **PRAILLES** ✆ 05 49 32 69 81
www.benedictines-prailles.fr

Participation aux frais selon les moyens de chacun.

Le monastère a été fondé en 1617 à Poitiers par Antoinette d'Orléans. Il est issu de la réforme de l'abbaye royale de Fontevrault dans le sud de l'Anjou, pour lequel la fondatrice était abbesse auxiliaire. Souhaitant un retour à l'intuition originaire de l'abbaye, elle crée une nouvelle congrégation qui fut approuvée par le pape Paul V en 1617 : Notre-Dame-du-Calvaire, dont le monastère de Poitiers est la maison-mère. Il n'y a plus d'abbesse mais une prieure élue par les autres sœurs. La congrégation comptait, il y a une dizaine d'années, trois autres communautés, le monastère Notre-Dame à Bouzy-la-Forêt dans le 45, le monastère d'Angers dans le 49 et le monastère des bénédictines du Mont des Oliviers à Jérusalem-Est. Le monastère de Poitiers a été transféré à Saint-Julien-l'Ars dans la Vienne en 1962 puis à Prailles en 1999, dans une ancienne maison de huguenots. Les sœurs ont également su tisser des liens d'amitié avec les communautés protestantes de la région. L'hospitalité fait partie de la vie d'une communauté bénédictine. Son hôtellerie peut accueillir tous ceux qui cherchent Dieu, ou ont besoin de faire une pause, de se retirer du bruit et de l'agitation, de prendre un temps de ressourcement. Elle offre la possibilité de faire retraite dans le silence de l'église, le calme de la chambre, à l'écoute de la Parole de Dieu et au contact de la nature. Des sessions et retraites sont organisées au cours de l'année (programme sur le site internet). Séjours possibles d'un ou plusieurs jours, que vous soyez seul, en couple, en famille ou en petit groupe. Vous aurez la possibilité de partager la « Prière des Heures » qui structure une journée de la communauté. Vous pourrez également demander l'écoute d'une sœur, son accompagnement selon leur disponibilité.

L'accueil étant monastique, vous pourrez les aider également pour un petit travail (cueillettes, épluchages, jardinage, ménage…)

- **Offices** : laudes à 8h (7h15 dimanche et fêtes), messe à 8h45 (9h30 dimanche), sexte à 12h15, vêpres à 17h45 (17h dimanche), vigiles à 20h45 (20h30 dimanche).
- **Accueil** : seul ou en groupe, 15 à 20 personnes maximum, dans une dizaine de chambres, en pension complète. Les repas sont pris avec les autres hôtes.
- **Boutique** : ouverte de 10 à 12h et de 15 à 17h. Divers objets religieux de décoration : icônes, croix… Rayon librairie avec CD, DVD de chants liturgiques, gâteaux fabriqués au monastère. Impression de faire-part dans l'imprimerie du couvent.

ABBAYE DE CHANCELADE ★

CHANCELADE
✆ 06 85 88 45 77
http://abbaye-chancelade.com

Pas de retraites proprement dites mais conférences organisées tout au long de l'année.

Cette abbaye par son charme discret et son emplacement mérite à elle seule le détour. Posez-vous sur le grand parvis puis prenez le temps de la déambulation. Un peu d'histoire d'abord. Le style purement roman et sa pierre éclatante de blancheur sont les premiers détails que vous remarquez dans ce creux de vallon de la Beauronne. Fondée par l'abbé Foucault et bâtie du Xe au XIIe siècle, elle est classée Monument historique depuis 1909. Les Anglais ne l'ont pas épargnée et transformée en garnison dans les années 1360. Les guerres de Religion ont engendré son pillage et son incendie. Elle doit son salut à Alain de Solminihac, alors évêque de Cahors qui revient en Périgord en 1638 pour consacrer l'église. En 1998, une communauté de Chanoines Réguliers de Saint-Victor se réinstalle à Chancelade et en 2004, le logis de l'Abbé et son parc sont rachetés par l'évêché pour y développer un centre spirituel. L'église est un édifice roman de plan cruciforme. De la partie construite initialement, il reste la partie basse des murs et des fenêtres. La nef a été voûtée d'ogives en cinq travées en 1630. La croisée du transept est couverte d'une coupole sur pendentifs surmontée d'un clocher carré.

Le centre spirituel Alain de Solminihac, animé par la communauté des Chanoines réguliers de Chancelade, propose tout au long de l'année conférences et rencontres. De nombreux intervenants vous permettront d'approfondir votre foi, de réfléchir aux enjeux de la bioéthique ou de mieux connaître l'histoire religieuse de la France.

© GRANTIBO - SHUTTERSTOCK.COM

ABBAYE NOTRE-DAME DE BONNE ESPÉRANCE ✝

ECHOURGNAC ✆ 05 53 80 82 59
www.abbaye-echourgnac.org

Abbaye ouverte toute la journée.
Contact sœur hôtelière 9h30-11h30 ou 14h30-17h, pas dimanche. Frais d'hébergement.

Quelques moines de l'abbaye de Port-Salut vinrent en 1868 à Echourgnac pour aider la population locale décimée par le paludisme. Ils créèrent sur la propriété de Biscaye une tuilerie pour produire leurs propres matériaux de construction. Après y avoir construit l'abbaye et réalisé un énorme travail d'assèchement des marais et mise en valeur des terres. Ils construisirent une fromagerie produisant le fameux Port-Salut. En 1910, ils durent se disperser et d'abandonner les lieux. Mais en 1923, l'abbaye fut réoccupée par des moniales cisterciennes (Trappistines). Aujourd'hui la communauté compte une trentaine de sœurs, qui partagent leur vie entre la prière, la méditation et divers travaux dont la fabrication d'un fromage affiné à la liqueur de noix, « la trappe d'Echourgnac », la production de confiseries, ainsi que de poteries. Et bien sûr la gestion de leur hôtellerie d'accueil qui est ouverte aux individus comme aux groupes, dont l'organisation de retraites pour les jeunes (de 18 à 35 ans)

▶ **Offices :** dimanche, vigiles à 4h15, laudes à 7h30, eucharistie à 10h30, none à 14h30, vêpres à 17h, complies à 19h15. Samedi : idem sauf eucharistie à 11h45, none à 14h45, vêpres à 17h45. En semaine : vigiles à 4h15, laudes et eucharistie à 7h30, sexte à 12h15, vêpres à 17h45, complies à 19h35.

▶ **Accueil** : pour la nuit : 24 chambres (32 lits) A chaque niveau : 8 chambres individuelles + 4 chambres à 2 lits sont équipées de douche et WC. Et 2 sont équipées pour des personnes à mobilité réduite. Accessibilité à l'étage par ascenseur. L'hôtellerie offre un espace de silence. Afin de préserver la solitude de chacun, les repas également se prennent en silence. Une participation des retraitants aux services et à l'entretien des lieux est appréciée. Ils peuvent organiser leur temps comme ils le souhaitent. Ils peuvent participer librement à la prière des Heures de la Communauté. Pour la journée : 4 salles de réunion, de 12 à 100 places. 3 salles à manger : 60 places.

▶ **Boutique** : le magasin de l'abbaye propose les productions de ses ateliers : fromage, confitures et pâtes de fruit, poteries, ainsi que des produits d'autres abbayes (confitures, flans, biscuiterie, chocolaterie, confiserie, sirops, produits de soins et de beauté, produits d'entretien...) mais aussi des livres religieux, Bible, spiritualité... de la littérature régionale, des livres pour enfants... des cartes postales, calendriers, agenda, des articles religieux (chapelets, icônes, croix, bougies, statuettes...).

ABBAYE SAINTE-MARIE-DU-RIVET ✝

Le Rivet - **AUROS** ✆ 05 56 65 05 30
www.abbayesaintemariedurivet.com
Participation aux frais à décider lors de votre réservation.

Du nom du petit ruisseau qui la borde, l'abbaye du Rivet date de l'époque de Charlemagne. La tradition en fait un des plus anciens monastères de France, l'église du XIIIe siècle comprend des vestiges post-mérovingiens. Elle a été fondée par des bénédictins qui ont adopté la règle de Cîteaux vers 1190. Le frère de Buffon, Don Charles Benjamin de Buffon, en a été notamment l'abbé. Chassés après la Révolution française, les moines n'ont été remplacés par des moniales cisterciennes qu'en 1938. Dans ce cadre merveilleux de leur abbaye, idéalement située sur les chemins de Compostelle, les moniales de Sainte-Marie-du-Rivet accueillent tous les jours ceux qui viennent dans une démarche spirituelle passer une nuit ou bien faire une plus longue retraite. 30 chambres et 40 lits permettent un accueil toujours chaleureux, mais il convient de prévenir au moins la veille de son passage. On peut aussi faire quelques provisions de produits monastiques. Pour les repas, choix possible entre une salle à manger où les hôtes échangent pendant les repas ou une salle à manger silencieuse. A préciser à l'arrivée. L'hôtellerie de l'Abbaye reçoit des familles, des religieux, des retraitantes et des jeunes pour des séjours dans le calme et le silence. La boutique offre des produits monastiques divers, confitures, livres pour adultes et enfants, gâteaux, vêtements liturgiques, foulards, santons, etc.

▶ **Horaires** : en semaine de 9h30 à 12h et de 14h30 à 17h30. Dimanches et jours de fête de 15h à 17h15.

LA SOLITUDE 🛏 €

29, route de la Solitude - **MARTILLAC**
✆ 05 56 72 71 10
solitude.saintefamille.fr
Pour les tarifs, variables selon le type et le lieu de séjour, se renseigner auprès de l'accueil.

Créée en 1831 par Pierre Noailles, fondateur de la Sainte-Famille de Bordeaux, les sœurs accueillent pour des retraites accompagnées. Située au cœur des vignobles, la Solitude est un cadre de verdure calme et reposant, propice au ressourcement, à la réflexion, à la prière. Les deux communautés de la Sainte-Famille de Bordeaux, apostoliques et contemplatives accueillent des groupes pour des retraites, sessions, temps de ressourcement… et proposent des temps d'animation spirituelle et de participer à leur liturgie. Un accompagnement personnel est possible.

MONASTÈRE DU BROUSSEY 🛏 €

5, Le Broussey sud
RIONS
✆ 05 56 62 60 90
www.couventdubroussey.fr
Le frère hôtelier se tient à votre disposition afin de vous aider au mieux à préparer votre séjour.

Le petit hameau du Broussey est situé sur la commune de Rions. La communauté est composée de frères carmes et de sœurs du Carmel Apostolique Notre-Dame de Bethléem. Elle offre aux visiteurs ses prières, son accueil, son écoute pour un temps de repos, de reprise spirituelle dans un climat de paix. Dans le cadre des retraites prêchées, sont proposés des thèmes variés relevant de la vie spirituelle. Les retraites individuelles d'une journée ou de quelques jours sont vécues comme un temps de désert avec possibilité d'un accompagnement individuel.

HOSTELLERIE GÉRAUD DE GRAVES ✝ ★

1, place des Allées
VERDELAIS
✆ 05 57 98 34 90
sanctuairedeverdelais.fr
Ouvert tous les jours de 8h30 à 19h30. Hôtel. Séminaires et réunions.

Voisine de la Basilique, l'Hostellerie Géraud de Graves a été aménagée en 2010-2012 dans l'ancien couvent des moines. Si ses fondations datent du XIIe siècle, d'importants travaux ont été effectués au XVIIe siècle sous François de Sourdis, puis au XIXe siècle avec le cardinal Donnet, qui relança le pèlerinage. L'intérieur est richement décoré. Le retable baroque dans lequel est incorporée la statue de Notre-Dame, entreprise au XIVe siècle, a pris son aspect actuel en 1666. La nef et le chœur sont enrichis de peintures naïves du XVIIe et du XVIIIe siècle, ainsi que de nombreux ex-voto (bateaux, cœurs, décorations militaires…). La basilique est le théâtre de pèlerinages réguliers qui ont lieu le 1er dimanche de mars à novembre. Ceux du 15 août et du 8 septembre sont les plus importants. Notez que le Sanctuaire est doté d'un parc de 3 ha. Situé sur les coteaux qui surplombent la ville de Langon, proches des cités médiévales, l'Hostellerie de Graves est aussi un hôtel avec 14 chambres, dont 4 pouvant accueillir des personnes à mobilité réduite. Sans oublier les 3 chambres familiales composées de 4 à 6 lits simples. Et toujours avec vue sur le parc. Véritable établissement atypique, l'Hostellerie Géraud de Graves accueille depuis plus de 900 ans les pèlerins et retraitants du sanctuaire de Notre-Dame de Verdelais, mais aussi tout type de visiteurs désireux d'expérimenter un séjour paisible. Possibilité de restauration pour les groupes sur réservation.

MONASTÈRE SAINT-DOMINIQUE À DAX €

62, rue Gambetta - **DAX** ✆ 05 58 56 84 60
dax.dominicaines.org

Chacun participera aux frais d'hébergement selon ses possibilités sur une base indiquée par la sœur hôtelière.

Une nouvelle communauté de dominicaines voit le jour en avril 1996 au monastère Saint-Dominique de Dax. Elle est constituée à partir de l'union de 4 monastères : Clairefontaine en région parisienne, Saint-Martin de Hinx et Dax dans les Landes (et Pellevoisin dans le Berry en 1998). Elle est rejointe par d'autres sœurs en provenance d'autres monastères ainsi que par des novices. Aujourd'hui, elle compte une trentaine de moniales dominicaines d'âges variés, et originaires de plusieurs régions françaises, ainsi que de nationalités et de cultures diverses. L'accueil du monastère Saint-Dominique de Dax est un lieu de silence et de paix où femmes et hommes en recherche spirituelle, ou simplement de sens peuvent prier, prendre un temps de réflexion, se poser, rencontrer une sœur et poser ses questions, qu'ils soient croyants ou non. Il n'y a pas de retraite organisée, mais il est possible de se faire accompagner spirituellement par une moniale. En outre de nombreux dominicains sont de passage. Si vous souhaitez un accompagnement ou mieux connaître la vie monastique, contactez-les. Il est possible d'accéder à la bibliothèque. Une semaine monastique est réservée chaque année pour des jeunes de 18 à 35 ans. Il y a aussi un programme de retraites organisées pour jeunes couples.

- **Offices** : laudes à 7h30, messe à 8h (le dimanche 9h), heure médiane à 12h, vêpres à 17h30, complies ou vigiles à 20h30.
- **Accueil** : une dizaine de chambres.
- **Boutique** : vous y trouverez livres, cartes, chapelets.

ABBAYE NOTRE-DAME SAINT-EUSTASE LAFEOURERE €

490, route de Laféourère
EYRES-MONCUBE
✆ 05 58 76 24 25
www.abbayedemaylis.org

Possibilité et conditions d'accueil, contacter la mère supérieure.

La longue histoire de cette abbaye de bénédictines commence en 966. Créée en l'honneur de sainte Marie et de tous les saints, elle reçut plus tard, les reliques de saint Eustase mort en 625. Près du reliquaire des miracles se produisirent et les pèlerins affluèrent, il fallut construire hostellerie et hospices. C'est en 1985 que l'abbaye fut transférée dans le même diocèse à Eyre-Moncube, sous le nom de Notre-Dame Saint-Eustase, où elle accueille depuis les retraitants.

ABBAYE NOTRE-DAME DE MAYLIS

455, avenue Chalosse - **MAYLIS**
✆ 05 58 97 72 81
www.abbaye-de-maylis.com

Contacter le frère hôtelier pour les disponibilités et la participation aux frais d'hébergement selon vos possibilités.

D'abord simple prieuré, le monastère de Maylis fut élevé au rang d'abbaye en août 1948. Elle abrite aujourd'hui une communauté de moines bénédictins olivétains qui partagent leur vie selon la règle de saint Benoît entre prière, travail et accueil de retraitants. La communauté accueille tous ceux qui désirent participer à sa vie de prière pour quelques heures ou pour quelques jours. Possibilité de séjour pour des personnes seules, des familles ou des groupes organisés.

LE BERCEAU-SAINT-VINCENT-DE-PAUL

600, impasse de l'oeuvre
SAINT-VINCENT-DE-PAUL ✆ 05 58 55 97 97

Chambres individuelles 25 € + petit déjeuner 4,50 € ; doubles 40 € + petit déjeuner 9 €.

Du monde entier, les visiteurs se succèdent au Berceau tout au long de l'année qui accueille chaque année environ 20 000 visiteurs. Ils viennent découvrir ce lieu saisissant par le climat de paix, de sérénité, de calme tout imprégné de l'esprit de saint Vincent. Et aussi la vie et les pensées du grand homme, sa maison natale et ses reliques, la chapelle, le vieux chêne. Des expositions et des diaporamas retracent sa vie. Une petite communauté de Filles de la Charité et une autre de lazariste participent au fonctionnement de l'œuvre du Berceau notamment au service de la chapelle et de l'hôtellerie ou pour l'accompagnement de retraitants. Le Berceau peut accueillir des personnes seules, ou des groupes, pour des temps de retraite, de sessions, d'approfondissement du message de saint Vincent.

- **Offices :** les messes sont célébrées, le lundi à 18h à l'oratoire suivies des vêpres, mardi à 18h à la chapelle avec les jeunes de l'aumônerie du lycée, mercredi, jeudi, vendredi à 8h30 à l'oratoire, samedi 11h30 à l'oratoire. Les vêpres à 18h30, les mercredis, jeudis et vendredis.
- **Accueil** : le centre d'hébergement Hôtellerie Saint-Joseph a une capacité d'accueil de 97 personnes avec 56 chambres. (dont 32 chambres doubles) toutes équipées de douches et toilettes privées.
- **Boutique :** vous y trouverez de nombreux articles religieux, une librairie de livres religieux dont certains spécifiques à l'œuvre de Saint-Vincent-de-Paul, ainsi que de l'artisanat monacal.

FOYER DE CHARITÉ NOTRE-DAME DE LACEPEDE

2860, Route de Laugnac
COLAYRAC-SAINT-CIRQ ✆ 05 53 66 86 05
lacepede.foyerdecharite.fr/fr.html
Frais de participation pour l'hébergement et la restauration : entre 40 et 50 € par jour.

Centre catholique de formation et de retraites spirituelles, ce Foyer est situé au cœur d'une belle région à la nature particulièrement préservée. Non loin d'Agen, il est à 3h15 de Paris en TGV, et à 1h seulement de Bordeaux ou de Toulouse, au milieu des vergers et des bois. Le Foyer de Charité Notre-Dame de Lacepède s'agrandit en 2017-2018 pour répondre aux demandes de plus en plus nombreuses de la part des familles, des couples, et des personnes de tous horizons interpellées par le Christ. Les retraites, week-ends ou autres événements que vous y effectuerez bénéficieront certes d'une météo avantageuse toute l'année, mais surtout de la présence fraternelle et priante à vos côtés des membres et nombreux amis de la Communauté. En effet au service de tous réside sur place une communauté de laïcs consacrés (baptisés engagés), autour d'un père du Foyer, le Père Dominique Bostyn. Constituant une Œuvre catholique internationale avec des implantations en Europe, en Afrique, en Asie et en Amérique, les Foyers de Charité se sont donné pour mission essentielle de proposer partout où ils sont basés des retraites spirituelles pour la formation des chrétiens et aussi pour celle des non-croyants qui se posent des questions. Le cœur historique et spirituel de l'œuvre est le Foyer-centre de Châteauneuf-de-Galaure (Drôme) où vécut et mourut Marthe Robin inspiratrice de cette œuvre.

▸ **Accueil** : 75 chambres pour séjours libres ou retraites organisées par la Communauté, d'une durée de 6 jours.

MONASTÈRE SAINTE-CLAIRE €

Le Pin - **NÉRAC** ✆ 05 53 65 01 38
Participation aux frais de séjour selon vos possibilités. Conditions d'accueil à convenir avec la mère supérieure.

Fondé en 1358 et restauré en 1935, le monastère comme posé sur un piton domine la vallée de la Baïse, occupe un site idéal pour la vie contemplative. La vie de ses moniales est une vie de prière, de travail humble, « dans la simplicité, l'humilité et la pauvreté » (Testament de Claire), avec une dimension communautaire forte marquée par la spiritualité franciscaine. Une vie de retrait en clôture certes, mais ouverte à accueillir, selon leurs forces, ceux qui viennent pour prier avec elles, se ressourcer, se retrouver, ou pour toute autre raison.

MONASTÈRE SAINTE-MARIE DE LA GARDE

Lagarde - **SAINT-PIERRE-DE-CLAIRAC**
✆ 05 53 66 28 20
www.la-garde.org
Participation aux frais de séjour à définir avec le frère hôtelier selon vos possibilités.

Les premiers pas d'une jeune communauté. Le 21 novembre 2002, en la fête de la Présentation de la Très Sainte Vierge, ayant quitté leur maison mère, l'abbaye Sainte-Madeleine du Barroux (Vaucluse), un groupe de huit moines arrivait au lieu-dit « Lagarde », sur la commune de Saint-Pierre-de-Clairac. 2003 sera une année consacrée aux premiers aménagements et au travail. De 2004 à 2006 s'effectueront la construction puis l'inauguration d'une plus grande chapelle pour mieux accueillir les fidèles. De 2005 à 2008, la communauté continuera à croître, par l'accueil soit d'autres moines de sa maison mère, soit de candidats à la vie monastique venus de l'extérieur. La communauté comptait 13 moines, dont 5 prêtres en 2013, et en 2015 les moines étaient 16. Leur projet : bâtir ensemble un monastère pour le XXIe siècle. La première phase de ces travaux eut lieu entre 2009 et 2013. Pour cette première phase, le parti architectural a été dicté d'une façon naturelle. Les pavillons jumeaux et les communs sont devenus le noyau du monastère pouvant accueillir vingt moines, en attendant la réalisation de la seconde phase. Un patio reliant la maison de maître aux pavillons jumeaux. Quant au projet futur, plus ambitieux, il permettra une extension des bâtiments où pourront vivre, à l'achèvement d'une belle abbaye, 40 moines. Les frères reçoivent messieurs et jeunes gens en retraite individuelle pour une durée pouvant atteindre une semaine. Un tel séjour permet de participer à la prière des moines (offices liturgiques, temps d'oraison silencieuse) et de s'associer, dans une certaine mesure, à la vie de la communauté. Les hôtes prennent leurs repas avec les moines, écoutant avec eux les lectures effectuées au réfectoire. Ils peuvent aussi, s'ils le désirent, les aider dans divers travaux.

▸ **Offices** : matines à 3h30, laudes à 6h, messes lues à 6h30, prime à 7h45 (à 8 h dimanche et fêtes), tierce & messe chantée à 9h30 (à 10h dimanche et fêtes), sexte à 12h (à 12h15 dimanche et fêtes), none à 14h (à 14h30 dimanche et fêtes), vêpres à 17h30 (suivies, dimanche et fêtes, du Salut du Saint-Sacrement), complies à 19h45. Accueil : quelques cellules seulement afin de recevoir des messieurs.

▸ **Boutique** : dans cette boutique vous pourrez acquérir, une maquette du monastère, des CD (salve regina, grégorien, cantates), des sandales dames et messieurs et divers autres produits en provenance de l'abbaye du Barroux et d'autres monastères comme des huiles d'olive, etc.

LE COUVENT DES BERNARDINES

102, avenue de Montbrun - **ANGLET / ANGELU**
✆ 05 59 52 81 32

Ouvert du mardi au samedi 9h30-12h15/16h-18h30. Le samedi, uniquement le matin. Participation libre.

Les Bernardines constituent une communauté strictement cloîtrée dont la vie se partage entre le silence, la prière et le travail de la terre. Le couvent est situé dans un lieu très agréable à découvrir : l'ancienne bâtisse du XIXe siècle, située dans un espace paysagé accueillant, cachée à l'abri de la forêt de Chiberta. Mais aussi le cimetière avec la conception particulière des tombes en tumuli de sable, surmontées d'une croix en coquilles Saint-Jacques, animées de plantes qui représentent les diverses communautés. Et, enfin, l'originale chapelle primitive en paille, au sol de sable, dans le jardin et le musée sur les Bernardines. Les sœurs dans le cadre de leur activité cultivent leurs fruits et légumes de saison, des fleurs, élaborent des confitures, des gelées et des biscuits. Elles disposent de 5 chambres pouvant accueillir uniquement des femmes désirant vivre un temps de prière et de silence.

- **Office** : laudes à 7h30, messes à 8h, mi-journée à 11h45, vêpres à 18h30 (18h le dimanche). Récitation du chapelet, les mardis, jeudis, vendredis et samedis.
- **Accueil** : 5 chambres, réservées à des femmes, pour des séjours de retraite d'une semaine au plus avec partage des prières et du silence.
- **Boutique** : vente des produits du potager, fleurs, légumes, poulets, œufs, selon les saisons. Elles proposent aussi des confitures, des gelées et des biscuits. Des paniers complets sont disponibles.
- **Visite** : le couvent abrite également un mini-musée retraçant l'histoire des Bernardines.

CARMEL DE BAYONNE €

Chemin d'Arancette - **BAYONNE / BAIONA**
✆ 05 59 63 35 12
carmel-de-bayonne.eklablog.com

Quelques chambres. Participation aux frais selon vos possibilités. Prendre contact avec l'accueil.

Le monastère a été fondé en 1858. Le Carmel de Bayonne est situé près de la frontière espagnole sur la côte basque. Actuellement 21 sœurs d'âges divers y vivent dans le silence et la solitude. Par leur travail au monastère, elles fabriquent une spécialité pâtissière : « le Scofa » qu'elles vendent dans leur boutique. Les sœurs disposent de quelques chambres pour des personnes souhaitant effectuer une retraite de quelques jours dans un climat de silence. Vous trouverez dans la boutique leur spécialité le Scofa, des livres, des bibelots, des confitures, du miel.

ACCUEIL NOTRE-DAME-DE-BÉTHARRAM

Place Saint-Michel-Garicoitz
LESTELLE-BÉTHARRAM ✆ 06 73 09 91 70
www.betharram.fr

Nuit + petit déjeuner : 26 € pour un / 46 € pour deux. Draps : 6 €. Tarifs spéciaux pour les pèlerins.

Une légende du XIVe siècle raconte qu'une jeune fille en train de se noyer dans le Gave a appelé la Sainte Vierge à son secours. Marie lui tendit une branche pour l'aider à rejoindre la rive. En béarnais, *bet- aram* signifie « beau rameau ». Depuis cette époque, de nombreux pèlerins sont venus demander la protection de Marie en ce lieu jusqu'aux guerres de Religion qui entraînèrent le déclin du pèlerinage. Mais en 1616, un nouveau miracle y fit revenir les fidèles : la croix du calvaire se releva toute seule après qu'une tempête l'eut jetée à terre. L'ancienne église fut alors reconstruite, mais le chemin de croix à nouveau détruit lors de la Révolution. Au début du XIXe siècle, Michel Garicoïts fonda la Congrégation des Prêtres du Sacré-Cœur de Bétharram afin de donner un nouvel essor au sanctuaire tout en participant à l'éducation des enfants de la région. La communauté assure aujourd'hui l'accueil des pèlerins et des touristes du sanctuaire qui n'est qu'à 15 km de Lourdes. Bétharram est un centre de retraite spirituelle et de ressourcement unique, situé sur les bords du Gave de Pau, au pied des Pyrénées. Avec un environnement centré sur la vie spirituelle, il accueille, à tout moment de l'année, toutes les personnes désirant se recueillir dans ce cadre spirituel atypique, pour se régénérer par le silence, la méditation et la lecture. Mais aussi pour vous ressourcer pleinement, à tous les niveaux de votre être. Le sanctuaire dispose pour cela de plusieurs lieux d'hébergement, dont le Foyer d'accueil Notre-Dame avec hébergement à l'intérieur du monastère. Offices : au sanctuaire le dimanche à 11h. Les autres jours, messe à l'oratoire du monastère à 11h15. Le vendredi : Adoration eucharistique à 10h30, possibilité de célébration pour groupes sur réservation, chapelle Notre-Dame (grands groupes), chapelle Saint-Michel Garicoïts (100 pers.).

- **Accueil** : 22 chambres de 1 à 3 lits dotées de tout le confort : douche, lavabo, toilettes, armoires et bureau avec téléphone + un dortoir de 6 lits dont 2 superposés. Deux chambres sont aménagées pour les personnes à mobilité réduite.
- **Boutique** : avec vente d'objets et de livres religieux.
- **Visite** : le sanctuaire Notre-Dame de Bétharram et la chapelle baroque Saint-Michel-Garicoïts sont ouverts aux pèlerins toute l'année. De 9h à 12h et de 14h à 17h (18h en été). Possibilité de visite non guidée, seul ou en famille, du sanctuaire et du musée qui abrite les collections du patrimoine de la congrégation.

Chapelle de la Résurrection, calvaire du sanctuaire de Betharram.

MONASTÈRE NOTRE-DAME DE SARRANCE €

Place de l'Eglise - **SARRANCE** ✆ 05 59 34 71 17
http://monasteredesarrance.fr

Libre participation aux frais.

Les pèlerins qui empruntent la voie d'Arles sur le chemin de Saint-Jacques-de-Compostelle, et qui arrivent à Oloron-Ste-Marie choisissent naturellement la vallée d'Aspe pour passer le Somport et se diriger vers le but sacré de leur cheminement vers la ville bénie. A l'entrée de la vallée d'Aspe, à 20 km après Oloron, se situe l'étape de Sarrance, petit village sans grande prétention mais bercé dans un environnement naturel hors du commun. L'hébergement se fera au Monastère Notre-Dame qui accueille les pèlerins depuis longtemps. Depuis septembre 2011, le Frère Pierre Moulia, religieux de l'ordre des Prémontrés s'y est installé avec une communauté pour poursuivre la tradition d'accueil de son ordre. Des travaux de réhabilitation sont entrepris pour rendre au Monastère son lustre d'antan qu'il avait malheureusement perdu au cours des âges et permettre l'accueil dans de bonnes conditions des pèlerins ainsi que des retraitants de tous ordres et autres personnes en recherche de repos et de chaleur humaine. Le pèlerin peut participer aux offices et recevoir la bénédiction du pèlerin.

- **Offices** : laudes à 7h30, milieu de journée à 12h, messe à 18h30, complies à 20h30 (ou 20h45).

- **Accueil** : dortoir 18 lits et quelques chambres pour séjours. Cuisine à disposition. Il y a du chauffage mais le confort est minimal comme dans tous les monastères. L'accueil minimum comprend le coucher, et éventuellement le souper et le petit déjeuner. Cuisine en utilisation libre.

ABBAYE NOTRE-DAME DE BELLOC €

585, route de Belloc - **URT / AHURTI**
✆ 05 59 29 65 55
www.belloceturt.org

Chacun participe aux frais comme il le veut ou comme il le peut.

L'abbaye Notre-Dame de Belloc est un monastère de moines bénédictins. L'hôtellerie est un moyen privilégié pour eux d'offrir à beaucoup un moyen de ressourcement. Certains désireront prendre quelques jours de distance avec leur rythme de vie pour pouvoir prier, d'autres voudront retrouver le contact avec Dieu, ou prendre le temps de lire l'Evangile, ou de se replonger dans la prière liturgique de l'Eglise, ou de prendre, selon la volonté de Dieu, une décision qui engage leur vie.

MONASTÈRE SAINTE-SCHOLASTIQUE €

Village de Belloc - **URT / AHURTI**
✆ 05 59 70 20 28
www.belloceturt.org

Pension complète avec participation aux frais selon les moyens de chacun.

C'est bien modestement qu'en 1883, un groupe de jeunes filles prenait possession de la maison « Grand Bayonès » à 500 m seulement du monastère de Belloc. Toutes désiraient mener une vie monastique selon la règle de saint Benoît. Rédigée au milieu du VIe siècle selon de nombreuses sources, elle établit un mode de vie monastique qui provient de l'expérience d'abbé à Subiaco, puis au Mont Cassin, de Saint-Benoît. Ce qui la caractérise le plus est sa discrétion, c'est-à-dire l'équilibre de ses préceptes, la souplesse de ses obligations, son souci de ne pas faire peser sur les disciples un joug trop contraignant. Jusqu'aux expulsions de 1903, tout fut organisé et construit sous la prieure Mère Placide Lespade. C'est à partir de 1908 que le monastère se développe grâce à la réouverture du noviciat. La subsistance était assurée par l'exploitation d'une ciergerie, d'une fromagerie et d'une ferme. L'hôtellerie fut agrandie après Vatican II. Aujourd'hui, ce monastère est affilié à la province française de la congrégation de Subiaco. Si vous désirez faire une pause dans votre vie, reprendre des forces, ou avez envie de réfléchir au calme sur le sens de votre vie, et peut-être de retrouver le chemin de la prière ou le découvrir… Vous y serez accueillis amicalement par les sœurs bénédictines du Monastère Sainte Scholastique. L'hôtellerie des moniales accueille des jeunes filles, des dames, des religieuses, des couples, mais aussi des groupes (jeunes et moins jeunes, aumôneries, mouvements…) pour un séjour d'un à huit jours. Pour cela, elles disposent de plusieurs maisons leur permettant de diversifier l'accueil : chambres individuelles ou de couples, dortoirs, salles de conférences et de réunion… Les hôtes sont invités à se joindre aux divers temps de prière de la communauté des sœurs. Les repas sont en silence pour favoriser un climat de recueillement et chacun participe au service et à la vaisselle, dans un esprit familial.

- **Offices** : laudes à 6h45 (7h30 le dimanche), eucharistie à 8h45 (10h30 le dimanche), sexte à 12h45 (12h35 le dimanche) vêpres à 18h et complies à 20h45.

- **Accueil** : 20 chambres individuelles et 8 doubles dans plusieurs bâtiments. Pour jeunes filles, dames, religieuses, couples, famille, groupes de jeunes ou d'adultes. Séjours en pension complète, limités à 2 séjours par an. Organisation de retraites pour les temps forts liturgiques.

- **Boutique** : vente de cierges liturgiques ou décoratifs. Vente de CD du monastère…

NOUVELLE-AQUITAINE

ABBAYE SAINT-MARTIN DE LIGUGÉ ★

2, place du Révérend Père Lambert - **LIGUGE**
✆ 05 49 55 89 00 - www.abbaye-liguge.fr
Visite libre 9h-11h et 14h30-17h30. Gratuit. Visite guidée à 15h, 15h45 samedi et dimanche. Boutique. Retraite possible.

Nous voici dans le plus ancien monastère d'Occident, car l'abbaye se trouve à l'emplacement même où saint Martin se retira en 361. C'est saint Hilaire, évêque de Poitiers, qui offrit à cet officier de la garnison impériale, originaire de Pannonie (Hongrie actuelle) les communs d'une villa gallo-romaine en ruine, dont les vestiges ont été mis à jour en 1953. Ermite, après avoir quitté l'armée, il devint évêque de Tours avant de mourir à Candes, en 397. Sur les lieux de sa retraite, un vaste demi-cercle est construit témoignant du culte local à saint Martin. En 591, saint Grégoire de Tours vient en pèlerinage à Ligugé. Pendant tout le Haut Moyen Age, Ligugé devient un lieu de pèlerinage. Le monastère jouissait alors du droit de monnayage, mais de 700 à l'an 1000 il ne laisse aucune trace dans l'histoire. Il reprit vie en 1003, grâce à Aumode, fille du comte de Gévaudan et de la comtesse de Provence. En 1268, le frère de Saint Louis, Alphonse de Poitiers, accorde au prieuré de Ligugé le droit de haute et basse justice. En 1504, Geoffroy d'Estissac est nommé prieur commendataire, avant d'être promu évêque de Maillezais en 1518. Il prit pour secrétaire Rabelais. La communauté des moines s'éteint vers 1520. Dès lors, ce sont des chapelains qui assurent les offices. Avant d'être confisqué par la Révolution, le domaine passa aux jésuites en 1606.

En 1853, Dom Guéranger envoie quatre moines de Solesmes à Ligugé pour renouer la tradition. En 1856, Pie IV restaure le titre abbatial. L'abbaye essaima, à son tour à Paris. Elle restaura Silos en Espagne et Saint-Wandrille en Normandie. En 1901, les moines s'exilèrent en Belgique et instaurèrent la vie monastique à Chevetogne. Ils regagnèrent Ligugé en 1923 et construisirent l'église claustrale dont la consécration est célébrée en 1929. Chaque année, l'abbaye accueille plus de 4 000 personnes. Seul, en couple ou en groupe, il est possible, de séjourner pendant un temps à l'abbaye. Pour chercher le calme et la prière en partageant une partie de la vie des moines.

▸ **Offices** : chants grégoriens et psaumes en français. Laudes à 7h, tierce à 8h30, messe à 11h30 (10h le dimanche) vêpres à 18h (16h30 le dimanche) complies à 20h et vigiles à 21h.

▸ **Accueil** : capacité importante. L'hôtellerie est entièrement rénovée en 2018 pour les femmes, couples et groupes. L'abbaye accueille des hommes en clôture pour une retraite silencieuse avec une dizaine de chambres. Les repas sont pris en silence.

ABBAYE SAINTE-CROIX €

SAINT-BENOIT ✆ 05 49 88 57 33
www.abbayesaintecroix.fr
Contact : Mère Mireille - Colomban Vergnaud. La participation financière sera en fonction des possibilités de chacune.

L'abbaye de Poitiers fut fondée par Sainte-Radegonde, épouse de Clotaire, roi des Francs, vers 1652. Elle prend le nom de Sainte-Croix après avoir reçu de l'empereur Justin II, en 569, une relique de la Croix du Christ. C'est à cette occasion que Saint-Fortunat composa la « Vexilla Regis ». Un siècle plus tard, l'abbaye opte pour la règle de Saint-Benoît.

La petite communauté bénédictine connaît son apogée au XVIIe siècle, sous la direction de Flandrine d'Orange-Nassau, fille de Guillaume le Taciturne. A la Révolution, les religieuses sont chassées mais reforment leur communauté dès 1801. En 1965, le monastère est transféré à Saint-Benoît, en périphérie de Poitiers.

Les bénédictines de Sainte-Croix accueillent des femmes uniquement et leur proposent de participer à leur vie de prière, de travail, de détente. C'est simple : vous entrerez dans un autre rythme. Un séjour d'une durée de plusieurs jours favorise à la fois le rapprochement avec la communauté et aussi avec Dieu.

Qu'allez-vous y trouver ? un lieu de repos et de prière, une communauté fraternelle, un partage de vie, la *lectio divina* et l'Eucharistie avec une chambre individuelle, la participation au travail des sœurs.

▸ **Offices :** laudes à 7h15, messe à 9h, office du milieu du jour à 13h45, vêpres à 17h30.

▸ **Accueil :** 20 chambres individuelles pour accueil individuel en retraite personnelle, séjour spirituel. et 3 salles de réunions journalières pour des groupes.

▸ **Boutique** : la boutique propose divers produits religieux d'artisanat monastique et également des produits locaux.

Abbaye Saint-Martin de Ligugé.

L'Occitanie compte treize départements et déploie ses trésors naturels et patrimoniaux au gré de ses montagnes, les Pyrénées, qui dessinent la frontière entre la France et l'Espagne, de son littoral qui court sur plus de 200 km de la Camargue au golfe du Lion, et dans ses terres qui abritent des villes et villages dynamiques, authentiques et accueillants. Ce vaste territoire comporte dès lors de multiples trésors à découvrir : Gorges du Tarn, Petite Camargue, Vallée de la Dordogne, Cévennes côté nature, et Toulouse, Montpellier, Nîmes ou Carcassonne côté ville. En Occitanie, vous rentrez également en pays Cathare, courant religieux qui a profondément marqué la spiritualité régionale, et dont vous pouvez visiter les vestiges. Mais surtout vous entrez sur les terres de Lourdes, haut lieu du catholicisme. Laissez-vous porter par la ferveur religieuse des pélerins venus du monde entier espérant un miracle ou une apparition.

SANCTUAIRES MARIAUX

Les sanctuaires mariaux, c'est-à-dire consacrés à l'adoration de la Vierge Marie, sont nombreux en France. On en compte 2 900 actifs (c'est-à-dire où il y a au moins un pèlerinage ou une procession par an) à travers le pays. Ils abritent la plupart du temps une représentation de Marie, qu'il s'agisse d'un tableau, d'une sculpture de Vierge à l'Enfant, pietà, etc.. Les plus célèbres ont pu bénéficier d'une distinction attribuée par l'Eglise, appelée couronnement canonique. L'Ariège compte de nombreux sanctuaires mariaux, que nous vous décrivons dans cette rubrique. Ils ne sont pas à proprement parler des lieux de retraite, mais on peut y assister à des pèlerinages annuels.

NOTRE-DAME-DES-NEIGES-NOTRE-DAME-DE-LISARD

ANTRAS

✆ 05 61 60 93 90

Pèlerinage le 5 août.

Située sur le territoire de la commune d'Antras, à 1 560 mètres d'altitude, cette chapelle se trouve dans un site des plus pittoresque, à deux heures de marche de Sentein par un sentier aménagé. Sept fois détruite, elle fut autant de fois reconstruite et reste de nos jours encore un lieu de pèlerinage renommé dans toute la région. Les croyants aiment y prier Marie à la suite des bergers d'antan, auprès d'une source d'eau fraîche, et assister à un office célébré en plein air.

NOTRE-DAME DE TRAMESAYGUES-AUDRESSEIN

77-81, chemin d'Arrout

AUDRESSEIN

Pèlerinage le 8 septembre.

Ce lieu de pèlerinage existait en 1139. L'antique chapelle fut reconstruite au XIIIe siècle. On y trouve une statue en bois de la Vierge, en forme de pietà de facture très ancienne. C'est une Vierge assise vêtue d'une robe à plis de corps. Sa tête est recouverte d'un voile par-dessus lequel est placé un manteau. Le porche à trois entrées est décoré de fresques du XVe siècle classées Monuments historiques, ainsi que le campanile du XIVe et la croix en marbre blanc du XIVe siècle.

NOTRE-DAME DE CELLES

CELLES

Pèlerinage le 3e dimanche de juillet.

Par deux fois, à Celles, la Vierge est apparue en mai 1686 à un jeune paysan local du nom de Jean Courdil. Revenant de son travail aux champs, la Vierge le pria d'avertir son entourage de changer de vie. Conduit auprès d'une fontaine voisine par l'apparition, le jeune entendit ses paroles : « L'eau en sera bonne ». Les guérisons se multiplièrent chez les malades venus boire à la fontaine. Les autorités élevèrent alors un sanctuaire. En 1765, la chapelle fut bénite par l'évêque de Pamiers, et sa renommée dépassa les frontières.

NOTRE-DAME DE MONTGAUZY

FOIX

✆ 05 61 65 02 17

Messe à chaque fête de la Vierge.

Au XIVe siècle, le sanctuaire de Montgauzy était d'une importance capitale pour la région, peut-être le plus célèbre du diocèse. Ce sanctuaire abrita un temps les restes de saint Volusien. Le sanctuaire devint la chapelle de l'École normale en 1850. Aujourd'hui, l'église est un lieu de culte paroissial où l'on célèbre la messe, particulièrement pour les fêtes de la Vierge. La nouvelle statue de la Vierge date de 1943. L'Enfant Jésus que Marie tient dans ses bras porte dans ses mains une miniature des tours du château de Foix.

NOTRE-DAME-DE-LA-GOUTTE

36-44 Lagoute

MONTARDIT

Pèlerinage le 15 septembre - Fête de Notre-Dame-des-Sept-Douleurs qui suit la fête de la Croix du Christ.

La chapelle, réalisée par l'abbé Jean-Marie Piquemal avec l'aide d'un maçon, porte le vocable de Notre-Dame. Inaugurée en 1976 par Monseigneur Soulier, elle est devenue un lieu important de pèlerinage de façon aussi imprévisible que sa construction. Les pèlerins aiment s'y arrêter, visiter, prier et confier à Marie et à son Fils leurs soucis et leurs peines. Monseigneur Albert-Marie de Montléon a écrit : « C'est un authentique lieu de grâces ». La visite est possible toute l'année mais le pèlerinage se déroule le 15 septembre.

Notre-Dame de Tramesaygues-Audressein.

NOTRE-DAME DU POUECH

4465, rue du Pouech
OUST
Pèlerinage le 8 septembre.
Notre-Dame du Pouech étend sa protection sur le village d'Oust. Au milieu du XIXe siècle, une épidémie de choléra menaçait la population, les habitants s'engagèrent à bâtir un sanctuaire à Marie si elle les sauvait de la maladie. Le fléau s'arrêta aux portes de la ville. L'édifice fut construit en 1854 et restauré en 1969. Les origines de la chapelle se perd dans un passé fort lointain et sont difficiles à connaître. On y vénère toujours la statue en bois polychrome du XIIIe siècle de la Vierge assise qui porte l'Enfant Jésus sur son genou.

NOTRE-DAME DU VIC-D'OUST

OUST
Messe le 16 août.
La petite église du village de Vic est un véritable joyau d'architecture romane. Au XIIIe siècle, elle est mentionnée comme prieuré. Elle a été, aux siècles passés, l'objet d'une grande vénération, même pour les populations des vallées voisines. A la fin du XVIIIe siècle, on restaura l'édifice très délabré. Placée sous le vocable de l'Assomption, elle fut classée Monument historique le 16 août 1921. Notre-Dame de Vic est une mère douloureuse, en bois polychrome, du XIe siècle, placée au niveau du retable à l'intérieur de l'église.

NOTRE-DAME DU MARSAN

SAINT-LIZIER
✆ 05 61 96 77 77
Pèlerinage le lundi de Pentecôte.
Élevée probablement sur un ancien temple du dieu Mars, la chapelle Notre-Dame du Marsan permet de voir tout le Saint-Gironnais. Dès que les Romains quittèrent les lieux, la Vierge reine de la Paix remplaça le dieu païen et les pèlerins accoururent en très grand nombre. Cet enthousiasme pour la Vierge du Marsan augmenta encore à partir du Xe siècle, quand Dieu délivra de la peste toute la région, par l'intercession de Marie. Aujourd'hui encore, une foule se presse nombreuse le lundi de Pentecôte, pour vénérer et remercier Marie.

NOTRE-DAME DE SABART

1, impasse des Platanes
TARASCON-SUR-ARIÈGE
Pèlerinage le 8 septembre.
Le sanctuaire de Sabart remonte selon la tradition au temps de Charlemagne, en 778. L'empereur dédia une chapelle à Notre-Dame de la Victoire pour la remercier des succès qu'il avait remportés sur les Sarrasins. La chapelle fut construite à l'endroit où fut découverte une statue d'airain de la Vierge. Après les guerres de religion, la chapelle fut reconstruite au XVIIe siècle. Un hospice puis un couvent y furent fondés. La chapelle, classée Monument historique en 1846, fait partie des plus vénérées du diocèse et des plus prisées des pèlerins.

ABBAYE NOTRE-DAME DU PESQUIÉ €

Le Pesquié - **SERRES-SUR-ARGET**
✆ 05 61 02 97 55 - abbaye-pesquie.org
Conditions d'acueil et de participation aux frais de séjour à convenir avec la mère supérieure.
L'abbaye Notre-Dame du Pesquié, composée d'une cinquantaine de moniales bénédictines, est installée au cœur des montagnes des Pyrénées à une dizaine de kilomètres de Foix. Le travail de la ferme et l'artisanat font partie intégrante de la vie des moniales. Le chant grégorien qui constitue la liturgie monastique aide l'âme à se tourner vers Dieu et à intercéder pour le monde. Leur travail agricole et artisanal leur permet de subvenir en grande partie à leurs besoins.Ainsi on y trouve de nombreux produits fabriqués par la communauté et disponibles à la boutique. Cette abbaye a été fondée en 1934 par celle de Dourgne à Ozon dans les Hautes-Pyrénées avant d'être transférée près de Foix. Elle est toujours en cours de construction, notamment l'église abbatiale et l'hôtellerie.

Offices : dimanches et jours de solennité messe à 10h et vêpres à 16h30. Du lundi au vendredi messe à 9h30 et vêpres à 18h.

Accueil : l'hôtellerie n'étant pas achevée, pour le moment seuls les prêtres, religieux et jeunes en recherche de vocation peuvent être hébergés par la communauté. Il est également possible d'y effectuer des camps d'été pour partager la prière de la communauté et participer à ses travaux.

Boutique : ouverture dimanche après la messe de 11h30 à 12h et l'après-midi de 15h à 18h30, du lundi au vendredi de 10h30 à 12h et de 15h à 17h30. Tous les produits de l'abbaye : livres, CD, cartes postales, confitures, produits laitiers, pâtisseries, etc. Samedi journée du désert, ni visite ni vente.

LE CATHARISME

Le mouvement cathare est né au milieu du Xe siècle et s'est propagé dans toute l'Europe. Pour les Cathares, le monde matériel est une illusion diabolique et une prison pour les âmes, bonnes de toute éternité et en attente d'être sauvées. Ils prêchent par l'exemple, la pratique des préceptes annoncés dans l'Évangile. En 1208, le pape Innocent III lance une croisade contre ces chrétiens jugés hérétiques. Les seigneurs cathare sont définitivement battus en 1229 et, en 1233, le pape Grégoire IX fonde l'Inquisition. Ce système juridique pénal est confié aux dominicains et aux franciscains. Durant le XIIIe siècle, toute la population occitane comparaît devant les tribunaux.

MONASTERE MATER-DEI €

6, rue du Monastère - **AZILLE** ✆ 04 68 49 54 27

www.soeursdazille.com

Participation aux frais d'hébergement à convenir lors de votre réservation selon vos possibilités.

Les Chanoinesses de la Mère-Dieu ont remplacé les clarisses qui ont dû quitter ce monastère voici quelques années, en 2008, après une présence depuis 1891. Des travaux pour améliorer les conditions d'accueil ont été réalisés en 2016 par la nouvelle communauté. Elles invitent ceux et celles qui le souhaitent à faire l'expérience de la vie des croyants de l'Eglise. Pour cela elles leur proposent de participer à leur liturgie, en les accueillant au monastère, seuls, en familles ou en groupes. Elles souhaitent leur permettre d'y trouver paix. Elles s'efforcent de s'adapter aux besoins de chacun en leur proposant des entretiens, des travaux avec les sœurs, des séances de lectio divina, etc. Bien que n'étant pas des Bénédictines, le travail manuel prend une part importante des journées des moniales. Elles peuvent être appelées à sortir du monastère pour des apostolats. Mais dans le monastère elles doivent assurer toutes les tâches quotidiennes (cuisine, couture, buanderie, sacristie… chacune à son emploi).

- **Offices** : matines à 6h, laudes à 8h, tierce à 9h20, sexte à 12h45, adoration du Saint Sacrement à 18h, vêpres à 18h30, complies à 20h45. Les dimanches et jours de fête, matines à 6h55, laudes à 8h05, tierce à 9h45, messe à 10h, sexte à 12h45, adoration du Saint Sacrement à 17h45, vêpres à 18h15, complies à 20h35.
- **Accueil** : accueil monastique pour 20 personnes maximum. Pour jeunes filles, dames, familles ou groupes.
- **Boutique** : petite boutique avec vente de confitures, livres, CD de la communauté, vin rosé du monastère.

NOTRE-DAME DE L'ABBAYE €

103, rue Trivalle

CARCASSONNE

✆ 04 68 25 16 65

www.abbaye-carcassonne.com

Se renseigner à l'accueil, car les tarifs varient selon le type de séjour et de prestation.

Ce centre d'accueil diocésain installé dans un ancien monastère capucin, qui a conservé tout son cachet historique, est ouvert toute l'année aux séjours individuels, aux pèlerins sur le chemin de Saint-Jacques comme aux groupes qui souhaitent y organiser des retraites, sessions, séminaires. Les bâtiments sont dotés d'une chapelle du XIIe siècle, et d'une crypte donnant sur un cloître, lieu de paix et de silence. Des sœurs de la congrégation des Ursulines vivent à Notre-Dame de l'Abbaye et gèrent à la réception un bureau dédié aux pèlerins.

ABBAYE SAINTE-MARIE DE RIEUNETTE ✞

2e chemin sur la droite après le carrefour de Greffeil

LADERN-SUR-LAUQUET

✆ 04 68 69 69 06

www.rieunette.org

Participation aux frais d'hébergement à convenir lors de votre réservation selon vos possibilités.

Pour tous les amateurs de nature, le site de Rieunette offre une belle variété d'itinéraires allant de la route forestière au sentier balisé. Bois de buis et chênes verts, forêt de pins abritent une riche flore méditerranéenne qui orne les talus et les sous-bois. Fondée au XIIe siècle, c'est l'une des premières abbayes de sœurs cisterciennes en France. De l'abbaye primitive subsiste l'abbatiale à l'architecture pure et dépouillée datant de la fin du XIIe siècle, elle n'a jamais été remaniée. Depuis 1998, la petite communauté qui y vit fait de nouveau résonner le chant grégorien dans l'antique église. Elle défriche petit à petit les abords du monastère pour cultiver les produits qui lui sont nécessaires et élève des animaux de la ferme. Toute l'année, les visiteurs qui souhaitent découvrir le patrimoine cistercien, ainsi que les chrétiens désireux de faire une halte ou une retraite spirituelle et participer aux offices monastiques de la journée, sont accueillis par la communauté cistercienne qui assure un service hôtelier monastique. Les offices usent du chant grégorien. L'hôtellerie de type familial est un lieu privilégié de rencontres avec les autres hôtes comme avec les sœurs de la communauté. Prêtres et séminaristes, personnes seules, couples, familles, groupes, tous sont les bienvenus. Séjours à la journée ou sur plusieurs jours, selon vos possibilités. En effet le monastère est aussi une halte sur la route de Saint-Jacques-de-Compostelle.

Abbaye de Frontfroide.

ABBAYE DE FONTFROIDE ✝ ★★★★

Route départementale 613 - **NARBONNE**
✆ 04 68 45 11 08 - www.fontfroide.com
Ouvert toute l'année. Visite libre ou guidée. Jeu de piste. Circuits thématiques. Adulte à partir de 12,50 €. Souvenirs.

A 15 minutes de Narbonne, au cœur du Parc naturel régional de la Narbonnaise, visitez l'abbaye de Fontfroide, un trésor du Moyen Age. Fondée à la fin du XIe siècle, Fontfroide se rattache en 1145 à l'ordre cistercien et devient l'une des plus puissantes abbayes en Europe. Au Moyen-Age, jusqu'à 80 moines cisterciens vivent ici dans le respect de la clôture, qui ne leur permet pas de quitter l'enceinte de l'abbaye. Seuls les frères convers sont autorisés à en sortir pour aller travailler sur les exploitations fermières qui font vivre le monastère. S'ils ont également le statut de religieux et sont astreints aux vœux monastiques, les frères convers forment une seconde communauté. Ils travaillent au service des moines en échange du gîte et du couvert et évoluent dans une autre aile du monastère. L'abbaye joue un rôle crucial lors de la croisade contre les cathares avant de connaître un long déclin à partir du XIVe siècle. L'ensemble monastique est magnifiquement conservé, avec son cloître et sa salle capitulaire du XIIe siècle, une somptueuse église abbatiale et ses vitraux modernes, les bâtiments des frères convers et les aménagements des XVIIe et XVIIIe siècles qui lui confèrent parfois un air de château. De vastes jardins en terrasses sont implantés autour de l'abbaye. En 1908, Gustave et Madeleine Fayet rachètent l'abbaye et entament un chantier de restauration. Après des siècles d'austérité, de prière et de silence, l'abbaye s'ouvre peu à peu a la vie, aux couleurs et aux plaisirs grâce à la famille Fayet. Des artistes, appelés les fontfroidiens, participent à la renaissance artistique de Fontfroide, parmi eux Odilon Redon, Richard Burgsthal et de nombreux amis dont Déodat de Séverac, Ricardo Viñes, Aristide Maillol. Ils créent en ce lieu une forme de “Villa Médicis” particulière qu'ils agrémentent d'éléments décoratifs. Délaissant son statut de site monastique pour devenir un véritable lieu d'expression artistique, l'abbaye de Fontfroide est empreinte en ses murs de riches témoignages de ces résidences, dont le monumental triptyque d'Odilon Redon *Le Jour, la Nuit et le Silence* ainsi que les vitraux de Richard Burgsthal. Aujourd'hui encore, les descendants de Gustave et Madeleine Fayet poursuivent l'entretien de l'ensemble monastique. Ils ouvrent les portes de l'abbaye aux visiteurs qui souhaitent la parcourir, et qui sont près de 160 000 par an. Lorsque l'on s'adonne à l'exploration des différentes pièces baignées de soleil, parées d'œuvres artistiques et remplies des chuchotements et éclats de rire des familles curieuses de la région, on a du mal à se représenter l'austérité cistercienne qui régnait ici lorsque les moines occupaient encore les lieux. L'abbaye était alors plongée dans un silence total, uniquement interrompu par la lecture de textes saints. Au cours de la visite, guidée ou libre, les curieux plongent dans l'univers de Fontfroide et peuvent en parcourir les moindres recoins pour s'imprégner de l'atmosphère de l'abbaye et avoir un aperçu du quotidien des moines cisterciens. Quelques particularités architecturales à ne pas manquer :

- **Le cloître**. Composé de plusieurs galeries vastes et lumineuses, il témoigne de deux époques de construction distinctes, à savoir les XIIe et XIIIe siècles. La partie basse du cloître, plus dépouillée, est de style roman, tandis que la surélévation, moins austère, est de style gothique. Les chapiteaux des colonnettes qui datent de l'époque romane sont recouverts de motifs végétaux, les représentations humaines ou animales étant interdites par l'ordre cistercien afin de ne pas distraire les moines.

- **La ruelle des convers**. Les convers devaient emprunter cet étroit passage pour assister à la messe du dimanche, afin de ne pas perturber les moines qui, eux, accédaient à l'église par le cloître. L'abbaye de Fontfroide est l'une des seules abbayes cisterciennes à avoir conservé sa ruelle des convers dans son état d'origine. Elle est reconnaissable à sa voûte en demi-berceau, tout à fait unique.

- **La roseraie**. Là où ont longtemps été enterrés les moines poussent désormais des milliers de roses. Installée sur quelque deux-mille sépultures superposées, la magnifique roseraie a été labellisée Jardin Remarquable à l'instar des jardins attenants.

Tout au long de l'année, les manifestations musicales sont un véritable enchantement : chants grégoriens, concerts classiques... Au-delà de la programmation musicale, l'abbaye de Fonfroide accueille de nombreux événement culturels tout au long de l'année. L'été, des visites nocturnes avec son et lumière viennent donner de l'éclat à l'abbaye ! A ne pas manquer, à l'automne le festival international de l'orchidée et au printemps la fête des plantes et du massif. Consultez l'agenda en ligne pour connaître les éventuelles manifestations pendant votre visite. L'autre atout du lieu est son restaurant, la Table de Fontfroide, une référence en matière de cuisine méditerranéenne. De manière plus anecdotique, grâce à son remarquable état de conservation, l'abbaye de Fontfroide est un lieu privilégié pour tourner des films dont l'intrigue se déroule au Moyen-Age. Certaines scènes du film de Ridley Scott *Le Dernier Duel*, sorti en 2021, y ont notamment été tournées.

- **Les visites théâtralisées**

Sous la tutelle d'un homme pieux, venez découvrir l'histoire de cette bulle de sérénité préservée depuis des centaines d'années. Visites de juillet -août 2022 Les mercredis et jeudis 19h30 et 21h45. Durée : 1h30. Départ : Billetterie de l'abbaye. Renseignements au 04 68 45 11 08

MONASTÈRE SAINTE-MARIE ✞

FANJEAUX
✆ 04 68 11 22 66
www.prouilhe.com
Participation aux frais d'hébergement à convenir lors de votre réservation avec la sœur hôtelière.

Parmi les défenseurs de la doctrine catholique pourfendeurs du Catharisme, Saint-Dominique occupe une place de choix, ayant consacré une grande partie de sa vie à lutter contre ce mouvement et à tenter de convertir de nombreux fidèles. C'est dans la plaine du Lauragais que le saint homme a débuté son combat contre le catharisme. En 1206, il fonde un premier monastère de dominicaines contemplatives où il réside lui-même jusqu'en 1215. La plupart des sœurs sont elles-mêmes des cathares converties. Prouilhe est bien le berceau de l'Ordre dominicain, le lieu-source où germa l'intuition de saint Dominique qui allait bientôt se répandre à travers le monde et marquer profondément l'histoire de l'Église. Dans le même temps, il confie la mission de prédication à des frères prêcheurs qu'il établit à Toulouse, en 1215. De 1209 à 1214, alors que Béziers et Carcassonne sont prises, Fanjeaux est le quartier général de Simon de Montfort qui se bat, au service du pape Innocent III, contre les cathares. Après la défaite de Muret et le concile de Latran, qui fait de Montfort le comte de Toulouse, l'ordre dominicain se développe. Le couvent des dominicaines est détruit à la Révolution française. Il a été reconstruit à la fin du XIXe siècle. De nos jours Prouihle, qui est le premier monastère et le lieu de fondation de l'ordre, reçoit fréquemment des frères, sœurs et laïcs de la famille dominicaine, désireux de se ressourcer au lieu originel. Les sœurs viennent de différents pays du monde, traduisant le désir de l'ordre de manifester sa dimension internationale. Mais le monastère accueille également tous ceux et celles qui ont besoin de ce cadre exceptionnel pour prier, faire une halte, déposer le poids des soucis, partager une souffrance, retrouver la paix, s'ouvrir à la grâce et à la présence de Dieu. On peut y séjourner en groupe ou individuellement pour un temps de ressourcement, de retraite, de réflexion, de prière ainsi que participer à des sessions ou à des journées d'enseignement et de partage...

▸ **Offices** : laudes à 6h45 (7h45 dimanche), Eucharistie à 8h30 (10h dimanche), office du milieu du jour à 12h10, vêpres à 17h30, office du soir à 20h30.

▸ **Accueil** : pour l'accueil, la communauté dispose d'un bâtiment, L'Arquet, équipé de 15 chambres à 2 lits, de deux salles de réunion et d'une salle à manger ainsi que d'une petite bibliothèque.

▸ **Boutique** : objets en céramique, icônes, vêtements pour enfants fabriqués par les sœurs. On y trouve aussi un rayon librairie religieuse et des produits d'artisanat d'autres monastères.

ABBAYE SAINTE-MARIE DE LAGRASSE 🛏 €

6, rive gauche - **LAGRASSE** ✆ 04 68 58 11 58
Participation aux frais d'hébergement à convenir lors de votre réservation.

En 1789, la France comptait plus de 200 abbayes de chanoines réguliers et des milliers de collégiales desservant d'innombrables paroisses. Bien entendu, la plupart d'entre elles furent démembrées lors de cette période de l'histoire. Une petite portion seulement renaîtra de ses cendres. Au XXe siècle, plusieurs congrégations canoniales renaissent en France. L'abbaye Sainte-Marie de Lagrasse est de nos jours habitée et animée par une communauté de chanoines depuis 2004. Outre leur mission apostolique locale, ceux-ci pratiquent l'accueil monacal. Ils proposent toute l'année à des retraitants de profiter de la paix et de la vie liturgique de l'abbaye en passant quelques jours parmi eux. Ces retraites offrent un moment privilégié de vie spirituelle où, avec l'accompagnement d'un chanoine, un chrétien peut s'affermir dans sa vie de prière et de foi. A Lagrasse, le rythme de vie du retraitant suit celui de la communauté : liturgie, prière silencieuse, travaux manuels possibles, repas au réfectoire commun... Des retraites en groupe peuvent aussi être accueillies, selon les disponibilités. Pour plus de détails consulter le site Internet des chanoines ou les contacter.

▸ **Offices** : la messe et les offices sont chantés en grégorien selon la forme extraordinaire du rite romain.

A l'abbaye, les dimanches et fêtes, messe à 10h30 (9h30 en semaine). Tous les jours, laudes à 8h, sexte à 12h45 et vêpres à 18h30.

▸ **Accueil** : 15 chambres pour 20 lits destinés aux hôtes masculins et la Maison Saint-Joseph à quelques minutes à pied offrant 20 couchages réservés aux dames.

▸ **Boutique** : un magasin vous accueille avec un bon choix d'articles religieux.

▸ **Visites** : l'abbaye de Lagrasse est divisée en deux parties visitables indépendamment l'une de l'autre : la partie publique, administrée, depuis 2005, par le Conseil Départemental de l'Aude. Et la partie privée, appelée aussi « Abbaye Canoniale Sainte-Marie », administrée, depuis 2004, par les chanoines. Entrée : par le grand portail en fer forgé donnant sur la cour du XVIIIe siècle. Cette partie comporte environ les trois quarts des bâtiments, avec l'église abbatiale, le cloître, les bâtiments conventuels du XVIIIe siècle, le transept sud et le jardin (médiéval et Renaissance). Les activités cultuelles, spirituelles, et l'accueil du public par les chanoines sont indépendants des activités de la partie publique. Les deux visites sont indépendantes. Visites payantes libres ou commentées par un chanoine.

LE TRÉSOR DE CONQUES

Conques-en-Rouergue est visité chaque année par des milliers de pèlerins. Le site, avec son église abbatiale du XIe, son tympan du XIIe, et le pont des pèlerins, sont classés au Patrimoine mondial par l'Unesco. Le Trésor de Conques provient de la générosité des empereurs et des princes carolingiens et des dons des pèlerins. Il renferme le plus prestigieux ensemble d'orfèvrerie religieuse de la chrétienté. Il comprend notamment des reliquaires du IXe au XIIe siècle, un autel portatif de l'abbé Bégon, la statue reliquaire de sainte Foy en majesté, un autel portatif de sainte Foy, des tapisseries de Felletin et des objets liturgiques datant du XIIIe au XVIIIe siècle.

MAISON FAMILIALE DE VACANCES €€

Rue Henry Parayre - **CONQUES-EN-ROUERGUE**
✆ 05 65 69 86 18
maison-vacances-conques.jimdo.com
De 43 à 50 € par jour et par personne. Gestion libre possible.

Au cœur du village de Conques, cette maison familiale de vacances occupe un bâtiment de caractère, implanté à 300 mètres seulement de l'abbatiale. Elle est équipée pour permettre des séjours de repos et de détente pour des groupes et familles. Mais elle accueille aussi des pèlerins ou des groupes voulant y être hébergés le temps d'une retraite. Elle dispose notamment d'une salle de jeux avec tennis de table, baby-foot, palets, d'une salle de billard avec coin bibliothèque et jeux de société, et enfin d'une terrasse ombragée avec pétanque et aire de jeux pour enfants. Il y a même un terrain pour le tir à l'arc ! Un réfrigérateur, une machine à laver et un fer à repasser sont mis gratuitement à votre disposition.

Offices : possibilité de partager la liturgie du prieuré à l'abbatiale proche. Du mardi au samedi, laudes à 7h30, messe à 8h l'été et à 11h45 l'hiver, milieu du jour à 12h05 (13h45 l'hiver), vêpres à 18h (18h30 l'hiver), complies et bénédiction des pèlerins à 20h30. Dimanche messe à 11h et vêpres à 17h.

Accueil : 28 chambres de 2 à 5 lits sur 3 niveaux dont 11 chambres avec sanitaires complets et 17 chambres en confort simple. Accueil toute l'année de groupes de minimum 20 personnes en pension complète (réunions de famille, randonneurs, pèlerins en groupes, séminaires...). Service de restauration de cuisine traditionnelle locale. Repas pris sur la terrasse ombragée. Découverte de la gastronomie locale (aligot, fouace, ratafia, vin AOP de Marcillac à tous les repas...).

ACCUEIL SAINTE-FOY €

CONQUES-EN-ROUERGUE ✆ 05 65 69 85 12
abbaye-conques.org
L'accueil des retraitants se fait de mi-octobre à avril en dehors des périodes d'afflux des pèlerins de Saint-Jacques.

En 303, Foy, une jeune chrétienne d'Agen d'environ 12 ans, est une des martyres victimes des persécutions de Dioclétien. Son courage lui vaut immédiatement une grande admiration. L'ermite Dadon crée en 795 dans les monts du Rouergue un monastère suivant la règle de saint Benoît. En 866, les reliques de sainte Foy sont transmises d'Agen à Conques. Des pèlerins affluent rapidement. En 1050, un nouveau sanctuaire est construit. En 1060 est composée la Chanson de sainte Foy, première chanson de geste en langue d'oc. À la fin du XIe siècle, toute la chrétienté est parsemée d'églises Sainte-Foy. Le trésor de l'abbaye s'enrichit de nombreux reliquaires. En 1537, les moines sont remplacés par un chapitre de chanoines réguliers. Pillée et incendiée durant les guerres de religion, désertée pendant la Révolution, l'abbaye conserve toutefois son trésor, caché par un habitant. L'abbatiale est restaurée en 1887. La vie du sanctuaire est alors animée par des prémontrés de Frigolet. En 1875, le coffret contenant les reliques de sainte Foie est découvert. En raison de l'afflux de pèlerins pour Saint-Jacques-de-Compostelle, des renforts de jeunes frères de Mandaye viennent tous les étés à Conques. Hors saison (de mi-octobre à avril de l'année suivante), des groupes de 40 à 50 personnes peuvent trouver un lieu propice à la réflexion et à l'approfondissement de leur foi, dans un cadre de silence et de prière. Pendant leur séjour à l'abbaye, il est possible de rencontrer un frère et d'être accompagné dans une démarche de retraite spirituelle. Une belle salle de réunion a été aménagée dans la grange de l'abbaye, au chevet de l'église abbatiale.

Offices : du mardi au samedi, laudes à 7h30, messe à 8h l'été et 11h45 l'hiver, milieu du jour à 12h05 (13h45 l'hiver), vêpres à 18h (18h30 l'hiver), complies et bénédiction des pèlerins à 20h30. Dimanche messe à 11h et vêpres à 17h.

Accueil : en demi-pension pour des individuels ou des groupes. Jusqu'à 97 lits répartis pour moitié en chambres à 2 à 4 lits plus quatre dortoirs. Pour des retraites, séjours habituels de 2 à 4 jours animés par des frères du prieuré.

Boutique : un grand espace librairie et artisanat monastique est ouvert tous les jours près de l'abbatiale, au-dessus du cloître, près du musée Joseph Fau, la Librairie Saint-Norbert. Carterie, livres historiques et religieux sur Conques et de très nombreux produits d'artisanat d'autres monastères de toute la France.

Visites : visites libres de l'abbatiale et du trésor et possibilité de visites guidées : s'adresser à l'office de tourisme.

OCCITANIE

ABBATIALE SAINTE-FOY ✝ ★★★

Place de L'Abbaye - **CONQUES-EN-ROUERGUE**
✆ 05 65 72 85 00 - www.tourisme-conques.fr
Tous les jours 7h-22h (22h30 haute saison). Visite guidée par l'office de tourisme avril-septembre. Tarifs 4,50€, 2,50€.

L'église abbatiale Sainte-Foy est le joyau du magnifique village de Conques, inscrit au patrimoine mondial de l'Unesco au titre des chemins de Saint-Jacques-de-Compostelle en France. Ce bourg monastique est en effet organisé autour de son église, chef-d'œuvre de l'art roman dont la construction s'étala du XIe au XIVe siècle. Le village, qui compte moins de 300 habitants permanents, est traversé par plusieurs centaines de milliers de marcheurs chaque année, en pèlerinage sur le chemin de Compostelle. Conques et son abbatiale sont, pour beaucoup d'entre eux, une étape obligatoire. En raison de sa vocation à accueillir les pèlerins et pour la présence de la relique de sainte Foy, l'abbatiale est d'ailleurs considérée comme une église de pèlerinage.

L'histoire de ce superbe édifice, qui domine de sa majesté les gorges de la rivière Dourdou, ne se raconte pas sans celle de la légende sacrée de Sainte Foy. On raconte que les restes de cette enfant martyre, assassinée pour sa foi à l'âge de 13 ans au début du IVe siècle, furent dérobés de l'église où elle reposait, à Agen, par un moine originaire de Conques en 886. Celui-ci transporta les restes sacrés jusqu'à Conques et les installa dans son abbaye. Pour certains, il n'a jamais été question d'un moine voleur, et les ossements de sainte Foy ont simplement été mis à l'abri dans l'abbaye de Conques pendant les invasions normandes du IXe siècle. Quelle que soit la raison de sa présence à Conques, la relique de sainte Foy a entraîné un afflux important de pèlerins, attirés par la multiplication supposée des miracles, et mené à une grande prospérité. Celle-ci permit d'entamer la construction de la nouvelle abbaye de Conques au milieu du XIe siècle. De grands abbés bâtisseurs se succédèrent à Sainte-Foy, qui poursuivirent la construction de l'édifice et lui apportèrent de nombreuses améliorations. Au début du XIIIe siècle, la communauté monastique de Conques connut un déclin, et l'abbaye fut menacée. Elle perdit de son rayonnement au cours des siècles suivants, fut endommagée pendant les guerres de religion et laissée à l'abandon au lendemain de la Révolution. C'est à Prosper Mérimée, qui imposa sa réhabilitation en 1837, que l'abbaye Sainte-Foy doit son salut.

Pendant votre visite, vous remarquerez que le porche est encadré par deux tours carrées et qu'il possède surtout un tympan magnifiquement ouvragé. A l'opposé, se trouve le chevet, avec son élévation de style pyramidal. De cet endroit, on domine légèrement l'édifice, ce qui permet de comparer les différentes toitures. A l'intérieur, l'enlacement des lignes pures, la hauteur et l'austérité surprennent. Au gré de votre déambulation dans l'abbaye, prêtez une attention toute particulière aux éléments suivants :

- **Le tympan**. Installé sur le portail occidental, il est considéré comme l'une des plus belles illustrations de la sculpture romaine de la première moitié du XIIe siècle. Sur 24 blocs de calcaires, répartis sur 29 tableaux, 124 personnages ont été sculptés pour composer le Jugement dernier. Placé à 3,50 m de hauteur, large de 6,70 m et haut de 3,60 m, il est dans un état de conservation tout à fait remarquable. A l'occasion des Nocturnes de Conques, manifestation culturelle annuelle, le tympan est magnifiquement mis en lumière, ses personnages illuminés semblent prendre vie et nous révèlent quelques secrets supplémentaires.
- **La nef**. Capable d'accueillir des centaines de fidèles grâce à ses dimensions importantes, elle a été construite selon un plan en croix classique. Très haute, elle marque le visiteur par sa verticalité.
- **La statue reliquaire**. C'est l'incontournable de l'abbatiale Sainte-Foy et la raison pour laquelle les pèlerins se rendent à Conques depuis le IXe siècle. Exposée dans le chœur de l'abbaye et présentée dans une rotonde, la Majesté de Sainte Foy est la pièce-maîtresse du trésor de Conques. Ce chef d'œuvre d'orfèvrerie daté des IXe et Xe siècles se présente sous la forme d'une statuette de 85 cm, grossièrement taillée dans du bois d'if et recouverte d'or, d'argent et de pierres précieuses. C'est cette œuvre qui abrite la partie la plus noble des restes de sainte Foy, le sommet de son crâne. Face à elle se presse continuellement une foule de pèlerins venus la vénérer.
- **Les vitraux**. L'église a retrouvé une partie de sa lumière originelle, sobre, grâce aux étonnants vitraux de Pierre Soulages. Cet artiste contemporain, qui fut frappé dans sa jeunesse par la vision de l'abbatiale, lui a composé des vitraux d'inspiration moderne, faits d'un verre dépoli particulier. Pour prendre pleinement la mesure de ce monument d'exception, il est nécessaire de prendre son temps. Les vitraux de Pierre Soulages donnent au fil de la journée et de la lumière du jour des teintes différentes et des atmosphères singulières. En filtrant de la sorte la lumière au fil des saisons, l'édifice change continuellement d'apparence. Il est très difficile en une simple visite d'en percevoir toutes les nuances. Ce seul aspect mérite un séjour prolongé pour réellement apprécier l'architecture de l'abbatiale et l'œuvre de Soulages.

L'abbaye Sainte-Foy se découvre en visite libre (possibilité de louer des tablettes numériques pour un parcours enrichi en visuels et explications), mais pour en percevoir tous les trésors, rien de tel que de prendre part à une visite guidée. Vous en apprendrez plus sur le tympan, la relique et les vitraux de Pierre Soulages et, selon les visites, pourrez accéder aux tribunes de l'abbatiale, à l'étage.

MONASTÈRE SAINT-SENIN-SUR-RANCE €

LAVAL-ROQUECEZIÈRE

✆ 05 65 99 60 88

Participation aux frais d'hébergement à convenir lors de votre réservation auprès des sœurs hôtelières.

Notre-Dame-d'Orient est un sanctuaire marial très ancien situé dans la vallée du Rance, aux limites du Rouergue et de l'Albigeois, dans le département de l'Aveyron. Il est établi dans un magnifique environnement de collines boisées et de rivières propices au recueillement. La communauté des bénédictines du Saint-Sacrement accueille toute personne à la recherche de retraite personnelle ou de retraite animée par un prédicateur, dans une hôtellerie de type monacal.

ABBAYE NOTRE-DAME DE BONNEVAL €

Route de l'Abbaye de Bonneval - **LE CAYROL**

✆ 05 65 44 24 49

www.abbaye-bonneval.com

Participation aux frais d'hébergement à convenir lors de votre réservation avec la sœur hôtelière.

Cette abbaye a été fondée en 1147. Sept moines venus de Mazan en Vivarais s'installèrent à Espalion avant de se fixer à 2 km du lieu-dit Boralde. Le monastère fut florissant durant des siècles. Au XVIIe siècle, il était encore choisi comme noviciat commun à quatorze abbayes. À l'abandon, après la Révolution, il fut restauré en 1875 par un groupe de moniales cisterciennes de l'abbaye de Maubec dans la Drôme. En 1927, l'église fut consacrée. Depuis 1878, les religieuses assurent leur revenus par l'exploitation d'une chocolaterie. Outre leur activité de prière, elles pratiquent également l'hospitalité monastique dans leur hôtellerie pour toute personne souhaitant un temps de solitude et de réflexion en accomplissant une retraite dans le monastère. Elles invitent leurs hôtes à partager leur liturgie des heures ainsi que la célébration de l'Eucharistie. Les sœurs peuvent aussi héberger des pèlerins en route vers Saint-Jacques-de-Compostelle.

▸ **Offices** : en français et en grégorien. Vigiles à 4h30, laudes et eucharistie à 7h30, messe à 11h le dimanche, sexte à 12h15, none à 13h15, vêpres à 1715, complies à 19h50.

▸ **Accueil** : se fait en chambres individuelles. Environ 15 lits. Les possibilités d'accueil pouvant varier, se renseigner auprès de la sœur hôtelière. Pension complète.

▸ **Boutique** : outre la large gamme de productions de la chocolaterie du monastère, la boutique propose un rayon de livres religieux ainsi que de nombreux autres produits d'artisanat monastique.

MONASTÈRE NOTRE-DAME DES DOULEURS €

3, rue Sainte-Claire

MILLAU

✆ 05 65 60 16 03

www.clarissesdemillau.fr/millau

Possibilité et conditions d'accueil à convenir avec la mère supérieure.

Ce monastère des clarisses a été fondé en 1875. Il fonda à son tour les monastères de Mazamet en 1887 et de Toulouse en 1928. La communauté compte aujourd'hui 15 sœurs d'origines diverses : d'un peu tous les coins de France, sans compter les Philippines et la République démocratique du Congo. Elles mènent une vie de travail, de partage et de relations avec leur famille spirituelle, leurs amis, leurs parents, leurs voisins et tous ceux qui viennent les visiter.

MONASTERE SAINTE-CLAIRE €

2, rue de la Berqué - **MUR-DE-BARREZ**

✆ 05 65 66 00 46 - www.steclairemur.org

Participation aux frais d'hébergement à convenir lors de votre réservation selon vos possibilités.

Sur les pentes des monts du Cantal, à 800 mètres d'altitude, le monastère de Mur-de-Barrez, situé à l'extrémité de ce bourg de 900 habitants, abrite depuis le XVIIe siècle une communauté de clarisses. De 1643 à 1791, Mur-de-Barrez était sous la souveraineté des princes de Monaco à la suite d'un échange de quelques terres d'Italie avec Louis XIII. Les clarisses s'y sont installées une première fois en 1653 puis y seront rétablies en 1868. Les clarisses de Mur-de-Barrez en Rouergue (Aveyron) vivent dans la joie et la simplicité leur vie de prière, qu'il s'agisse de louanges ou d'intercessions, de travail (fabrication d'objets religieux, icônes, ornements, mais aussi maroquinerie) et d'accueil monastique. Elles sont heureuses d'accueillir, dans les trois bâtiments annexes du monastère, des familles, personnes seules, prêtres et religieuses souhaitant se ressourcer spirituellement, se détendre dans la paix et le calme. Ceux qui le désirent peuvent partager la prière de la communauté, qui marque les étapes du jour. Pour ceux qui le désireraient, il est possible de rencontrer une sœur au parloir sur simple demande à l'une des sœurs hôtelières.

▸ **Offices** : laudes à 8h, messe à 8h30, vêpres à 18h45, complies à 21h.

▸ **Accueil** : 30 chambres de 1 à 5 lits avec bibliothèque, machine à laver, étendage au jardin, nécessaire à repasser. Les draps et les serviettes sont fournis. Vous êtes invité à prendre part au service de table à la salle à manger.

▸ **Boutique** : nombreux objets religieux, icônes, ornements, maroquinerie…

MONASTÈRE DE LA PAIX DIEU €

1064, chemin de la Cabanoule - **ANDUZE**
✆ 04 66 61 73 44
www.monastere-cabanoule.com
Participation aux frais d'hébergement à convenir lors de votre réservation.

En 1970, les cisterciennes de l'abbaye Notre-Dame des Gardes, dans le Maine-et-Loire, achetèrent une petite propriété à Cabanoule pour établir, dans ce haut lieu du protestantisme huguenot, une communauté contemplative qui se consacre également à l'accueil de personnes en recherche spirituelle. Elles reçoivent aussi de jeunes volontaires pour une semaine, un mois ou plus désirant vivre au rythme de la vie monastique par le partage de la prière et du travail des sœurs

LA GARDIOLE - ACCUEIL MONFORTAIN €

Route entre Sauve et Saint Hypolite du Fort
CONQUEYRAC ✆ 04 66 77 20 95
Tarifs variables selon l'hébergement.

Située entre Sauve et Saint-Hippolyte-du-Fort, dans le Gard, la Gardiole est une propriété installée dans un cadre champêtre de landes, terres et vignes au pied des Cévennes. Au centre un grand parc, plein de sérénité, se prête à la réflexion et à la méditation. La vue porte sur les premiers reliefs des Cévennes à la beauté un peu rude mais saisissante. Vous pourrez choisir, selon vos souhaits entre la solitude, le calme et les entretiens (sur rendez-vous) avec les Pères Missionnaires Montfortains que résident à La Gardiole. La Gardiole peut accueillir grâce à ses structures multiples aussi bien des adultes seuls que des familles ou des groupes organisés.

Offices : pour des retraites de groupes, possibilité de suivre votre propre liturgie. Sinon, vous pouvez vous joindre librement à certains offices des pères montfortains : en hiver du lundi au samedi messe à 18h30, le samedi à 11h45, le dimanche à 10h. En été du lundi au samedi messe à 11h45 (le dimanche à 10h). Une chapelle et un oratoire sont à votre disposition.

Accueil : capacité d'accueil 80 personnes environ : 18 chambres à 1, 2 ou 3 lits (sanitaires collectifs), 19 chambres à 1 ou 2 lits (sanitaires individuels), 1 pavillon indépendant avec cuisine, salon et 2 chambres ainsi que 8 appartements avec 1 ou 2 chambres. Pension complète : repas en commun dans la salle à manger. Ou indépendants dans pavillon et appartements.

Boutique : en vente à l'accueil : huile d'olive, miel, carterie…

LE MONASTERE DE SOLAN €

D144 Mas de Soulan - **LA BASTIDE-D'ENGRAS**
✆ 04 66 82 94 25 - www.monasteredesolan.com
Pour une première demande de séjour écrire au monastère. Participation aux frais à convenir lors de votre réservation.

Le monastère de Solan est un monastère orthodoxe dans le Gard. À l'origine propriété agricole, l'abbaye a gardé sa vocation. Le travail de la terre perdure ici grâce à la volonté des sœurs de Solan. Dans un corps de logis, bien restauré avec la pierre locale, un espace est réservé à la vie en communauté de ces religieuses de l'Église orthodoxe, reliées au monastère de Simonos Petra du Mont Athos. D'autres pièces sont dédiées à l'accueil du public, car ce monastère gardois, bien caché dans le creux d'un vallon, ouvre ses portes aux visiteurs. Vous pourrez vous promener autour du domaine, découvrir les champs cultivés (vignes, fruitiers, potager) au milieu d'une grande forêt méditerranéenne. Dans cet environnement naturel protégé, la prière, l'agriculture biologique et l'ouverture aux autres se répondent. La porte est ouverte à tous ceux qui souhaitent faire connaissance avec Solan, y passer un petit moment, visiter la chapelle et échanger avec les sœurs, mais également à ceux qui souhaitent venir au monastère renouveler leur ferveur dans le silence d'une retraite. Car la communauté souhaite être un foyer de prière, un foyer d'où la prière se propage. Au contact de la vie monastique, les retraitants peuvent comprendre que la rédemption est une grâce à obtenir en union avec Jésus, et que c'est avant tout la prière jointe au don total de soi-même qui permet de l'obtenir.

Offices : à la différence du monachisme occidental qui tend à célébrer chaque office à son « heure » originale, dans le monde oriental il est plus habituel de « grouper » les offices. C'est ainsi que le monastère de Solan a quatre moments de prière dans la journée.Ce programme change selon les temps liturgiques (carême, grandes fêtes…). Il est également adapté lors des grands travaux viticoles. Le dimanche, pour permettre à ceux qui le souhaitent de se joindre à elles, les moniales célèbrent les matines à 7h puis la divine liturgie à 9h15, et les vêpres à 17h.

Accueil : ce monastère ne souhaite pas publier ses capacités et conditions d'accueil. Il demande que, pour une demande de séjour, l'on s'adresse directement à lui soit par écrit, soit par fax, soit par téléphone.

Boutique : librairie et vente des produits du domaine (vins issus de l'agriculture biologique) de mai à août de 11h à 18h et de septembre à avril de 11h à 17h.

Visites : visites accompagnées de la chapelle le dimanche à 15h et 16h, du mardi au samedi à 11h30, 15h et 16h. N'hésitez pas à appeler pour en savoir plus, et à vous laisser guider pour une courte visite de cette belle chapelle.

MAISON DIOCÉSAINE DE NÎMES €

6, rue Salomon Reinach - **NÎMES** ✆ 04 66 84 95 11
www.maison-diocesaine30.fr

Les tarifs étant différents selon les types d'hébergement, il est nécessaire de se renseigner par téléphone ou mail.

La Maison Diocésaine de Nîmes permet d'accueillir individus ou groupes dans un cadre simple et de qualité. Et ceci pour des séjours de vacances comme pour des sessions et retraites spirituelles déjà organisées ou en toute indépendance. Toutes les chambres donnent sur le vaste parc qui entoure la Maison (ancien séminaire diocésain), ce qui assure à chacun une vue apaisante et le plus grand calme. Sa grande chapelle peut accueillir 150 personnes. L'oratoire sera plus adapté pour réunir jusqu'à une quarantaine de personnes. Vous pouvez les utiliser pour vos offices, la sacristie étant mise à disposition des célébrants.

Offices : pas d'office réguliers. La chapelle et l'oratoire sont à la disposition des retraitants isolés ou en groupe organisé qui peuvent y célébrer leur propre liturgie.

Accueil : capacité totale de 70 lits, au premier étage avec ascenseur. Différents types de chambres avec salle de bains et toilettes offrant un hébergement simple mais de qualité adapté au nombre et au choix de ses hôtes. Ainsi, 20 chambres doubles à 2 lits, 1 chambre à 4 lits, 3 chambres triples ainsi que 3 duplex avec mezzanine aménagés avec kitchenette (plaques chauffantes, micro-ondes, réfrigérateur, couverts…), salle de bains qui peuvent accueillir 2 à 8 personnes. Un service de restauration est proposé dans la maison qui fait appel aux services d'un traiteur. Grande salle à manger lumineuse (réservation 48h à l'avance). Possibilité de séjours en pension et demi-pension pour les groupes.

MONASTÈRE SAINTE-CLAIRE €

34, rue de Brunswick - **NÎMES**
✆ 04 66 26 66 76
www.monastic-euro.org

Contacter la mère supérieure pour connaître les conditions d'accueil et de participation aux frais d'hébergement.

Fondé en 1240, du vivant de sainte Claire, par la communauté des Pauvres Dames de Saint-Damien, le monastère a été détruit pendant les guerres de religion. Les clarisses n'y revinrent qu'en 1891. Le monastère accueille toute personne adulte désirant faire une halte spirituelle dans un lieu silencieux et calme avec les avantages d'une situation en ville. Toutefois il n'a pas de service d'hôtellerie, seulement un service d'accueil monastique. C'est pourquoi vous êtes invités à participer aux tâches domestiques tout autant qu'à partager la liturgie des moniales.

ABBAYE DE SYLVANÈS ✝

SYLVANÈS
✆ 05 65 98 20 20
www.sylvanes.com

Visites guidées organisées pendant l'été. Le restant de l'année sur réservation. Visites libres en hiver.

Fondée par les compagnons de saint Bernard, l'abbaye de Sylvanès est la première abbaye cistercienne construite en Rouergue au XIIe siècle. Les moines en seront chassés à la Révolution. Elle a conservé la moitié de ses bâtiments : l'église abbatiale qui marque le passage de l'art roman à l'art gothique méridional, le cloître sur croisées d'ogives, ancienne sacristie et scriptorium. Classée aux Monuments historiques en 1854, l'abbaye a été rachetée par la commune en 1970. Il y a plus de trente cinq ans, sous l'impulsion de l'association des Amis de l'abbaye de Sylvanès, menée par le frère André Gouzes, un dominicain, et Michel Wolkowitski, et en partenariat avec l'ensemble des pouvoirs publics et des mécènes privés, l'abbaye qui était abandonnée et en grande partie ruinée, a pu être restaurée et réhabilitée. Aujourd'hui l'abbaye propose d'importantes rencontres culturelles, spirituelles et musicales : un festival international de musiques sacrées, un programme de recherches, de formations et de créations au service de la liturgie des arts sacrés, des actions de formation, de productions et de diffusions dans les domaines de la musique vocale, du théâtre, de la danse et des arts picturaux (école d'iconographie et de fresque murale). Des colloques, rencontres et séminaires sur la culture et le dialogue œcuménique et interreligieux y sont organisés. L'abbaye est également un site expérimental d'éducation artistique qui organise classes patrimoines, culturelles et artistiques pour les enfants et les jeunes.

CARMEL DU SACRÉ COEUR €

7, avenue Louis Alteirac - **UZÈS** ✆ 04 66 22 10 62
http://carmel-uzes.fr

Conditions d'accueil et participation aux frais d'hebergement à convenir avec la mère supérieure.

Ce monastère de carmélites a été fondé en 1871. De 1901 à 1909, sa communauté a traversé une période très précaire. C'est pourquoi à la suite de la loi sur les congrégations, une partie de la communauté s'est exilée à Malte. Mais en 1909, elle put se réunir à nouveau à Nîmes et les vocations se présentèrent. Ce Carmel du Sacré-Cœur à Uzès a toujours gardé un cachet de pauvreté entretenu par ses moniales comme un trésor de vie. Les sœurs reçoivent en accueil de type monastique les familles des moniales ainsi que toute personne désirant approfondir une vocation.

ABBAYE SAINTE MARIE DU DÉSERT €

Sainte-Marie
BELLEGARDE-SAINTE-MARIE
✆ 05 62 13 45 43
abbayedudesert.fr
A partir de 52 € par chambre. Réservations sur le site Internet.

L'abbaye Sainte Marie du Désert est située à 35 km de Toulouse. Les moines cisterciens-trappistes ont fondé l'abbaye il y a plus de 150 ans. La communauté a transmis l'abbaye au Village de François qui s'y est installé le 4 octobre 2020. Le Village de François développe et anime des lieux de vie partagée innovants qui rassemblent des personnes fragiles et leurs accompagnateurs, autour de trois axes : le vivre-ensemble, l'activité économique et l'écologie intégrale. Familles, jeunes, célibataires, parent isolé, personnes en situation d'exclusion, de handicap, de souffrance psychologique, retraité isolé ou en difficulté, migrant… Le Village croit en la mixité comme une richesse, et s'adresse aux plus «cabossés» de la société, et les accueille sans distinction. Leur credo : apporter un cadre sécurisant et bienveillant, respectueux de chacun, dans une approche écologique intégrale. Créer et développer des entreprises au service d'une économie au sein de laquelle les plus fragiles ont toute leur place. L'objectif est de permettre l'épanouissement de chacun grâce à des relations de qualité, et à un travail où chacun peut trouver du sens. La communauté est impliquée dans de nombreux projets de développement dans les environs. Elle a en outre repris l'activité d'accueil laissée par les frères, et gère l'hôtellerie pour laquelle vous pouvez réserver en ligne.

Repos, vacances, séminaire de travail ou fête familiale, les gérants vous accompagnent dans la création d'évènements sur mesure.

CARMEL LA COMBE SAINTE-MARIE €

67, chemin de la Combe - **MURET**
✆ 05 61 51 03 67
carmeldemuret.fr
Participation aux frais d'hebergement à convenir lors de votre réservation avec le carmel.

Mère Isabelle des Anges, disciple de sainte Thérèse d'Avila, fonda le 4 juin 1616 le onzième carmel de France à Toulouse. En 1622, Louis XIII posa la première pierre de la chapelle dédiée à sainte Thérèse. Après les affres de la Révolution, en 1817, la communauté se reconstitua dans une autre maison de Toulouse. Après les lois anticléricales de 1901, le carmel s'exila en Espagne. Enfin, en 1962, ce carmel s'éloigna jusqu'à Muret où les moniales résident actuellement.

MAISON DIOCÉSAINE DU CHRIST-ROI €

28, rue de l'Aude - **TOULOUSE**
✆ 05 62 71 95 00
www.toulouse.catholique.fr
Pèlerins 6 lits à 12 € par nuitée. Sinon chambres à partir de 30 €. Petit déjeuner 4 €, repas 10 €.

Ouverte 7 jours sur 7, la Maison diocésaine du Christ-Roi regroupe sur un grand terrain de 4 hectares la plupart des services diocésains et plusieurs mouvements d'Eglise. Elle permet d'accueillir également des personnes seules (pèlerins de Saint-Jacques…) et des groupes pour des haltes spirituelles, des formations ou autres rassemblements dans un cadre agréable offrant sur place tous les services nécessaires : hébergement, restauration, grande chapelle, salles de réunion…

MONASTÈRE SAINTE CLAIRE ✝

216, avenue de Saint Exupery
TOULOUSE
✆ 05 61 20 43 05
Conditions d'accueil et de participation aux frais à convenir lors de votre réservation.

Les clarisses, dont le monastère a été fondé en 1926 par le père Aloys, capucin, avec mère Marie des Douleurs, abbesse de Millau, vivent dans le quartier Montaudran, qui est leur actuelle implantation. Construit en 1934, bombardé en 1944, il fut en partie détruit. La communauté fut provisoirement accueillie par les bénédictines du Saint-Sacrement au mas Grenier près de Montauban. Elles réintégreront leur monastère de Toulouse en 1945 après qu'il aura été restauré en partie par des prisonniers allemands, dont certains deviendront des amis. Elles accueillent pour des retraites des groupes pour une demi-journée ou la journée entière dans leur salle Sainte-Agnès-de-Prague et aussi quelques femmes en nombre limité (deux ou trois au maximum) en accueil monacal.

- **Office :** chapelle ouverte de 6h à 20h tous les jours pour prier en silence. Messe en semaine à 7h, le dimanche à 8h. En semaine laudes à 6h30 ; tierce à 7h45 ; sexte à 11h20 ; milieu du jour à 14h ; vêpres à 17h suivies de l'adoration eucharistique jusqu'à 18h30 ; complies à 19h40. Le jeudi : adoration eucharistique de 8h30 à 11h20.
- **Accueil :** capacité de 80 personnes. Sanitaires. Coin cuisine avec point d'eau à disposition, possibilité de réchauffer, de garder au frais. Un grand jardin à proximité immédiate avec prairie et bosquet. Les personnes à mobilité réduite sont les bienvenues : tous les locaux sont de plain-pied et accessibles.

MIRACLES DE LOURDES

HISTOIRE DES APPARITIONS

Nous voici au beau milieu du XIXe siècle, Napoléon III règne sur une France en pleine mutation sociale et économique. Lourdes est alors une petite ville tranquille comptant 400 âmes (14 000 aujourd'hui). Depuis 1844, Monseigneur Laurence est évêque du diocèse de Tarbes et en 1855, l'abbé Peyramale devient curé de Lourdes.

C'est dans le moulin de Boly que va naître Bernadette Soubirous le 7 janvier 1844. Elle vivra dix ans dans ce lieu qu'elle appela « le moulin du bonheur ». A partir de 1854, des événements vont bouleverser la quiétude de la famille Soubirous. Le père est tout d'abord victime d'un accident de travail durant lequel il perd un œil puis il est accusé, à tort, d'avoir volé deux sacs de farine. La sécheresse ne tarde pas non plus à réduire les meuniers au chômage, situation aggravée par une période de révolution industrielle suivie du choléra qui touche un grand nombre de personnes, dont Bernadette Soubirous. La famille est réduite à la misère. En 1857, elle s'installe dans une pièce de quelques mètres carrés, appelée « cachot ». Au village, Bernadette est montrée du doigt comme la fille d'un voleur habitant une ancienne prison désaffectée. A l'église, elle n'est pas admise à communier. En effet, malgré ses quatorze ans, elle ne sait ni lire, ni écrire et ne connaît pas le catéchisme qui s'apprenait à cette époque en français alors qu'elle ne parlait que le patois de Lourdes.

En 1857, l'ancienne nourrice de Bernadette propose à la famille que leur fille aînée se rende à Bartrès, non loin de là, pour travailler comme employée de ferme. En 1858, Bernadette revient au « cachot ». Au cours de cette même année, du 11 février au 16 juillet, Bernadette bénéficie de 18 apparitions de la Vierge Marie. La première apparition de Notre-Dame se déroule alors que l'adolescente ramasse du bois en forêt. Arrivant devant la grotte de Massabielle, alors qu'elle hésite à traverser l'eau glacée du canal, Bernadette entend un bruit comme un « coup de vent » alors qu'aucun arbre ne frémit. Levant la tête, elle voit une jeune fille vêtue de blanc qui la regarde et lui sourit.

Lors des sept premières apparitions, Bernadette montre un visage rayonnant de bonheur. Durant les quatre autres qui suivirent la jeune fille devient triste et ses gestes sont incompréhensibles. Elle marche à genou jusqu'au fond de la grotte. Elle en embrasse le sol sale, le grattant pour essayer d'en boire l'eau boueuse. De cette boue, elle se barbouille le visage. Devant la foule qui la prend pour une folle, elle écarte les bras. Personne ne comprenait et cependant nous étions au cœur même du « Message de Lourdes » car comme le lui avait demandé Marie, Bernadette mimait l'incarnation, la passion et la mort du Christ. La neuvième apparition laisse une source claire jaillir au fond de la grotte. Lors de la treizième apparition, la Vierge demanda à Bernadette d'aller dire au prêtre qu'on bâtisse à cet endroit même une chapelle et qu'on y vienne en procession. Sur l'initiative de l'abbé Peyramale, le 25 mars 1858, jour de la seizième apparition, Bernadette se rend à la grotte et demande à la dame son nom. En bigourdan, la Vierge lui répond : « Je suis l'Immaculée Conception ». Ne comprenant pas le sens de ses paroles, la jeune fille les transmet au curé de Lourdes qui, lui, comprend aussitôt que c'est la Mère de Dieu qui apparaît. De 1858 à 1862, l'évêque de Tarbes mène une enquête minutieuse.

Le 18 janvier 1862, il rend son jugement : « Nous jugeons que l'Immaculée Marie, Mère de Dieu, est réellement apparue à Bernadette Soubirous, le 11 février 1858 et les jours suivants, au nombre de dix-huit fois dans la grotte de Massabielle, près de la ville de Lourdes ; que cette apparition revêt tous les caractères de la vérité et que les fidèles sont fondés à la croire certaine. Nous soumettons humblement notre jugement à celui du souverain pontife qui est chargé de gouverner l'église universelle ».

Le pèlerinage est alors fondé. Les quelques pèlerins du début sont aujourd'hui des millions en provenance des cinq continents, ce qui en fait le second lieu de catholicité du monde après Rome. Les malades affluent depuis la guérison miraculeuse de Catherine Latapie, le 1er mars 1858. En juillet 1866, Bernadette quitte Lourdes pour Nevers où elle devient religieuse chez les sœurs de la Charité et de l'instruction chrétienne de Nevers. Elle y décède en 1879. Elle fut béatifiée par le pape Pie XI en juin 1925 puis canonisée par le même pape en décembre 1933. Son corps est conservé dans une châsse située dans la chapelle du couvent Saint-Gildard de Nevers.

PRIEURÉ NOTRE-DAME DES NEIGES €

12, rue de la Châtaigneraie - **LALOUBÈRE**
✆ 05 62 51 80 60
www.prieure-tarbes.com
Participation aux frais d'hébergement à convenir lors de votre réservation selon vos possibilités.

Dans les années 1980, une communauté de frères prémontrés s'est constituée en Béarn, dans le diocèse de Bayonne. En 1998, ils s'installent à Tarbes où les carmélites, trop peu nombreuses, doivent quitter leur monastère. Ce prieuré abrite également un foyer pour étudiants. Il accueille aussi des groupes, familles ou individus pour un temps de ressourcement spirituel ou de retraite grâce à son hôtellerie. Il est possible de se faire accompagner par un frère durant ce séjour.

CARMEL €

17, route de Pau
LOURDES
✆ 05 62 94 26 67
Possibilité et conditions d'accueil à convenir avec la mère supérieure.

Le monastère des sœurs carmélites de Lourdes, fondé en 1876, se trouve face à la Grotte, de l'autre côté du Gave. Vous pouvez y accéder par la porte de la Prairie et par la route de Pau pour un temps de recueillement à la chapelle et partager le silence et la prière des religieuses. Pas d'hébergement sur place sauf pour des jeunes filles en recherche de vocation. Un petit magasin à l'entrée du monastère propose les fruits du travail des sœurs. Chocolats, biscuits et autres douceurs, mais aussi de la poterie. Une jolie collection.

CENTRE SPIRITUEL D'ACCUEIL ASSOMPTION €

21, avenue Antoine Béguère
LOURDES
✆ 05 62 94 37 34
www.assomption-lourdes.com
Frais selon vos moyens et la formule choisie.

Le Centre spirituel de l'Assomption accueille toute l'année, sauf en janvier, toute personne souhaitant prendre un temps de retraite, seule ou en sessions organisées (programme sur le site Internet ou envoyé sur demande). La maison est animée par des religieuses de l'Assomption et des laïcs avec possibilité de participer à la liturgie de la communauté. Ceux qui le souhaitent peuvent être aidés par un accompagnement spirituel. Des groupes déjà organisés sont les bienvenus.

FOYER FAMILIAL €

2, avenue Saint Joseph
LOURDES
✆ 05 62 94 07 51
www.dominicaines-lourdes.com
Tarifs sur demande. Exemple chambre individuelle demi-pension 37 € par personne.

A Lourdes, ce Foyer familial est animé par les sœurs de la Charité dominicaines de la Présentation. Outre son rôle d'hébergement, le Foyer est aussi un lieu d'écoute, de partage, de rencontre, de soutien dans la démarche de pèlerinage où chacun peut témoigner de sa foi ou être témoin de l'action du Seigneur à travers Marie. Il est adapté pour recevoir aussi bien des personnes seules que des familles et des groupes voulant séjourner dans la Cité mariale. Le Foyer familial accueille également les pèlerins qui suivent le chemin de Saint-Jacques-de-Compostelle.

MONASTÈRE DE LA VISITATION €

20, avenue Antoine Béguère - **LOURDES**
✆ 05 62 94 11 68
vistation-lourdes.webnode.fr
Participation aux frais d'hébergement à convenir lors de votre réservation.

La communauté reçoit en clôture des jeunes filles désireuses de faire une retraite spirituelle ou de discernement, et également hors clôture dans quelques chambres, pour les membres des famille des sœurs et pour d'éventuels pèlerins, auxquels la maison offre gracieusement le petit déjeuner. Les hôtes sont invités à participer à l'Eucharistie et aux offices. Depuis la fondation du monastère, les moniales fabriquent des hosties pour les sanctuaires, les communautés et les paroisses.

MONASTÈRE DES DOMINICAINES €

Avenue Jean Prat
LOURDES
✆ 05 62 46 33 30
Participation aux frais d'hébergement à convenir lors de votre réservation selon vos possibilités.

Un groupe de moniales du monastère de Mauléon au Pays basque fit l'achat d'une propriété située sur une colline dominant le Gave, à 600 m à vol d'oiseau de la Grotte, pour y bâtir un monastère où elles résident depuis 1889. Celui-ci bénéficie d'un cadre qui favorise le silence et la contemplation que les sœurs partagent volontiers avec des hôtes désirant séjourner au monastère pour un temps de retraite, de ressourcement et de vacances en famille.

SANCTUAIRE NOTRE-DAME-DE-LOURDES ★★★

1, avenue Monseigneur-Théas
LOURDES
✆ 05 62 42 78 78
www.lourdes-france.org
Accès libre. Tenue décente demandée.

C'est un site vraiment unique. Pas un lieu de retraite à proprement parler, mais un lieu de pèlerinage. Espace de foi, de mission et de rassemblement international, Lourdes parle à tous. Ici, on dit les Sanctuaires pour désigner l'espace spirituel et cultuel de Lourdes. Précisément : les Sanctuaires Notre-Dame de Lourdes. Ce territoire privé de 52 ha environne la grotte de Massabielle où la Vierge serait apparue, en 1858 et par 18 fois, à Bernadette Soubirous. Enserrés dans une boucle du tumultueux Gave, au pied de la ville haute et de son château, les Sanctuaires sont ouverts tous les jours de l'année, 24h/24, même si la saison des pèlerinages de groupe se concentre d'avril à octobre. Lourdes c'est une ambiance. Les boutiques alignées à l'orée des Sanctuaires débordent jusque sur les trottoirs de médailles à quelques centimes d'euros, de statuettes de la Vierge, de chapelets de pacotille, de jolies petites bouteilles à remplir d'eau de Lourdes... Convergeant vers les portes des Sanctuaires, c'est le défilé des groupes, derrière leur bannière de pèlerinage et le défilé des hospitaliers (bénévoles) avec leur uniforme à coiffe et couleur, du moins pour les femmes, poussant les malades dans ces voiturettes bleues typiques de Lourdes. Mais on retient le côté bon enfant et cosmopolite, comme une parenthèse atypique à l'heure de l'uniformisation... On sait que Lourdes, avec près de 200 hôtels et 33 000 lits, est la seconde ville hôtelière de France, derrière Paris et devant Nice.

LES CHAPELAINS

La communauté des chapelains est composée de prêtres diocésains et de religieux. Le recteur en est le supérieur. Certains sont des prêtres diocésains, d'autres appartiennent à des congrégations religieuses telles que la congrégation des Missionnaires de l'Immaculée Conception de Lourdes, la congrégation des Missionnaires Oblats de Marie Immaculée. Leurs activités concernent la catéchèse et la formation au Message de Lourdes, l'animation et la présidence des célébrations, l'accueil des personnes, la célébration des Sacrements de la Réconciliation, de l'eucharistie et de l'onction des malades, la responsabilité de services spécifiques et l'animation de commissions.

LE VILLAGE DES JEUNES €

Rue Monseigneur Rodhain
LOURDES
✆ 05 62 42 82 59
Tarifs détaillés par renseignements téléphoniques ou par courriel lors de votre réservation.

Sur un terrain de quinze hectares de verdure, un lieu d'hébergement est proposé aux jeunes pendant la saison de mars à fin octobre dans le domaine des sanctuaires. L'accueil est géré par une équipe de permanents avec la possibilité d'y prendre ses repas et d'y loger, soit dans des bâtiments prévus pour accueillir 350 personnes en chambre ou dortoir, soit sous tente jusqu'à avec plus de 2 000 places de camping. Tout l'équipement est proposé : Wifi, machines à laver, réserves froides... On y accueille les pèlerins, mais aussi les familles et individuels en retraite.

ABBAYE NOTRE-DAME DE TOURNAY ✞

18, avenue de Toulouse - **TOURNAY**
✆ 05 62 35 28 43
www.abbaye-tournay.com
Pas de prix fixe imposé mais un minimum de 30 € (nuitée, petit déjeuner et deux repas). Réservation impérative.

Cette abbaye bénédictine a été créée en 1951 pour accueillir la communauté monastique de Madiran, trop à l'étroit au prieuré. Si le bâtiment n'a pas d'architecture historique, son esthétisme en pierres et sa modernité en font un superbe édifice avec une église et un cadre verdoyant propice à l'apaisement. Les moines prient en célébrant les offices religieux et l'eucharistie, s'adonnent à la lecture de la Bible et travaillent. Depuis 40 ans, ils se sont spécialisés dans la fabrication artisanale de pâtes de fruit, en cherchant à faire ressortir le goût authentique des fruits utilisés et même des fleurs avec des spécialités au jasmin et à la lavande ! Une production qui ne comporte que des produits naturels, sans colorants ou conservateurs. Une création phare a contribué à la réputation de ces gourmandises : le Pavé de l'Abbaye. Ces petits cubes de pâtes de fruits délicatement enrobés d'une fine couche de chocolat noir sont excellents et bien d'autres produits issus de l'artisanat monastique sont en vente au magasin. Des nuitées sont possibles, dans l'esprit associatif de la communauté, c'est-à-dire dans le but d'un séjour spirituel avec une dimension de silence et de foi. Les hôtes peuvent rester d'une journée jusqu'à une semaine au maximum. Ils sont conviés à partager la liturgie des moines et peuvent demander l'aide d'un frère. Le monastère organise aussi en cours d'année des retraites, des sessions, des récollections, des initiations à la lecture de la Bible.

La basilique de l'Immaculée Conception - Lourdes.

© PHOVOIR

CARMEL LES BUISSONNETS €

1133, rue Pioch-de-Boutonnet - **MONTPELLIER**
✆ 04 67 63 31 82
www.carmel.asso.fr/Montpellier.html
Conditions d'accueil et participation aux frais d'hébergement à convenir avec la mère supérieure.

Fondée en 1837, la communauté dut s'exiler en Belgique à la suite des lois anticléricales de 1901. Elle revint en France en octobre 1919, à l'abbaye du Vignogoul, près de Pignan, non loin de Montpellier. C'est en 1927 que cette communauté déménagea pour son monastère actuel. Aujourd'hui les sœurs vivent de leur travail de biscuiterie, de fabrication de cire, de broderies et de vêtements liturgiques. Elles accueillent, avec quelques chambres seulement et pour de courts séjours, des personnes souhaitant faire une retraite ou prendre un court temps de réflexion.

CARMEL SAINT-JOSEPH €

2, Gand chemin du Val de Gelonne
SAINT-GUILHEM-LE-DÉSERT
✆ 06 62 93 11 74
Tarifs ou participation aux frais variables selon les types et lieux de séjour.

Dans un cadre exceptionnel, à Saint-Guilhem-le-Désert, étape importante sur le chemin de Saint-Jacques et l'un des Plus Beaux Villages de France, les sœurs carmélites offrent plusieurs types de séjours : l'accueil des pèlerins ne se fait pas au carmel mais à la Maison Saint-Elie, dans la fameuse rue du Bout-du-Monde. Dans ce lieu apaisant, on accueille non seulement les pèlerins en chemin vers Saint-Jacques-de-Compostelle mais aussi des personnes individuelles, des groupes ou des familles en quête de spiritualité et de quiétude.

COMMUNAUTÉ DE LA TRANSFIGURATION €

751, route de Cécélès
SAINT-MATHIEU-DE-TRÉVIERS ✆ 04 67 55 20 62
http://dom.tourelles.free.fr
Participation aux frais d'hébergement à convenir avec la sœur hôtelière selon vos possibilités. 40 personnes max.

Près du pic Saint- Loup, le couvent des Tourelles a été construit en 1971, à la demande des sœurs dominicaines résidant alors à Montpellier. Le couvent est inscrit sur la liste des sites à visiter lors des journées du patrimoine et les sœurs de la communauté espèrent obtenir le label « Patrimoine du XXe siècle ». Elles peuvent y accueillir des groupes ou des personnes seules, pour un temps de retraite, de réflexion pendant une journée, un week-end ou quelques jours.

SANCTUAIRE SAINT-JOSEPH DE MONT-ROUGE

20, rue du Château d'Eau
PUIMISSON
✆ 04 67 36 07 85
Tarifs variables selon le type d'hébergement.

Après avoir longuement réfléchi et pris conseil auprès du Padre Pio et de Marthe Robin, le père René Granier a accepté de patienter avant de fonder son œuvre. Mais en arrivant à Puimisson, où il était nommé curé, et en voyant la colline de Mont-Rouge, il comprit que ce serait là que s'élèverait le sanctuaire Saint-Joseph. Le prêtre, aidé par ses paroissiens, porta, du sommet de l'église de la commune jusqu'à celui de la colline, une statue de saint Joseph. À partir de 1966, un domaine se constitua et les pèlerins affluèrent. La chapelle sera construite en 1970, la première maison d'accueil des pèlerins et des retraitants en 1977, le pavillon Notre-Dame en 1982, le vaste abri des pèlerins en 1994 et, en 2004, fut achevé le projet Padre Pio : une maison qui offre 20 chambres supplémentaires avec tout le confort. La statue de bois de János Horváth a été bénie par le pape Paul VI en 1972. Saint-Joseph de Mont-Rouge est aujourd'hui un centre de pèlerinage et un lieu de ressourcement spirituel pour retraites, récollections, sessions et séminaires. Par sa situation, il offre au visiteur un climat de silence, de recueillement et de paix propice à la prière, à la méditation et au renouveau spirituel. Le sanctuaire est animé par une équipe de prêtres et de laïcs et religieuses de la Famille Saint-Joseph. L'abri du pèlerin (1 200 m²) est une salle polyvalente de 600 à 800 places assises : salle de conférence et audiovisuelle de 140 places assises, vaste abri pour pique-niqueurs, réunions de jeunes. Le sanctuaire dispose aussi de plusieurs lieux de prière : la chapelle du sanctuaire, l'oratoire Bethléem et deux autres oratoires. La maison d'accueil est ouverte à toute personne qui désire passer quelques jours dans la prière, le repos, la solitude ou la vie fraternelle ainsi qu'aux groupes qui viennent avec leur aumônerie ou prédicateur pour une retraite, une récollection ou simplement un pèlerinage. Offices : horaires des messes à 12h (sauf mercredi à 17h et dimanche à 11h). Autres horaires : vigiles samedi soir à 20h15 (5h30 en semaine), adoration à 6h30 (toute la journée en semaine), laudes à 7h30 (même horaire en semaine), eucharistie à 11h, chapelet à 17h (11h30 à l'église le samedi et 12h à l'église le mercredi), office des vêpres à 17h30 (18h en semaine). Accueil : capacité totale 120 personnes avec une soixantaine de chambres à un lit ou doubles plus un ermitage indépendant en forêt pour groupes. 4 salles de conférence. Grand parc de 6 ha.

© DENIS VANDEWALLE

CATHÉDRALE SAINT-ÉTIENNE ★★★

Place Jean-Jaques-Chapou - **CAHORS**

La cathédrale et son cloître se visitent chaque jour de 9h à 19h.

Classée au titre des Monuments Historiques, la cathédrale Saint-Etienne est l'une des plus anciennes de France : elle a fêté ses 900 ans en 2019. Depuis cet anniversaire, elle est éclairée chaque soir par des jeux de lumière éblouissants. Ils dévoilent la grandeur de son architecture, mêlant les styles roman, gothique et byzantin, et rendent hommage aux bâtisseurs qui ont contribué à sa construction. Il est à noter qu'elle est l'un des rares édifices religieux français ayant deux immenses coupoles de 16 m de diamètre, et dont le point culminant est à 32 m de hauteur. Surtout, la cathédrale Saint-Etienne de Cahors abrite la Sainte-Coiffe, l'un des linges ayant servi lors de l'ensevelissement du Christ. De ce fait, elle est bien connue des pèlerins, puisqu'elle est inscrite au Patrimoine mondial de l'Unesco depuis 1998 au titre des chemins de Saint-Jacques-de-Compostelle. La fameuse relique mortuaire est visible dans la chapelle Saint-Gausbert sur réservation.

Le maître-autel fait l'objet de nombreuses questions. Consacré en 1119 par le pape Calixte II, il est enlevé par bateau par le vicomte de Gourdon, l'un des chefs huguenots, en 1580, et aurait coulé sans jamais être retrouvé ! En 2013, des vitraux modernes conçus par l'artiste Gérard Collin-Thiébaud et le maître verrier Pierre-Alain Parot sont installés dans la nef. L'orgue, les peintures et les nombreuses chapelles qui l'entourent participent à la majestuosité du lieu. Le cloître, inachevé, est de toute beauté et forme un ensemble gothique flamboyant. A ne pas manquer.

LE GRAND COUVENT** €

33, rue Louis Mazet - **GRAMAT** ✆ 05 65 38 73 29
www.grandcouventgramat.fr

43€/pers, 75€/2 pers. Demi-pension. Tarif réduit pèlerins. Dortoir 12€ (demi-pension 30€). Repas 14-22€. Chambres PMR.

Le Grand Couvent de Gramat est la maison mère des sœurs de Notre-Dame du Calvaire. Le domaine religieux s'étend sur 9 hectares entièrement clôturé sur le principe de l'enclos monastique, comprenant notamment une grande prairie, un arborétum, un verger d'arbres fruitiers ainsi qu'un jardin de plantes aromatiques. Un chemin de ceinture en fait le tour : chemin de croix du couvent qui aboutit à un impressionnant Calvaire. Depuis de longues années, la congrégation proposait un accueil aux personnes, familles, amis, groupes divers de jeunes ou d'adultes qui cherchaient un lieu de ressourcement humain et spirituel. Fin 2015, la congrégation a confié à l'association Le Grand Couvent, constituée de religieuses et de laïcs, la mission de développer et d'organiser cette activité de séjour. Au sein même du couvent et de son parc arboré, les chambres du Grand Couvent offrent une capacité d'accueil importante et un lieu de repos confortable.

▸ **Offices :** vous pouvez vous joindre à la liturgie des sœurs à l'oratoire du 1er étage : laudes à 8h (sauf dimanche), Eucharistie à 17h30, vêpres à 18h45. Messes dominicales à Rocamadour et Gramat à 11h.

▸ **Accueil :** capacité de 60 lits. Chambres individuelles, à deux, quatre, cinq ou six lits, pour personnes seules, couples ou familles.Toutes les chambres disposent d'une salle d'eau et de toilettes privatives. 7 chambres sont accessibles et équipées pour recevoir des PMR. Plusieurs formules d'hébergement et de restauration sont possibles : nuitée + petit déjeuner, demi-pension ou pension complète.

L'OUSTAL €

33, rue Louis Mazet - **GRAMAT**
✆ 05 65 38 73 29
www.grandcouventgramat.fr

Les tarifs peu élevés sont particulièrement adaptés à l'accueil de pèlerins ou de groupes de jeunes.

Cet établissement, situé dans l'enceinte du couvent, est entouré d'espaces verts permettant moments de détente et de réflexion ainsi que la pratique d'activités de pleine nature. Précisons qu'il est titulaire d'un agrément Jeunesse et Sports et Éducation Nationale, et plus particulièrement conçu pour accueillir des groupes d'enfants, d'adolescents ou d'adultes. Il est également géré par l'association Grand Couvent comprenant des religieuses des sœurs de Notre-Dame du Calvaire et des laïcs. Il est un lieu idéal à la réflexion et au retour sur soi.

LE CANTOU

Rue de la Mercerie
ROCAMADOUR
✆ 05 65 33 73 69

Le Cantou est ouvert du 1er mars au 15 décembre.

Sur la variante Rocamadour des chemins de Saint-Jacques, situé au pied du sanctuaire, cet accueil chrétien appartient à la congrégation des sœurs de Notre-Dame du Calvaire de Gramat-Rocamadour. Les Sœurs de Notre Dame du Calvaire retrouvent leurs racines dans la Maison Mère de Gramat, berceau de la Congrégation, auprès du Bienheureux Père Bonhomme et des fondatrices, Hortense Pradel (Mère Thérèse) et sa sœur Adèle. La congrégation est fondée le 15 octobre 1833 pour s'occuper des malades à domicile et des œuvres paroissiales, les premières religieuses de la communauté appelées à l'origine sœurs de la Présentation de la Vierge se multiplient rapidement et ouvrent plusieurs écoles paroissiales dans les zones rurales du diocèse de Cahors. La construction de la maison-mère est entreprise à Gramat en 1883. L'institut obtient le décret de louange le 8 mars 1911 et la congrégation est finalement approuvée par le Saint-Siège le 27 décembre 1927. La congrégation ne cesse de se développer en France, puis des sœurs sont parties en Amérique latine ; 1906 au Brésil et 1907 en Argentine ; en Afrique : 1959 en Côte d'Ivoire, 1991 en Guinée Conakry et 2007 au Burkina Fasso. Elles se sont installées en Asie : 1999 aux Philippines et 2009 au Vietnam. La congrégation met à disposition la maison du Cantou dans le but d'accueillir des pèlerins de tous horizons, cultures, langues avec des projets divers, ou aussi d'accueillir des sœurs de toutes les congrégations pour un temps de désert, de repos, de ressourcement et des laïcs qui ne sont pas forcément des pèlerins. Le Cantou est situé au cœur du sanctuaire de Rocamadour, dans un lieu calme, propice au recueillement et bénéficiant d'une vue exceptionnelle sur le site. Les sœurs de la communauté participent à la vie du sanctuaire et vous invitent aussi à partager leur temps de prière et des temps de rencontres.

Les offices sont ceux du sanctuaire de Rocamadour. En ce qui concerne l'accueil, le lieu offre une capacité d'hébergement de 14 places avec 7 chambres individuelles, 1 chambre double et 1 dortoir de 6 places (3 douches, 3 WC). Il n'y a pas de service de restauration prévu, mais une cuisine équipée est mise à disposition des personnes accueillies, des pique-niques à emporter sont proposés aux pèlerins. L'accueil et l'hébergement sont assurés par trois sœurs : sœur Jacqueline, sœur Marie-Jeanne et sœur Marie-France, aidées par un hospitalier. L'accueil des pèlerins se fait à partir de 15h. Les chambres ou le dortoir doivent être libérés avant 8h30 pour le bon fonctionnement de l'établissement.

SANCTUAIRE NOTRE-DAME DE ROCAMADOUR

Résidence des Chapelains - **ROCAMADOUR**
✆ 05 65 14 10 59
www.sanctuairerocamadour.com
En accès libre toute l'année.

Un des principaux sites touristiques religieux de France, Rocamadour accueille chaque année 1,5 million de touristes et de pèlerins. Livre ouvert sur une magnifique page d'histoire humaine et spirituelle, sur fond de coteaux. Ce lieu mythique est habité, depuis des siècles, par le culte d'une Vierge noire. Un sanctuaire primitif, dédié à Notre Dame, existait déjà bien avant le Xe siècle, bordant le spectaculaire canyon de l'Alzou. En 1616, la découverte du corps d'un ermite, désigné comme étant celui de saint Amadour, fit du site un lieu de pèlerinage fréquenté par toute la chrétienté ainsi qu'une étape incontournable sur le chemin de Saint Jacques-de-Compostelle. Les miracles s'y multiplient. D'illustres personnages s'y rendent, saint Bernard et saint Dominique, Saint-Louis et sa mère Blanche de Castille, Henri II Plantagenêt. Au XIIIe siècle sont alors construites les différentes chapelles du sanctuaire et la fortification du château. Au XIVe siècle, le pèlerinage atteint son apogée. Rocamadour est classé en cinquième place sur la liste des quinze pèlerinages expiatoires, par le livre des Métiers de Bruges (1370). Les guerres de religion ruinèrent le sanctuaire. La renaissance du pèlerinage ne se fit qu'au XIXe siècle, grâce à l'abbé Caillau, aidé par le père Pierre Bonhomme, fondateur des Sœurs de Notre-Dame du Calvaire de Gramat, dans le Lot. En 1853, la Vierge de Rocamadour est l'une des premières à être couronnée en France.

Le pèlerinage de Rocamadour se déroule autour de six pôles. L'Hospitalet, le point de départ situé à 1,5 km de la cité de Rocamadour. Auprès de la chapelle, bâtie au XIIe siècle, se retrouvaient les pèlerins du Moyen Âge pour accomplir ensemble la dernière étape de leur pèlerinage. La Voie Sainte relie l'Hospitalet au sanctuaire. Le Grand Escalier de Rocamadour qui mène au sanctuaire. Au Moyen Âge, les pèlerins gravissaient les 216 marches à genoux en signe de pénitence. Le Parvis des Sanctuaires : Rocamadour compte sept églises qui mènent vers la chapelle de la Vierge Noire. La Chapelle Notre-Dame : la célèbre Vierge noire y accueille les pèlerins. Le Chemin de Croix relie les sanctuaires au château, qui sert d'abri aux pèlerins et de maison des chapelains.

Offices : Hors saison messe tous les jours à 11h soit à la crypte Saint-Amadour, soit à la chapelle Notre-Dame ou encore à la basilique Saint-Sauveur (le dimanche). Adoration, les lundi, mercredi et vendredi de 11h30 à 18h à la crypte Saint-Amadour. Confessions, tous les jours de 10h à 10h45. Chapelet, tous les jours à 10h30. Saison (du 10 juillet au 26 août), messe (forme extraordinaire) tous les jours à 7h30, crypte Saint Amadour. Messe le dimanche à 10h30 à la basilique Saint-Sauveur. Messes tous les jours à 11h à la Basilique Saint-Sauveur et à la chapelle Notre-Dame. Confessions, tous les jours de 10h à 12h et de 15h à 17h30 à la basilique Saint-Sauveur. Adoration, en semaine de 12h à 18h + la nuit du samedi au dimanche à la crypte Saint-Amadour. Chapelet, tous les jours à 10h30. Liturgie des heures : laudes à 8h30, sexte à 12h, vêpres à 18h (crypte Saint-Amadour), complies à 21h (chapelle Notre-Dame). Montée à genoux du Grand Escalier : le vendredi à 6h45.

Les visites guidées : Hors saison (groupes sur rendez-vous) du 12/02 au 30/06 et du 1/09 au 11/11, de 10h30 à 14h30 à partir du Parvis. En saison du 10/07 au 26/08, tous les jours de 10h30 à 16h.

Sanctuaire Notre-Dame de Rocamadour.

L'ABBAYE SAINT MICHEL DE CUXA ✞ ★★

Route de Taurinya
CODALET
✆ 04 68 96 02 40
www.abbaye-cuxa.com

Ouvert toute l'année. Gratuit jusqu'à 12 ans. Visite guidée pour les groupes. Boutique.

Bien que cette magnifique abbaye ne propose pas de retraites ou de séjours, son cadre est hautement propice à l'instrospection. En 878, les bénédictins choisirent ce lieu au lendemain de la reconquête sur les Arabes. L'abbaye qui fut édifiée au cours de trois périodes entre le Xe et le XIIe siècle, comprend une vaste église pré-romane, un clocher roman percé de baies géminées, une crypte, un cloître et une tribune en marbre rose, splendides manifestations de la sculpture romane roussillonnaise. Grâce à la protection des comtes de Cerdagne-Conflent et au rayonnement des abbés Garin et Oliba (fondateur de Montserrat), l'abbaye se développa rapidement et connut un vaste essor jusqu'au milieu du Moyen Age. Puis, le rôle intellectuel et politique du monastère déclina et la Révolution française acheva son déclin. Cuxa renaîtra de ses cendres en 1919 et à juste titre connaîtra un vaste programme de restauration. L'abbaye est aujourd'hui occupée par une communauté de bénédictins qui y entretiennent la vie monastique initiée il y a onze siècles. Réputée pour son acoustique exceptionnelle, l'abbaye de Cuxa accueille chaque été, en juillet et août, des concerts de musique de chambre dans le cadre du célèbre *Festival Pablo Casals*. Le site est tout aussi enchanteur et il ne faut pas hésiter à venir en famille visiter les lieux et notamment se balader au bord de la rivière qui coule en contrebas de l'abbaye. Sous-bois et prés fleuris sont une belle invitation à un pique-nique bucolique.

HAMEAU DES FONTANILLES 🛏 €

MAUREILLAS-LAS-ILLAS
✆ 03 81 41 47 47
rochedor.fr

Chacun dépose sa participation à l'accueil, librement, selon ses réelles possibilités.

Acquises par la Communauté de la Roche d'Or, constituée de prêtres et laïcs de toute la France et même au-delà, plusieurs maisons familiales mitoyennes forment le hameau des Fontanilles. Elles sont entourées, à flanc de montagne, de terrains boisés typiquement méditerranéens. La Communauté y propose des retraites d'une semaine ou d'un week-end, pour tous ceux qui désirent se laisser renouveler par la sève de l'Evangile quelles que soient leurs origines. Les retraitants sont hébergés dans l'espace convivial de petites maisons intégrées aux grands espaces.

L'ABBAYE SAINT-MARTIN DU CANIGOU ✞ ★★

VERNET-LES-BAINS ✆ 04 68 05 50 03
www.stmartinducanigou.org

Fermé en janvier. En saison, service de Jeep au départ de Casteil (04 68 05 99 89). 45 min à pied.

L'abbaye apparaît au visiteur comme un nid d'aigle posé sur un éperon rocheux dominant un ravin au fond duquel gronde le Cady. Plus que ses sœurs Saint-Michel-de-Cuxa ou le prieuré de Serrabone, Saint Martin fascine autant par son architecture que son site grandiose et « vertigineux ». Ce haut lieu de l'art roman, plus particulièrement du premier art roman méridional, fut fondé au XIe siècle par Guifred II, comte de Cerdagne et de Conflent, et son frère Olïba, évêque de Vich. Culminant à 1 098 m d'altitude, il se présente sous la forme de deux églises superposées et jouxtées d'un cloître. L'abbaye, aujourd'hui classée monument historique et « pépite » du grand site de France Canigó grand site, est occupée par la communauté des Béatitudes. On accède au site en moins de 45 minutes à pied depuis Casteil par un très beau chemin qui grimpe vers le ciel. Les visites sont uniquement guidées (et si passionnantes !) et durent environ 1h. Le site Internet est riche de renseignements pour préparer sa venue. Outre l'aspect architectural et religieux, la visite de l'abbaye est prétexte à une très belle randonnée en sous-bois qui mène au lieu saint. Il existe différentes boucles qui passent par le site et offrent des points de vue somptueux.

▸ **Offices** : messe du lundi au jeudi à 18h, vendredi à 7h30, samedi à 12h, dimanches et solennités à 11h (1er janvier, Ascension, 15 août, 1er novembre). Autres offices : laudes du mardi au samedi à 7h30 (dimanche 10h), vêpres du mardi au jeudi à 17h30 (samedi 18h, dimanche 18h30). Ces horaires peuvent varier : vérifier en téléphonant à l'accueil.

▸ **Accueil** : quelques chambres simples ou doubles pour un hébergement monacal. La durée du séjour est de 2 à 6 jours (lundi exclu) au maximum. Attention, la montée à l'abbaye se fait à pied. Compter 30 minutes à une heure de marche. Distance : 1 600 m ; dénivelé : environ 300 m. Possibilité de remonter en 4 x 4 : taxis Bouzan au 04 68 05 99 89.

▸ **Visites** : fermeture annuelle en janvier. Fermé tous les lundis du 1er octobre au 31 mai. Fermé le vendredi saint. Basse saison : ouvert du mardi au dimanche. Haute saison : tous les jours. Visite guidée : de 10h et 11h, également à 12h, 14h, 15h et 16h de juin à septembre (de 10h et 12h30 dimanche et fêtes), également à 17h de juin à septembre. Aire de pique-nique. Toilettes.

▸ **Boutique** : librairie et carterie avec CD, divers objets religieux ainsi que des objets utiles (cannes…) et en été glaces et boissons.

Abbaye de Saint-Martin du Canigou.

DOMAINE DES FEGNALASSES €

Proche de l'Eglise et du château de Cuq-lès-vielmur
CUQ ✆ 05 63 75 01 88
www.gite-location.org
30€ chambre simple, 35€ double, + 4 € petit dej, repas 12€. Tarifs spéciaux pour groupes diocésains.

En 1977, l'archevêque d'Albi a confié cette maison à la communauté des Béatitudes de Cuq. L'ancien château a été rebaptisé Saint-Luc. L'expérience de cet accueil a amené la communauté à proposer au château Saint-Luc des sessions de formation de une journée ou plus selon le public concerné. L'hébergement est assuré sur place par le domaine des Fegnalasses dans un cadre champêtre. Ce grand gîte de charme, restauré à l'ancienne, dispose de grandes salles avec de larges ouvertures sur la nature et des chambres avec mezzanine et poutres apparentes.

COUVENT DE MASSAC €

MASSAC-SÉRAN
✆ 05 63 58 04 85
www.couventdemassac.fr
Chambre simple 20 €, double 27 €, petit déjeuner 3 €, déjeuner 10 €, dîner 8 €, location de draps et serviettes 6 €.

Les religieuses Filles de Jésus seront heureuses de vous accueillir dans leur couvent où vous pourrez participer à leur vie, à la messe et aux offices religieux dans leur chapelle, partager leurs repas, ou les prendre individuellement selon vos désirs, dans de courts séjours (3 à 4 jours). Les chambres sont simples avec salle de bain individuelle. Un salon avec kitchenette est à votre disposition pour prendre votre petit-déjeuner ou une collation dans la journée à votre convenance. Dans ce salon, vous aurez la possibilité de vous reposer, regarder la télévision et vous connecter à Internet. Plusieurs sites touristiques à visiter dans les environs. Vous pouvez profiter du parc et faire des randonnées dans la campagne environnante ou sur la voie romaine.

Depuis 2021 une aile a été transformée en maison de retraite pour permettre aux seniors de vivre au sein d'une communauté religieuse. Il s'agit de la première maison de ce type, mais qui fait déjà des émules car d'autres projets sont à l'étude dans le même esprit. Ainsi les personnes agées peuvent combiner indépendance et vie au sein d'une communauté.

- **Offices** : laudes 8h30, messe 9h (sauf samedi), vêpres 18h/18h15. A disposition chapelle du couvent et église paroissiale pour les groupes.
- **Accueil** : au couvent petite capacité d'accueil de trois chambres mais, à 200 m, une annexe d'accueil Le Fort (tél. 06 15 59 02 11) offre des possibilités plus importantes (jusqu'à 100 personnes) pour des familles ou des groupes avec possibilité de restauration sur place.

ABBAYE SAINTE-SCHOLASTIQUE ✝

Abbaye Sainte Scholastique - **DOURGNE**
✆ 05 63 50 31 32
benedictines-dourgne.org
Participation aux frais à convenir à la réservation.

Les origines de l'abbaye des sœurs bénédictines de Sainte-Scholastique de Dourgne se confondent avec celles de l'abbaye voisine de Saint-Benoît d'En-Calcat où vit une communauté dynamique de moines bénédictins. Fondée en 1880 par Mère Marie Crosnier, la communauté bénédictine commença sa construction l'année suivante en 1886. Quelques années plus tard, en 1893, la première aile fut habitable par les 15 premières moniales qui s'y installèrent immédiatement. En 1896, les deux monastères sont érigés en abbaye par les autorités éclésiastiques. En septembre 1927, la première construction est terminée et celle-ci est alors dédiée à sainte Scholastique. Elle continua à se développer par la suite et en même temps fut à l'origine de nombreuses fondations dans divers pays, comme par exemple en 1921 à Hekelgem en Belgique, en 1927 à Civitelle près de Rome, en 1934 à Ozon (aujourd'hui au Pesquié), en 1953 elle participa à la reconstruction du monastère de Valogne puis fonda celui de Koubrl. Enfin, en 1957, elle aida à l'installation du monastère de la Loyère et en 1963 deux nouveaux monastères à Dzobegan puis Sadori au Togo... Hôtes d'un jour, retraitants individuels, ou en groupe, et plus largement tous ceux qui souhaitent un cadre propice pour une retraite spirituelle dans le silence, ce cadre monastique répondra à vos attentes tout en vous permettant de vous joindre à la liturgie de la communauté. N'hésitez pas à contacter les sœurs qui vous expliqueront le déroulement d'une retraite.

- **Offices** : matines à 5h, laudes à 7h15, tierce et messe à 9h30, none à 14h15, vêpres à 18h (19h45 dimanches et fêtes), complies à 20h.
- **Accueil** : trois possibilités d'accueil. La Nouvelle hôtellerie d'une capacité de 2 chambres simples, 5 chambres doubles, 2 chambres à 3 lits et 1 à 4 lits, toutes équipées de sanitaires indépendants. Les repas peuvent être pris à la salle à manger de l'hôtellerie. Le Gazel, dans un bâtiment indépendant. Capacité 45 lits avec chambres à 1 ou 2 lits et petits dortoirs. WC et douches en commun. Grande salle avec cuisine équipée. Particulièrement adapté pour recevoir des groupes de jeunes ou d'adultes, des familles ou des pèlerins. Enfin possibilité de camper pour des camps de jeunes (scouts) à proximité du Gazel.
- **Boutique** : céramiques, crèches de Noël, bas-reliefs, statuettes, reliures, chapelets, carterie, vêtements liturgiques, et prestations de service. Pour renseignements ou commandes, téléphoner de 10h30 à 11h50 et de 15h à 17h30 en semaine.

ABBAYE SAINT-BENOÎT-D'EN-CALCAT ★

Abbaye Saint Benoît d'En Calcat
DOURGNE
✆ 05 63 50 32 37
www.encalcat.com
Participations en fonction de vos possibilités.

A l'origine des deux monastères, un homme et une femme liés d'amitié. Louis Banquet naît au hameau d'En Calcat en 1840. À 24 ans il entre au monastère de la Pierre-qui-Vire, fondée par le Père Muard, en 1850, dans l'Yonne. Il y devient Dom Romain. En 1874, il commence à guider spirituellement une jeune fille de 17 ans, Marie Cronier, qui achève ses études à l'Abbaye de Jouarre et qui bénéficie de grâces particulières. Il s'ensuit, entre eux, une intimité spirituelle de plus en plus profonde qui durera jusqu'à ce que la mort les sépare. Marie Cronier reçoit le 29 janvier 1883 la révélation du plan d'une œuvre à laquelle le Seigneur les appelait tous deux, « une arche spirituelle qui sera sa propre demeure, où les âmes vivront de Lui, où il sera le Bien-Aimé. Ce sera son lieu choisi, si les âmes appelées ont le bonheur de le comprendre. » C'est cette révélation qui sera, après bien des difficultés, à l'origine de la construction de nos deux monastères de saint Benoît d'En Calcat et de sainte Scholastique de Dourgne, fondés ensemble en 1890 et érigés en abbayes en 1896. Les vocations se multiplient. Chassés par les lois anticléricales en 1903, les frères quittent la France pour l'Espagne et reviennent après la guerre de 1914-18. L'église abbatiale fut consacrée en 1935. La guerre de 1939-45 mobilisa une grande partie des frères. Vers 1950, la communauté comptait plus de 120 moines. Aujourd'hui, elle rassemble 60 moines et est conduite depuis 2009 par le père abbé David d'Hamonville. Quelques-uns des moines de l'abbaye marquèrent l'histoire de la congrégation. Les artistes Dom Robert (Guy de Chaunac - 1907-1997) dans la peinture, Dom Clément Jacob dans le domaine de la musique, et Dom Luc Girot, lui aussi peintre de talent, sont quelques exemples parmi d'autres. Les frères, qui vivent donc selon la règle de saint Benoit, partagent leur temps entre la prière, le travail, l'étude et la vie fraternelle. L'abbaye, lieu de vie de la communauté, ne se visite pas. L'atmosphère de silence qui y est conservé est nécessaire à la vie monastique, qui comporte une certaine retenue dans les contacts avec l'extérieur. L'accueil et l'attention aux réalités contemporaines restent cependant une part essentielle de la spiritualité bénédictine. La vie moderne, implacablement réglée par le temps des horloges, ne permet plus au moine de vivre la diversité des horaires prévus par la Règle. Il est pourtant un domaine où le moine garde l'esprit de la Règle, c'est le rythme quotidien des prières. Les bénédictins d'En-Calcat disposent d'un atelier de vitraux et d'un autre de cithares.

- **Offices** : laudes à 6h20 (7h20 le dimanche), messe à 9h (10h le dimanche), vêpres à18h et vigiles à 21h.
- **Accueil** : Il y a trois hôtelleries à l'abbaye d'En Calcat : Une intérieure n'accueille que les hommes et les repas se prennent avec la communauté des bénédictins. Capacité 15 chambres d'un lit (lavabo). Douches et WC à l'étage. La durée d'un premier séjour n'excède généralement pas trois jours. Ensuite, cette durée peut aller jusqu'à une semaine. À la disposition des hôtes : salles de conférences, salle de lecture, oratoire, jardin. Veuillez téléphoner au 05 63 50 71 57 (du lundi au samedi, de 10h à 12h et de 14h30 à 17h30), courriel : hotellerie@encalcat.com Une extérieure accueille les couples et les femmes à proximité du monastère. Le but d'un séjour dans cette hôtellerie est le ressourcement spirituel. Elle n'est pas une maison de vacances ni de repos. Les hôtes sont invités à participer librement à la prière de la communauté qui les accueille. Il est possible de rencontrer un moine pour un accompagnement spirituel. Le séjour est limité à une semaine. Les repas se prennent en silence, dans une salle à manger du monastère, différente du réfectoire des moines, en écoutant la lecture faite à la communauté. A votre disposition : 10 chambres à un lit (douche et WC), 13 chambres à deux lits (douche et WC). Deux chambres sont équipées pour les personnes handicapées. Les repas se prennent en silence, dans une salle à manger du monastère, différente du réfectoire des moines, en écoutant la lecture faite à la communauté. Veuillez téléphoner au 05 63 50 84 10, courriel : hote1@encalcat.com. La troisième, ouverte depuis juillet 2016, est composée de gîtes du hameau bien adaptés pour accueillir des groupes ou des familles en autonomie. Quatre gîtes de 6, 9, 10 et 11 lits sont maintenant accessibles. La « Grange » est devenue un lieu pour la restauration de 55 places, et comprend aussi deux salles de conférence de 15 et 35 places. Ces gîtes sont destinés à des groupes ou des familles sensibles à la proximité des moines de l'abbaye d'En Calcat et non à visée uniquement touristique. Veuillez téléphoner au 05 63 50 84 10, courriel : gites@encalcat.com. Enfin pour des groupes qui souhaiteraient organiser leur passage à l'abbaye pour une journée seulement, contact : accueildunjour@encalcat.com, tél. 05 63 50 32 37. Avec un peu de chance, les pèlerins de Saint-Jacques et les hôtes d'un séjour plus long pourront assister à une session de cithare, l'une des grandes spécialités du monastère.
- **Boutique** : tous les produits fabriqués par les moines y sont en vente avec céramiques utilitaires ou décoratives, éditions de reproductions d'œuvres d'art religieux, vitraux et miel. Également cithares des ateliers ainsi qu'une riche librairie religieuse.

CENTRE SPIRITUEL FRANÇOIS PALAU CARME €

CAYLUS

✆ 05 63 67 05 94

Conditions d'accueil et participation aux frais d'hébergement à convenir avec l'accueil lors de votre demande.

Depuis 1956, une communauté de sœurs carmélites missionnaires entretient le sanctuaire de Notre-Dame de Livron et depuis 1994, elle anime le centre spirituel diocésain François Palau. Ce centre accueille groupes ou individuels pour des retraites, récollections... Programme des retraites fourni sur demande. La communauté adapte les horaires de sa liturgie selon les retraites et récollections accueillies. Le centre dispose de 25 chambres, d'un ermitage et d'emplacements de camping.

ERMITAGE NOTRE-DAME DE LA RESURECTION €

PUYLAGARDE

✆ 05 63 65 77 36

Conditions d'accueil à convenir lors de l'inscription.

En 1984, Notre-Dame de la Résurrection, un lieu de solitude du Rouergue, a été fondé par Sœur Marie Claire, qui s'est engagée au désert par la consécration d'ermite. Comme toute vie contemplative, la vie au désert est toute donnée à Dieu et à ses frères en humanité. On y propose des retraites spirituelles selon la tradition primitive des premiers Pères du Désert, qui ont précédé le monachisme et qui se retiraient pour prier dans les déserts d'Égypte, de Palestine ou de Syrie.

ABBAYE SAINT-PIERRE ✝ ★★★★

Place Durand de Bredon

MOISSAC

✆ 05 63 04 01 85

www.abbayemoissac.com

De novembre à mars de 13h30 à 17h ; d'avril à juin et en octobre de 10h à 12h et de 14h à 18h ; été de 10h à 19h.

Bien que ne proposant pas de retraites ni d'accueil, Moissac vaut bien une visite. Le lieu doit sa notoriété internationale au patrimoine artistique légué par l'ancienne abbaye bénédictine Saint-Pierre. Si la légende attribue sa fondation à Clovis, il semble plus probable qu'elle soit à l'initiative de saint Didier, évêque de Cahors au VIIe siècle. Son premier âge d'or se situe aux XIe et XIIe siècles, suite à son affiliation, en 1047, à l'abbaye de Cluny. L'époque connut de grands abbés, notamment dom Ansquitil qui érigea le cloître, un exemple presque unique au monde par sa conservation dans son intégralité. Ses quatre galeries se déploient avec 116 colonnes où s'épanouissent 76 chapiteaux historiés, illustrant une cinquantaine de scènes tirées de la Bible et de l'histoire de l'Église. Sur les piliers des angles, les effigies des apôtres complètent la remarquable iconographie du cloître. On doit au bienheureux Roger la tour-porche et le fameux tympan. Raymond de Montpezat et Bertrand de Montaigu dirigèrent l'abbaye et furent aussi les grands abbés bâtisseurs du XIIIe siècle. La partie gothique de l'abbatiale fut réalisée au XVe siècle. La sécularisation de l'abbaye en 1626 sonne le départ des moines bénédictins qui seront restés près de mille ans à Moissac. Sous le régime de la commende, ils furent remplacés par des chanoines augustins. Sous la Révolution, la vie monastique prend fin. Au XIXe siècle, le cloître est classé aux monuments historiques. Aujourd'hui, ce patrimoine fait l'objet de soins attentifs.

Le cloître de Moissac.

PAYS DE LA LOIRE

Ce territoire de l'Ouest de la France, largement ouvert sur la mer et son littoral, couvre six départements : Mayenne, Sarthe, Loire-Atlantique, Maine-et-Loire et Vendée. Comprenant une trentaine de réserves naturelles régionales et nationales, traversée par la Loire, fleuve royal par excellence, profitant de la douceur angevine et de ses trésors patrimoniaux, la région des Pays-de-la-Loire est une destination idéale pour se ressourcer. Elle abrite des monastères et abbayes de nombreux ordres différents, vous offrant des conditions d'accueil différentes et des atmosphères variées. Mais aussi des maisons d'accueil de différents mouvements religieux comme laïcs qui font de l'accueil des retraitants une vocation. Côté visites, vous pourrez compléter votre séjour par la visite de lieux extraordinaires tels que l'abbaye de Fontevraud, le Puy du Fou ou encore les Sables-d'Olonne, ou encore des escales citadines à Nantes ou Angers.

ABBAYE DE MELLERAY ✞ ★

LA MEILLERAYE-DE-BRETAGNE ✆ 02 40 55 26 00
melleray.chemin-neuf.fr

Libre participation entre le tarif de base, qui couvre les frais courants et le tarif de solidarité.

Depuis près de 900 ans, fidèle à la règle monastique de saint Benoît, l'abbaye de Melleray est un lieu de prière et d'accueil. L'histoire de l'abbaye commence en 1134. L'abbé de Pontron en Anjou, dénommé Foulques, cherche à fonder en Bretagne un nouveau monastère, et envoie deux moines visiter la région avec pour mission de trouver un lieu adéquat. L'emplacement est choisi à l'issue de cette recherche et en 1142, un second groupe de moines entame la construction des bâtiments conventuels, établissant ainsi la fondation du nouveau monastère. Le 1er novembre 1147, le pape Eugène III promulgue une bulle confirmant l'institution de l'abbaye. En 1183 après une longue attente, l'église abbatiale est consacrée par Robert, évêque de Nantes, et Guilhenoc, évêque de Vannes. L'abbaye va alterner dans les siècles qui suivent périodes fastes et périodes plus difficiles, selon le contexte historique.

Conformément au modèle cistercien né à la fin du XIe siècle lors de la réforme grégorienne, l'architecture à Melleray est marquée par un dépouillement volontaire, à l'image de la vie austère des moines. L'abbaye est conçue comme une cité idéale, l'ensemble des bâtiments obéissant à une triple logique : logique du site : la distribution de l'eau, jugée nécessaire pour l'hygiène et les activités agricoles, dicte l'emplacement des bâtiments ; logique des tâches : les activités essentielles de la vie monacale ; et enfin logique des hommes : le plan du monastère distingue l'espace des moines de chœur, des novices, des convers et des hôtes.

Au XVIe siècle, l'abbaye de Melleray subit le système de la commende. Le pape nomme alors à la tête des établissements monastiques des clergés séculiers. Le monastère tombe progressivement en ruine.

Puis, en 1666, un second bouleversement structurel survient. L'ordre des cisterciens se divise en deux : le mouvement de la « commune observance », et celui plus austère de « la stricte observance » auquel se rattache Melleray. Entre la fin du XVIIe et le milieu du XVIIIe siècle, le visage architectural de l'abbaye évolue considérablement. En 1790, l'ordre est supprimé et la communauté est alors obligée de se disperser. En 1795, l'abbaye est vendue comme bien national. Le monastère est réinstitué en 1817 sous la Restauration, et accueille 58 moines. En 1848, on dénombre jusqu'à 150 moines. Surpeuplée, la communauté se disperse alors vers Staouéli en Algérie et Gethsemani aux États-Unis.

Au fil des décennies, Melleray devient un grand domaine agro-industriel. En lien avec les diverses activités agricoles, le domaine se dote d'un complexe industriel qui fonctionne avec l'énergie hydraulique où de nombreux métiers sont représentés : charpentiers, tanneurs, cordonniers, boulangers.

La communauté du Chemin neuf, composée de prêtres et de laïcs consacrés, a pris le relais des moines cisterciens contraints de partir en 2015 et poursuit leur mission d'accueil au service des chrétiens et de tous les chercheurs de Dieu. Dans un cadre champêtre au milieu de parcs et de forêts, au bord d'une grande pièce d'eau, le monastère offre un lieu de paix et de silence qui favorise le ressourcement et le recueillement. Vous pouvez à tout moment rejoindre la communauté à l'église pour partager des temps de prière commune (offices, messe) ou silencieuse (oraison, adoration eucharistique). Tout au long de la journée, les hôtes ont accès à l'église et à deux oratoires. Il est possible de rencontrer un frère, une sœur ou un prêtre pour un entretien spirituel, et de recevoir le sacrement de réconciliation (confession). Les retraites proposées à l'abbaye ne sont pas prêchées et sont vécues en silence. Le bâtiment d'accueil Saint-Bernard est moderne et aux normes actuelles. Il est situé à une centaine de mètres de l'église, dans un cadre verdoyant et calme. La communauté du Chemin neuf y reçoit toute personne (individuels, couples, groupes chrétiens...) désirant vivre pour quelques jours un temps de halte spirituelle. Elle n'offre pas, par contre, gîte et couvert aux touristes ou aux pèlerins cherchant une étape. Pour un premier séjour à l'hôtellerie, une durée de deux à quatre jours est recommandée. Par la suite, la retraite individuelle pourra être plus longue, sans excéder une semaine. Pour le respect de tous les hôtes, il est demandé à chacun de respecter le silence, en particulier dans les lieux communs de l'hôtellerie et lors des repas.

▸ **Offices** de septembre à juin : messes à 12h en semaine, à 10h30 le dimanche. Laudes à 7h30 (9h le mardi), vêpres à 18h30, puis Adoration jusqu'à 19h25. En été : laudes à 8h30, Adoration eucharistique de 18h30 à 19h25 tous les jours.

▸ **Accueil** : l'hôtellerie dispose de chambres calmes et confortables, donnant sur le parc, et équipées de salles de bains et de grands bureaux. Certaines chambres sont équipées de WC. Si possible, apporter draps et serviette de toilette (mise à disposition possible payante).

L'abbaye propose le petit déjeuner, le déjeuner et le dîner la semaine et le week-end. Les repas sont préparés sur place en utilisant, selon les saisons, les produits du potager et du verger de l'abbaye. Un coin « boissons chaudes » est à la disposition des retraitants toute la journée.

▸ **Boutique** : artisanat monastique, produits naturels et bio, librairie et objets religieux, carterie, cadeaux, produits de l'abbaye de Melleray : miel, confitures, jus de pomme, noix... Nouveau carnet de chants de la communauté du Chemin neuf.

▸ **Visites** : possibilité de visites de l'abbaye. S'adresser à la boutique.

CARMEL DE JÉSUS MEDIATEUR

98, rue de Coudray - **NANTES** ✆ 02 40 74 88 85
www.carmel.asso.fr/Nantes.html

Conditions d'accueil et participation aux frais d'hébergement à convenir avec la Mère supérieure.

Le carmel de Jésus Médiateur et de l'Immaculée Conception des carmélites de Nantes a été, en 1618, le 21e de l'ordre fondé en France selon la réforme de sainte Thérèse d'Avila, à la demande d'une famille nantaise. Les premières sœurs viennent de Tours, Rouen et Pontoise. À la Révolution française, elles sont dispersées et ne peuvent reprendre la vie communautaire qu'en 1916. En 1840 elles se fixent définitivement au 90, rue du Coudray sur la paroisse Saint-Donatien (« Terre des Saints-Martyrs-Donatien et Rogatien, fin IIIe siècle »). Aujourd'hui, elles y sont toujours et accueillent les personnes qui désirent prier à la chapelle, participer à l'eucharistie et aux offices quotidiens et plus particulièrement lors des fêtes carmélitaines de l'année.

Offices : la chapelle est ouverte de 6h30 à 12h30 et de 14h30 à 17h30. Offices : laudes à 7h15, eucharistie à 8h (10h le dimanche), vêpres à 17h. Nombreuses journées d'exposition du Saint Sacrement en général l'après-midi jusqu'à 17h30 ou 18h.

Accueil : 3 studios pour celles qui veulent passer un séjour spirituel en silence et participer aux offices.

Boutique : à l'accueil du carmel. Leur ressource principale est la vente des hosties. Elles fournissent de nombreuses paroisses, en hosties blanches, bis et dorées. Vous pouvez aussi trouver quelques autres objets : étoles, chasubles, chapelets, images, photos.

Également : un dépôt de livres spécialement orientés sur la connaissance de la spiritualité carmélitaine et thérésienne.

MONASTÈRE SAINTE-CLAIRE €

20, rue de Molac - **NANTES**
✆ 02 40 20 37 36
clarisses2nantes.fr

Participation aux frais selon les moyens de chacun.

Le monastère a été fondé en 1457, près de la cathédrale à la demande de la future bienheureuse Françoise d'Amboise. A la révolution française, les clarisses sont chassées. Ce n'est qu'en 1859 que des sœurs de Marseille viennent à Nantes renouveler la vie monastique dans un autre quartier. Les sœurs tiennent, entre autres, un atelier d'imprimerie pour faire-part, tracts, livrets, etc. Les clarisses accueillent uniquement les femmes qui désirent prendre un temps de retraite, en particulier les 18/35 ans avec partage de la liturgie de la communauté.

MONASTÈRE DE LA VISITATION

8, rue du Maréchal Joffre - **NANTES**
✆ 02 40 74 15 78
visitation-nantes.fr

Participation aux frais selon les moyens de chacune. Prix indicatif pour 1 journée, à partir de 35 €.

Le monastère a été fondé en 1630 par Louise Hardoin sur la demande de l'archevêque. Sainte Jeanne-Françoise de Chantal, qui dirigeait l'ordre à cette époque, envoya sept religieuses du monastère de Moulins. Alors que d'autres sœurs fondent une nouvelle maison au Croisic, les religieuses de Nantes transfèrent leur monastère à Vannes. Elles créent un petit pensionnat qui accueille notamment une des filles de Madame de Sévigné. Elles sont chassées à la révolution française, certaines d'entre elles sont emprisonnées. En 1810, à l'emplacement d'une ancienne chartreuse, les visitandines fondent un nouveau monastère à Nantes. Selon l'intention de leur fondateur saint François de Sales, les sœurs accueillent uniquement des femmes pour une journée, un week-end ou des séjours de 8 à 10 jours en clôture pour des temps de prières et de silence. Qu'il s'agisse de faire une pause spirituelle, de discerner sa vocation, de préparer un sacrement, prendre du recul après un évènement douloureux, vivre une immersion dans la prière, ou simplement faire un pas vers Dieu.

Offices : laudes à 8h50, messe à 9h30, tierce à 10h05, sexte à 11h45, none à 14h15, vêpres à 17h30 (17h dimanche et fêtes), complies à 20h45 suivies des Lectures. Le premier vendredi du mois, la messe est suivie de l'exposition du Saint Sacrement jusqu'aux vêpres.

Accueil : les retraitantes sont logées dans quelques cellules individuelles. Elles partagent les repas de la communauté ainsi que les offices.

MAISON D'ACCUEIL MONVAL €

28, rue René Guy Cadou - **PORNIC**
✆ 02 40 82 00 79
https://diocese44.fr/monval

Tarifs uniquement sur demande par téléphone ou courriel.

Sur la côte de Jade, à Pornic, cette maison d'accueil, ancien petit château, située dans un parc boisé de 2 ha, n'est qu'à 80 m de la mer grâce à l'ancien sentier des douaniers qui conduit vers une petite crique. Ce lieu calme et paisible est favorable à la méditation dans un environnement protégé entouré de verdure. L'accueil à la maison de Monval offre un ambiance familiale conviviale. Chaque hôte peut y organiser librement son séjour. L'été, la maison accueille en priorité les prêtres et religieux (ses) en pension complète.

CARMEL D'ANGERS €

39, rue Lionnaise
ANGERS
✆ 02 41 87 72 35

Conditions d'accueil et participation aux frais d'hébergement à convenir avec la Mère supérieure.

Fondé en 1619, le carmel d'Angers est un monastère au cœur de la ville, dans la Doutre, quartier historique d'Angers. Son action s'inscrit de ce fait au centre de la vie de quartier, bien loin des vocations recluses de certains ordres. Vous pouvez télécharger sur son site le programme annuel de toutes les sessions, fêtes et formations spirituelles organisées par la communauté. Le prieuré ne dispose que d'un accueil modeste de 2 chambres, pour des séjours en clôture, pour des jeunes filles en recherche de vocation ou pour des religieuses.

CENTRE PROVIDENCE LA POMMERAYE

40, rue de la Loire ✆ 02 41 22 35 35
www.providencepommeraye.fr

Pension complète compter à partir de 45 € par personne.

Le centre propose à tous les groupes (religieux ou non) et aux particuliers une structure d'hébergement et de restauration (accessible aux personnes à mobilité réduite) confortables et à des prix abordables. Situé sur les bords de la Loire, le centre spirituel est à proximité de nombreux lieux touristiques qui méritent une visite. Situé à 30 km d'Angers, le centre spirituel Providence de la Pommeraye est animé par une équipe de religieuses de la Providence de la famille carmélitaine, laïcs, diacre, prêtres. Se voulant attentif aux besoins de ses contemporains, le centre spirituel vous propose un programme d'animations (halte spirituelle, retraite, formation) adaptées à votre désir dont le programme est à découvrir sur leur site. Une vie de partage de prières (office, eucharistie quotidienne) vous sont également proposés. Un accueil individuel avec possibilité d'un accompagnement spirituel sont possibles. 12 salles de réunion 15 à 180 places, mises à disposition pour l'accueil de sessions pour des groupes.

Offices : en semaine, laudes à 8h45 à l'oratoire de l'Accueil. messes les mardis, jeudis et vendredis à 10h45. Vêpres à 18h15 à la grande chapelle. Le dimanche, laudes à 9h30, messe 10h, adoration 17h, vêpres 17h30.

Accueil : 63 chambres (simples et doubles), WC et douche dans chaque chambre. 3 salles de restauration de 25, 65 et 100 places. Des salles de restauration conviviales, une cuisine familiale faite sur place. Le tout dans un cadre reposant, apaisant.

ABBAYE DE BELLEFONTAINE

BÉGROLLES-EN-MAUGES
✆ 02 41 75 60 46
www.bellefontaine-abbaye.com

Participation aux frais d'hébergement à convenir lors de votre réservation selon vos possibilités.

Fondée vers 1900 dans le diocèse de Poitiers, Bellefontaine a dépendu successivement du diocèse de Maillezais en 1317, de La Rochelle en 1648 et d'Angers depuis 1802. Le monastère possédait une église reconnue comme l'une des plus belles d'Anjou. Il était entouré de fortifications, dont il reste aujourd'hui de solides contreforts. Guerres et commende apportèrent leur lot de souffrance. En 1642, l'abbé Michel Sublet remit son monastère aux mains de feuillants, qui, jusqu'à la Révolution exercèrent un apostolat fécond. La tourmente révolutionnaire emporta tout.

Le monastère fut rétabli par les trappistes et la communauté compta jusqu'à 120 moines. C'est Dom Jean-Marie Chouteau qui donna à l'abbaye sa physionomie actuelle. Ce jeune abbé de 25 ans en a assumé la charge durant 63 ans, de 1866 à 1929. Tout en se tenant en retrait du monde alentour, cette abbaye cistercienne se veut un lieu d'hospitalité et de fraternité, dans un joli cadre reposant, en pleine campagne campagne. L'hôtellerie monastique a pour but premier d'offrir à toute personne pratiquante ou non un climat de silence, de solitude, de paix. On y reçoit hommes, femmes, couples en recherche spirituelle, pour un séjour qui varie d'une journée à une semaine. Également lieu de réception de groupes accompagnés par leurs propres animateurs. Partageant la présence fraternelle et priante des moines, hôtes et retraitants sont invités à s'unir à la prière liturgique célébrée par la communauté. Possibilité d'accompagnement personnel par un moine ainsi que de la réception du sacrement de réconciliation. À noter que les repas se prennent en silence, soit en écoutant de la musique, soit en écoutant la lecture retransmise depuis le réfectoire des frères. Le frère hôtelier demande aux retraitants une aide pour débarrasser la table, faire la vaisselle et remettre le couvert pour le repas suivant. Concernant la participation aux frais de séjour : hôtes et retraitants apportent une contribution selon leurs possibilités.

Offices : vigiles à 4h45, laudes à 7h, messe à 7h30 (11h30 le samedi, 10h30 le dimanche), tierce à 9h30 (9h samedi et dimanche), sexte à 12h30, none à 14h30, Adoration à 17h40 le dimanche, vêpres à 18h, complies à 20h10.

Accueil : 40 chambres à 1 ou 2 lits.

Boutique/librairie : bel espace de 180 m². Vous serez accueillis avec joie par frère Robert ou Père Samuel, aidés de Nathalie pour tous les produits monastiques et de Thérèse, pour l'imposante librairie et les objets religieux (fermé le lundi matin et jeudi matin. Tél : 02 41 75 96 47 - magasin@bellefontaine-abbaye.com)

ABBAYE NOTRE-DAME DES GARDES ✝

1, chemin du Monastère - **CHEMILLÉ-EN-ANJOU**
✆ 02 41 29 57 10 - www.abbayedesgardes.fr

Participation aux frais d'hébergement à convenir lors de votre réservation selon vos possibilités.

Dans cette abbaye accolée au sanctuaire de Notre-Dame-des-Gardes, vit depuis 1818 une communauté de cisterciennes trappistines. Les premières moniales se sont installées alors dans les ruines d'un couvent d'ermites de Saint-Augustin qui, avant la Révolution, desservaient le pèlerinage marial très ancien et toujours vivant. Depuis 1967, les hôtes étaient accueillis dans une petite chapelle latérale. Une transformation de l'église monastique commencée en septembre 2004 a permis un meilleur accueil des personnes qui souhaitent partager la prière des sœurs.

La communauté accueille des personnes seules ou des couples et des groupes qui veulent partager la solitude, le silence et la liturgie des trappistines. C'est un cadre particulièrement favorable pour toutes celles et ceux qui cherchent à se retrouver seul à seul avec Dieu, ou ont besoin de faire une pause de réflexion dans leur vie.

En dehors des horaires de repas et de ceux des offices auxquels les retraitants choisissent librement de participer, chaque personne organise ses journées à son gré. Celles qui le souhaitent peuvent rencontrer une sœur pour un échange, un accompagnement. De nombreux chemins de randonnées autour de l'abbaye permettent des promenades autour de la colline des Gardes.

▸ **Offices :** du lundi au dimanche Vigiles à 4h 15, Laudes à 7h, Sexte à 12h15, None à 14h15, Vêpres à 18h, Complies à 19h40. Messe du lundi au vendredi à 7h30, samedi à 11h 40, dimanche et solennités à 9h.

▸ **Accueil :** l'hôtellerie est composée de deux lieux distincts. Pour les accueils individuels, capacité 20 personnes environ avec chambres simples ou doubles Chaque chambre est équipée d'un fauteuil, d'une table et d'un lavabo. Les douches et les sanitaires sont communs à chaque étage. Pour favoriser un climat de calme et de recueillement, les repas se prennent en silence, accompagnés d'un fond musical.

Pour les groupes : « Saint André » est un bâtiment autonome (avec ou sans hébergement). Il comprend des locaux d'hébergement, de réunion et de restauration.

chambres (1 ou 2 lits), 2 salles de réunion et 1 salle à manger. Capacité d'accueil des groupes : avec hébergement : 25 personnes maximum. En journée : 40 personnes maximum.

▸ **Boutique :** vous y trouverez de nombreuses confitures et gelées « à l'ancienne », pâtes de fruits, gâteaux maison élaborés par la communauté et aussi des produits artisanaux provenant de nombreux d'autres monastères, ainsi que quelques spécialités locales, et une gamme de produits diététiques.

MONASTÈRE DES BÉNÉDICTINES 📷

1, place Robert d'Arbrissel - **MARTIGNÉ-BRIAND**
✆ 02 41 59 42 85

Possibilités d'accueil et conditions à convenir avec la sœur hôtelière.

Le monastère a été fondé en 1959 dans le diocèse à la demande de l'évêque d'Angers par la congrégation des bénédictines de Sainte-Bathilde de Vanves en banlieue parisienne. D'abords installées à Chemillé, le monastère a déménagé, en 1961, à Martigné-Briand. Aujourd'hui, une quinzaine de sœurs bénédictines cherchent à « suivre le Christ par les chemins de l'Évangile » dans le monastère Notre-Dame-de-la-Compassion. La communauté accueille les personnes (religieuses, dames, jeunes et couples) qui désirent se mettre à l'écart pour un temps de ressourcement. Elles bénéficieront du silence de la vie bénédictine et de l'aide des offices qui rythment la journée. Si elles le souhaitent, elles peuvent rencontrer une sœur, qui les aidera à faire de ce moment de retrait du monde une réflexion utile et source de changement positif. Sur demande, des jeunes femmes peuvent être accueillies pour partager la vie de prière de la communauté et être accompagnées durant leur séjour.

▸ **Offices :** vigiles à 5h25, laudes à 7h45, eucharistie à 11h45 (9h le dimanche), sexte à 12h le dimanche, none à 14h15 (13h45 le dimanche), vêpres à 17h30, complies à 20h20, (20h samedi et dimanche).

▸ **Accueil :** l'hôtellerie dispose de 15 chambres.

▸ **Boutique :** en semaine de 10h à 11h30 et de 15h à 17h, le dimanche de 10h à 12h et de 15h à 17h (fermeture le mardi). Vous y trouverez les productions du monastère : confitures, icônes, exposition de poteries, ainsi que des livres et divers objets religieux, etc.

PRIEURÉ SAINTE-MARIE €

BAZOUGERS

✆ 02 43 66 43 66

www.la-cotellerie.com/cotelleriewp

Chambres individuelles à partir de 14 € par nuit avec petit déjeuner.

La spiritualité des chanoines est « centrée sur la Croix du Rédempteur et sur l'eucharistie, au service de l'édification de toute l'église et animée du désir de rendre au Rédempteur et à sa mère la place qui leur est due, dans le monde aujourd'hui ». Le prieuré est un lieu d'accueil et d'évangélisation. Ceux qui le désirent peuvent y trouver silence et recueillement favorables à un temps de retraite. Jeunes et moins jeunes viennent pour écouter et partager, approfondir leur foi et se préparer au sacrement de la vie chrétienne.

ABBAYE NOTRE-DAME DE PORT-DU-SALUT ✞

ENTRAMMES

✆ 02 43 64 18 64

www.portdusalut.com

Participation aux frais selon vos moyens.

En 1815, ce monastère fut le premier à être rétabli après la Révolution. Il doit sa gloire terrestre à ses fromages, dont la production débuta dans les années 1850. Eh oui, dès 1873, le Port-salut atterrit sur les étals parisiens ! Déposée en 1874, la marque Port-du-Salut (abrégée ensuite) allait faire le tour du monde. Hélas, en 1959, ne pouvant plus assurer la production, les moines vendirent leur secret de fabrication à la Société agricole des Fermiers réunis. Depuis, les cisterciens d'Entrammes ont su trouver d'autres travaux pour subvenir à leurs besoins. Ils continuent en revanche de réserver le meilleur des accueils à ceux qui viennent frapper aux portes de l'abbaye, pour quelques heures ou plusieurs jours. Que vous soyez seulement simple curieux, ou bien désireux d'effectuer quelques prières, ou encore retraitant en séjour à l'hôtellerie, ou encore que vous vous sentiez appelé à entrer dans la spiritualité cistercienne vécue à Notre-Dame-du-Port-du-Salut, la communauté se fera une joie de vous accueillir. Si vous le souhaitez, vous pouvez rencontrer un moine, pour un entretien ou pour le sacrement de réconciliation. Il sera demandé de contribuer à garder le climat de silence de l'hôtellerie, c'est pourquoi les repas se prennent en silence. Ceux qui le souhaitent peuvent prendre part librement aux offices liturgiques comme à la messe. À l'entrée de l'abbaye, vous trouverez un magasin de produits monastiques et une petite librairie.

ABBAYE NOTRE-DAME DE LA COUDRE ✞

Rue Saint-Benoît - **LAVAL**

✆ 02 43 02 85 85

www.abbaye-coudre.com

Participation financière en fonction des moyens de chacun.

À la Révolution française, les moines de la Trappe sont obligés de s'exiler dans toute l'Europe : Suisse, Autriche, Pologne, Russie et Westphalie. D'une communauté établie à Darfeld en Allemagne, dix moniales se fixent à Laval en 1816, au vieux prieuré de Sainte-Catherine, ainsi elles suivent sur les bords de la Mayenne leurs frères établis depuis peu à Port-du-Salut. En 1859, le monastère étant devenu trop petit, elles déménagent à la Coudre au sud-ouest de la ville. L'abbaye a fondé les abbayes de Clairefontaine en Belgique, Ubexy dans les Vosges, Belval dans le Pas-de-Calais, Campénéac dans le Morbihan, Igny dans la Marne et Grandselve au Cameroun. La communauté, composée d'une quarantaine de moniales, reçoit toute l'année des retraitants pour des séjours de 2 à 8 jours maximum dans le partage de leur vie communautaire. Le soutien de la communauté s'exprime notamment en partageant sa liturgie monastique à l'église, comme à travers les contacts avec la sœur hôtelière. Les repas se font en silence, en écoutant la lecture effectuée au réfectoire des moniales. Sur demande, échange possible avec l'aumônier ou une sœur. Les jeunes femmes de 18 à 40 ans peuvent être accueillies en clôture pour un stage dans la communauté. Parmi les équipements des lieux : deux bibliothèques, deux oratoires et le patio, destiné aux jeunes. Accueil : une vingtaine de chambres dans la cour même du monastère, plus un deuxième lieu, le patio, permettant un accueil adapté aux groupes de jeunes.

MAISON D'ACCUEIL SAINT-JEAN €

14, rue Pierre Boisramé

SAINT-AIGNAN-SUR-ROË

✆ 02 43 06 58 84

Participation aux frais selon les moyens de chacun à convenir avec la sœur hôtelière.

Les Petites Sœurs accueillent toute l'année, les personnes désireuses de trouver un climat de prière, d'écoute, de silence ou d'effectuer un séjour spirituel, une retraite personnelle dans le silence et le recueillement. Elles accueillent aussi tout groupe qui en fait la demande préalable ainsi que des jeunes filles désireuses de participer à la vie d'une communauté eucharistique et mariale. Possibilité d'accueil en pension complète ou sans les repas.

MAISON FAMILIALE DES SŒURS DE L'ENFANT JESUS €

3, place Maxime Boisseau
NEUFCHÂTEL-EN-SAOSNOIS
✆ 02 43 97 74 11

Différents tarifs selon le type de séjour.

En limite de la Forêt de Perseigne, les Sœurs accueillent toute l'année pour vacances, repos ou pause de réflexion, temps de prière : familles, couples et individuels, prêtres, religieuses. La maison située dans le village, entourée d'un parc, est calme et très agréable. Possibilité d'accueil en demi-pension ou pension complète et de partager la prière de la communauté des Sœurs de l'Enfant Jésus. La Maison familiale n'est qu'à 15 km d'Alençon et de nombreux autres lieux de pèlerinage.

MONASTERE NOTRE-DAME-DE-LA-MERCI-DIEU €

SAINT-JEAN-D'ASSÉ ✆ 02 43 25 25 49
www.merci-dieu.com

Conditions d'accueil et participation aux frais d'hébergement à convenir avec la sœur hôtelière selon vos possibilités.

Dom Vital Lehodey, abbé cistercien de Notre-Dame-de-Grâce à Bricquebec (Manche) aida une communauté féminine désirant prier pour les prêtres à se constituer en 1950. Cette communauté d'abord établie à Lille puis à Blainville-sur-Mer (Manche) se fixa en 1970 à Saint-Jean-d'Assé. Le monastère peut recevoir dans sa petite hôtellerie ceux et celles qui désirent partager sa prière dans le silence, pour écouter Dieu : prêtres, religieuses, foyers, groupes d'aumônerie accompagnés.

ABBAYE SAINTE-CECILE €

23, rue Jules Alain - **SOLESMES**
✆ 02 43 95 45 02
www.abbayesaintececiledesolesmes.com

Pour des séjours individuels à l'hôtellerie du monastère estimation des frais de séjour à 35 €.

L'abbaye Sainte-Cécile a été fondée en 1866 par mère Cécile Bruyère avec l'aide de Dom Prosper Guéranger et à 400 mètres de l'abbaye Saint-Pierre-de-Solesmes. Plus de détails dans l'historique de Saint-Pierre-de-Solesmes. Les bénédictines y mènent une vie analogue à celle des moines de Solesmes, mais avec une clôture plus stricte. Possibilité de retraites organisées pour des jeunes femmes de 18 à 35 ans. Petite hôtellerie de six chambres dans 2 maisons mais aussi autres possibilités d'accueil complémentaire avec les hébergements de l'abbaye Saint-Pierre voisine.

SANCTUAIRE NOTRE-DAME DU CHÊNE

2, rue des Bleuets - **VION** ✆ 02 43 95 48 01

Pension complète à partir de 49 €, couples à partir de 85 €.

En 1494, le curé de Vion, James Buret, place une statuette de la Vierge Marie dans un chêne afin que les fidèles puissent venir s'y recueillir. Suite à de multiples guérisons miraculeuses, une première chapelle est construite en 1515. C'est là que la Vierge apparaît à une femme qui ramassait du bois en 1595. De nouvelles guérisons donnent un nouvel élan aux pèlerinages. La chapelle est fermée à la Révolution française, mais elle ne subit pas de dégâts. En 1872, elle est démolie au profit de la construction d'une grande basilique néogothique ainsi que pour accueillir les prêtres missionnaires diocésains. En 1896, est construite une reproduction de l'édifice du Saint-Sépulcre de Jérusalem. C'est à cette époque que commençait à se développer les pèlerinages en Terre sainte. Cette reproduction, une des rares en France réalisée entièrement à l'air libre, a souffert de nombreuses dégradations, ce qui a entraîné des travaux de restauration ces dernières années. Aujourd'hui lieu d'accueil des pèlerins, le centre offre l'hébergement et la restauration lors de retraites, de sessions ou encore de réunions. L'hôte découvre au rez-de-chaussée le bureau d'accueil, l'oratoire et sa sacristie, une salle d'enseignement, le petit salon ainsi que quelques chambres et deux salles à manger. Dans les deux étages de la maison est située la plus grande partie des chambres avec sanitaires à chaque étage. L'animation spirituelle du centre est assurée par la communauté de Saint-Jean. Ils assurent la liturgie dans la basilique ainsi que dans certaines paroisses environnantes.

- **Offices** : messes à 11h et à 18h30. Adoration à 17h.
- **Accueil** : capacité hébergement maximale 80 places en accueil individuel avec chambres à deux ou trois lits, ou en mini-dortoir. Restauration prévue sur place pour accueil en pension ou 1/2 pension. Également : possibilité de louer « La Bellangerie » à 50 mètres de la basilique, maison entièrement équipée pour familles, groupes ou association.
- **Boutique** : la boutique du pèlerin propose un grand choix de livres et objets religieux, des livres en lien avec l'actualité liturgique, des statues, statuettes et santons. Heures d'ouvertures : tous les jours de 14h à 17h45, le samedi 10h à 11h et 14h à 17h45, le dimanche de 10h à 11h, après la messe de 11h, de 14h30 à 17h45.
- **Visites** : à voir en accès libre, la copie du Saint-Sépulcre, le grand orgue restauré en 2015, les nombreuses peintures murales et tableaux de la basilique.

ABBAYE SAINT-PIERRE DE SOLESMES €

1, Place Dom Guéranger - **SOLESMES**
✆ 02 43 95 03 08
www.abbayedesolesmes.fr

Pour les séjours individuels estimation des frais de séjours à 35 €. Ceux qui peuvent donner plus en seront remerciés.

L'abbaye Saint-Pierre de Solesmes n'était autrefois qu'un modeste prieuré fondé en 1010 par l'abbaye Saint-Pierre-de-la-Couture, au Mans, sur une donation de Geoffroy de Sablé. Le prieuré n'abrita jusqu'à la Révolution qu'une dizaine de moines. Mais Solesmes doit le plus clair de sa notoriété à Dom Guéranger (1805-1875). En 1831, il se porte acquéreur du prieuré de Solesmes pour y réimplanter la vie bénédictine. Tout est à reconstruire mais la liste des bienfaiteurs est longue. En 1837, Dom Guéranger sollicite l'approbation de Rome pour sa nouvelle communauté qui devient la maison mère d'une nouvelle congrégation bénédictine. C'est par l'autorité des publications théologiques de Dom Guéranger que Solesmes acquiert une influence intellectuelle grandissante. Dom Charles Couturier, son successeur en 1875, poursuit son œuvre quand les moines sont expulsés, suite à un décret de mars 1880. Certains religieux habitent dans des maisons du village, tandis que d'autres fondent de nouveaux monastères. En 1895, les moines réintègrent leur monastère et en entreprennent l'agrandissement. Les lois anticléricales de 1901 freinent ce nouvel élan de fondation et les moines s'exilent en Angleterre. En 1922, ils peuvent revenir à Solesmes sous la conduite de leur nouvel abbé Dom Germain Cozien. C'est lui qui réalise la reprise de l'ancienne abbaye de Fontgombault. En 1961, une fondation est créée au Sénégal à Keur Moussa et plus récemment, en 1998, en Lituanie à Palendrial. La congrégation compte actuellement une vingtaine de monastères de moines et une dizaine de moniales.

Aujourd'hui l'abbaye de Solesmes vous accueille aussi bien pour assister à l'un de leurs offices, que pour une journée ou un séjour plus long pour celles et ceux, individus ou groupes qui désirent y faire une retraite ou simplement un séjour d'approfondissement spirituel. La messe conventuelle et les divers offices sont chantés en latin et grégorien. Des livrets avec traduction sont fournis. Il est possible pour ceux qui le souhaitent d'effectuer du travail manuel (jardinage, etc.) durant votre séjour ou bien de vous promener dans les environs. De même les hôtes qui souhaitent recevoir une aide spirituelle d'un moine ou simplement se confesser doivent en faire la demande au père hôtelier.

Cette importante abbaye dispose de 3 structures d'hébergement, l'une pour des hommes seuls ; une autre pour des femmes et des familles et une troisième pour des groupes importants déjà organisés de jeunes et de moins jeunes avec une capacité d'accueil et des équipements suffisants. Les groupes sont les bienvenus aux offices et à l'Eucharistie des moines mais s'ils désirent célébrer la messe à un autre moment, ils peuvent utiliser l'église paroissiale moyennant l'accord du curé.

▶ **Offices** : les personnes qui le souhaitent peuvent venir à l'abbaye assister aux offices. Horaire habituel : laudes à 7h30, messe conventuelle chantée à 10h (durée 1h15 à 1h45 dimanche et fêtes), sexte à 13h, none à 13h50, vêpres à 17h, complies à 20h30. Les dimanches et fêtes, messe en français à l'église paroissiale à 8h30 et 10h30. Pour les groupes, avertir à l'avance le père hôtelier en utilisant le formulaire prévu à cet effet sur le site Internet de l'abbaye.

L'église abbatiale est ouverte de 9h (9h30 les dimanches et fêtes) à 13h15, et de 14h à 18h15, et pour les complies.

▶ **Accueil. Pour les hommes seuls** : une vingtaine de chambres individuelle à l'intérieur de l'enceinte monastique dans l'hôtellerie. Chambre individuelle avec lavabo. Draps et serviettes fournis. La douche et les WC sur le palier. Les repas sont pris le plus souvent avec les moines. Durée maximale une semaine. Une bibliothèque (livres et revues) est à la disposition des hôtes, de même qu'un jardin. Enfin, il y a aussi sur place un oratoire, avec le Saint-Sacrement exposé en permanence.

▶ **Pour les femmes et familles** : les familles ne sont pas oubliées, car si l'abbaye n'accueille que les hommes dans les murs, la congrégation souhaite accueillir quiconque souhaite vivre un moment de recueillement dans l'atmosphère calme et propice des environs. Dans le village de Solesmes, l'abbaye met à la disposition des femmes et des familles de petites maisons avec plusieurs chambres, salle de séjour, cuisine, et tout l'équipement pour un séjour confortable.

▶ **Pour les groupes** : capacité maximale 64 couchages avec un ensemble de 2 bâtiments situés au pied de l'abbaye, au bord de la Sarthe. La Grande Marbrerie et Saint-Clément, peuvent être utilisés ensemble ou séparément, selon l'importance des groupes. Chacun avec une grande salle polyvalente (pour les réunions, les repas, etc.), une cuisine, un dortoir avec des douches et salles de bains. La Grande Marbrerie dispose de 42 lits (deux dortoirs) et Saint-Clément d'un dortoir de 18 lits et d'une chambre avec deux lits superposés (4 personnes).

▶ **Boutique** : la boutique de l'abbaye est importante. Elle vous propose un large choix de livres religieux, ainsi que d'objets religieux et des enregistrements de musique religieuse en CD, DVD, dont les chants grégoriens. Également, on trouve du pain d'épice fabriqué par les moines, ainsi que du miel, des confitures et de nombreux autres produits fabriqués par de nombreuses autres communautés monastiques de France et de l'étranger. Le magasin est ouvert de 9h à 19h, en dehors des offices liturgiques et des repas.

CENTRE SPIRITUEL DIOCÉSAIN DE L'IMMACULÉE €

11, rue du Pas Gazeau et 4, Rue de la Roseraie
CHAILLÉ-LES-MARAIS ✆ 02 51 56 72 06

Pour l'animation une offrande libre est demandée. Ceux qui le peuvent sont invités à donner davantage.

Le centre a été créé en 1935 par le père Martin, fondateur des Missionnaires de la Plaine et de Sainte-Thérèse. Le centre se situe au milieu d'un grand parc. Un espace jouxtant le parc est équipé de 8 mobile-homes confortables avec deux ou trois chambres chacun, pouvant accueillir des familles avec de jeunes enfants ou d'autres personnes en groupe, recherchant un lieu de recueillement et de ressourcement. Le centre propose différentes sessions encadrées par des professionnels.

MONASTÈRE DE LA VISITATION ✞

36, rue Abbé Pierre Arnaud
LA ROCHE-SUR-YON
✆ 02 51 37 10 13

Une estimation du prix de revient d'une journée est affichée dans les chambres : chacun donne selon ses possibilités.

Le monastère a été fondé à Dreux en 1860 par les Sœurs d'Avignon. En 1940, la ville est bombardée. La communauté trouve refuge à Niort puis s'installe à Vouvant en Vendée en 1941. À la Libération, le monastère de Dreux, en trop mauvais état, est vendu. La chapelle du monastère de Vouvant est consacrée en 1959. En 1997, la communauté déménage à La Roche-sur-Yon sur proposition de l'évêque monseigneur Garnier.

Les visitandines offrent 3 possibilités d'accueil : D'une part en hôtellerie monastique au 1er étage, sans ascenseur. Les repas sont assurés (on peut aussi s'organiser soi-même grâce à un équipement minimum : frigo, four micro-ondes et armoire chauffante). Le séjour est de 1 à 8 jours. Accueil pour dames et messieurs. Et aussi une maison indépendante (Béthanie).

Et d'autre part un accueil particulier à l'ordre de la Visitation, en clôture, pour dames, jeunes filles ou religieuses. Ces retraitantes prennent leurs repas avec la communauté et ont accès au parc du monastère. Elles organisent librement leur journée. Il leur est demandé de respecter le silence, et de passer effectivement en clôture la durée de leur séjour, celui-ci étant de 8 jours maximum. La chapelle est ouverte à tous de 6h45 à 19h ou 20h. Accueil : en clôture 5 chambres et hors clôture 5 chambres dont une à deux lits, au 1er étage, sans ascenseur. En hôtellerie monastique pour des séjours de 8 jours maximum + la maison Béthanie avec 4 chambres (cuisine, salle de séjour, jardin) en autonomie.

CARMEL DE LUÇON ✞

14, rue de l'Union Chrétienne - **LUÇON**
✆ 02 51 56 15 45

Conditions d'accueil et participation aux frais d'hébergement à convenir avec la sœur hôtelière.

Le carmel de Luçon a été fondé en 1847, par le carmel de Nantes, à la demande de monseigneur Baillès, alors évêque de Luçon, à proximité de la cathédrale. Les carmélites n'ont ensuite jamais quitté ce lieu d'origine. Les bâtiments monastiques, classiques et sobres, en pierres de la région, ont été construits entre 1847 et 1858. La chapelle a été restaurée en 1996-1997. Elle offre un lieu de recueillement propice à la liturgie et à la prière silencieuse avec ses vitraux carmélitains et ses bas-reliefs bibliques. Plus récemment, les lieux de vie ont été réaménagés et rénovés en 2007-2008 et les cloîtres restaurés en 2013-2014 offrant un bel espace de lumière et de paix. En 2016, le carmel de Luçon a fusionné avec une parties des sœurs du carmel de Chavagnes-en-Paillé qui a dû fermer. Pour des raisons de place toutes les postulantes n'ont pas pu venir à Luçon et ont du rejoindre d'autres carmels. Quelques chambres et un petit oratoire situé à l'accueil du monastère, permettent de recevoir des retraitantes.

- **Offices** : La messe est célébrée à 10h le dimanche et à 11h45 en semaine. Chaque dimanche soir, de 17h à 18h en été, de 17h30 à 18h30 en hiver, une heure d'adoration est ouverte à tous pour prier pour les vocations (sauf le premier dimanche du mois).
- **Accueil :** 4 chambres seulement, uniquement pour des femmes, pour des temps de retraites individuelles.
- **Boutique :** chaque jour, la boutique est ouverte permettant des rencontres, et découvertes de produits monastiques variés et de livres religieux.

ACCUEIL DES GLYCINES €€

1, avenue des Glycines
SAINT-JEAN-DE-MONTS
✆ 02 51 58 69 25

Tarifs variables selon le type d'accueil.

A quelques centaines de mètres de la plage de l'océan, la grande maison de Notre-Dame de la plage se partage en deux parties. L'une occupée par la communauté religieuse des sœurs missionnaires de l'Evangile. Elles seront heureuses d'accueillir les personnes qui souhaitent le partage d'échanges et participer à la prière communautaire dans leur oratoire. L'autre partie héberge le centre d'accueil des Glycines pouvant recevoir toute personne à la recherche d'un temps de repos spirituel ou autre, qu'il s'agisse de personnes seules, en couple ou en famille.

PASSEPORT

PROVENCE-ALPES-CÔTE D'AZUR

Bien entendu, la Région Provence-Alpes-Côte-d'Azur évoque de doux parfums de mer, de garrigue, de cigales... bref de soleil et de douceur. Selon vos préférences personnelles, vous pouvez considérer qu'un rude climat forge le caractère et est propice à une réflexion sur soi-même. Ou bien vous pouvez estimer que soigner le corps va de pair avec soigner l'esprit. Dans ce cas cette belle région du sud au climat clément vous comblera. PACA, comme on l'appelle parfois, c'est d'abord Marseille, et sa basilique qui vous regarde de haut, mais avec compassion. Mais c'est aussi tout le littoral, avec ses vues plongeantes sur la Méditerranée, son arrière pays de villages perchés, et ses abbayes et monastères magnifiques et prop ices à l'introspection. Si le cœur vous en dit, vous pourrez ponctuer votre recherche spirituelle de randonnées inoubliables ou même d'activités nautiques ou terrestres offertes dans toute la région.

COUVENT SAINT-JEAN-DE-MATHA ✞

FAUCON-DE-BARCELONNETTE

✆ 04 92 81 09 17

www.trinitaire-faucon.org

Chambre à partir de 25 €, petit déjeuner en plus.

La confrérie de la Sainte Trinité s'est établie en 1644 dans la paroisse de Faucon. En 1661, les Pères demandent au duc de Savoie l'autorisation de fonder un couvent de leur ordre. Ils obtiennent tous les accords nécessaires mais les Dominicains de Barcelonnette s'opposent au projet qui pourrait nuire à leurs intérêts. La chapelle des Pénitents est néanmoins mise à disposition des Trinitaires en 1668 et le monastère est achevé en 1684. Les reliques de saint Jean de Matha, fondateur de l'ordre en 1193, sont transférées de Faucon à l'église des Trinitaires en août 1674. Au fil des années, le couvent est rattaché à la Province italienne, puis à la Réforme trinitaire espagnole. A la Révolution française, il est vendu comme bien national.

En 1852, le couvent est racheté par le prince romain Alexandre Torlonia à la demande de son ami le père Antoine de la Mère de Dieu, ministre général, qui souhaite y établir une communauté religieuse. Les Pères sont de nouveau expulsés en 1900. Ils sont remplacés par des religieuses trinitaires hospitalières de Sainte-Marthe de Marseille jusqu'en 1905. Le prince Torlonia confie le couvent au curé de Faucon. En 1962, l'usage du couvent est accordé aux Sœurs Trinitaires de Valence. Elles y restent jusqu'en 1977 et sont remplacées par des Pères Trinitaires originaires du Québec. En 1998, un ministre français est nommé à la tête du couvent.

Situé dans la vallée de l'Ubaye, dans le village de Faucon proche de Barcelonnette, le couvent des Frères Trinitaires de Saint-Jean-de-Matha bénéficie, aujourd'hui, d'un cadre montagnard exceptionnel. Il possède une chapelle du XVIIIe siècle pouvant contenir deux-cents personnes, une cour intérieure, un cloître, un oratoire et une bibliothèque, une salle de lecture ainsi qu'une salle de réunion de quarante places. On peut partager la prière de la petite communauté comptant en permanence au moins un Père et un Frère. Des séjours de retraites individuelles sont proposés, dont la durée et le déroulement sont laissés à l'initiative de chacun. Sont accueillis aussi des groupes organisés.

▸ **Accueil** : 15 couchages avec 15 chambres individuelles. Les douches et les toilettes sont communes à chaque étage. L'accueil peut se faire en pension complète. Pour des groupes importants ou des familles, l'accueil peut se faire dans la Maison-Alpes-Monjoie contiguë au monastère, et l'accueil moderne en studios, tenus par les Sœurs Trinitaires de Saint-Jean-de-Matha.

ABBAYE NOTRE DAME DE GANAGOBIE ✞

GANAGOBIE

✆ 04 92 68 12 10

www.abbaye-ganagobie.com

Participation aux frais selon vos possibilités.

Dominant la vallée de la Durance, le plateau de Ganagobie renferme le souvenir d'une présence humaine et monastique depuis fort longtemps. Avant de devenir évêque de Sisteron en 964 et de céder ses biens à l'abbaye de Cluny, Jean reconstruit une église dédiée à Notre-Dame et une chapelle à saint Jean-Baptiste. Aux XIIe et XIIIe siècles, le monastère, occupé par treize moines, connaît rayonnement et prospérité. Aux siècles suivants, le monastère tombe sous le régime de la Commende. De 1632 à 1690, sous le priorat de Jacques (bibliothécaire du cardinal de Richelieu) et Pierre de Gaffarel, l'abbaye connaît un nouvel essor. En 1789, le prieuré est fermé avant d'être vendu comme bien national en 1791. L'année 1794 voit la démolition du chœur et du transept de l'église ainsi que de la partie orientale du monastère. Les Bénédictins de Sainte-Madeleine-de-Marseille, auxquels il fut cédé en 1891 par le comte de Malijay, en entreprennent la restauration. Les lois anti-cléricales de 1901 interrompirent les travaux. Les moines s'exilèrent en Italie. En 1922, les Bénédictins de l'abbaye d'Hautecombe en Savoie assurent une permanence avec un ou deux moines à Ganagobie. De 1953 à 1992, divers travaux vont se succéder : ouverture d'une route goudronnée jusqu'au prieuré, suivie par le relèvement du transept de l'église, la restauration des mosaïques médiévales découvertes en 1898 et la mise au jour d'une église abbatiale et d'une nécropole datant du IXe siècle, pour finir par l'agrandissement du monastère. Au terme de ces réalisations, la communauté d'Hautecombe quitte la Savoie pour s'installer à Ganagobie. Les horaires des offices sont utiles pour organiser votre séjour : vigiles à 5h, laudes à 7h, messe à 9h (10h dimanche et fêtes), sexte à 12h, none à 13h45, vêpres à 17h30, complies à 20h15. En ce qui concerne l'accueil, l'abbaye dispose de 13 chambres dont 4 comportent 2 lits, 2 chambres extérieures pour les pèlerins. L'accueil pour les groupes de jeunes se fait dans deux maisons du hameau de l'école, en gestion autonome. A l'entrée du monastère se trouve une boutique bien achalandée proposant divers produits provenant de plusieurs monastères, des boissons rafraîchissantes non alcoolisées, une belle librairie religieuse, et des CD de chants religieux. Les moines produisent eux-mêmes de l'huile d'olive, des confitures et des gelées de divers fruits, du miel parfumé à la lavande, à l'acacia ainsi qu'aux fleurs de Provence.

Abbaye Notre Dame de Ganagobie.

Abbaye de Lérins

ABBAYE DE LÉRINS ✝

CANNES ✆ 04 92 99 54 20
www.abbayedelerins.com
Participation aux frais selon les moyens de chacun.

Vers 405, lorsque saint Honorat, jeune patricien gallo-romain, arriva sur les îles avec quelques compagnons, dont saint Caprais, elles étaient désertes. Honorat ne tarda pas à attirer de nombreux disciples. Il bâtit très rapidement un monastère et une église. En 428, lorsqu'il devint archevêque d'Arles, le monastère était devenu l'un des plus célèbres d'Occident. Lors des deux premiers siècles de son histoire, Lérins vit affluer des moines de grande personnalité, issus pour la plupart de milieux nobles, tels saint Hilaire, saint Faust ou saint Eucher. Saint Aygulphe instaura au VIIe siècle la règle de saint Benoît. En 731, les moines et leur abbé furent massacrés par les Sarrasins. A la fin du Xe siècle, le monastère est de type clunisien. Sont alors construits des bâtiments fortifiés, encore visibles de nos jours. Le pèlerinage à saint Honorat se développa à partir du XIIe siècle. Le régime de la Commende, au milieu du XVe siècle, marqua le déclin de l'abbaye. Il ne restait que quatre moines lorsque le pape la sécularisa en 1787. En 1859, Monseigneur Jordany, évêque de Fréjus, rachète l'île et restaure la vie monastique. Les premiers moines arrivent en 1869. Depuis, Lérins est devenu le siège de la congrégation cistercienne de l'Immaculée Conception, fondée par Dom Barnouin, et compte une abbaye au Canada, deux en France, ainsi qu'une maison au Vietnam et en Italie. La communauté abrite des moines de nationalités différentes. Les retraites sont accessibles aussi bien aux hommes qu'aux femmes, aux couples et aux groupes.

▶ **Offices** : laudes à 7h30 (7h45 en été), messe à 11h25 (9h50 le dimanche et solennités et à 11h les jours de fêtes), sexte à 12h25, none à 14h30, vêpres à 17h45 (18h en été).

▶ **Accueil** : capacité maximale 30 couchages avec des chambres simples (avec lavabos et bloc sanitaire séparés) et chambres doubles avec salle de bains prioritairement pour les couples ou besoins particuliers. Une chambre PMR.

▶ **Boutique** : productions du célèbre vignoble du monastère, vins rouges et blancs ainsi que liqueurs et eaux-de-vie, la liqueur La Sénancole à base de plantes aromatiques.

▶ **Visites** : il est possible de faire le tour de l'île en visitant un certain nombre de bâtiments. Côté sud, entouré par la mer, se dresse le monastère fortifié entre le XIe et XIVe siècle. A voir également : la chapelle Saint-Caprais qui a été reconstruite sur ses ruines. Visites guidées du monastère fortifié de début juillet à mi-septembre. Le reste de l'année, accès libre de 10h30 à 16h. Chapelle de la Trinité : visites guidées de début juillet à mi-septembre.

ABBAYE NOTRE-DAME DE LA PAIX

271, route de Saint-Blaise - **CASTAGNIERS**
✆ 04 92 02 48 39
abbayenotredamedelapaix.fr
La participation aux frais est laissée à l'appréciation de chacun.

Après la Révolution Française, la plupart des monastères sont fermés et la vie monastique n'existe pour ainsi dire plus. Il faut attendre le début du XIXe siècle pour voir renaître les premières communautés chrétiennes, issues de l'effort de fidèles qui n'ont pas oublié les ordres et leur utilité pour les paroisses autant que pour la vie locale.

La communauté de Notre-Dame de la Paix a été fondée en 1865 par le restaurateur de la vie cistercienne de Sénanque et son fondateur à l'abbaye de Lérins, le père Marie-Bernard Barnouin. Celui-ci aspire à la vie monastique, mais ne souhaite intégrer ni trappistes, ni les chartreux, tant les contraintes sont grandes. Un petit groupe d'hommes menés par le Père Barnouin commence donc à vivre " en moines agriculteurs ". Bientôt, on lui fait don de l'Abbaye de Sénanque, vide et en bon état. La vie cistercienne menée ici depuis le XIIe siècle, le conduit à désirer la faire revivre et il y installe sa jeune communauté en 1854. Après maintes difficultés pour faire approuver à Rome sa " moyenne observance ", en 1858, une nouvelle Congrégation prend place dans l'Ordre cistercien, s'ajoutant à celles qui existent depuis le XVe siècle : la Congrégation de l'Immaculée Conception, dite de Sénanque. La branche féminine de Lérins est transférée à Castagniers en 1930, sur un site d'une exceptionnelle beauté. Mère Marie-Marguerite de la Trinité, élue Supérieure en 1935, œuvre au développement de la communauté. Le monastère est érigé en abbaye en 1962. Les cisterciennes fabriquent des confiseries : bonbons au chocolat, bouchées pralinées, tablettes, barres et confitures. L'abbaye accueille tous ceux qui sont à la recherche d'un lieu de silence et de paix, en vue d'un temps de ressourcement spirituel. Les hôtes sont invités à participer à la prière de la communauté. S'ils le désirent, ils peuvent rencontrer une moniale ou le père aumônier.

▶ **Offices** : vigiles à 5h, laudes à 7h15 (7h30 le dimanche), tierce à 9h15 (8h45 le dimanche), sexte à 11h45, none à 14h (13h30 le dimanche), vêpres à 17h15 (17h le dimanche) suivies de 45 minutes d'Adoration tous les jours, complies à 20h. Messes : 8h30 en semaine, 10h le dimanche et solennités, 11h le deuxième samedi du mois – Messe pour la Paix.

▶ **Accueil** : l'hôtellerie dispose de quatorze chambres modestes dont cinq à deux lits.

▶ **Boutique** : le magasin est ouvert du mardi au samedi de 9h30 à 11h30 et du mardi au dimanche de 14h30 à 17h. Il propose les produits de la chocolaterie du monastère.

PRIEURÉ NOTRE-DAME DE LAGUET

Route de Laghet - **LA TRINITÉ** ✆ 04 92 41 50 50
www.sanctuairelaghet.fr

Sur réservation. Prix modiques.

Depuis le XVe siècle (et peut-être même le XIe), il existait à Laghet une modeste chapelle dédiée à la Vierge. Vers 1628, un prêtre d'Eze, Dom Jacques Fighiera, la fait rénover et on vient à nouveau y prier. En 1652, trois miracles se produisent : la guérison d'un lépreux, la libération d'un homme prisonnier des pirates et la délivrance d'une enfant possédée. Dès lors, les pèlerins accourent en nombre et les miracles se multiplient. Une nouvelle chapelle est édifiée et le sanctuaire est confié aux Carmes de Turin à partir de 1674 jusqu'aux lois de séparation de l'Église et de l'État en France en 1903. La puissance de l'intercession de Marie en ce lieu a fait de ce sanctuaire le cœur du diocèse de Nice. Peu à peu ce lieu de pèlerinage est aussi devenu un lieu d'accueil spirituel où plusieurs prêtres diocésains et une communauté de Bénédictines du Sacré-cœur de Montmartre sont au service des pèlerins et des retraitants. Le monastère du XVIIe siècle, transformé en hôtellerie, permet d'accueillir de nombreux pèlerins et retraitants, italiens et français. Vous êtes les bienvenus aussi bien pour quelques heures que pour quelques jours. Vous êtes invités également au partage de la liturgie de la communauté. Le site propose, entre autres équipements, 6 salles de 10 à 200 personnes pour carrefours et réunions et une salle des hôtes.

Offices : messes en semaine à 11h30 et 16h30 (le samedi à 16h30 : messe anticipée du dimanche) ; le dimanche à 8h30, 11h, 16h30 - en été, une messe de plus à 9h30. Autres offices de la communauté : lecture à 7h30, laudes à 7h50 (7h40 le dimanche), milieu du jour à 13h30, vêpres à 18h30 (18h le samedi et 16h le dimanche), complies à 20h15. Adoration du Saint Sacrement, en semaine de 13h45 à 15h45, le dimanche de 13h45 à 15h20. Chapelet, en semaine à 15h50, le dimanche à 15h30.

Accueil. Capacité 100 lits avec 48 chambres simples ou multiples. Dans le bâtiment principal, ascenseur, avec ou sans sanitaires. 2 chambres pour personnes à mobilité réduite. Dans les autres bâtiments : chambres avec lavabo (douche et toilettes communes pour 2 ou 3 chambres), draps fournis par l'hôtellerie + 1 serviette par personne.

Restauration sur place avec 4 salles pour 400 couverts (groupes réserver à l'avance).

Boutique : un magasin-librairie important est ouvert le lundi de 14h30 à 17h30 et les autres jours de 9h30 à 12h30 et de 14h à 17h30. Une librairie avec un fonds religieux important et de nombreux produits et objets d'artisanat monastique.

FOYER DE CHARITÉ MARIA MATER €

2780, route de Nice - **ROQUEFORT-LES-PINS**
✆ 04 92 60 30 00 - foyercotedazur.com

Chacun participe aux frais selon ses moyens sachant qu'une journée en pension complète revient environ à 50 €.

Le Foyer de Charité de Roquefort-les-Pins a été fondé en 1950, en lien avec celui de Chateauneuf-de-Galaure. La communauté catholiques de vie de ce Foyer de Charité est composées de baptisés laïcs, hommes et femmes, rassemblés autour d'un prêtre, le Père du foyer. Situé à côté de Nice, dans un très beau cadre, il vous offre un accueil simple et chaleureux, dans le partage d'une une vie fraternelle afin de vous permettre de prendre du recul, de méditer, prier, pour être à l'écoute de la parole de Dieu. Il accueille toute l'année pour des retraites spirituelles et des formations chrétiennes, dans une atmosphère familiale et un climat de silence. Les retraites sont prêchées par un prêtre et s'adressent à tous, avec des thèmes variés. Quelles qu'en soient les motivations, la retraite spirituelle marque une pause, dans un lieu propice à l'intériorité. Le cadre, le silence et le rythme de la retraite rendent disponible à soi-même et à Dieu. Elle permet de souffler, se reposer, trouver du réconfort, rencontrer Dieu, réfléchir au sens de son existence, prendre du recul avant de faire des choix importants. Le calendrier et les programmes sur le site Internet du Foyer sont exhaustifs et donnent une vision complète des possibilités.

Offices : La liturgie est variable selon les retraites choisies. Toute l'année eucharistie à 18h30 les vendredi, samedi, dimanche et lundi. Assemblée de prière le vendredi de 20h30 à 21h30.

Accueil : capacité de 30 chambres simples ou doubles.

DOMINICAINES DE LA SAINTE-FAMILLE €

587, chemin des gardettes
SAINT-PAUL-DE-VENCE
✆ 04 93 32 53 93

Participation aux frais laissée à la discrétion de chacun à convenir avec la sœur hôtelière.

Les dominicaines vous accueillent dans une atmosphère familiale toute l'année. Elles offrent à tous un cadre propice au repos et seulement pour ceux qui le souhaitent à la méditation et à la prière en séjours individuels ou en groupes organisés. A votre disposition sur place chapelle, oratoire, jardin et parking. Pas de retraites ou de sessions spirituelles organisées. Les dominicaines de la Sainte Famille peuvent accueillir jusqu'à 15 personnes avec 12 chambres. Linge fourni.

PRIEURÉ NOTRE-DAME DES CHAMPS €

2098, Chemin de Bouchaud - **ARLES**
✆ 04 90 47 21 30
www.prieurebouchaud.com

Participation aux frais d'hébergement à convenir lors de votre réservation.

Dans un cadre champêtre et paisible du Parc régional de Camargue. Le prieuré entouré de son parc boisé n'est pas loin de Tarascon, d'Arles, des Saintes-Maries-de-la-Mer et de Saint-Gilles. Accueil monastique fraternel et joyeux pour groupes, familles ou retraitants ou pèlerins individuels. Possibilité de participer à la vie de la communauté et à sa liturgie. Pour les groupes possibilité de description de la vie monastique. Possibilité d'un accompagnement spirituel par un frère.

MONASTÈRE DE LA MISÉRICORDE €

Route du Val de Cuech - **AURONS**
✆ 04 90 56 10 90

Conditions d'accueil et participation aux frais d'hébergement à convenir avec la mère supérieure.

Les premières traces écrites de la chapelle Santa Petri de Cano datent de 1143. En 2010, la Fondation ne pouvant plus assumer son rôle de propriétaire, a fait don de l'abbaye aux Sœurs dominicaines contemplatives du Monastère de la Miséricorde. Celles-ci seront heureuses de vous accueillir pour un temps de ressourcement spirituel. La communauté reçoit des femmes seules, couples, prêtres, religieuses, pour un temps de retraite avec une possibilité d'accompagnement spirituel.

FOYER DE CHARITÉ SUFFERCHOIX €

Chemin de Sufferchoix - **LAMBESC**
✆ 04 42 57 14 86
www.foyer-sufferchoix.fr

Chacun participe aux frais selon ses moyens. Base indicative de 50 à 60 € par jour et par personne.

Le Foyer de Charité de « Sufferchoix » est situé dans la campagne provençale, à 25 km d'Aix-en-Provence. Il est perché sur un éperon rocheux d'où la vue s'étend sur les chaînes du Luberon, de la Sainte-Victoire, de la Sainte-Baume et de l'Étoile. La communauté qui l'anime est composée de laïcs ainsi que d'un prêtre. Le foyer est ouvert toute l'année et organise une retraite par mois. Également des sessions de formation. Elle accueille des groupes mais aussi des retraitants individuels.

ABBAYE NOTRE-DAME DE FIDÉLITÉ

Chemin du Pey d'Allefort - **JOUQUES**
✆ 06 35 12 30 06
http://www.abbayedejouques.org

Surplombant la vallée de la Durance, à une vingtaine de kilomètres d'Aix-en-Provence, l'Abbaye Notre-Dame de fidélité abrite une communauté d'environ 50 moniales vivant selon la règle de saint Benoît. Le monastère fut fondé en 1967 à proximité du village de Jouques. Envoyé par l'Abbaye Saint Louis du Temple à Limon (Essonne), un petit groupe de moniales s'installe au Pey de Durance dans des bâtiments de ferme qu'entourent plusieurs hectares de vigne. Le noviciat ouvre en 1970, et le monastère est erigé en abbaye en 1981. La communauté compte aujourd'hui quarante-sept sœurs, âgées de 22 à 90 ans. L'appel du Christ à tout quitter pour le suivre les a conduites et réunies en ce lieu. Liturgie, lectio divina, prière personnelle, travail et vie fraternelle rythment leur journées et alimentent leur marche commune dans la vie monastique. A travers joies et épreuves personnelles ou communautaires, c'est toujours la fidélité de Dieu qui les soutient. L'hôtellerie du monastère accueille parents et amis de la communauté, mais aussi des personnes hommes, femmes ou petits groupes souhaitant faire une retraite, dans un climat de prière et de paix. Côté travail manuel cher à saint Benoît, depuis la fondation du monastère, les sœurs cultivent une dizaine d'hectares de vignes (principalement grenache, merlot, uni blanc, cinsault). Au fil des années, a aussi été planté sur le domaine de l'abbaye un important verger, de la lavande, et ont été installées des ruches. Plus récemment, une ancienne oliveraie a été restaurée : les anciens plants perdus au milieu des pins, ont été déplacés et replantés, sur environ 2 hectares. Toutes ces plantations sont cultivées le plus naturellement possible. Le travail intellectuel fait également partie de la tâche de chaque membre pour mettre son intelligence au service de Dieu.

Offices : matines à 5h, laudes à 7h30 (dimanche 8h), tierce et messe à 8h30 (dimanche 10h30), sexte à 12h45, none à 14h45, vêpres à 17h30, et complies à 20h. Pour l'office divin et la messe, la communauté

chante en grégorien.

Accueil : Les hôtes sont reçus dans un logement à part avec une trentaine de chambres. Possibilité de

pension complète.

Boutique : au magasin de l'abbaye, vous sont proposés des produits issus pour la plupart du travail de la communauté : confitures, miel, amande, huile d'olive, vin. En parfumerie : savons, huile essentielle de lavandin, eau de lavande. En librairie : Mère Geneviève Gallois, des livres pour enfants, CD, DVD, cartes et images.

BASILIQUE NOTRE-DAME-DE-LA-GARDE ✞ ★★★★

Rue Fort-du-Sanctuaire - **MARSEILLE** (7e)
✆ 04 91 13 40 80
www.notredamedelagarde.com

Ouvert toute l'année. Basse saison : de 7h à 18h15. Haute saison : de 7h à 19h15. Gratuit. Restauration. Boutique.

En 1214, un prêtre de Marseille, Pierre, fit édifier un petit sanctuaire sur le sommet rocheux de la petite colline de La Garde juchée à 161 m. Sous le règne de François Ier, l'empereur Charles Quint, voulant s'emparer du midi de la France, assiégea, sans succès Marseille en 1524. Le roi, pour augmenter les défenses de la ville fit construire un fort militaire contigu à la chapelle dont il permit cependant l'accès libre durant la journée aux fidèles. Cette situation perdura d'ailleurs pendant 4 siècles. A partir du XVIe siècle, de nombreux marins ne pouvant plus se rendre à l'ancienne église Saint-Etienne suite à sa démolition pour y invoquer leur protection en mer, prirent l'habitude de monter accomplir cette démarche à Notre-Dame de la Garde. Lors de la Révolution, le sanctuaire fut pillé et toutes les statues et ex-voto disparurent. La chapelle conserva seulement un grand Christ en Croix toujours visible dans la crypte. Après la Révolution, le culte des marseillais reprit en 1807. Mais la population s'étant fortement développée depuis le XIIIe siècle, la chapelle dut être agrandie un peu par la suppression du mur mitoyen avec le fort. En 1937, les responsables du sanctuaire s'installèrent à la chapelle. Et dès 1851, un projet de remplacement par un sanctuaire, plus grand et surmonté d'un haut clocher, de style néo-roman fut élaboré par les responsables religieux. La première pierre fut posée le 11 septembre 1853 par l'évêque de Marseille. Le sanctuaire fut consacré le 4 juin 1864, bien que son clocher ne soit pas terminé. En 1866 fut installé le gros Bourdon. La Statue monumentale réalisée selon des processus nouveaux à l'époque fut recouverte par électrolyse d'une fine couche de cuivre puis dorée à la feuille d'or. Elle fut hissée et fixée à sa carcasse métallique en haut du clocher en mai-juin 1870. Depuis cette époque la statue est redorée tous les vingt-cinq ans environ. Sa hauteur totale, piédestal compris est de 23,70 m lui permet d'être visible de très loin. En 1872 débuta la pose de mosaïques d'abord au sol, et de 1882 à 1884 furent posées les mosaïques ornementales, chantier qui se poursuivit de 1890 à 1892. Ce sont environ 1 200 m² qui en ornent l'intérieur de la basilique, à l'exception des murs latéraux. Elles sont magnifiques car inspirées de celles que l'on trouve à Rome comme à Ravenne. C'est leur présence qui fait évoquer un style romano-byzantin plutôt que néo Roman pour l'église du sanctuaire. En 1889, un ascenseur fut installé, dans une ancienne carrière pour faciliter la montée des fidèles par l'ingénieur Emile Maslin. Il fonctionna jusqu'en 1967 et démoli en 1974. L'achèvement de la construction de la basilique peut être considérée par la pose de ses lourdes portes de bronze en 1897. En 1914, lors de grandes fêtes organisées pour marquer le 7e centenaire du sanctuaire de Notre-Dame de la Garde fut évoqué, entre représentants du diocèse et de l'armée, le principe d'un échange immobilier entre ce qui restait du fort, désormais inutile militairement, et un immeuble en ville. (Cet acte d'échange ne fut officiellement signé qu'en juillet 1941). En 1934, le fort fut déclassé. Entre temps, en juin 1931, les fêtes du couronnement de la statue de Notre-Dame de la Garde avaient attiré à Marseille, pendant quatre jours, quarante-neuf évêques et 300 000 personnes. En 1936, le diocèse commença à construire, côté mer, un immeuble destiné à loger des religieuses attachées au sanctuaire. En novembre 1942, le fort, désormais propriété du diocèse, fut occupé par les Allemands jusqu'à ce qu'il soit libéré le 25 août 1944 par une section de la 7e Régiment de Tirailleurs Algériens. Deux nouveaux bâtiments furent construits par l'évêché le long des murs face à la ville entre 1950 et 1961. Ils offrent désormais hall d'accueil, magasin, restaurant. Enfin entre 2000 et 2008, de grands travaux de restauration du sanctuaire ont été effectués et le système d'éclairage entièrement restructuré permettant, entre autres, une meilleure mise en valeur des mosaïques. De nos jours le sanctuaire, devenu emblématique de Marseille sous l'appellation populaire de « la Bonne Mère » reçoit plus de deux millions de visiteurs et de pèlerins chaque année.

▸ **Contacts** : Basilique Notre-Dame de la Garde– Rue Fort du Sanctuaire – 13281 Marseille Cedex 06 - ✆ 04 91 13 40 80 - fax : 04 91 37 28 99 - Site : www.notredamedelagarde.com – Courriel : contact@notredamedelagarde.com

▸ **Visites guidées** : la basilique Notre-Dame de la Garde est à la disposition des groupes d'adultes, de jeunes et de scolaires pour des visites guidées gratuites, mais pour lesquelles on peut faire une offrande.

▸ **Messes et célébrations**

Horaires d'été – du 31 mars au 30 septembre : messes du dimanche à 8h, 9h,10h,11h, 12h,17h et vêpres à 16h. Messes en semaine à 7h25, 9h,17h à la crypte. Le samedi à 17h à la basilique. Horaires d'hiver – du 1er octobre au 1er avril : messes du dimanche à 8h, 9h, 10h, 11h, 12h, 16h30 et vêpres à 15h. Messes en semaine à 7h25, 9h, 16h30 à la crypte. Le samedi à 16h30 à la basilique. Prière du matin (Laudes) : tous les jours du lundi au samedi à 7h25 avant la messe, dans la crypte. Chapelet : Il est récité tous les jours de la semaine à 16h (hiver), 16h30 (été). Vêpres et Salut du Saint-Sacrement : le dimanche à 15h30 (hiver), 16h (été). Le dimanche, les messes se déroulent à la basilique sauf celles de 9h et de 11h à la crypte.

Le Vieux Port et la basilique Notre-Dame-de-la-Garde.

© LAWRENCE BANAHAN - AUTHOR'S IMAGE

CARMEL NOTRE-DAME €

81, chemin de l'Oule - **MARSEILLE** (12e)
✆ 04 91 93 59 10
www.carmel.asso.fr/Marseille.html

Conditions d'accueil et participation aux frais d'hébergement à convenir avec la mère supérieure.

Le Carmel de Marseille (Belle de Mai) est fondé par Lyon le 29 mars 1623 et dédié à sainte Madeleine au pied de la croix. Dès ses débuts, il s'agit d'une communauté très vivante, qui notamment essaimera pour fonder le Carmel d'Aix en Provence dès 1625. Jusqu'à la révolution le Carmel alterne périodes fastes et périodes plus austères. A la Révolution la communauté est dispersée et les sœurs se réfugient en Italie ou en Espagne. Ce n'est que 40 ans après cette dissolution, en 1832, que le carmel se reconstitue, grâce à Mgr Charles de Mazenod qui les rappelle dans le diocèse. Cette restauration fut l'œuvre des 2 fondatrices du carmel de Ferney-Voltaire fermé pendant la Révolution et réfugiées à Aix. Les bâtiments actuels, dans lesquels la communauté s'est installée en 1972, sont de style méditerranéen moderne. Notamment la chapelle en forme de coquille Saint-Jacques ornée d'un joli vitrail non figuratif. L'accueil est personnel, réservé à des femmes pour un temps de ressourcement spirituel et de retraite dans le silence et le recueillement d'une durée maximale de huit jours. Pour le premier séjour le monastère ne reçoit pas sur demande téléphonique mais uniquement sur demande écrite. w Offices : laudes à 7h30, eucharistie à 15h15 (9h15 le dimanche), heure médiane à 12h, vêpres à 16h45.

Accueil : le Carmel Notre-Dame ne dispose que d'un petit accueil de cinq chambres.

Boutique : les carmélites confectionnent des vêtements liturgiques, quelques icônes ainsi que des vêtements et nappes provençales.

NOTRE DAME-DU ROUCAS €

341, chemin du Roucas Blanc - **MARSEILLE** (7e)
✆ 04 91 52 60 39
roucas.chemin-neuf.fr

Séjour individuel : pension complète 40 à 60 € par jour selon la chambre.

En plein centre de Marseille, avec vues sur la rade et au calme au milieu d'un parc de 4 hectares, le centre accueille des groupes comme des individuels pour des séjours spirituels ou des retraites. Avec possibilité d'accompagnement spirituel par un prêtre, un frère ou une sœur et de partage de la liturgie de la communauté. La Communauté qui l'anime propose également ses propres retraites ou sessions organisées. Pour les groupes déjà organisés plusieurs lieux de prière à disposition et plusieurs salles de différentes tailles disponibles. Egalement parking.

FRÈRES ET SOEURS BÉNÉDICTINS DE SAINTE-LIOBA

Chemin des Mérentiers - **SIMIANE-COLLONGUE**
✆ 04 42 22 60 60
www.lioba.com

Conditions d'accueil et participation aux frais d'hébergement à convenir avec la mère supérieure.

Les frères et sœurs bénédictins de Sainte-Lioba sont une communauté de religieux suivant, outre la règle de Saint-Benoit prescrite par leur ordre, l'exemple d'une sainte femme, Hildegarde Michaelis, qui inspire leur vie quotidienne mais également les enseignements qu'ils prodiguent à travers leurs retraites et divers séminaires. C'est cette femme exceptionnelle qui fonda l'ordre de Sainte-Lioba en 1935. Née en 1900 à Erfurt, élève de l'école des Beaux-Arts de Hambourg, convertie à la foi catholique à l'âge de 28 ans, Hildegard Michaelis fonde en 1935 un premier monastère en Hollande, suivi par une fondation en Suisse puis en France à Simiane-Collongue. En 1966, touchée par une paralysie, elle commence à peindre avec sa main gauche. Chacune de ses œuvres d'art, qu'elle soit d'inspiration biblique ou inspirée par la nature et la beauté des formes, exprime la même joie, la même lumière, puisqu'elle puise toujours son inspiration dans la recherche de Dieu, source de toute beauté.

La nature, le silence du lieu, la liturgie des deux communautés de moines bénédictins et de moniales bénédictines peuvent vous conduire à une expérience où vous découvrirez plus que vous ne l'aviez espéré. Il vous est proposé durant votre séjour de participer, au moins en partie, à la liturgie des moines et moniales. Et si vous le souhaitez, de partager certains travaux domestiques dans ou autour de l'abbaye. Un accompagnement spirituel et personnel pourra être assuré par une sœur ou un frère. Vous pouvez effectuer une retraite à titre individuel ou participer à l'une de celles proposées et organisées par la communauté. Cette maison d'accueil est un lieu de vie : il est demandé de respecter le silence pendant les repas et dans la partie où se trouvent les chambres et l'oratoire. Si vous désirez parler avec une personne, vous pouvez aller dans l'un des parloirs près de la salle à manger.

Offices : oraison-vigiles à 5h40, laudes à 8h30 puis eucharistie (11h15 le dimanche), sexte à 12h45, none à 15h30 (le dimanche), oraison à 17h45, vêpres à 18h15, complies à 20h15 (samedi soir 20h), vigiles à 20h le dimanche.

Accueil : une dizaine de chambres simples. Apporter draps, taies d'oreiller et linge de toilette. Cuisine simple, légère (pas de possibilité de régimes particuliers).

Boutique : la boutique présente l'artisanat du monastère avec peintures à l'huile et tentures en batik, ornements liturgiques, céramiques, mosaïques, vitrail et carterie avec pièces personnalisées.

ABBAYE SAINT-MICHEL-DE-FRIGOLET ✝ ★★

Route de Frigolet - **TARASCON** ✆ 04 90 95 70 07
www.frigolet.com

Pour couvrir les frais de séjour, la communauté vous remercie de votre offrande selon vos possibilités.

En 1133, une communauté déjà bien constituée de 13 chanoines blancs est mentionnée pour la première fois. Sa fonction était de desservir le sanctuaire de la Vierge qui était alors vénérée ici sous le titre de Notre-Dame de Frigolet. Au XVIIe siècle, le monastère connait un grand rayonnement qui se manifeste dans les bâtiments qui sont rénovés (le chapitre et les salles attenantes) ainsi que par le somptueux décor de la chapelle de Notre-Dame du Bon Remède. Les religieux sont chassés par la Révolution française, l'un des pères est exécuté à ce moment, et le monastère est vendu. Un pensionnat s'y installe pour quelques temps. En 1858, sur le conseil du Saint-Curé d'Ars, le père Jean-Baptiste Boulbon, restaurateur de l'ordre des Prémontrés, achète l'ancien prieuré Saint-Michel. En 1866, l'église néogothique de l'abbaye est consacrée. En 1880, les Prémontrés sont expulsés par l'armée et accueillis en Angleterre par le duc de Norfolk à Storrington dans le Sussex. De retour en France, ils sont de nouveau expulsés par les lois anticléricales en 1903. Les chanoines s'exilent alors en Belgique, dans l'abbaye de Leffe, à laquelle ils redonnent vie. Leffe étant au cœur des combats en 1914, l'abbaye est investie par les Allemands et la communauté envoyée en déportation. En 1922, la dizaine de survivants retrouve Frigolet dévasté par vingt années d'abandon. Ils se mettent aussitôt au travail pour faire revivre leur maison qui se redressa en quelques années. Les frères se consacrent aujourd'hui à l'accueil des visiteurs, des hôtes de passage, des jeunes et des retraitants, et de tous ceux qui recherchent le silence, le repos, la prière ou l'étude. Une communauté religieuse de la congrégation des Sœurs de Saint-Charles de Nancy partagent sur la Montagnette le quotidien contemplatif et actif des prémontrés. Pour un temps de retraite spirituelle, l'hôtellerie monastique accueille pour un séjour maximum de huit jours toutes les personnes qui désirent partager la prière liturgique et les repas de la communauté en silence. Pour les groupes, d'autres structures sont à leur disposition : salles de réunion et une salle de conférences, avec cuisine à disposition, de vastes espaces de marche et terrains de jeux.

- **Offices** : chantés en grégorien et en français. Laudes à 7h (7h30 le dimanche et fêtes), tierce à 9h, messe à 9h10 (10h30 le dimanche), sexte à 12h15, none à 14h15, vêpres à 18h30 (suivies de la bénédiction du Saint Sacrement le dimanche), complies à 20h30 (21h en juillet et août).
- **Accueil** : capacité de 100 couchages. L'accueil monastique se fait dans des bâtiments proches de l'abbaye (mais hors clôture) avec chambres individuelles, chambres multiples et dortoirs pour groupes ou familles.
- **Visites** : visites guidées à l'intérieur du monastère sauf jours de fêtes et de récollection spirituelle de la communauté, chaque dimanche à 16h30 (15h30 en hiver). Les groupes doivent réserver. Le site et les églises sont ouverts tous les jours de 7h à 12h et de 14h à 17h pour l'église Saint-Michel et de 8h à 10h45 ainsi que de 14h à 17h55 pour la basilique abbatiale, et se visitent librement tous les jours.
- **Boutique** : les bières de Frigolet et les liqueurs dont la célèbre du révérend Père Gaucher. Aussi : liqueur des Prémontrés, verveine des Prémontrés, la Norbertine, miel et les 24 parfums de sirops de Frigolet, le pastis de Frigolet. Grand choix d'ouvrages religieux, d'artisanat monastique et provençal.

Abbaye Saint-Michel-de-Frigolet.

MONASTÈRE NOTRE-DAME DE CLEMENCE €

COLLOBRIÈRES ✆ 04 94 43 48 28
bethleem.org/monasteres/laverne.php
Conditions d'accueil et participation aux frais d'hébergement à convenir avec la mère supérieure.

Depuis le XIIe siècle, le monastère de La Verne vit et prie dans la solitude du massif des Maures. Son nom signifie, Notre-Dame de Douceur Divine. La chartreuse a été construite sur un ancien prieuré en 1170 à l'initiative de Pierre Isnard, évêque de Toulon et de Frédol d'Anduze, évêque de Fréjus. Ces dernières années, la providence a permis de reconstruire le grand cloître avec ses ermitages. L'église romane, restaurée, permet aux visiteurs de participer à des offices liturgiques.

FOYER D'ACCUEIL DE LA SAINTE-FAMILLE €

Quartier Notre-Dame - **COTIGNAC**
✆ 04 94 04 65 28
www.foyerdelasaintefamille.fr
Tarifs en fonction des sessions choisies et selon les moyens de chacun.

Ce Foyer est le lieu d'hébergement du sanctuaire. Mais il est aussi ouvert pour d'autres hôtes que des pèlerins. Installé sur le mont Verdaille, dominant le village de Cotignac, le Foyer de la Sainte-Famille accueille familles, personnes seules, groupes dans une ambiance chaleureuse et conviviale. Composé de 14 bungalows autour d'une maison d'accueil, il propose en collaboration avec les frères pendant les vacances de Noël, Pâques et été, des sessions familiales de dix jours environ.

MONASTÈRE DE BETHLEEM NOTRE-DAME DU TORRENT DE VIE €

LE THORONET ✆ 04 94 85 92 05
bethleem.org/monasteres/thoronet.php
Conditions d'accueil et participation aux frais d'hébergement selon vos moyens à convenir avec une sœur hôtelière.

Monseigneur Gilles Barthe, évêque de Fréjus et Toulon, décida en 1978 d'implanter le monastère Notre-Dame du Torrent de Vie sur un terrain proche de la célèbre abbaye romane du Thoronet. Pendant trente ans les moniales ont habité dans des cabanes de chantier où elles ont mené leur vie de prière et de travail dans des conditions de solitude. Aujourd'hui le cloître d'ermitages de la « Maison Haute » est achevé, et la petite hôtellerie du monastère permet de recevoir quelques retraitants.

MONASTÈRE SAINT-JOSEPH ✞

5248, Chemin de Saint-Joseph
COTIGNAC
✆ 04 94 04 63 44
www.saintjosephcotignac.com
Conditions d'accueil et participation aux frais d'hébergement à convenir selon vos moyens avec la sœur hôtelière.

Cotignac est un haut lieu de prière chrétienne, car lieu d'apparition reportée des deux plus grands saints de notre histoire chrétienne, la Vierge Marie et saint Joseph. Le 7 juin 1660, la journée s'annonce chaude. Un jeune berger de Cotignac, Gaspard Ricard, âgé de 22 ans, a conduit son troupeau sur le versant est du Bessillon. Vers une heure de l'après-midi la chaleur est intense. Assoiffé, il s'allonge sur le sol rocailleux quand soudain un homme d'imposante stature se tient près de lui et indique un rocher en lui disant : « Je suis Joseph, enlève-le et tu boiras. » La pierre est lourde, mais le vénérable vieillard, comme disent les récits de l'époque, réitère son ordre. Le berger obéit, déplace le rocher, et découvre une eau fraîche qui commence à ruisseler. Il boit aussitôt avec avidité. Lorsqu'il se relève, l'apparition a déjà disparu. Sans plus attendre, il va porter la bonne nouvelle au village et les curieux arrivent. Trois heures après l'événement, en un lieu que tous savent être dépourvu de source, une eau abondant s'écoule. Les bénédictines de Médéa fondèrent le prieuré, à leur retour d'Algérie, à l'endroit même où fut construit un sanctuaire, non loin de celui de Notre-Dame-de-Grâces. Les pèlerinages ont lieu le 19 mars, 1er mai et 16 juin. En fin d'année 2019, les bénédictines quittent leur monastère. Depuis, une communauté de sœurs Mater Dei est installée au monastère et poursuit l'accueil offert par les précédentes locataires, accueillant retraitants de tous ordres et quelle que soit leur démarche.

HOSTELLERIE DE LA SAINTE-BAUME €

2200, CD 80 route de Nans
PLAN-D'AUPS-SAINTE-BAUME ✆ 04 42 04 54 84
www.saintebaume.org/hostellerie
A partir de 24 € par personne et par nuit en basse saison.

L'Hostellerie de la Sainte-Baume est une maison d'hébergement et de restauration d'un sanctuaire tenue par les frères dominicains. Elle est proche du célèbre sanctuaire provençal de la Sainte-Baume. Ils y accueillent aussi bien des personnes individuelles que des couples et familles, ainsi que des groupes constitués de diocèses, paroisses, religieux, d'aumôneries, randonneurs, pour une ou plusieurs nuits. La chapelle de l'Hostellerie ou la Grotte sont à disposition des visiteurs.

ABBAYE DU THORONET ✞ ★★★★

LE THORONET ✆ 04 94 60 43 96
www.le-thoronet.fr
Basse saison : 10h-13h/14h-17h.
Haute-saison : 10h-18h30. Adulte : 8 €.
Label Tourisme & Handicap. Visite guidée.

L'abbaye du Thoronet est le site le plus visité du Var. Elle forme avec les deux autres abbayes cisterciennes de Provence, Sénanque et Silvacane, cette trilogie à qui le joli nom de « nos trois petites sœurs provençales » a été décerné. C'est en 1146 que des moines venus de Tourtour pour trouver de l'eau, découvrirent ce site. La règle de saint Benoît leur imposait de vivre dans un état d'humilité, de pauvreté et d'équilibre entre le travail et la prière. Les cisterciens recherchent le silence, ils travaillent de leurs mains, cultivent la vigne et l'olivier. A partir du XIVe siècle, les règles se relâchent. L'effectif des moines diminue. Sous la Révolution, ils sont chassés, l'abbaye est laissée à l'abandon, elle sert de carrière de pierres aux villageois qui viennent y chercher des matériaux pour construire leur maison. Prosper Mérimée sauve l'abbaye en la signalant à l'architecte des Monuments historiques. Le déclin est enrayé, la restauration commence. Certains bâtiments ont complètement disparu – la cuisine, le scriptorium, le réfectoire des moines. Fort heureusement, une grande partie des pièces sont encore intactes, et les parcourir donne aux visiteurs curieux un aperçu du quotidien des moines :

▶ **L'église**. De style roman et édifiée avec des pierres de calcaire de la région, elle présente une façade sobre et un état de dépouillement conforme à la quête d'austérité des Cisterciens. Elle est en forme de croix latine et comporte une nef à quatre travées. De taille modeste, avec ses 40 m de long et 20 m de large, la nef est couverte de voûtes en berceau (ou en demi-berceau au niveau des bas-côtés).

▶ **Le cloître**. Il s'agit de l'un des cloîtres cisterciens les plus anciens à être encore intacts, sa construction étant estimée à 1145. Il constitue le cœur de l'ensemble monastique et relie les différents bâtiments les uns aux autres. Ses quatre galeries encadrent un jardin dont le calme est propice à la méditation et à la prière. On remarque les arcades de la galerie sud, caractéristiques de l'art roman cistercien, tandis que celles de la galerie nord possèdent des chapiteaux ornés de feuilles d'eau et de crochets, typiques de la période gothique. Près de la galerie nord, dans le jardin intérieur du cloître, se trouve un petit pavillon dédié à la toilette des moines. Le lavatorium, bassin de pierre hexagonal alimenté par seize becs, servait aux ablutions des moines.

▶ **La salle capitulaire**. Lieu essentiel de la vie monastique, la salle capitulaire donne sur la galerie est du cloître. Elle est couverte de six croisées d'ogives reposant sur deux colonnes au centre. Les moines se réunissaient ici quotidiennement pour la séance capitulaire, avec la lecture de la règle de saint Benoît puis le chapitre des coulpes pendant lequel, installés sur des gradins en pierre face à l'abbé, ils avouaient leurs fautes et demandaient pénitence. C'est aussi dans cette salle qu'étaient prises les décisions importantes du monastère.

▶ **Le cellier**. Dans le prolongement de la galerie occidentale du cloître, le cellier présente une forme rectangulaire et donne à voir une maquette de l'abbaye, qui permet de mieux comprendre l'agence des bâtiments monastiques. C'est dans le cellier que les convers veillaient à la conservation des denrées. On peut aussi y admirer le pressoir à huile d'olive et les pressoirs, installés bien plus tard pour extraire le vin.

▶ **Le dortoir des moines**. Il occupe l'intégralité de la partie supérieure du bâtiment des moines et communique directement avec l'église. Couvert d'une longue voûte en berceau brisé, il possède de nombreuses baies laissant entrer la lumière. Tout d'abord communautaire, le dortoir fut ensuite réorganisé en cellules à la fin du Moyen Age.

L'abbaye constitue le plus beau spécimen de l'architecture romane provençale à son apogée, par l'harmonie de ses proportions, l'équilibre des masses, la perfection de l'ajustage des pierres assemblées avec soin. La forme trapézoïdale du cloître a suscité bien des interrogations. S'agit-il d'une simple adaptation à la topographie du terrain, ou doit-on y voir une configuration chargée de symboles, une signification ésotérique ?
L'église possède une acoustique exceptionnelle, adaptée à la mise en valeur de la voix humaine et à la résonance du chant grégorien. Le son se transmet d'une extrémité à l'autre sans aucune déperdition ni déformation. Dans le cadre du festival Résonances Grégoriennes, l'abbatiale accueille justement des concerts d'exception ainsi qu'un atelier d'initiation au chant grégorien. Tout au long de l'année, diverses manifestations et activités se tiennent à l'abbaye du Thoronet : concerts *a cappella*, festivités autour de Noël, démonstrations, ateliers pour les enfants, marché de produits artisanaux, expositions artistiques... En 2021, les artistes contemporains Anne et Patrick Poirier, habitués à exposer dans des bâtiments religieux, ont investi l'abbaye avec une quinzaine d'installations artistiques. Et pour découvrir l'abbaye de manière ludique, un jeu de piste pour les enfants a été mis en place. Il se présente sous la forme d'un parcours amusant les invitant à explorer les différentes parties de l'abbaye, puis à répondre à des questions au fur et à mesure de leur découverte. Parfait pour rendre plus accessible un sujet qui n'intéresse pas toujours les plus petits. Une version pour les adultes du jeu de piste, plus pointue, existe également. Rendez-vous sur le site Internet officiel pour télécharger gratuitement les livrets correspondants.

SANCTUAIRE SAINTE-BAUME

Route de Nans
PLAN-D'AUPS-SAINTE-BAUME
✆ 04 42 04 54 84
www.saintebaume.org

Retraites organisées et hébergement à l'hostellerie.

Un des plus célèbres sanctuaires provençaux dans un cadre exceptionnel. Selon la tradition, c'est l'année 47 que sainte Marie-Madeleine serait arrivée à la Sainte-Baume. Saint Jean Cassien y fonda un premier prieuré vers 415. Au Ve siècle, la présence des moines de l'abbaye Saint-Victor de Marseille y est avérée. Sur ordre de Charles II d'Anjou, comte de Provence et futur roi de Sicile, des fouilles sont réalisées en 1279, à Saint-Maximin, qui révèlent la découverte des reliques de Marie-Madeleine. La confrérie Marie-Madeleine est fondée en 1629 par le pape Urbain VIII. Entre 1789 et 1793, les lieux sont pillés par les révolutionnaires, entraînant le départ des dominicains. Les bâtiments vendus comme biens nationaux sont rachetés en 1791 par le marquis d'Albertas. Entre 1824 et 1834, une présence religieuse est assurée par des pères trappistes puis des pères capucins dans une ferme aménagée sur le plateau. À partir de 1859, le couvent de Saint-Maximin est racheté par le père Lacordaire qui y réinstalla des dominicains et fit construire l'hostellerie dans la plaine. On assiste alors à un véritable renouveau du pèlerinage. En 1900, 1901 et 1913, les visites de Charles de Foucauld se répètent. Poursuivant l'aménagement du sanctuaire, le père Vayssière restaure les escaliers menant à la grotte avec le même nombre de marches que d'Ave du Rosaire et le calvaire est inauguré. On lui doit également la construction de Nazareth. Fermé en 1997 pour cause de travaux, la grotte est rouverte en 2002 et quatre dominicains s'y installent. Quant à l'hôtellerie, elle est reprise en 2008 par les frères. De nos jours, la présence et l'investissement important des dominicains a redonné du souffle à cette longue page d'histoire ainsi qu'à la notoriété et au développement du sanctuaire. Ils vous accueillent dans leur monastère tous les jours de l'année avec permanence d'accueil, liturgie quotidienne et possibilité de se confesser. Le seul moyen d'accès est de venir à pied. Il faut compter environ 45 minutes de marche. Il existe plusieurs chemins d'accès. Le chemin des Roys est le moins difficile. Il débute au bord de la route départementale, à quelques centaines de mètres de l'hostellerie, au parking dit des « trois chênes ». Horaires et offices de la grotte : la grotte est ouverte en hiver de 8h30 à 17h avec messe à 11h et vêpres à 16h30. En été, les portes sont ouvertes de 7h30 à 18h30 avec messe à 11h et vêpres à 18h (16h30 le dimanche). Le magasin du pèlerin : vous y trouverez souvenirs, objets de piété, cartes postales, livres et disques.

MONASTÈRE DE SAINTE-MARIE-MADELEINE

SAINT-MAXIMIN-LA-SAINTE-BAUME
✆ 04 94 78 04 71
www.saintebaume.org

Conditions d'accueil et participation aux fraisd 'hébergement à convenir avec la sœur hôtelière.

En 1206 a lieu la fondation des moniales par saint Dominique à Prouilhe près de Toulouse, en plein pays cathare. En 1860, implantation de cette communauté dominicaine à Marseille, au service des malades incurables et des infirmes de tous ordres abandonnés de tous. Le monastère de Saint-Maximin est créé en 1972 à partir de l'œuvre Sainte-Catherine. Le monastère déménage en 2009 sur la colline du Deffends, un lieu alors préservé de la ville de Saint-Maximin à 400 m d'altitude. Son emplacement offre aux retraitants une vue et une atmosphère propices au repos et au recueillement, changeantes au fil des saisons. Les moniales proposent à tous ceux qui le souhaitent de partager quelques jours leur vie liturgique de prière et de contemplation. L'accueil est ouvert à toutes les personnes pour des séjours individuels ou en groupes organisés pour des séjours de retraites ou sessions de formation. Et également des jeunes filles qui réfléchissent à une vocation… et plus généralement toute personne qui cherche Dieu et souhaite partager la prière et la vie de la communauté. Elles accueillent aussi bien pour la journée que pour un séjour dont la durée peut être comprise entre deux et huit jours et mettent à disposition, outre des possibilités d'hébergement et la restauration, des lieux de prière, deux salles de conférence, une bibliothèque. Enfin, pour les guides et les scouts, mise à disposition d'un espace pour camper et d'un autel pour les célébrations en plein air.

MONASTÈRE NOTRE-DAME DE CLARTÉ €

2, quartier de la Combe
SALERNES
✆ 06 30 06 65 69

Chacun participera selon ses moyens sur une base de 50 € par personne en pension complète.

Les Sœurs dominicaines Notre-Dame de Clarté sont rattachées à l'Ordre de Saint-Dominique donnant la priorité à la prière et à la contemplation. Elles accueillent dans la compassion, toute personne souffrante dans son corps ou dans son âme. Toute l'année, la communauté peut vous accueillir seul ou à plusieurs pour vivre, en silence, au rythme de leur vie liturgique. Un accompagnement individuel est proposé ainsi qu'une rencontre avec une sœur ou avec l'aumônier.

ABBAYE NOTRE-DAME DU BON SECOURS ✝

994, route de Saint Estève
BLAUVAC
✆ 04 90 61 81 17
http://abbaye-blauvac.com
Participation à convenir selon vos possibilités.

L'abbaye est installée depuis 1991 dans une ancienne maison de maître appelée « Château Bagnol », progressivement agrandie et aménagée en un monastère accueillant. Une vingtaine de cisterciennes trappistines ayant fui l'expansion de Montélimar y vivent désormais dans l'alternance bienfaisante des offices et du travail. La communauté n'organise pas de retraite mais vous offre de bonnes conditions d'accueil pour vous ressourcer grâce à leur service d'hôtellerie monastique.

ABBAYE NOTRE-DAME DE L'ANNONCIATION €

750, chemin des Ambrosis
LE BARROUX
✆ 04 90 65 29 29
Conditions d'accueil et de participation aux frais à convenir lors de votre réservation.

En 1979, une moniale bénédictine de Caen, Mère Élisabeth, fonde une petite communauté de 4 sœurs qui souhaitent partager et accompagner la démarche spirituelle de Dom Gérard, fondateur de l'abbaye de bénédictins de Sainte-Madeleine du Barroux. Elles trouvent en 1983 un terrain non loin de l'Abbaye Sainte-Madeleine. Quelques chambres sont offertes pour l'hébergement seul. Une cuisine est mise à disposition des retraitants permettant une gestion autonome de leur restauration.

MONASTÈRE SAINTE-CLAIRE €

1454, chemin de la Verdière - **MONTFAVET**
✆ 04 90 31 01 55 - www.clarisses-montfavet.eu
Participation aux frais d'hébergement à convenir lors de votre réservation avec la sœur hôtelière.

En 1941, six sœurs du monastère Sainte-Claire de Cimiez (à Nice) vinrent s'installer dans la bâtisse qui sert aujourd'hui de maison d'accueil de leur monastère. La communauté accueille durant l'année des groupes comme des retraitants individuels souhaitant y effectuer un séjour spirituel. Tous sont invités à participer à une partie de la prière des sœurs par la participation aux offices religieux. Un accompagnement spirituel par une sœur peut être demandé. Pour les groupes elles peuvent mettre à disposition deux salles de réunion.

L'ABBAYE SAINTE-MADELEINE DU BARROUX ✝

1201, chemin des Rabassières - **LE BARROUX**
✆ 04 90 62 56 31
www.barroux.org
Participation aux frais selon vos possibilités.

En 1970, le père Gérard, bénédictin de l'abbaye de Tournay dans les Hautes-Pyrénées choisit de se retirer dans un village au pied du mont Ventoux dans un ancien prieuré en ruines. Une nouvelle communauté se constitue autour de lui permettant la restauration du prieuré. En 1988, le monastère de Sainte-Madeleine est reconnu par Rome et est érigé en abbaye l'année suivante et intègre l'ordre des bénédictins pour suivre la règle de saint Benoît. Tous les offices y sont chantés en latin et grégorien. Toutes les messes sont célébrées dans la forme extraordinaire du rite latin, dit de « saint Pie V ». Les bénédictins reçoivent dans leur monastère de Sainte-Madeleine, des messieurs et jeunes gens pour des retraites individuelles durant une semaine maximum. Les hôtes sont invités à participer à la prière des moines (des livrets avec une traduction française sont mis à leur disposition au début des offices), aux temps d'oraison silencieuse et à s'associer, dans une certaine mesure, à la vie de la Communauté (partage des repas). Ils peuvent demander à rencontrer un Père pour des entretiens spirituels, et se confesser en profitant de la permanence assurée au confessionnal à certaines heures. L'abbaye Sainte-Madeleine vous propose aussi des retraites prêchées de 5 jours ou des récollections de deux à trois jours pour vous permettre d'approfondir votre foi chrétienne. Le calendrier en est consultable sur le site Internet. Des groupes de jeunes (aumôneries, scouts, etc.) peuvent également être reçus à l'abbaye sous certaines conditions.

- **Offices** : matines à 3h30, laudes à 6h, messes lues 6h40, prime à 7h45 (8h le dimanche), tierce à 9h30 et

Grand Messe (à 10h le dimanche), sexte à 12h15, none à 14h15 (14h30 le dimanche), vêpres à 17h30, complies à 19h45. Dimanches et fêtes, en plus messes à la crypte 8h30 et 11h45.

- **Accueil** : 25 chambres. Accueil en pension complète. Les hôtes disposent d'une chambre individuelle,

prennent leurs repas avec les moines, écoutant avec eux les lectures au réfectoire.

- **Boutique** : les pères vendent les produits issus de leur travail, confiseries, pains, huiles d'olive, vins AOC Côtes-du-Ventoux, mais aussi chapelets, médailles. Vous y trouverez aussi un fonds important d'ouvrages religieux et de spiritualité avec ventes de CD de chants grégoriens. Ouvert en semaine de 10h45 à 11h45 et de 14h15 à 17h15 ainsi que le dimanche à 11h45 ou jusqu'à 17h15.

ABBAYE NOTRE-DAME DE SÉNANQUE ✞ ★★★★

Route de Sénanque - **GORDES**
✆ 04 90 72 17 92
www.senanque.fr
Participation aux frais selon vos possibilités.

L'abbaye de Sénanque a été fondée en 1148 par des moines cisterciens originaires de l'abbaye de Mazan en Ardèche. L'église est consacrée trente ans plus tard par l'évêque de Cavaillon. Aux XIIIe et XIVe siècles, l'abbaye connait une période de prospérité économique et de rayonnement spirituel. Cependant, elle est dévastée au moment des guerres de religion. A la Révolution française, l'abbaye est vendue comme bien national. Elle est rachetée en 1854 par Dom Barnouin qui y réinstalle une communauté de moines cisterciens de l'Immaculée Conception. Au début du XXe siècle, les moines sont expulsés par les lois anticléricales. La vie communautaire ne reprend qu'en 1926. En 1969, les moines rejoignent leur maison mère sur l'île Saint-Honorat de Lérins puis reviennent de nouveau à Sénanque en 1988. Ils y partagent leur temps entre la prière, le travail (culture du lavandin) et l'accueil traditionnel bénédictin. L'abbaye se trouve dans un écrin de nature qui rend sa découverte particulièrement agréable. Elle domine plusieurs champs de lavandin dont les couleurs chatoyantes, pendant la floraison, viennent sublimer les bâtiments monastiques dont la sobriété est le premier attribut. Il n'est pas rare que des peintres installent leur chevalet pour immortaliser la scène. Bien qu'il soit encore en activité, le monastère est ouvert aux visiteurs plusieurs fois par jour, à heure fixe. Afin de ne pas perturber les moines dans leur recueillement, un guide conférencier se chargera de vous raconter l'histoire de l'abbaye et de vous faire découvrir ses parties accessibles, à savoir :

▸ **Le cloître**. Selon la coutume cistercienne, le cloître de l'abbaye est très dépouillé. Vous remarquerez que les statues sont peu nombreuses, à l'exception d'une Vierge à l'Enfant. Les chapiteaux des colonnes ne sont pas richement sculptés, mais sont simplement ornés de feuilles d'eau. Les galeries donnent sur une cour intérieure, très sobre elle aussi, et communiquent avec les différentes pièces de l'abbaye.

▸ **L'église abbatiale**. Edifiée en calcaire, elle est dotée d'une nef en forme de croix latine. Pour répondre aux contraintes de la vallée, l'abbatiale est orientée vers le nord, ce qui est très rare, les abbayes cisterciennes ayant traditionnellement une orientation est-ouest. Encore une fois, on est frappé par la sobriété et l'extrême dépouillement des lieux : aucun décor ne devait venir perturber les moines dans leur recueillement. La lumière pénètre essentiellement par les fenêtres du chœur et du clocher du transept, qui ne sont pas dotées de vitraux. C'est par les portes du fond que pénétraient les frères convers, qui n'étaient pas autorisés à utiliser les même passages que les moines.

▸ **Le dortoir des moines**. A l'origine, jusqu'à 30 moines couchaient sur de simples paillasses, dans cette vaste pièce dépourvue du moindre confort. D'environ 30 m de long, il est couvert d'une voûte en berceau brisé. Sur le mur occidental, une rosace laisse entrer la lumière. Le dortoir a été édifié dans le prolongement de l'église, pour permettre aux moines d'y accéder rapidement, la vie monastique étant essentiellement organisée autour de la prière. Le premier office avait lieu à 2 heures chaque matin. De nos jours, les moines bénéficient de cellules individuelles.

▸ **La salle capitulaire**. Important lieu de vie, c'est dans cette salle que les moines, installés sur les gradins, se réunissaient chaque jour autour de l'abbé. D'importantes décisions concernant la communauté y étaient prises. Cette pièce est la seule de l'abbaye dans laquelle les moines étaient autorisés à rompre leur vœu de silence.

▸ **Le chauffoir**. En dehors de la cuisine, le chauffoir (ou salle des moines) était la seule pièce chauffée, comme en atteste l'imposante cheminée romane. Dans cette petite pièce voûtée portée par une colonne massive, les moines effectuaient certaines tâches de la vie quotidienne, comme le raccommodage, la lecture spirituelle mais surtout l'écriture, puisque c'est ici que les moines copiaient les manuscrits.

Aujourd'hui, les moines de l'abbaye de Sénanque vivent grâce à la vente des produits issus de diverses activités agricoles, à savoir la culture du lavandin, l'oliveraie ou encore l'apiculture. Ils confectionnent leur propre miel, des biscuits, de l'huile d'olive, de l'huile essentielle de lavandin... Tous ces produits artisanaux sont en vente sur place mais aussi en ligne, aux côtés de produits fabriqués dans d'autres abbayes de la région. En dehors du recueillement, le travail, par la production agricole ou l'entretien du monastère, est l'activité à laquelle les moines consacrent la plus grande partie de leur temps.

En plus de la vente des produits fabriqués sur place et des visites, une partie des ressources de l'abbaye provient de son activité hôtelière. L'hôtellerie de l'abbaye Notre-Dame de Sénanque peut accueillir pour un séjour individuel (limité à 8 jours maximum) des personnes désirant partager la vie de prière de la communauté dans le silence et le recueillement. L'environnement sauvage de l'abbaye et son architecture dépouillée se prêtent parfaitement à la méditation et la prière. Les repas sont pris en silence. Le frère hôtelier est à votre disposition pour un entretien spirituel si vous le souhaitez. La communauté cistercienne organise aussi des retraites, en groupe, animées par un des moines de l'abbaye.

Abbaye Notre-Dame de Sénanque.

INDEX

C

D

E

F

H

K

L

M

N

Mont-Saint-Odile.

O

P

Q

R

S

T

U

V

W

ÉDITION

Directeurs de collection et auteurs : Dominique AUZIAS et Jean-Paul LABOURDETTE

Auteurs : Johann CHABERT, Pascale VINCENS, Laurie JAULERRY; Pascaline FERLIN, Jean-Paul LABOURDETTE, Dominique AUZIAS et alter

Directeur Editorial : Stéphan SZEREMETA

Rédaction France : Briséis CREAC'H-MENUT, Mélanie COTTARD, Audrey VEDOVOTTO, Nicolas WODARCZAK

Rédaction Monde : Laure CHATAIGNON, Morgane VESLIN, Pierre-Yves SOUCHET, Natalia COLLIER

FABRICATION

Maquette et Montage : Romain AUDREN, Julie BORDES, Delphine PAGANO

Iconographie et Cartographie : Anne DIOT, Julien DOUCET

WEB ET NUMÉRIQUE

Directeur Web : Louis GENEAU DE LAMARLIERE

Développeurs : Guillaume BARBET, Adeline CAUX et Roland SPOUTIL

Intégrateur Web : Mickael LATTES, Antoine DION

Webdesigner : Caroline LAFFAITEUR

Community Traffic Manager : Alice BARBIER, Mariana BURLAMAQUI et Noémie LE SAUX

DIRECTION COMMERCIALE

Directeur commercial : Guillaume VORBURGER

Coordinatrice des Régies commerciales : Manon GUERIN assistée de Jonas HESOL

Account Manager Marketplace : Leila ROUGEOT assistée de Lola FAVRE-MOT

Responsable Régies locales : Michel GRANSEIGNE

Responsables Développement régie inter : Jean-Marc FARAGUET et Guillaume LABOUREUR et Camille ESMIEU

Chefs de Publicité Régie nationale : Caroline AUBRY, François BRIANCON-MARJOLLET, Perrine DE CARNE MARCEIN, Jonathan TOUTOUX et Amélie NOEL

DIFFUSION ET PROMOTION

Directrice des Ventes : Bénédicte MOULET assistée d'Aissatou DIOP

Responsable des ventes : Jean-Pierre GHEZ assisté de Nelly BRION

Relations Presse-Partenariats : Jean-Mary MARCHAL

ADMINISTRATION

Président : Jean-Paul LABOURDETTE

Directrice des Ressources Humaines : Dina BOURDEAU assistée de Sandra DOS REIS et Eva BAELEN

Directrice Administrative et Financière : Valérie DECOTTIGNIES

Comptabilité : Guillaume PETIT, Aminata BAGAYOKO, Jeannine DEMIRDJIAN

Recouvrement : Fabien BONNAN assisté de Sandra BRIJLAL

Responsable informatique : Elie NZUZI-LEBA

PETIT FUTE SÉJOURS SPIRITUELS EN FRANCE

LES NOUVELLES ÉDITIONS DE L'UNIVERSITÉ
18, rue des Volontaires - 75015 Paris.
✆ 01 53 69 70 00 - Fax 01 42 73 15 24

Internet : www.petitfute.com

SAS au capital de 1 000 000 € - RC PARIS B 309 769 966

Couverture : Abbaye de fontfroide © JurgaR

Impression : IMPRIMERIE CHIRAT 42540 Saint-Just-la-Pendue

Achevé d'imprimer : Avril 20222

Dépôt légal : 30/05/2022

ISBN : 9782305056272

Pour nous contacter par email, indiquez le nom de famille en minuscule suivi de @petitfute.com
Pour le courrier des lecteurs : info@petitfute.com

IMPRIMÉ EN FRANCE